SISTEMA DE INTEGRIDADE E PODER JUDICIÁRIO

Estudos em homenagem ao Ministro Luiz Fux

LUIZ FERNANDO TOMASI KEPPEN
MARCELO ZENKNER
Coordenadores

LARISSA GARRIDO BENETTI SEGURA
Organizadora

SISTEMA DE INTEGRIDADE E PODER JUDICIÁRIO

Estudos em homenagem ao Ministro Luiz Fux

Belo Horizonte

FÓRUM
CONHECIMENTO JURÍDICO

2022

© 2022 Editora Fórum Ltda.

É proibida a reprodução total ou parcial desta obra, por qualquer meio eletrônico, inclusive por processos xerográficos, sem autorização expressa do Editor.

Conselho Editorial

Adilson Abreu Dallari
Alécia Paolucci Nogueira Bicalho
Alexandre Coutinho Pagliarini
André Ramos Tavares
Carlos Ayres Britto
Carlos Mário da Silva Velloso
Cármen Lúcia Antunes Rocha
Cesar Augusto Guimarães Pereira
Clovis Beznos
Cristiana Fortini
Dinorá Adelaide Musetti Grotti
Diogo de Figueiredo Moreira Neto (in memoriam)
Egon Bockmann Moreira
Emerson Gabardo
Fabrício Motta
Fernando Rossi
Flávio Henrique Unes Pereira
Floriano de Azevedo Marques Neto
Gustavo Justino de Oliveira
Inês Virgínia Prado Soares
Jorge Ulisses Jacoby Fernandes
Juarez Freitas
Luciano Ferraz
Lúcio Delfino
Marcia Carla Pereira Ribeiro
Márcio Cammarosano
Marcos Ehrhardt Jr.
Maria Sylvia Zanella Di Pietro
Ney José de Freitas
Oswaldo Othon de Pontes Saraiva Filho
Paulo Modesto
Romeu Felipe Bacellar Filho
Sérgio Guerra
Walber de Moura Agra

FÓRUM
CONHECIMENTO JURÍDICO

Luís Cláudio Rodrigues Ferreira
Presidente e Editor

Coordenação editorial: Leonardo Eustáquio Siqueira Araújo
Aline Sobreira de Oliveira

Rua Paulo Ribeiro Bastos, 211 – Jardim Atlântico – CEP 31710-430
Belo Horizonte – Minas Gerais – Tel.: (31) 2121.4900
www.editoraforum.com.br – editoraforum@editoraforum.com.br

Técnica. Empenho. Zelo. Esses foram alguns dos cuidados aplicados na edição desta obra. No entanto, podem ocorrer erros de impressão, digitação ou mesmo restar alguma dúvida conceitual. Caso se constate algo assim, solicitamos a gentileza de nos comunicar através do *e-mail* editorial@editoraforum.com.br para que possamos esclarecer, no que couber. A sua contribuição é muito importante para mantermos a excelência editorial. A Editora Fórum agradece a sua contribuição.

Dados Internacionais de Catalogação na Publicação (CIP) de acordo com ISBD

S623	Sistema de integridade e Poder Judiciário: estudos em homenagem ao ministro Luiz Fux / organizado por Larissa Garrido Benetti Segura ; coordenado por Luiz Fernando Tomasi Keppen, Marcelo Zenkner. – Belo Horizonte : Fórum, 2022. 390 p. ; 14,5cm x 21,5cm. ISBN: 978-65-5518-454-9 1. Direito. 2. Direito Administrativo. 3. Direito Constitucional. 4. Integridade. 5. Compliance. 6. Conselho Nacional de Justiça. 7. Poder Judiciário. 8. Sistema de justiça. 9. Administração Judiciária. I. Segura, Larissa Garrido Benetti. II. Keppen, Luiz Fernando Tomasi. III. Zenkner, Marcelo. IV. Título.
2022-2224	CDD: 341.3 CDU: 342.9

Elaborado por Vagner Rodolfo da Silva – CRB-8/9410

Informação bibliográfica deste livro, conforme a NBR 6023:2018 da Associação Brasileira de Normas Técnicas (ABNT):

SEGURA, Larissa Garrido Benetti (org.); KEPPEN, Luiz Fernando Tomasi; ZENKNER, Marcelo (coord.). *Sistema de integridade e Poder Judiciário*: estudos em homenagem ao ministro Luiz Fux. Belo Horizonte: Fórum, 2022. 390 p. ISBN 978-65-5518-454-9.

DEDICATÓRIA

MINISTRO LUIZ FUX – LIDERANÇA JURÍDICA PARA A INTEGRIDADE PÚBLICA

Esta obra rende homenagem ao Ministro Luiz Fux.

Filho de Mendel Wolf Fux, contador e advogado, e de Lucy Fux, médica, nasceu nosso homenageado no Rio de Janeiro, em 26 de abril de 1953, e dos taurinos recebeu as qualidades da paciência, persistência e carinho no trato com as pessoas.

Descendendo, na linha paterna, de judeus romenos, exilados no Brasil ao fugirem da perseguição nazista, teve formação cristã, que lhe propiciou desenvolver profundo respeito pela dignidade da pessoa humana.

Tendo o pai como um exemplo, o pendor pelo Direito o guiou, em 1972, para a renomada Faculdade de Direito do Estado do Rio de Janeiro, tendo colado grau em 1976. Seu primeiro emprego foi na Shell do Brasil, aprovado em primeiro lugar no concurso para advogado da referida petrolífera. Já na empresa, episódio muito significativo aconteceu quando convidado para assumir vaga nos Estados Unidos da América, seu pai o lembrou do quanto o Estado brasileiro tinha contribuído para a sua formação e lhe orientou a devolver ao país o muito que havia recebido, tendo ele declinado a proposta.

Paralelamente a uma carreira acadêmica que passa por mestrado, doutorado e docência por várias universidades, com destaque à condição de professor titular de Processo Civil da UERJ, foi aprovado em 1979, em primeiro lugar, no concurso do Ministério Público Estadual do Estado do Rio de Janeiro. Mas a magistratura era o seu sonho e em 1983 foi aprovado, também em primeiro lugar, para o cargo de Juiz de Direito do Tribunal de Justiça do mesmo Estado. Em 1997 foi promovido a Desembargador e em 2001 veio a ser nomeado Ministro do Colendo Superior Tribunal de Justiça. Coroando carreira brilhante na magistratura brasileira, em 2011 foi nomeado Ministro do Supremo Tribunal Federal, vindo a integrar o Tribunal Superior Eleitoral nos anos de 2014-2016 e, atualmente, exercer a Presidência do Supremo Tribunal Federal e do Conselho Nacional de Justiça, eleito para o biênio 2020-2022.

Sob sua liderança, o Conselho Nacional de Justiça, órgão central de controle e planejamento estratégico do Poder Judiciário, tem se empenhado, com afinco, na formulação e no acompanhamento de ações destinadas ao enfrentamento da corrupção e à promoção da integridade no sistema judiciário, sendo a promoção de uma administração proba e íntegra o cerne de um dos eixos prioritários de sua gestão.

Conforme apontado pela Organização para a Cooperação e o Desenvolvimento Econômico (OCDE), a integridade é um dos pilares das estruturas políticas, econômicas e sociais, sendo, portanto, essencial ao bem-estar econômico e social e à prosperidade dos indivíduos e das sociedades como um todo. Outrossim, a integridade é vital para a governança pública, salvaguardando o interesse público e reforçando valores fundamentais como o compromisso com uma democracia pluralista baseada no Estado de Direito e no respeito aos direitos humanos.

O compromisso com a integridade, que fundamenta os estudos compilados nesta obra, se identifica com o nosso homenageado, Ministro Luiz Fux, e tenho a crença de que, das estrelas lá do céu, Deus por certo se rejubila com o seu trabalho, exemplo e dedicação à causa pública.

Luiz Fernando Tomasi Keppen

SUMÁRIO

APRESENTAÇÃO
Luiz Fernando Tomasi Keppen 15

O SISTEMA DE INTEGRIDADE E *COMPLIANCE* NO PODER JUDICIÁRIO
Luiz Fernando Tomasi Keppen, Larissa Garrido Benetti Segura,
Inês da Fonseca Pôrto 21
    Introdução 21
1   Peculiaridades do Poder Judiciário e a corrupção 22
2   Os mecanismos de autocontrole da magistratura 26
3   O *compliance* e sistema de integridade judicial 28
3.1   A integridade pública 30
3.2   A Rede Global de Integridade Judicial 31
3.3   Reflexões finais 32
    Conclusão 33
    Referências 34

REFLEXÕES SOBRE A IMPORTÂNCIA DA INTEGRIDADE PÚBLICA:
O FORTALECIMENTO DA CONFIANÇA NAS INSTITUIÇÕES E O
CONTROLE DA CORRUPÇÃO
Julia María Gracia de Castro 35
1   Introdução 35
2   Corrupção e integridade: que perspectivas? 36
2.1   Corrupção e ação coletiva: além do marco do principal-agente. 36
2.2   A integridade como governação 41
3   A qualidade da democracia e a corrupção: a integridade como pilar 43
4   Integridade e boa governação: a importância dos sistemas de gestão para o reforço da confiança institucional 46
4.1   A integridade como uma dimensão crítica da confiança nas instituições 46
4.2   Uma perspectiva principiológica para a gestão da integridade pública 49

5	A importância da boa gestão da integridade pública no poder judicial e a Resolução nº 410/2021 do CNJ..................	52
6	Reflexões finais...	56
	Referências...	57

A EVOLUÇÃO NORMATIVA DO CONSELHO NACIONAL DE JUSTIÇA NA TRANSPARÊNCIA E INTEGRIDADE DO PODER JUDICIÁRIO BRASILEIRO

Jordana Maria Ferreira de Lima, Marcos Vinícius Jardim Rodrigues 61

1	A atribuição regulamentar do Conselho................................	61
2	Conceituação: integridade, ética e transparência..................	64
3	O Código de Ética da magistratura e normas agregadoras........	67
4	Aprimoramento da transparência como atributo do Conselho..	72
5	Integridade no Judiciário...	75
6	Considerações finais..	76

EFICIÊNCIA E INTEGRIDADE: *COMPLIANCE* NO PODER JUDICIÁRIO COMO INSTRUMENTO PARA MUDANÇAS EFETIVAS

Matheus Puppe.. 79

	Introdução..	79
1	*Compliance* e suas vertentes	80
2	Eficiência e integridade...	82
3	*Compliance* e sua necessidade social................................	85
4	Processos e etapas *compliance*..	87
5	Conclusão..	89
	Referências...	90

GOVERNANÇA E PODER JUDICIÁRIO: O CASO DA SECRETARIA ESPECIAL DE PROGRAMAS, PESQUISAS E GESTÃO ESTRATÉGICA

Marcus Livio Gomes, Doris Canen, Ana Hendges............................ 93

1	Introdução..	93
2	Conceitos: governança e *compliance*	94
3	A aplicação no âmbito do Poder Judiciário	96
4	Normativos...	99
4.1	Normativos internacionais..	99
4.2	Normativos domésticos..	100
5	Apresentação de casos	104
5.1	Legislação anticorrupção e *compliance* e o Tribunal Penal Internacional..	104
5.2	Poder Executivo – nacional e internacional.......................	107

5.3	Âmbito internacional – Poder Judiciário	109
5.4	Governança e *compliance*: um estudo de caso da Secretaria Especial de Programas, Pesquisas e Gestão Estratégica – SEP/CNJ	112
5.4.1	Publicação de relatórios mensais	113
5.4.2	Definição de fluxos de trabalho	114
5.4.3	O sistema de controle e acompanhamento de processos da SEP	114
5.4.4	Gestão dos acordos de cooperação da Secretaria	116
5.4.5	Controle de composição de microcolegiados	117
5.4.6	Tratamento do sistema de ouvidoria referente aos sistemas geridos pela SEP	117
5.4.7	SEP na Rede de Governança Colaborativa	117
5.4.8	Condução da Reunião de Análise da Estratégia pela SEP	118
6	Conclusões	119
	Referências	120

REGULAÇÃO RESPONSIVA E INTEGRIDADE: PERSPECTIVAS NO ÂMBITO DO PODER JUDICIÁRIO

Henrique Abi-Ackel Torres 123

1	Introdução	123
2	A cultura regulatória e os sistemas de integridade no âmbito do Poder Judiciário	124
3	A crise dos modelos regulatórios tradicionais	128
4	Os desafios comportamentais da regulação	132
5	O modelo de regulação responsiva	135
6	Conclusões	139
	Referências	140

INTEGRIDADE JUDICIAL E A PROTEÇÃO DE DADOS

Rodrigo Pironti, Mariana Keppen 143

	Introdução	143
I	O papel da Alta Administração	145
II	Nomeação do encarregado de dados e de um comitê de privacidade	147
III	Gestão de riscos – elaboração do mapeamento de dados e matriz de riscos	149
IV	Monitoramento, aprimoramento e capacitação	152
	Conclusão	153
	Referências	154

OS EFEITOS COLATERAIS DO ULTRA *COMPLIANCE*
Tracy Reinaldet.. 157
1   Um Poder Judiciário que se aperfeiçoa: a Resolução nº 410 e o *compliance* 157
2   Até para o bom há limite: o problema do ultra *compliance* 164
       Referências 173

CORRUPÇÃO NO JUDICIÁRIO POR DEPENDÊNCIA
Eduardo Saad-Diniz, João Victor Palermo Gianecchini 175
1   Introdução 175
2   Insuficiências do debate sobre a corrupção 176
3   Corrupção no Judiciário 179
4   A relevância dos programas de *compliance* para a corrupção por dependência 183

O IMPACTO DOS RESULTADOS DAS INVESTIGAÇÕES INTERNAS CORPORATIVAS EM PROCESSOS JUDICIAIS: A IMPORTÂNCIA DA AUTORREVELAÇÃO VOLUNTÁRIA PARA A REPUTAÇÃO EMPRESARIAL E PARA A DEFESA DO INTERESSE PÚBLICO
Marcelo Zenkner 187
1   Os pilares do *compliance* e a importância dos sistemas de integridade 187
2   O reporte do resultado das investigações internas corporativas – benefícios e riscos 189
3   O tratamento dispensado às comunicações corporativas pelo Poder Público 196
3.1   As diretivas do Acordo de Cooperação Técnica firmado entre os órgãos de controle brasileiro 196
3.2   A Instrução Normativa nº 13/2019 da Controladoria-Geral da União 200
3.3   A Portaria Normativa nº 18/2021 da Advocacia-Geral da União   202
3.4   A Portaria Conjunta nº 4/2019 da Controladoria-Geral da União e da Advocacia-Geral da União 207
3.5   Na Resolução nº 23/2007 do Conselho Nacional do Ministério Público 209
3.6   A Resolução nº 181/2017 do Conselho Nacional do Ministério Público 214
4   Reflexos das evidências coletadas em investigações internas nos processos judiciais 216

Conclusões finais.. 218
Referências 220

A *DUE DILIGENCE* DE INTEGRIDADE (DDI) E O GRAU DE RISCO DE INTEGRIDADE (GRI) NAS CONTRATAÇÕES DO PODER JUDICIÁRIO
Rodrigo Pironti, Mirela Miró Ziliotto 223

1   É possível o Poder Judiciário solicitar o preenchimento, por potenciais licitantes ou contratados, de questionário de *due diligence* de integridade (informações relacionadas a perfil da pessoa jurídica, gestão da entidade, relacionamento com agentes públicos, histórico de litígios, programa de integridade e relacionamento com terceiros)?....................... 227

2   Em que momento do procedimento é possível exigir esse preenchimento? Pode-se exigi-lo como condição para integrar o cadastro de fornecedores, como condição de habilitação ou como condição de contratação? 228

2.1   A questão das inconstitucionalidades formal e material da exigência do GRI 228

2.2   Existe algum caso prático a balizar a avaliação pelo Poder Judiciário e a ilustrar o posicionamento sobre a DDI e o GRI?... 232

Referências 244

COMBATE PELA INTEGRIDADE E MUDANÇAS NO JUDICIÁRIO
João Maurício Adeodato, Maurício Rands 247

A RECOMENDAÇÃO DA OCDE SOBRE INTEGRIDADE PÚBLICA E SEUS EFEITOS SOBRE O PODER JUDICIÁRIO BRASILEIRO
Christine Santini, Ligia Maura Costa.. 269

1   Introdução.. 269
2   O papel da OCDE 270
3   A Recomendação do Conselho da OCDE sobre Integridade Pública... 276
4   A importância do CNJ para o Judiciário 280
5   O papel do CNJ na disseminação da cultura de integridade no Poder Judiciário 282
6   A Resolução nº 410, de 23 de agosto de 2021, do CNJ.............. 286
7   A importância da cultura da integridade no Judiciário............. 290
8   Conclusão.. 292
    Referências 293

PAPEL DO CONSELHO NACIONAL DE JUSTIÇA NA DISSEMINAÇÃO DA CULTURA DA INTEGRIDADE NO ÂMBITO DO PODER JUDICIÁRIO

Valter Shuenquener de Araujo, Carolina Ranzolin Nerbass 297

    Introdução: a exigência de integridade e sua evolução no Brasil 297

    O Conselho Nacional de Justiça e sua função 306

    O Conselho Nacional de Justiça e a integridade 308

    Conclusões 311

    Referências 311

OS PRINCÍPIOS DA GOVERNANÇA ALINHADOS AO PODER JUDICIÁRIO

Célia Lima Negrão, Roberto Livianu 313

1   Introdução 313
2   A governança na Administração Pública 314
3   A Justiça no Brasil 318
4   O modelo de governança necessário ao Poder Judiciário 322
5   Conclusão 329

    Referências 329

"TONE OF THE TOP" E PODER JUDICIÁRIO: REFLEXOS DA ALTA ADMINISTRAÇÃO NA ATUAÇÃO DA MAGISTRATURA NOS SISTEMAS DE INTEGRIDADE

Daniel Lança, Davi Lago 331

CONSIDERAÇÕES A RESPEITO DA RESOLUÇÃO Nº 410, DO CONSELHO NACIONAL DE JUSTIÇA: OS CONCEITOS DE *COMPLIANCE* E DE INTEGRIDADE SOB A PERSPECTIVA DAS NORMAS E ELEMENTOS AXIOLÓGICOS DO SISTEMA JURÍDICO BRASILEIRO

Theophilo Antonio Miguel Filho 345

1   Uma introdução sobre a Resolução nº 410, do Conselho Nacional de Justiça 345
2   Elementos axiológicos e normativos preexistentes no sistema jurídico pátrio e na experiência brasileira 347
3   *Compliance*, integridade e a Resolução nº 410, do Conselho Nacional de Justiça 359
4   Conclusão 363

    Referências 364

A INTEGRIDADE COMO FORMA DE PROMOVER UMA ADMINISTRAÇÃO JUDICIÁRIA EFICIENTE
Mário Augusto de Figueiredo Lacerda Guerreiro, David Miranda Barroso... 367
1   O Poder Judiciário e a governança pública............................ 367
2   Integridade como pilar da governança pública..................... 372
3   Sistemas de integridade já adotados no Poder Judiciário..... 381
4   Integridade como ponto central da administração judiciária..... 382
     Referências... 383

SOBRE OS AUTORES... 385

APRESENTAÇÃO

ESTUDOS SOBRE INTEGRIDADE JUDICIAL EM HOMENAGEM AO MINISTRO LUIZ FUX

Esta obra foi idealizada logo após a edição da Resolução CNJ nº 410/2021, cuja construção coordenei com o Ministro Antônio Saldanha, ao longo de 2021, como Conselheiro do Conselho Nacional de Justiça. A complexidade do tema, bem como a riqueza dos debates que tivemos durante a construção do referido ato normativo, nos trouxe à constatação de que estes estudos eram imprescindíveis para o Poder Judiciário e para o aprimoramento de mecanismos de controle e de transformação de comportamento.

Atento às recomendações da OCDE e sempre empenhado no amadurecimento ético das instituições públicas, o Presidente do STF e do CNJ, Ministro Luiz Fux, ao erigir o combate à corrupção como meta de sua gestão, no dia 9 de dezembro de 2020, instituiu "Grupo de Trabalho destinado à elaboração de estudos visando ao desenvolvimento de programas de integridade e *compliance* no âmbito do Poder Judiciário". Muitos dos especialistas que participaram daquele importante momento estão presentes neste livro, ladeados por profissionais de grande destaque no assunto.

A presente coletânea de artigos é fruto de esforços individuais e coletivos articulados no sentido de pensar horizontes para as instituições do Poder Judiciário, em especial após a aprovação da Resolução CNJ nº 410, tendo em perspectiva que a disseminação de uma cultura de integridade e de respeito às regras, de modo a elevar a transparência e promover a eficiência no setor público, é papel que une a todos os que compõem o Estado e pesquisam seu funcionamento.

Muito se fala em *compliance*, porém é preciso pensarmos em integridade, que abarca o *compliance*, e que propõe transformações positivas muito maiores no sentido da prevenção, detecção e correção de condutas, mas também para padronizar a cultura desejada. Não se trata apenas de evitar o que é errado para a instituição, mas valorizar o que é bom e certo.

Atualmente, é unânime a percepção de que as práticas de corrupção prejudicam a produtividade tanto do setor público como do setor privado, porque perpetuam a desigualdade e a pobreza, impactam no bem-estar e na distribuição de renda e, ainda, minam as oportunidades de participação igualitária na vida social, econômica e política de qualquer país.

Experiências internacionais exitosas, que resultaram na mitigação dos efeitos da corrupção pelo viés da prevenção, deram ao princípio da integridade enorme relevância tanto no ambiente corporativo como no ambiente público, como ferramenta de disseminação de uma cultura de respeito às regras.

No ano de 2017, o Conselho da OCDE – Organização para Cooperação e o Desenvolvimento Econômico emitiu uma nova recomendação sobre "integridade pública", que aparece conceituada como o alinhamento consistente e a adesão a valores, princípios e normas éticas comuns para sustentar e priorizar o interesse público sobre os interesses privados no setor público.

Diante disso, o objetivo central do Ato Normativo que relatei foi o de auxiliar a Administração Pública, em todos os seus níveis, a conceber e implementar políticas estratégicas, inovadoras e baseadas em evidências, para fortalecer a governança pública, responder eficazmente a desafios econômicos, sociais e ambientais diversos e turbulentos, bem como cumprir os compromissos do governo com os cidadãos.

Na mesma perspectiva, este livro pretende pensar as medidas e ações institucionais destinadas à prevenção, à detecção e à punição de fraudes e demais irregularidades, bem como à correção das falhas sistêmicas identificadas.

Considerando que sistemas de integridade são organismos vivos, que devem ser permanentemente revistos e adaptados, esta coletânea servirá como guia no desenvolvimento dos órgãos do Poder Judiciário.

Espero que este livro reverta em estímulo, tanto do ponto de vista prático quanto teórico, aos que o consultarem, fortalecendo as instituições democráticas no sentido da integridade.

Assim, esta coletânea inicia com a análise do SISTEMA DE INTEGRIDADE E *COMPLIANCE* NO PODER JUDICIÁRIO, que fiz em coautoria com Larissa Garrido Benetti Sègura e Inês da Fonseca Pôrto, numa perspectiva crítica sobre limites e especificidades do Poder Judiciário em relação ao sistema de integridade e *compliance*.

Julia María Gracia de Castro pensa o papel crucial que a integridade institucional desempenha no fortalecimento da confiança social, com reflexos positivos no controle da corrupção, a partir do conceito de integridade como governação e da corrupção sob a perspectiva da ação coletiva em REFLEXÕES SOBRE A IMPORTÂNCIA DA INTEGRIDADE PÚBLICA: O FORTALECIMENTO DA CONFIANÇA NAS INSTITUIÇÕES E O CONTROLE DA CORRUPÇÃO. O texto aborda a gestão da integridade pública e sugere que o investimento em sistemas de integridade é um caminho promissor.

Demonstrar a atuação do Conselho Nacional de Justiça no aprimoramento de mecanismos de transparência, ética e integridade no Poder Judiciário, a partir das normativas expedidas nessa seara, é a tarefa de Jordana Maria Ferreira de Lima e Marcos Vinícius Jardim Rodrigues em A EVOLUÇÃO NORMATIVA DO CONSELHO NACIONAL DE JUSTIÇA NA TRANSPARÊNCIA E INTEGRIDADE DO PODER JUDICIÁRIO BRASILEIRO.

Em EFICIÊNCIA E INTEGRIDADE: *COMPLIANCE* NO PODER JUDICIÁRIO COMO INSTRUMENTO PARA MUDANÇAS EFETIVAS, Matheus Puppe sustenta a internalização da integridade sistemática, alinhando-a com as evoluções sociais contemporâneas.

No artigo GOVERNANÇA E PODER JUDICIÁRIO: O CASO DA SECRETARIA ESPECIAL DE PROGRAMAS, PESQUISAS E GESTÃO ESTRATÉGICA, Marcus Livio Gomes, Doris Canen e Ana Hendges propõem o emprego de princípios para a consolidação de pressupostos democráticos e inerentes ao Estado de Direito, em especial quando se trata de instituições que competem à Administração Pública.

O Desembargador Henrique Abi-Ackel, do Tribunal de Justiça de Minas Gerais, apresenta a REGULAÇÃO RESPONSIVA E INTEGRIDADE: PERSPECTIVAS NO ÂMBITO DO PODER JUDICIÁRIO, em que propõe a regulação responsiva como regulação inteligente, voltada à efetiva aplicação de ideais dissuasórios, por exemplo, com vista a criar, ou mesmo implementar, sistemas de integridade, inclusive no âmbito do Poder Judiciário.

Mariana Keppen e Rodrigo Pironti, ao discorrerem sobre INTEGRIDADE JUDICIAL E A PROTEÇÃO DE DADOS, apresentam a importância da privacidade e proteção de dados para a consecução da integridade judicial e demonstra que os eixos propostos para a estruturação de sistemas de integridade, previstos no artigo 2º, parágrafo único, da Resolução nº 410 do Conselho Nacional de Justiça podem também servir para a estruturação de sistemas de privacidade, figurando como importantes ferramentas para viabilizar o atendimento de Tribunais e Câmaras à Lei Geral de Proteção de Dados.

A crítica de Tracy Reinaldet sobre o uso desmesurado do *compliance* no artigo OS EFEITOS COLATERAIS DO ULTRA *COMPLIANCE* indica certos efeitos deletérios e a incompatibilidade com princípios do Direito Penal e com políticas de inclusão, podendo incentivar novas práticas delitivas. Propõe uma aplicação racional do instituto e destaca a necessidade de observar seus limites.

Em CORRUPÇÃO NO JUDICIÁRIO POR DEPENDÊNCIA, Eduardo Saad-Diniz e João Victor Palermo Gianecchini debatem sobre as insuficiências na compreensão da corrupção e discutem seu enraizamento em meio ao Poder Judiciário, bem como as possibilidades de aplicação dos programas de *compliance*, como estratégia de controle que ofereça maior espaço de proteção ao exercício da autonomia judicial em contextos de dependência.

O IMPACTO DOS RESULTADOS DAS INVESTIGAÇÕES INTERNAS CORPORATIVAS EM PROCESSOS JUDICIAIS: A IMPORTÂNCIA DA AUTORREVELAÇÃO VOLUNTÁRIA PARA A REPUTAÇÃO EMPRESARIAL E PARA A DEFESA DO INTERESSE PÚBLICO, por Marcelo Zenkner, coorganizador deste livro, faz um paralelo entre os sistemas anticorrupção norte-americano e brasileiro para demonstrar a imensa dificuldade ainda existente no Brasil para que o resultado das investigações internas corporativas, um dos elementos mais importantes de um sistema de integridade corporativa, seja valorizado perante o Poder Judiciário e para que sejam conferidos às empresas benefícios justos e proporcionais a partir da coleta de evidências de casos de fraude e corrupção desconhecidos e do reporte tempestivo.

Em A *DUE DILIGENCE* DE INTEGRIDADE (DDI) E O GRAU DE RISCO DE INTEGRIDADE (GRI) NAS CONTRATAÇÕES DO PODER JUDICIÁRIO, Rodrigo Pironti e Mirela Miró Ziliotto constroem uma crítica importante às contratações públicas do Poder Judiciário e indica mecanismos de aprimoramento.

No artigo COMBATE PELA INTEGRIDADE E MUDANÇAS NO JUDICIÁRIO, João Maurício Adeodato e Maurício Rands apresentam uma proposta de reforma estrutural, mas também uma mudança cultural e atitudinal dos seus membros e do público em geral.

Ligia Maura Costa e Christine Santini destacam a importância do papel da recomendação do Conselho da OCDE sobre integridade pública na governança do mundo atual, seus efeitos positivos sobre o Poder Judiciário brasileiro e para o país como um todo, presentemente no processo de acessão à OCDE em A RECOMENDAÇÃO DA OCDE SOBRE INTEGRIDADE PÚBLICA E SEUS EFEITOS SOBRE O PODER JUDICIÁRIO BRASILEIRO. O foco de seu trabalho é trazer uma abordagem voltada às boas práticas de integridade expressas na referida recomendação como uma forma de combate à corrupção e em prol da integridade pública.

No artigo PAPEL DO CONSELHO NACIONAL DE JUSTIÇA NA DISSEMINAÇÃO DA CULTURA DA INTEGRIDADE NO ÂMBITO DO PODER JUDICIÁRIO, Valter Shuenquener e Carolina Nerbass evidenciam como a adoção da nova cultura de integridade se harmoniza com a tão relevante independência funcional da jurisdição.

Roberto Livianu e Célia Negrão tratam da teoria da agência e como o sistema estruturado de governança corporativa, com seus mecanismos e instrumentos, pretende reduzir estes conflitos e mitigar os riscos desta relação, aproximando o agente e o principal, por meio de princípios norteadores e basilares que devem permear esta relação no artigo OS PRINCÍPIOS DA GOVERNANÇA ALINHADOS AO PODER JUDICIÁRIO.

No artigo "TONE AT THE TOP" E PODER JUDICIÁRIO: REFLEXOS DA ALTA ADMINISTRAÇÃO DO PODER JUDICIÁRIO NA ATUAÇÃO DA MAGISTRATURA NOS SISTEMAS DE INTEGRIDADE, Daniel Lança explora como o *tone of the top* pode ser evidenciado na prática, especialmente no âmbito do Poder Judiciário, a exemplo do comprometimento da alta direção, evidenciado nas pequenas práticas do dia a dia e não na formalidade de um programa de *compliance* ou apenas nas palavras.

O desembargador federal Theophilo Antonio Miguel Filho apresenta CONSIDERAÇÕES A RESPEITO DA RESOLUÇÃO Nº 410, DO CONSELHO NACIONAL DE JUSTIÇA: OS CONCEITOS DE *COMPLIANCE* E DE INTEGRIDADE SOB A PERSPECTIVA DAS NORMAS E ELEMENTOS AXIOLÓGICOS DO SISTEMA JURÍDICO BRASILEIRO, em que indica que o caminho à instituição de um sistema de integridade ou de gestão da ética há de levar em consideração o sistema jurídico pátrio e a experiência brasileira, ainda que ajustada aos compromissos internacionais e inspirada em modelos estrangeiros.

Em A INTEGRIDADE COMO FORMA DE PROMOVER UMA ADMINISTRAÇÃO JUDICIÁRIA EFICIENTE Mário Augusto de Figueiredo Lacerda Guerreiro e David Miranda Barroso abordam o conceito de integridade e os mecanismos que podem ser implantados para se criarem os sistemas e analisam algumas regulamentações sobre os programas já existentes em tribunais do país.

Esta breve apresentação dá um panorama da riqueza que os leitores encontrarão nesta coletânea, cujo objetivo é, sobretudo, despertá-los para novas interlocuções e pesquisas.

Curitiba, 05 de julho de 2022.

Luiz Fernando Tomasi Keppen
Desembargador no TJPR

O SISTEMA DE INTEGRIDADE E *COMPLIANCE* NO PODER JUDICIÁRIO

LUIZ FERNANDO TOMASI KEPPEN
LARISSA GARRIDO BENETTI SEGURA
INÊS DA FONSECA PÔRTO

Introdução

O Conselho Nacional de Justiça (CNJ) instituiu em dezembro de 2020, no Dia Internacional contra a Corrupção, Grupo de Trabalho para propor o desenvolvimento de programas de integridade e *compliance*. O trabalho do Grupo redundou na redação de um ato normativo, aprovado pelo Plenário do CNJ no dia 3 de agosto de 2021. Assim, o CNJ passa a liderar a formulação de políticas públicas de integridade, no que se insere o *compliance*, para o Poder Judiciário.

A garantia da segurança jurídica e o combate à corrupção e ao crime organizado são dois dos cinco temas apresentados como eixos da gestão do ministro Luiz Fux à frente do CNJ e do STF. Na ocasião da criação do GT, destacou a importância de seu trabalho, de modo a "evitar atos fraudulentos e eventuais danos futuros ao erário e à própria sociedade".

O conceito de "integridade" – já divulgado no ambiente corporativo – destina-se ao combate à corrupção, fraudes e demais ilicitudes contra a Administração Pública. Baseia-se em três pilares de sustentação: prevenção, detecção e correção. Para o seu real funcionamento prático no setor público, faz-se necessário o envolvimento amplo dos gestores, comunicação, transparência, treinamento para a força de trabalho, canal de denúncia efetivo, processo de apuração e políticas contínuas de boas práticas.

Compliance é, em linhas gerais, o cumprimento das regras. Parece óbvio, pois as regras existem para serem cumpridas, e o Judiciário é justamente o Poder responsável por fazer cumprir as regras. Dessa forma, não haveria uma tautologia na proposição de uma política de *compliance* para o Judiciário?

Também nos deparamos com o fato de o Poder Judiciário já possuir diversos mecanismos de controle internos e externos para o cumprimento das regras. Desse modo, indagamo-nos se uma política de integridade e *compliance* não seria despicienda.

Caso a resposta a tais questionamentos confirmem a necessidade da referida política, uma pergunta legítima a ser formulada seria: quais particularidades do Poder Judiciário precisam ser consideradas para se pensar um sistema de integridade adequado?

1 Peculiaridades do Poder Judiciário e a corrupção

A história do Brasil é inegavelmente marcada pelo espraiamento da corrupção no espaço público, inclusive em todos os Poderes da República. Em seu estudo sobre a corrupção no Poder Judiciário, Moisés Lazaretti Viana identifica algumas características de funcionamento do Poder Judiciário brasileiro que o diferem dos demais poderes.[1]

Em relação ao Legislativo e Executivo, há uma percepção de que os mecanismos próprios de disputa política, altamente competitivos, acabam por regular a entrada, a permanência e a saída da vida política na hipótese da constatação de indícios de corrupção. Essa disputa acirrada tende a produzir investigações contra o "inimigo", em especial no cenário público brasileiro dos últimos anos. Haveria, portanto, um controle natural exercido não somente pelos próprios opositores políticos, mas também pela opinião pública em relação aos agentes corruptos.

Na magistratura, contudo, o panorama é diferente. Para Bourdieu, o Poder Judiciário é um campo jurídico restrito àqueles que possuem domínio técnico específico, o que permite a construção de uma relativa autonomia dos operadores do Direito em relação aos outros campos do espaço social. Isso ocorre através da monopolização da competência de "dizer o direito" na qual são investidos os seus agentes, o que os autoriza a interpretar os instrumentos legais legítimos da justa visão do mundo social.[2]

---

[1] VIEIRA, Moisés Lazaretti. *A corrupção no Judiciário e o caso dos magistrados aposentados pelo Conselho Nacional de Justiça (2008-2017).* Dissertação de Mestrado. Universidade Federal do Rio Grande do Sul. Porto Alegre, 2019.

[2] BOURDIEU, Pierre. *Poder simbólico.* São Paulo: Bertrand Brasil, 1999.

No trabalho a que nos referimos, Moisés Lazaretti Vieira relata:

A progressiva profissionalização e burocratização dos agentes judiciais foram responsáveis por conformar esta imagem exterior à política, conferindo ao Poder Judiciário um local à parte no Estado, uma autoridade substancialmente diferente da política. Esse processo de "separação" envolveu um corpo de profissionais e suas relações com os demais poderes, constituindo-se numa arena de lutas simbólicas cujo objeto é o próprio modelo de Estado historicamente traçado segundo contextos particulares.

Diferente do que ocorre com os políticos eleitos, que devem parte de seu capital específico a uma remissão para fora do campo político – homologada pelos eleitores periodicamente – através do crédito que lhes atribuem na forma de reconhecimento ou de crença, os juristas, particularmente os magistrados, forjam seu capital específico através da certificação estatal de seus títulos, seu "mérito" e sua "técnica" e, uma vez investidos no seu cargo, passam a carregar consigo a representação do próprio Estado – entidade que possui a propriedade da conversão entre os vários tipos de capitais.

Os diversos corpos de profissionais da justiça – através do desenvolvimento de um "corporativismo judiciário" – foram moldando as instituições judiciais no intuito de avançar a sua autonomia, mantendo-as longe das flutuações constantes do campo político.

Como se percebe, os operadores jurídicos – aí incluídos os magistrados – constroem uma blindagem do seu campo de atuação em relação ao campo político *stricto sensu*.

O acesso às profissões jurídicas é limitado não somente pela necessária conclusão do curso de Direito, como pela aprovação em provas de concurso rigorosíssimas, em que o candidato enfrenta um ritual de provações que exigem dele enorme abnegação e estão fundadas em seu próprio mérito intelectual.

Apesar de haver espaço para a discussão sobre a elitização do processo de escolha – o que não é nosso objeto de estudo aqui –, é possível dizer que o concurso público ainda é um processo seletivo menos propenso à politização.

A blindagem do campo jurídico da magistratura também é reforçada pelas regras e modo de atuação intrínsecos da profissão, pois um dos cânones da atuação jurisdicional é a fundamentação de suas próprias decisões, ou seja, a necessidade de justificar racional e legalmente a escolha a que procedeu o juiz.

Por fim, outro importante elemento caracterizador da autonomia do campo jurídico – em especial da magistratura – é o seu papel contramajoritário. Ainda que o regime democrático esteja baseado na prevalência do desejo da maioria – que revela o "interesse geral" –, esse desejo não é ilimitado. Os limites a ele estabelecidos estão previstos no próprio texto constitucional, e o Poder Judiciário é o porta-voz desses limites.

Por essa razão, o Judiciário é muitas vezes levado a invalidar decisões tomadas pelos demais poderes, assim como a oferecer algum tipo de proteção aos direitos fundamentais das minorias, que não podem ser completamente atropeladas pela ação majoritária.

Fábio Konder Comparato sintetiza a especificidade da atuação da magistratura nos seguintes termos:

> Na verdade, o fator que compatibiliza o Poder Judiciário com o espírito da democracia (no sentido que Montesquieu conferiu ao vocábulo) é um atributo eminente, o único capaz de suprir a ausência do sufrágio eleitoral: é aquele prestígio público, fundado no amplo respeito moral, que na civilização romana denominava-se auctoritas; é a legitimidade pelo respeito e a confiança que os juízes inspiram no povo. Ora, essa característica particular dos magistrados, numa democracia, funda-se essencialmente na independência e na responsabilidade com que o órgão estatal em seu conjunto, e os agentes públicos individualmente considerados, exercem as funções políticas que a Constituição, como manifestação original de vontade do povo soberano, lhes atribui.[3]

Desse modo, partimos da premissa de que a magistratura é um poder menos propenso às influências políticas *stricto sensu*.

De modo a garantir a execução independente de suas tarefas, com integridade, imparcialidade e autonomia, a Constituição de 1988 assegurou à magistratura um prestigiado "empoderamento" institucional, por meio das famosas garantias constitucionais previstas no art. 95, como a vitaliciedade, a inamovibilidade e a irredutibilidade de subsídios.

Apesar das críticas populares a que os magistrados brasileiros vêm sendo submetidos nos últimos anos pela opinião pública, as

---

[3] COMPARATO, Fábio Konder. *O Poder Judiciário no regime democrático*. Disponível em: https://doi.org/10.1590/S0103-40142004000200008 e em: https://www.scielo.br/j/ea/a/FsZSRwhJNQGxrrXW8tnBHmf/?lang=pt. Acesso em: 7 jul. 2021.

expectativas sociais a seu respeito ainda superam às dos outros representantes de Poder.

Em 2018, a AMB encomendou um estudo à FGV-Rio e ao sociólogo e cientista político Antônio Lavareda. Realizado no período de agosto e outubro daquele ano, a pesquisa ouviu mais de 2,5 mil pessoas, entre advogados, defensores públicos e cidadãos comuns. A coordenação da pesquisa ficou a cargo do ministro Marco Aurélio Bellizze, do STJ, com subcoordenação da presidente eleita da AMB, Renata Gil.

Dos indicadores apresentados,[4] destacamos o índice de confiança comparado entre os Poderes (funções) da República, que mostra uma superioridade do Judiciário e confirma nossa premissa:

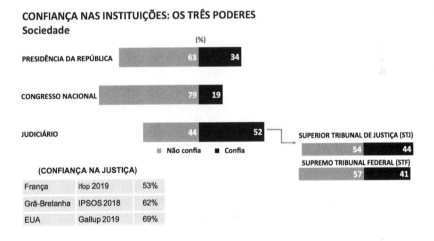

Essa maior confiança pode ser atribuída a um perfil de profissional forjado historicamente, rodeado de restrições de toda sorte (apesar de privilégios maiores ou menores, a depender do momento histórico, evidentemente). Esse é o espírito da dinâmica constitucional prevista no art. 95 da Constituição: as garantias oferecidas aos magistrados só existem porquanto uma enorme contrapartida lhes é exigida, que é um comportamento profissional muitas vezes solitário e impopular que pode lhe render conflitos pessoais.

---

[4] AMB. Associação dos Magistrados Brasileiros. Disponível em: https://www.amb.com.br/wp-content/uploads/2019/12/ESTUDO-DA-IMAGEM-DO-JUDICIA%cc%81RIO-BRASILEIRO.pdf. Acesso em: 8 jul. 2021.

Como pontuou o coordenador do grupo de trabalho no Conselho Nacional de Justiça que se debruça sobre a elaboração do ato normativo que irá regulamentar o *compliance* no Judiciário, Desembargador Luiz Fernando Tomasi Keppen, o magistrado é aquele que normalmente desagrada 50% dos que recorrem ao Poder Judiciário. É por isso que a função jurisdicional precisa ser exercida com proteção, com a liberdade para cumprir o dever de "desagradar" uma das partes – ou mesmo todas as partes. Do contrário, não haverá garantia de julgamentos imparciais.

2 Os mecanismos de autocontrole da magistratura

Além dos mecanismos de diferenciação do campo jurídico em relação ao campo político citados anteriormente, podemos identificar outros limites normativos e institucionais a que os juízes são submetidos em sua atuação.

Inicialmente, é preciso destacar que a atuação do juiz pode assumir um caráter jurisdicional (atividade-fim) ou administrativo (atividade-meio). No exercício da função administrativa, o juiz atua fora dos limites do processo judicial, seja celebrando contratos, administrando unidades jurisdicionais, expedindo e executando atos administrativos, financeiros e de controle orçamentário.

A atuação funcional dos magistrados é regulada por importantes documentos, destacando-se internamente a LOMAN (Lei Orgânica da Magistratura), o Código de Ética da Magistratura (aprovado pelo Conselho Nacional de Justiça) e a inúmeras resoluções do CNJ que estabelecem limites e balizas para a atuação correta do juiz. No âmbito internacional, destacam-se o Código de Bangalore sobre a conduta judicial e o Código Ibero-americano de ética judicial.

Há diferentes órgãos e mecanismos de controle da atuação funcional dos juízes.

Em primeiro lugar, destaca-se, sem dúvida, a atuação correicional do Conselho Nacional de Justiça e das Corregedorias dos próprios Tribunais, que têm o dever constitucional de investigar irregularidades infracionais cometidas pelos juízes, tanto no âmbito administrativo quanto jurisdicional.

Uma importante discussão que se coloca refere-se à possibilidade do controle correicional de atos praticados pelos juízes no exercício da jurisdição, já que a atuação desses órgãos possui natureza administrativa. O CNJ, entretanto, construiu importante entendimento no sentido de que não se pretende modificar a decisão judicial proferida, mas aferir os limites da atuação do juiz na jurisdição. A jurisprudência afirma que a independência funcional não constitui manto protetor para a atuação teratológica do juiz, mas configura garantia do jurisdicionado para que a decisão seja tomada livre de pressões, de acordo com as provas e à luz da melhor interpretação do Direito. O argumento é fundado nos Princípios de Conduta Judicial de Bangalore, elaborados pelo Grupo de Integridade Judicial, constituído sob os auspícios das Nações Unidas, e que constitui um projeto de Código Judicial em âmbito global, elaborado com base em outros códigos e estatutos, nacionais, regionais e internacionais, sobre o tema, dentre eles a Declaração Universal dos Direitos Humanos, da ONU:

> A independência judicial não é um privilégio ou prerrogativa individual do juiz. Ela é a responsabilidade imposta sobre cada juiz para habilitá-lo a julgar honesta e imparcialmente uma disputa com base na lei e na evidência, sem pressões externas ou influência e sem medo de interferência de quem quer que seja.[5]

Além do controle correicional/infracional, o Poder Judiciário também está submetido a dois sistemas de controle definidos pela Constituição Federal: a) o controle interno, realizado pelos próprios órgãos do aparelho estatal; b) o controle externo, realizado pelo Poder Legislativo, que conta com o auxílio da corte de contas.

O controle interno encontra fundamento no art. 74 da Constituição Federal, que determina que os Poderes Executivo, Legislativo e Judiciário devem manter, de forma integrada, sistema de controle interno com a finalidade de: a) avaliar o cumprimento de metas do plano plurianual e a execução dos orçamentos públicos; b) comprovar a legalidade e avaliar os resultados, sob os aspectos de eficiência e eficácia, da gestão orçamentária, financeira e patrimonial dos órgãos e entidades da administração; c) exercer o controle das operações de crédito; d) apoiar o controle externo.

No âmbito interno, o Conselho Nacional de Justiça publicou a Resolução CNJ nº 308/2020, que organiza as atividades de auditoria

---

[5] Organização das Nações Unidas (ONU). Escritório Contra Drogas e Crime (Unodc). *Comentários aos Princípios de Bangalore de Conduta Judicial* / Escritório Contra Drogas e Crime; tradução de Marlon da Silva Malha, Ariane Emílio Kloth. Brasília: Conselho da Justiça Federal, 2008, p. 7. Acesso em: 15 jun. 2021.

interna do Poder Judiciário, sob a forma de sistema, e criou uma Comissão Permanente de Auditoria. O ato estabelece ainda normas para a tomada e prestação de contas dos administradores e responsáveis da Administração Pública federal, para fins de julgamento pelo Tribunal de Contas da União, e define a atividade de auditoria interna como atividade independente que objetiva "agregar valor às operações da organização, de modo a auxiliar na concretização dos objetivos organizacionais, mediante avaliação da eficácia dos processos de gerenciamento de riscos, de controles internos, de integridade e de governança", buscando identificar "os principais riscos e fragilidades de controle do tribunal ou conselho, incluindo riscos de fraude, e avaliação da governança institucional".[6]

Já o controle externo é exercido pelo Tribunal de Contas da União, cuja fiscalização é feita mediante provocação ou por iniciativa do próprio órgão, através de levantamentos, auditorias, inspeções, acompanhamentos e monitoramentos.

Toda a estrutura administrativa que movimenta a máquina judiciária – como estrutura de pessoal, orçamento e patrimônio – está sob o controle político de legalidade contábil e financeira do TCU, que verifica a regularidade dos gastos públicos e o emprego de bens, valores e dinheiro público, a fiel execução do orçamento e eventualmente a existência de atos de improbidade.

Verifica-se, após este breve percurso, que o controle das atividades administrativa e jurisdicional dos magistrados já se encontra bem regulada, havendo um sistema de autocontenção bastante estabelecido. Nesse contexto, haveria necessidade da criação de um sistema de integridade judicial para o Poder Judiciário? Se sim, a partir de que parâmetros?

3 O *compliance* e sistema de integridade judicial

Vamos agora compreender mais profundamente o sentido do *compliance* e do sistema de integridade judicial.

O termo *compliance* vem do inglês *"to comply"*, que significa a conformidade ou obediência às normas legais. O CADE, Conselho Administrativo de Defesa Econômica, conceitua o instituto como um

---

[6] Conselho Nacional de Justiça (Brasil). Resolução nº 308 de 11 de março de 2020. Diário de Justiça Eletrônico do CNJ nº 90/2020, de 1º.04.2020, p. 2.

"conjunto de medidas internas que permite prevenir ou minimizar os riscos de violação às leis decorrentes de atividade praticada por um agente econômico e de qualquer um de seus sócios ou colaboradores".

No Brasil, as origens do *compliance* se confundem com as das normativas relativas ao combate à corrupção, como a promulgação da Lei nº 9.613/98, conhecida como a Lei de Combate aos Crimes de "Lavagem" de Dinheiro, a ratificação da Convenção Interamericana contra a Corrupção, de 29 de março de 1996, através do Decreto nº 4.410/02, e da Convenção das Nações Unidas contra a Corrupção, adotada pela Assembleia-Geral das Nações Unidas em 31 de outubro de 2003 e ratificada pelo Brasil através do Decreto nº 5.687/06.

Igualmente, o Código de Boas Práticas de Governança Corporativa, publicado pelo Instituto Brasileiro de Governança Corporativa (IBGC) em 2005, estimulou as empresas a adotarem práticas consideradas sustentáveis e de boa governança, como os códigos de conduta e os canais de denúncia.

Contudo, é somente com o advento da Lei nº 12.846, de 2013 (Lei Anticorrupção Empresarial), que a ideia de *compliance* é inserida definitivamente no vocabulário jurídico brasileiro.

Referida lei previu sanções às pessoas jurídicas pela prática dos atos ilícitos, exigindo que se leve em consideração na punição a "existência de mecanismos e procedimentos internos de integridade, auditoria e incentivo à denúncia de irregularidades e a aplicação efetiva de códigos de ética e de conduta no âmbito da pessoa jurídica" (art. 7º, inciso VIII).

A lei foi regulamentada por meio do Decreto nº 8.420/2015, que especificou quais seriam as práticas de *compliance* a serem consideradas para o atendimento aos requisitos previstos na Lei nº 12.846/2013. Dentre as principais práticas, estão os padrões de conduta, os códigos de ética, as políticas e procedimentos de integridade, os canais de denúncia de irregularidades abertos e amplamente divulgados a funcionários e a terceiros, além de mecanismos destinados à proteção de denunciantes de boa-fé.

Como bem percebido por Anabela Rodrigues no cenário europeu, os Estados inicialmente se empenharam em impor às empresas privadas a adoção de programas de *compliance*, mas não demonstraram o mesmo ímpeto na adoção de políticas anticorrupção no setor público.[7]

---

[7] RODRIGUES, Anabela Miranda. *As agências anticorrupção e a prevenção da corrupção na Administração Pública* – da ética pública ao *public compliance*. Disponível em: https://books.

No Brasil, a implementação de sistemas de integridade pública fortaleceu-se com a edição do Decreto Federal nº 9.203/2017, que dispõe sobre a política de governança da Administração Pública federal direta, autárquica e fundacional, e estabelece a integridade dentre os princípios da governança pública, exigindo dos órgãos e entidades da administração direta, autárquica e fundacional, a adoção de medidas e ações institucionais destinadas à prevenção, detecção, punição e remediação de fraudes e atos de corrupção.

A partir desse decreto, diversos órgãos do Poder Executivo, inclusive ministérios e agências reguladoras federais vêm, gradualmente, implementando seus sistemas públicos de integridade. Esse movimento vai gradualmente se estendendo para o âmbito estadual.

3.1 A integridade pública

Em 2017, o Conselho da OCDE – Organização para Cooperação e o Desenvolvimento Econômico – publicou uma importante Recomendação denominada Integridade Pública – uma estratégia contra a corrupção.[8]

A OCDE é um órgão internacional composto por 37 países, incluindo o Brasil, que trabalham juntos dedicando-se à pesquisa sobre políticas públicas a partir de diversos temas – como política econômica, trabalho, ciência e tecnologia, educação, meio ambiente –, além de compartilhar experiências e buscar soluções para problemas comuns.

O texto reconhece que a corrupção é uma das questões mais corrosivas do nosso tempo, pois não somente destrói recursos públicos, como amplia desigualdades econômicas e sociais, cria descontentamento e polarização política, reduzindo a confiança nas instituições.[9]

O preâmbulo da recomendação esclarece que as abordagens tradicionais do combate à corrupção estão limitadas à criação de mais regras, à enunciação da necessidade do seu rígido cumprimento e à severidade das sanções, oferecendo uma abordagem de eficácia limitada. Propõe então uma resposta estratégica e sustentável à corrupção, fundamentada na integridade pública.

---

google.com.br/books?hl=pt-BR&lr=&id=8kj9DwAAQBAJ&oi=fnd&pg=PT2&dq=pol%C3%ADtica+de+integridade&ots=odKnokZIIP&sig=p4xKKbp4poTA7m84Nbxn1bAhR58#v=onepage&q=pol%C3%ADtica%20de%20integridade&f=false. Acesso em: 14 jul. 2021.

[8] OCDE. Disponível em: https://www.oecd.org/gov/ethics/integrity-recommendation-brazilian-portuguese.pdf. Acesso em: 6 jun. 2021.

[9] OCDE. Disponível em: https://www.oecd.org/gov/ethics/integrity-recommendation-brazilian-portuguese.pdf. Acesso em: 6 jun. 2021.

A integridade pública é definida como "o alinhamento consistente e à adesão de valores, princípios e normas éticas comuns para sustentar e priorizar o interesse público sobre os interesses privados no setor público". De modo a promover a transformação cultural propugnada, a ação deve ir além do Poder Executivo e envolver os Poderes Legislativos e Judiciário; deve ultrapassar os limites do governo e envolver indivíduos e o setor privado; deve cruzar as fronteiras jurisdicionais, permeando "todo o caminho até os municípios onde os indivíduos experimentam a integridade em primeira mão".

A Recomendação – que mais se assemelha a um manifesto – adverte para a importância da real compreensão do complexo fenômeno da corrupção:

> O comércio de influências, o desvio de propriedade pública, o uso de informações confidenciais e o abuso de poder são apenas alguns dos atos corruptos mais intrínsecos e que são os mais prejudiciais à sociedade. Transparência não é suficiente. Colocar informações disponíveis publicamente não é suficiente e deve ser acompanhada de mecanismos eficazes de escrutínio e responsabilização.

É importante lembrar que o Poder Judiciário é também destinatário dos estudos e das recomendações emanadas da OCDE, os quais já são aplicados em vários países do mundo. Isso ficou claro na conceituação de "setor público" para a OCDE, que se refere a todos os órgãos legislativos, executivos, administrativos e judiciais, bem como seus agentes públicos nomeados ou eleitos, pagos ou não remunerados.

3.2 A Rede Global de Integridade Judicial

A ONU, por meio da UNODC, criou a Rede Global de Integridade Judicial, formada em 2018, em Viena, para dar efetividade ao Programa Global de Implementação da Declaração de Doha, lançado pelo Escritório das Nações Unidas sobre Drogas e Crime (UNODC).

O programa objetiva auxiliar os Estados-membros a instituírem a Declaração de Doha, adotada no 13º Congresso da Organização das Nações Unidas (ONU) sobre Prevenção ao Crime e Justiça Criminal, em 2015.

A Rede Global de Integridade Judicial é uma plataforma de apoio ao Judiciário dos diferentes países, criada com o objetivo de fortalecer a integridade judicial e prevenir a corrupção na própria Justiça, já que ela exerce papel crucial no combate à corrupção. Em outras palavras, a Justiça só terá legitimidade para combater a corrupção se adotar providências para eliminá-la de seus quadros:

> Relembrando o Artigo 11 da Convenção das Nações Unidas contra a Corrupção, que reconhece o papel crucial do Judiciário no combate à corrupção e exige que os Estados-Partes, de acordo com os princípios fundamentais do sistema jurídico e sem prejuízo à independência judicial, tomem medidas para fortalecer a integridade e evitar oportunidades de corrupção entre os membros do Judiciário, incluindo regras com respeito à conduta dos membros do Poder em questão.

A proposta da Rede é promover atividades de aprendizagem e apoio entre os juízes e outras partes interessadas do setor de Justiça e apoiar o desenvolvimento e a implementação efetiva de princípios de conduta judicial e a prevenção da corrupção dentro do sistema de justiça.

Em âmbito internacional, portanto, já há um importante movimento no sentido da afirmação dos programas de integridade no sistema de justiça e disseminação de uma cultura de ética e transparência.

Verifica-se, pelo exposto, que a ideia de um sistema de integridade configura conceito mais abrangente que o *compliance*, porque congrega a ideia de criar uma cultura de transparência e responsabilidade, independentemente das normas punitivas. Assim, o conceito de integridade implica não apenas o cumprimento de normas internamente, mas também a observância de regras éticas nas relações pessoais, profissionais e com terceiros.

3.3 Reflexões finais

A partir do que já expusemos, chegamos às seguintes constatações: i) o Poder Judiciário já vive um sistema de autocontenção e de adequação a normas rígidas, e convive com regras de conduta não compartilhadas com representantes de outros poderes; ii) qualquer sistema de integridade deve resguardar e respeitar as regras de conduta já existentes para a magistratura, a fim de evitar sobreposições e conflitos que fragilizem um modelo historicamente construído em prol da estabilidade da democracia.

No dia 3 de agosto de 2021, o Poder Judiciário brasileiro aderiu a um modelo de política de integridade, pois o Conselho Nacional de Justiça aprovou em Plenário resolução que dispõe sobre as normas gerais e diretrizes para a instituição de sistemas de integridade no âmbito do Poder Judiciário.

O ato pretende disseminar uma nova cultura de integridade, de respeito às regras e transparência. Essa talvez seja a sua grande novidade, embora o cumprimento desse desiderato não seja simples, pois a criação de uma cultura implica reconhecer que o cumprimento das regras não é apenas um dever, mas sim uma prática habitual, da vida quotidiana.

Embora não tenha sido possível uma análise detalhada, é preciso investigar se o ato congrega os mecanismos já existentes de autocontenção do Poder Judiciário enumerados anteriormente, de forma a coordená-los como um sistema.

Será preciso igualmente aferir de que forma as ações institucionais destinadas à prevenção, à detecção e à punição de fraudes e demais irregularidades, bem como à correção das falhas sistêmicas identificadas serão realizadas, respeitando não somente o princípio da independência funcional da magistratura, como as normas que regulam a conduta de magistrados e servidores, as atribuições das Ouvidorias e das Corregedorias e, como definido no ato, "a preservação da cadeia de custódia e do sigilo legal de dados e informações, bem como o seu tratamento responsável e supervisionado, conforme a Lei nº 13.709, de 14 de agosto de 2018 (Lei Geral de Proteção de Dados)".

Esses desafios, contudo, configuram proposta para outro artigo.

Conclusão

O presente artigo pretendeu descortinar os mecanismos de autocontrole atualmente existentes no Poder Judiciário e, em face desse panorama, indagar se uma política de integridade e *compliance* seria realmente necessária.

Apesar de não haver chegado a uma resposta categórica, há uma sinalização de que a política de integridade traz um novo elemento, que é a disseminação de uma cultura de cumprimento às regras e à transparência, algo inédito para o Poder Judiciário.

Inobstante o ineditismo da ideia, ainda é necessário verificar a eficiência dos mecanismos a serem criados, de modo a que não se voltem contra as garantias de independência já conquistadas pela magistratura, tampouco violem a autonomia dos tribunais. Há ainda grande preocupação de que a nova política possa congregar os mecanismos de autovigilância atualmente existentes.

Referências

AMB. Associação dos Magistrados Brasileiros. Disponível em: https://www.amb.com.br/wp-content/uploads/2019/12/ESTUDO-DA-IMAGEM-DO-JUDICIA%cc%81RIO-BRASILEIRO.pdf. Acesso em: 8 jul. 2021.

BACON, Frances (1561-1626). Essays, Civil and Moral. The Harvard Classics. 1909-14.

BOURDIEU, Pierre. *Poder simbólico*. São Paulo: Bertrand Brasil, 1999.

COMPARATO, Fábio Konder. O Poder Judiciário no regime democrático. Disponível em: https://doi.org/10.1590/S0103-40142004000200008 https://www.scielo.br/j/ea/a/FsZSRwhJNQGxrrXW8tnBHmf/?lang=pt. Acesso em: 7 jul. 2021.

CONSELHO NACIONAL DE JUSTIÇA (Brasil). Resolução nº 308, de 11 de março de 2020. Diário de Justiça Eletrônico do CNJ nº 90/2020, de 1º.04.2020, p. 2.

LEAL, Rogério Gesta. Da urgente necessidade de formatação de uma metodologia de mapeamento dos riscos da corrupção no Poder Judiciário. In: Revista da Ajuris, v. 39, n. 128, p. 279-296, dez. 2012.

OCDE. Disponível em: https://www.oecd.org/gov/ethics/integrity-recommendation-brazilian-portuguese.pdf. Acesso em: 6 jun. 2021.

ORGANIZAÇÃO DAS NAÇÕES UNIDAS (ONU). Escritório Contra Drogas e Crime (Unodc). Comentários aos Princípios de Bangalore de Conduta Judicial / Escritório Contra Drogas e Crime; tradução de Marlon da Silva Malha, Ariane Emílio Kloth. Brasília: Conselho da Justiça Federal, 2008, p. 7.

RODRIGUES, Anabela Miranda. As agências anticorrupção e a prevenção da corrupção na Administração Pública – da ética pública ao public compliance. Disponível em: https://books.google.com.br/books?hl=pt-BR&lr=&id=8kj9DwAAQBAJ&oi=fnd&pg=PT2&dq=pol%C3%Adtica+de+integridade&ots=odKnokZIIP&sig=p4xKKbp4poTA7m84Nbxn1bAhR58#v=onepage&q=pol%C3%Adtica%20de%20integridade&f=false. Acesso em: 14 jul. 2021.

VIEIRA, Moisés Lazaretti. A corrupção no Judiciário e o caso dos magistrados aposentados pelo Conselho Nacional de Justiça (2008-2017). Dissertação de Mestrado. Universidade Federal do Rio Grande do Sul. Porto Alegre, 2019.

Informação bibliográfica deste livro, conforme a NBR 6023:2018 da Associação Brasileira de Normas Técnicas (ABNT):

KEPPEN, Luiz Fernando Tomasi; SEGURA, Larissa Garrido Benetti; PÔRTO, Inês da Fonseca. O sistema de integridade e compliance no Poder Judiciário. *In*: SEGURA, Larissa Garrido Benetti (org.); KEPPEN, Luiz Fernando Tomasi; ZENKNER, Marcelo (coord.). Sistema de integridade e Poder Judiciário: estudos em homenagem ao ministro Luiz Fux. Belo Horizonte: Fórum, 2022. p. 21-34. ISBN 978-65-5518-454-9.

REFLEXÕES SOBRE A IMPORTÂNCIA DA INTEGRIDADE PÚBLICA: O FORTALECIMENTO DA CONFIANÇA NAS INSTITUIÇÕES E O CONTROLO DA CORRUPÇÃO

JULIA MARÍA GRACIA DE CASTRO

1 Introdução

A corrupção e a forma como afeta os valores democráticos e a qualidade das instituições se têm tornado o foco de discussões académicas e de políticas públicas nas mais diversas áreas de conhecimento. O debate, inicialmente voltado para os países em desenvolvimento, nos dias de hoje reconhecidamente se estende a todas as sociedades e economias.

As preocupações vão além da erosão dos valores democráticos e das instituições, incorporando também os reflexos negativos da corrupção na estabilidade e segurança das sociedades, o comprometimento do estado de direito e do desenvolvimento sustentável, a ligação do fenómeno com a criminalidade económica e organizada e com a perda de substanciais recursos nacionais que são desviados e muitas vezes perdidos.[1]

Se o conceito de corrupção ainda permanece aberto ao debate,[2] há consenso quanto à sua natureza multifacetada e transnacional, donde exsurge a necessidade de abordagens multidisciplinares e de alcance global além da repressão; por outras palavras, incorporar, nas políticas

---

[1] Assim reconhece, por exemplo, a Convenção das Nações Unidas contra a Corrupção em seu preâmbulo.
[2] P. M. HEYWOOD; J. ROSE. Curbing Corruption or Promoting Integrity? Probing the Hidden Conceptual Challenge. *In*: P. HARDI; P. M. HEYWOOD; D. TORSELLO (ed.). *Debates of Corruption and Integrity*. London: Palgrave Macmillan UK, 2015. p. 102-119.

anticorrupção, mecanismos de prevenção que permitam enfrentá-la de forma eficaz.

A partir da perspectiva da ação coletiva para a corrupção, e com foco na necessidade de desenvolver e fortalecer a confiança social, este artigo destaca o papel essencial da integridade institucional nesta dinâmica, com reflexos positivos na prevenção da corrupção.

Este artigo é teórico e está organizado da forma a seguir. A seção 2 situa o conceito de corrupção e de integridade que orientam este artigo. A seção 3, com a integridade como pilar, destaca a interação entre a qualidade da democracia, a confiança social e a corrupção. A seção 4 apresenta a integridade pública como uma dimensão crítica da confiança nas instituições (subseção 4.1) e realça a importância da sua boa gestão com sistemas que integrem valores e regras, com ênfase na promoção de uma cultura de integridade (subseção 4.2). A seção 5 alerta para a importância da integridade do poder judicial e, tendo como inspiração as questões colocadas na subseção 4.2, avalia o contributo da Resolução nº 410, de 23 de agosto de 2021 ("Resolução"[3]), do Conselho Nacional de Justiça (CNJ). A última seção conclui com um breve panorama e algumas reflexões finais.

2 Corrupção e integridade: que perspectivas?

2.1 Corrupção e ação coletiva: além do marco do principal-agente

O conceito de corrupção tem sido uma longa disputa na literatura da economia e da ciência política, com diferentes definições sendo usadas para variada finalidade dedutiva.[4] Este artigo não tenciona resolver esta discussão. A partir da posição tradicional, encapsulada no marco do principal-agente (P-A), sugere-se olhar para a corrupção sob a ótica da ação coletiva. Nesta perspectiva, trabalharemos a confiança, ingrediente essencial das relações em sociedade, cujo déficit dificulta a cooperação entre os diversos atores sociais em busca de um benefício comum.

---

[3] O referido ato normativo tem por escopo dispor sobre gerais e diretrizes para a instituição de sistemas de integridade no poder judicial.
[4] O. KURER. Definitions of Corruption. *In*: P. M. HEYWOOD (ed.). *Routledge Handbook of Political Corruption*. London: Routledge, 2015. p. 30-41, p. 30.

Neste contexto, muito da pesquisa em corrupção e, consequentemente, das políticas públicas destinadas ao seu controlo ainda é fortemente inspirado pela influente teoria económica do comportamento criminal proposta por Becker.[5] Neste modelo, atores economicamente racionais perfazem uma análise custo-benefício de um determinado curso de ação ao ponderar a probabilidade (risco) da detecção e da condenação e a severidade da punição por violar a lei. Por outras palavras, buscam maximizar a utilidade em um determinado contexto de aplicação da lei (*law enforcement*). O comportamento ilícito é uma escolha individual e os potenciais criminosos respondem aos incentivos dissuasórios do sistema legal.[6]

Impulsionado por prestigiosos autores como Bardhan, Rose-Ackerman e Klitgaard,[7] entre outros, o marco do principal-agente (P-A), com origem na literatura económica neoinstitucional, se tem transformado na perspectiva dominante na literatura académica e nas políticas convencionais anticorrupção.[8] A corrupção, entendida como "o abuso do poder confiado em benefício próprio",[9] reflete tal marco.[10]

A abordagem do P-A destaca a relação entre o principal, que representa o interesse público, e o agente, a quem lhe é delegado certo poder decisório para atuar de acordo com tais interesses. A assimetria informacional presente nesta relação beneficia o agente, que pode perseguir os seus próprios interesses em detrimento daqueles do principal. O principal, por sua vez, define as regras e os incentivos da relação.[11] A proposta para o seu controlo perpassa, portanto, pela mudança na

---

[5] G. S. BECKER. Crime and Punishment: An Economic Approach. *Journal of Political Economy*, 76, n. 2, p. 169-217, 1968.

[6] N. GAROUPA. Behavioral Economic Analysis of Crime: A Critical Review. *European Journal of Law and Economics*, 15, n. 1, p. 5-15, 2003. p. 5-6.

[7] P. BARDHAN. Corruption and Development: A Review of Issues. *Journal of Economic Literature*, 35, n. 3, p. 1320-1346, 1997; S. ROSE-ACKERMAN. *Corruption*: a Study in Political Economy. New York: Academic Press, 1978; R. E. KLITGAARD. *Controlling corruption*. Berkeley e Los Angeles, California: University of California Press, 1988; S. ROSE-ACKERMAN; B. J. PALIFKA. *Corruption and Government*: Causes, Consequences, and Reform. 2. ed. Cambridge: Cambridge University Press, 2016.

[8] A. PERSSON; B. ROTHSTEIN; J. TEORELL. Why Anticorruption Reforms Fail-Systemic Corruption as a Collective Action Problem. *Governance*, 26, n. 3, p. 449-471, 2013; P. M. HEYWOOD. Rethinking corruption: Hocus-pocus, locus and focus. *Slavonic and East European Review*, 95, n. 1, 2017.

[9] Esta é uma das definições mais disseminada, muito em parte pelo trabalho da organização não governamental *Transparency International*.

[10] S. ROSE-ACKERMAN e B. J. PALIFKA, *Corruption and Government*, p. 9.

[11] N. GROENENDIJK. A principal-agent model of corruption. *Crime, Law and Social Change*, 27, n. 3/4, p. 207-229, 1997. p. 207-210.

estrutura dos incentivos de forma a maximizar os custos da corrupção e minimizar os seus potenciais benefícios.[12] Isso inclui mecanismos que permitam maior monitorização e transparência, o aumento da responsabilização e a redução do monopólio e da discricionariedade.[13]

A corrupção, no entanto, é um "inimigo resiliente"[14] e, como pontua Mungiu-Pippidi, mais de quinze anos de investimento têm mostrado "grandes expectativas e resultados humildes".[15] A título de exemplo, o *Corruption Perception Index* (2021) dá conta de que a média global de corrupção permanece inalterada pelo décimo ano consecutivo.[16]

Neste diapasão, propostas recentes vêm questionando os resultados das políticas moldadas no marco do P-A, sugerindo que a corrupção é mais bem modelada como um dilema de ação coletiva, em especial em situações de corrupção estrutural.[17]

A perspectiva que seguimos neste artigo sugere que a percepção da prevalência da corrupção em um determinado ambiente – é o comportamento esperado e/ou predominante – pode influenciar as decisões individuais sobre envolver-se no comportamento corrupto.[18]

Persson, Rothstein e Teorell identificam a "armadilha social" (*social trap*) como o dilema que representa a corrupção. A armadilha social é a situação em que os atores sociais são incapazes do cooperar

---

[12] G. DE GRAAF. Causes of corruption: Towards a contextual theory of corruption. *Public Administration Quarterly*, p. 39-86, 2007. p. 46-48.

[13] Vale lembrar a metafórica fórmula de Klitgaard ("corrupção = monopólio + discricionariedade – responsabilização"), já que "[o] comportamento ilícito floresce quando os agentes têm poder de monopólio sobre os clientes, quando os agentes têm grande poder discricionário e quando a responsabilidade dos agentes perante o principal é fraca". R. E. KLITGAARD, *Controlling corruption*, p. 75 – traduzido.

[14] A. PERSSON; B. ROTHSTEIN e J. TEORELL, "Why Anticorruption Reforms Fail-Systemic Corruption as a Collective Action Problem"; B. ROTHSTEIN. Fighting Systemic Corruption: The Indirect Strategy. *Daedalus*, 147, n. 3, p. 35-49, 2018. p. 36.

[15] A. MUNGIU-PIPPIDI. *The quest for good governance: How societies develop control of corruption*. Cambridge: Cambridge University Press, 2015. p. 207.

[16] Divulgado em 25 de junho de 2022. TRANSPARENCY INTERNATIONAL. *Corruption Perceptions Index 2021*. 2022, Disponível em: https://www.transparency.org/en/cpi/2021. Acesso em: 25 jan. 2022.

[17] B. ROTHSTEIN. *Social Traps and the Problem of Trust*. Cambridge: Cambridge University Press, 2005. p. 35-49; B. ROTHSTEIN. *Controlling Corruption*: The Social Contract Approach. Kindle ed. New York: Oxford University Press, 2021; A. PERSSON; B. ROTHSTEIN; J. TEORELL, "Why Anticorruption Reforms Fail-Systemic Corruption as a Collective Action Problem"; A. MUNGIU-PIPPIDI, *The quest for good governance*: How societies develop control of corruption.

[18] A. MUNGIU-PIPPIDI, *The quest for good governance*: How societies develop control of corruption, p. 20; A. PERSSON; B. ROTHSTEIN; J. TEORELL, "Why Anticorruption Reforms Fail-Systemic Corruption as a Collective Action Problem," p. 22.

dada esta desconfiança mútua, mesmo que isto seja no melhor interesse de todos.[19] Entendemos neste artigo que a cooperação, nomeadamente o comportamento íntegro, se traduz em um benefício comum. Estes padrões de interação alicerçados nas expectativas sobre o comportamento dos demais podem criar um ciclo de perpetuação do fenómeno, uma "profecia autorrealizável".[20]

A já mencionada percepção e a confiança no comportamento dos demais atores constituem elementos centrais para se alcançar a ação coletiva. Nesta lógica,

> mesmo as pessoas com claras preferências por "fair play" vão continuar o seu comportamento desleal porque acreditam, e por uma boa razão, que quase todas as "outras pessoas" vão continuar a jogar sujo.[21]

Assim, a ideia do ator racional egoísta e maximizador da utilidade[22] pautado apenas nas autossatisfação[23] pode não ser suficiente para explicar e fazer previsões sobre a conduta humana, dada a influência que o contexto exerce.[24] Esta proposta traz a compreensão do comportamento humano na base da reciprocidade.[25]

Se a corrupção é examinada, tradicionalmente, sob o ponto de vista da infração individual (tipos legais), é crescente o interesse na chamada corrupção institucional ou legal.[26] Objetiva-se analisar e enqua-

---

[19] B. ROTHSTEIN, *Social Traps and the Problem of Trust*; B. ROTHSTEIN, *Controlling Corruption*: The Social Contract Approach; A. PERSSON; B. ROTHSTEIN; J. TEORELL, "Why Anticorruption Reforms Fail-Systemic Corruption as a Collective Action Problem".

[20] R. KARKLINS. *The system made me do it*: corruption in post-communist societies. Abingdon, Oxon: Routledge, 2015. p. 153.

[21] B. ROTHSTEIN, *Social Traps and the Problem of Trust*, p. 7 – traduzido.

[22] De facto, esta perspectiva do indivíduo como ator racional egoísta e maximizador da utilidade tem sido revisitada. Como assinala Ostrom, a teoria da escolha racional, em sua formulação tradicional, aplicar-se-ia a situações envolvendo um mercado competitivo para o intercâmbio de bens privados, mas não para todas as hipóteses de dilemas sociais, já que não seria uma teoria ampla do comportamento humano. E. OSTROM. Beyond Markets and States: Polycentric Governance of Complex Economic Systems. *Transnational Corporations Review*, 2, n. 2, p. 641-672, 2010. p. 659-661. Muitos dos contributos advêm da psicologia e das ciências comportamentais em geral, entre outras, cujas pesquisas sugerem diversas influências e vieses nem sempre consistentes na tomada de decisão. P. M. HEYWOOD. Combating Corruption in the Twenty-First Century: New Approaches. *Daedalus*, 147, n. 3, p. 83-97, 2018. p. 85; P. M. HEYWOOD; J. ROSE, "Curbing Corruption or Promoting Integrity?".

[23] Como assinala Sen, "[o]s tipos friamente racionais podem povoar nossos livros didáticos, mas o mundo é mais rico". A. SEN. *Sobre ética e economia*. Tradução r. t. R. D. M. LAURA TEIXEIRA MOTA. ePub ed. São Paulo: Companhia das Letras, 1999. p. 19.

[24] B. ROTHSTEIN, *Social Traps and the Problem of Trust*, p. 12-14.

[25] B. ROTHSTEIN, *Controlling Corruption: The Social Contract Approach*, p. 24-25.

[26] Também chamada "corrupção legal" por autores como D. KAUFFMANN; P. C. VICENTE. Legal Corruption. *Economics & Politics*, 23, n. 2, p. 195-219, 2011; G. G. MACIEL; L. DE

drar padrões (de corrupção) considerados legais e a sua interação com o legítimo funcionamento das instituições.[27] Nas palavras de Lessig, trata-se da

> influência sistémica e estratégica que é legal, ou mesmo de fato ética, que compromete a eficácia da instituição, desviando-a do seu propósito ou enfraquecendo a sua capacidade de alcançar o seu propósito, incluindo, na medida em que é relevante para o seu propósito, enfraquecer a confiança do público nessa instituição ou a fiabilidade inerente à instituição.[28]

De acordo com Maciel e De Sousa, perfazer a análise da corrupção institucional é primordial, já que um conceito centrado apenas no abuso de poder ou de autoridade não seria suficiente para perceber a relação entre o declínio dos padrões éticos na vida pública e o apoio à democracia. Desassociado do ilícito criminal, a corrupção institucional fomenta um ambiente de mercado bilateral para facilitar a interação entre os agentes políticos e o setor empresarial, tudo com uma aparência formal de democracia. Ocorre que, para o público em geral, se traduz em oligarquia.[29]

Na proposta da ação coletiva, políticas efetivas devem ter por objetivo conseguir a transição do estado de desconfiança para o de confiança, de forma a alterar o equilíbrio de corrupção. É necessário que os atores mudem a percepção sobre os demais agentes envolvidos, de forma a acreditar/confiar que a maioria está disposta a atuar com honestidade.[30] É igualmente preciso que haja capacidade institucional para fortalecer tal confiança.

Ocorre que alterar a percepção dos cidadãos sobre as instituições públicas exige sinais muito fortes – o comprometimento crível – de que a mudança de facto ocorreu.[31] Na seção seguinte, trabalhamos a integridade institucional, mais precisamente integridade como governação, e a sua relação com o reforço da confiança.

SOUSA. Legal corruption and dissatisfaction with democracy in the European Union. *Social Indicators Research*, 140, n. 2, p. 653-674, 2018.

[27] D. F. THOMPSON. Theories of Institutional Corruption. *Annual Review of Political Science*, 21, n. 1, p. 495-513, 2018. p. 496.

[28] L. LESSIG. Foreword: "Institutional Corruption" defined. *The Journal of Law, Medicine & Ethics*, 41, n. 3, p. 553-555, 2013. p. 553 – traduzido.

[29] G. G. MACIEL; L. DE SOUSA, "Legal corruption and dissatisfaction with democracy in the European Union", p. 653-657.

[30] B. ROTHSTEIN, *Social Traps and the Problem of Trust.*, passim.

[31] *Ibid.*, p. 210-211.

2.2 A integridade como governação

Como vimos ao sucintamente explicar o marco do P-A, as políticas anticorrupção gravitam em torno da alteração dos incentivos, com o incremento dos controlos e da severidade sancionatória. E, usualmente, como mecanismo de resposta ao crime.

Neste contexto, pode-se questionar o quanto se investe no estímulo a valores conducentes à integridade dos agentes públicos.[32] Observe-se que a corrupção possui conotação negativa, ao passo que a integridade é um "rótulo (moralmente) positivo".[33] Com isto se quer ressaltar, de um lado, que ter por vetor apenas o comportamento ilícito diz pouco sobre o nível de probidade do agente. De outro, a integridade proporciona as bases para a confiança do cidadão nas instituições. Mas para confiar "o cidadão estará menos interessado nos tempos em que a probidade ficou muito abaixo de um padrão aceitável, e mais em saber se os titulares de cargos públicos aderem a padrões de probidade adequados em todas as suas ações e decisões".[34]

Assim como mencionamos com relação à corrupção, a integridade também comporta diversas concepções, muito embora a discussão sobre o tema tenha despertado mais tardiamente.[35] Huberts, por exemplo, identifica ao menos oito visões diferentes para a integridade, que engloba nas perspectivas "*Individual and professional wholeness*"[36] e "*Right and wrong*".[37]

Mas há definições que compreendem mais de uma perspectiva. Um exemplo é a integridade como valor (democrático), concebida como "o reconhecimento do mérito e responsabilidade depositada num cargo

---

[32] P. M. HEYWOOD, "Combating Corruption in the Twenty-First Century: New Approaches," p. 84.

[33] G. DE GRAAF, "Causes of corruption: Towards a contextual theory of corruption," p. 44 – traduzido.

[34] P. M. HEYWOOD; J. ROSE, "Curbing Corruption or Promoting Integrity?," p. 112 – traduzido.

[35] L. HUBERTS. Integrity and Integritism. In: *The integrity of governance*: What it is, what we know, what is done and where to go. Hampshire, UK: Palgrave McMillan, 2014. p. 38-65, p. 38-39; L. HUBERTS. Integrity: What it is and why it is important. *Public Integrity*, 20, n. sup1, p. S18-S32, 2018; P. M. HEYWOOD; J. ROSE, "Curbing Corruption or Promoting Integrity?," p.

[36] Que engloba: 1. Integridade como completude (*wholeness*); 2. Integridade como estando integrada no ambiente; e 3. Integridade como responsabilidade profissional. L. HUBERTS, "Integrity and Integritism," p. 39-41 – traduzido.

[37] Que comporta: 4. Integridade como ato consciente e aberto com fundamento em reflexão moral; 5. Integridade como um (número de) valor(es) ou virtude(s), incluindo incorruptibilidade; 6. Integridade de acordo com as leis e códigos; e 8. Integridade como comportamento moral exemplar. *Ibid.* 41-44 – traduzido.

de autoridade e o entendimento, por parte do detentor do poder, de que o exercício das suas funções se deve reger pelo respeito, promoção e reforço da coisa pública e da vontade de fazer colectiva".[38] Entendemos que esta visão, além da integridade como completude e como responsabilidade profissional, também ressalta o ato aberto e reflexivo pautado em valores e o comportamento exemplar.

Neste artigo trabalhamos a integridade como governação,[39] ou seja, a aplicação consistente de valores, princípios e normas na atividade diária das organizações do sector público, orientada pelo primado do interesse público sobre os interesses privados.[40]

Podemos enriquecer esta perspectiva com a distinção que Soeharno faz das dimensões objetiva e substantiva da integridade. A integridade como governação tem por efeito abraçar a *integridade com a integridade*; por outras palavras, a *prática* da integridade também deve permanecer íntegra.[41]

O objeto da integridade são os valores demarcados por normas. Por outras palavras, os valores objeto de confiança em uma determinada organização e que constituem o que se almeja conquistar; já as normas ou regras traçam o limite do que é o comportamento aceitável. O objeto, portanto, constitui o alicerce normativo da cultura de integridade.[42]

Já a dimensão subjetiva – a mencionada prática – necessita, primeiro, da articulação do objeto. Igualmente importante é a sua interpretação. Entretanto, estes dois aspectos, por si sós, não asseguram a integridade, já que podem ser vistos como mero *window dressing* e não como um comprometimento verdadeiro. É essencial que a liderança tome para si a responsabilidade por construir uma cultura de integridade, tendo por norte alcançar os objetivos propostos e não meramente estabelecer processos e instrumentos. É igualmente importante um

---

[38] L. DE SOUSA. Democracia, ética e corrupção. *Revista da Controladoria-Geral da União. Coletânea de artigos*, ano II, n. 2, p. 10-25, 2007. p. 11.

[39] Que para Huberts corresponde à sétima visão, segundo a qual a integridade é a "qualidade de agir de acordo ou em harmonia com valores morais relevantes, normas e regras". L. HUBERTS, "Integrity and Integritism," p. 44-48 – traduzido.

[40] A OCDE define a integridade pública como "o alinhamento consistente e a adesão a valores éticos, princípios e normas comuns para a manutenção e prioridade do interesse público sobre os interesses privados no sector público" OCDE. *Recomendação do Conselho da OCDE sobre integridade pública*. 2017.

[41] J. E. SOEHARNO. Aiming for Integrity with Integrity. In: B. VAN ROOIJ; D. D. SOKOL (ed.). *The Cambridge Handbook of Compliance*. Cambridge: Cambridge University Press, 2021. p. 1010-1019 (Cambridge Law Handbooks).

[42] *Ibid.*, p. 1012-1013.

esforço prudencial contínuo que vai além da liderança, para alcançar "indivíduos, equipas, grupos, sectores, organizações, governos ou instituições", com foco na criação de uma cultura de integridade.[43]

A verificação última é avaliar se a *integridade* está a ser tratada com *integridade*, como mencionado. Seja na proteção dos valores, que deve ser exercida com prudência para evitar excessos e medidas desproporcionais aquando da aplicação da lei. Igualmente, deve-se ter presente que a violação da integridade, que repercute na quebra de confiança pela instituição, nem sempre se confunde com uma falta ética por parte do indivíduo. As falhas estruturais, a exemplo do conflito de políticas ou de procedimentos, não se podem imputar ao nível individual, sob risco de penalizações indevidas.[44]

A integridade, portanto, "requer uma articulação, interpretação e salvaguarda proactivas". As dimensões objetiva e subjetiva da integridade estão em constante evolução, não se tratando de um exercício estático e imutável. As organizações, profissionais e indivíduos devem realizar este exercício a cada dia, de forma a demonstrar a sua confiabilidade[45] e, com isto, fortalecer a confiança nas instituições.

3 A qualidade da democracia e a corrupção: a integridade como pilar

A democracia, além de um sistema de governo, é um conjunto de instituições e de valores fundamentais, nomeadamente a integridade, a igualdade, a liberdade, a transparência, *accountability*,[46] a legalidade e a justiça. A democracia se assenta sobre tais valores, que são colocados em prática pelas instituições por meio de regras e procedimentos. Igualmente, estes valores norteiam as expectativas dos cidadãos sobre como a democracia deve funcionar.[47]

Com a disseminação de regimes democráticos ao redor do globo nas últimas décadas, a preocupação com modelos de democracia e com a transição democrática é paulatinamente substituída pela indagação

---

[43] *Ibid.*, p. 113-115, traduzido p. 114.
[44] *Ibid.*, p. 116-117.
[45] *Ibid.*, p. 117.
[46] *Accountability* é um conceito que abrange nuances diversas, como responsabilização e prestação de contas. Por essa razão, é mantido o termo em língua inglesa.
[47] L. DE SOUSA, "Democracia, ética e corrupção," p. 10-11.

sobre *como são tais regimes*⁴⁸ – por outras palavras, a qualidade⁴⁹ da democracia, de forma a aferir o seu desempenho não só como governo, mas como governo democrático. Tal avaliação necessita, de um lado, de parâmetros de qualidade comparáveis e, de outro, da realização de diagnósticos com as consequentes propostas de reforma e avaliação da implementação e dos resultados.⁵⁰

Até ao fim da década de 80, questões como a violência, o controle autoritário e o totalitarismo, entre outras, eram tidas como os principais males para a democracia. Já a corrupção, em especial a política, era considerada um "mal menor". Neste diapasão, proponentes da *"grease the wheels hypothesis"*⁵¹ veem certos tipos corrupção (*e.g.*, a burocrática) como uma forma de diminuir os custos de transação, reduzir as incertezas, as ineficiências provocadas pelo excesso de regulação e outras falhas do governo, alegadamente com impactos positivos no crescimento económico ao facilitar o investimento.

Posições mais recentes contestam estas premissas. A corrupção passa a ser vista como uma patologia, tanto um sintoma como uma consequência de disfunções que indicam déficit⁵² na qualidade da democracia. Ao privilegiar os interesses privados, além do prejuízo à atuação pública em prol do benefício comum, a corrupção abala a própria *cultura da democracia*, com a percepção da degradação dos valores éticos.⁵³ Podemos acrescer os danos provocados pelo percebimento, pelo público, da corrupção institucional, no sentido de que as políticas públicas são sistematicamente concedidas por meio de práticas pautadas no favoritismo e captura regulatória, entre outras.⁵⁴

---

⁴⁸ L. DIAMOND; L. MORLINO. The quality of democracy: An overview. *Journal of democracy*, 15, n. 4, p. 20-31, 2004. p. 20. Grifos nossos.

⁴⁹ Como alerta De Sousa, "não há uma definição concreta e universal" de qualidade da democracia. L. DE SOUSA, "Democracia, ética e corrupção," p. 14.

⁵⁰ *Ibid.*, p. 14.

⁵¹ Cf. S. P. HUNTINGTON. *Political order in changing societies*. Foreword by Francis Fukuyama. New Haven and London: Yale University Press, 2006. p. 59-71; N. H. LEFF. Economic development through bureaucratic corruption. *American behavioral scientist*, 8, n. 3, p. 8-14, 1964.

⁵² M. E. WARREN. What Does Corruption Mean in a Democracy? *American Journal of Political Science*, 48, n. 2, p. 328-343, 2004; S. ROSE-ACKERMAN; B. J. PALIFKA, *Corruption and Government*.

⁵³ G. G. MACIEL; L. DE SOUSA, "Legal corruption and dissatisfaction with democracy in the European Union," p. 653; M. E. WARREN, "What Does Corruption Mean in a Democracy?," p. 328.

⁵⁴ G. G. MACIEL; L. DE SOUSA, "Legal corruption and dissatisfaction with democracy in the European Union," p. 657.

A perda de confiança dos cidadãos quanto à motivação das decisões públicas cria a expectativa negativa de um discurso público e de uma atuação dissimulados, percepção esta que se estende a todos os agentes públicos, inclusive aos não corruptos.[55] Uma consequência primordial desta perda de confiança é a contribuição para a insatisfação[56] com o funcionamento da democracia. Como assinala Norris, a par da erosão dos valores democráticos, o cinismo e a desconfiança dos cidadãos podem ter como consequências o "declínio no comparecimento eleitoral e no engajamento político", "fomentar o aumento dos protestos e o crescimento de partidos extremistas anti-estado" e estimular o desinteresse dos melhores candidatos no serviço público.[57]

Dados do Latinobarómetro (2020)[58] para o Brasil expõem um panorama preocupante. Questionados sobre o apoio à democracia, 36% dos entrevistados responderam que as pessoas, em geral, não se importam se o governo é democrático ou não, e 11,4% que, em determinadas circunstâncias, um governo autoritário pode ser preferível.[59] Tais respostas representam 37,4% dos entrevistados, percentil muito próximo dos 39,7% para quem a democracia é preferível a qualquer outra forma de governo.

De acordo com o respeitado *Democracy Index 2020* (2021), a democracia se viu bastante afetada em 2020, muito do impacto em decorrência das restrições às liberdades civis impostas pela situação sanitária (pandemia). A pontuação média global apresentou o nível mais baixo desde 2006, quando teve início o índice. Países como França e Portugal, por exemplo, foram reposicionados de *"full democracies"* para *"flawed democracies"*. O Brasil, também considerado *"flawed democracy"*, teve

---

[55] G. O'DONNELL. The quality of democracy: Why the rule of law matters. *Journal of democracy*, 15, n. 4, p. 32-46, 2004.; *Ibid.*; M. E. WARREN, "What does corruption mean in a democracy?", p. 328.

[56] B. ROTHSTEIN. *The quality of government*: corruption, social trust, and inequality in international perspective. Chicago: The University of Chicago Press, 2011.

[57] P. NORRIS. Introduction: The growth of critical citizens? In: P. NORRIS (ed.). *Critical citizens*: Global support for democratic government. Oxford: Oxford University Press, 1999. p. 1-27, p. 8 – traduzido.

[58] Esta pesquisa tem por base metodológica indicadores de atitude, opinião e comportamento. No Brasil, o IBOPE Inteligência trabalhou para o Latinobarómetro. C. LATINOBARÓMETRO. *Latinobarómetro*. 2020, Disponível em: https://www.latinobarometro.org/latOnline.jsp. Acesso em: 26 dez. 2021.

[59] Sobre o suporte a um governo militar, embora 58,9% disseram não o apoiar sob nenhuma circunstância, 34,1% responderam que apoiariam a substituição de um governo democrático por um militar se as coisas se tornassem muito difíceis. *Ibid*.

pontuação abaixo de 6[60] nos quesitos "funcionamento do governo" e "cultura política".[61] É alarmante o fato de apenas 8,4% da população mundial (167 países analisados) estar concentrada nas *"full democracies"*. Como assinala o relatório ao analisar o retrocesso democrático na Europa oriental e na América Latina no contexto da pandemia, "[u]ma cultura política fraca, dificuldades na criação de instituições destinadas a salvaguardar o estado de direito e questões persistentes com a corrupção criam um habitat difícil para a democracia".[62]

4 Integridade e boa governação: a importância dos sistemas de gestão para o reforço da confiança institucional

4.1 A integridade como uma dimensão crítica da confiança nas instituições

A governação democrática também necessita de ser eficaz, de modo a garantir a sua perenidade, defender o Estado de Direito, salvaguardar os direitos humanos e assegurar a oferta das melhores condições de vida para os seus cidadãos, ou seja, a boa governação. No entanto, assim como vimos com a qualidade da democracia, a corrupção dificulta a qualidade da governação.[63]

A Agenda 2030, aliás, reconhece que desenvolvimento sustentável está intrinsecamente ligado a sociedades pacíficas, justas e inclusivas, alicerçadas no respeito aos direitos humanos, no Estado de Direito, na democracia e na boa governação.[64] Neste sentido, o Objetivo de Desenvolvimento Sustentável (ODS) nº 16 visa promover sociedades pacíficas e inclusivas para o desenvolvimento sustentável, proporcionar acesso à justiça para todos e construir instituições eficazes, responsáveis e inclusivas em todos os níveis; para tal, uma das metas é a redução da corrupção e do suborno em todas as suas formas

---

[60] Os chamados *"hybrid regimes"* são aqueles que pontuam mais de 4 e menos de 6 T. E. I. UNIT. Democracy Index 2020: In sickness and in health?, p. 1-76. 2021, p. 57.

[61] Ibid., p. 9-10.

[62] Ibid., p. 7.

[63] M. I. CAMERER. Measuring public integrity. *Journal of Democracy*, 17, n. 1, p. 152-165, 2006. p. 152-153.

[64] UNITED NATIONS. *Transforming our world: The 2030 sustainable development Agenda*, 70th Session, UN General Asembly, UN Doc A/Res/70/1. New York: United Nations, 2015 2015. 1-35 p. 7, 13.

(meta 16.5). Com a Agenda 2030, a governação global adota uma abordagem baseada em resultados (*outcomes-based approach*), já que os ODS se traduzem em metas baseadas em resultados que exigem pensamento e relatórios integrados.

Se, de um lado, avalia-se em que medida se alcançam os objetivos mencionados, de outro, cabe refletir sobre a perspectiva procedimental – os processos que permitem atingir tais resultados.[65] Assim, importa aferir a tomada de decisão e a forma de implementação das políticas. Não só como o poder é exercido, mas também como se organiza o acesso a ele. A boa governação gera confiança ao "promover processos e resultados justos".[66]

Esta confiança dos cidadãos é impulsionada pela coerência entre as *expectativas* sobre a interpretação do que é certo e justo ("confiança nas intenções") e sobre o funcionamento das instituições públicas, seja ele real ou percebido ("confiança na competência").[67] A confiança como competência refere-se à capacidade de cumprir as expectativas (a provisão de bens públicos).[68]

Já na confiança como valor, as expectativas dos cidadãos sobre "o processo de elaboração de políticas e as suas motivações orientadoras são tão importantes quanto os resultados reais".[69] A literatura atribui três dimensões críticas de confiabilidade (*trustworthiness*) a tais expectativas: integridade, abertura[70] (*openess*) e justiça[71] (*fairness*).

A integridade diz respeito à conduta irrepreensível da Administração Pública, bem como ao grau de confiabilidade desta em assegurar o interesse público sem a necessidade de escrutínio, com influência direta nos níveis de confiança nas instituições públicas.[72]

---

[65] Embora se referindo a critérios de avaliação do sistema político, entendemos válida a reflexão neste contexto. J. ROSE; P. M. HEYWOOD. Political science approaches to integrity and corruption. *Human Affairs*, 23, n. 2, p. 148-159, 2013.

[66] OCDE. *Trust and Public Policy:* How Better Governance Can Help Rebuild Public Trust. OECD Public Governance Reviews. Paris. 2017, p. 21 – traduzido.

[67] Ibid.

[68] Ibid., p. 21.

[69] Ibid., p. 22 – traduzido.

[70] A abertura e a participação dos *stakeholders* permitem uma melhor compreensão das necessidades dos cidadãos e podem auxiliar de diversas formas, como a impulsionar o nível de *compliance* e a aumentar a confiança nas instituições. Ibid., p. 23.

[71] A justiça (*fairness*) trata a preocupação sobre o tratamento dos cidadãos e a distribuição dos bens públicos de forma equitativa e busca proteger o interesse da sociedade em geral. Ibid.

[72] Ibid., p. 22-23.

De acordo com este quadro (competência e valores), a OCDE propõe uma definição orientadora da *governação pública para a confiança institucional*: "[a] a crença dos cidadãos de que [as instituições do governo] cumprem os seus mandatos com competência e integridade, agindo em prol do benefício mais amplo da sociedade".[73]

Nesta linha e, especificamente para a integridade pública, a OCDE divulgou este ano *The OECD Public Integrity Indicators*, com indicadores que "fornecem dados para apoiar ações concretas contra a corrupção e permitem que os países comparem o desempenho e identifiquem as melhores práticas".[74]

Um dos indicadores é a "eficácia dos mecanismos de controlo interno e de gestão dos riscos"[75] que, na "avaliação da política de controle interno e estrutura regulatória", estabelece critérios como a "inclusão de atividades para prevenir a fraude e a corrupção" e a "previsão de padrões de conduta e comportamento ético publicados e aplicáveis a todos os funcionários públicos". Relativamente ao poder judicial, há um indicador específico, nomeadamente o de "salvaguardas regulatórias para a independência e integridade judicial",[76] em que se analisa, entre outros critérios, se os padrões de conduta e comportamento ético são publicados e aplicáveis aos membros do Judiciário.

Esta noção de integridade como governação, introduzida antes, é capaz de lançar uma nova luz sobre o combate à corrupção. Já mencionamos que as políticas tradicionais são essencialmente estruturadas como mecanismos reativos a determinados escândalos, ou bem desenhadas para conter condutas específicas. Mas do combate à corrupção, tendo como parâmetro exclusivo determinados atos que são considerados ilegais, não se extrai naturalmente a promoção da conduta íntegra.[77] Como no caso da corrupção institucional, há o risco de não se conseguir alcançar a panóplia de questões éticas que podem resultar em sua violação.[78] Esta orientação também permite fomentar a capacidade institucional que possibilita dar a resposta à perspectiva da ação

---

[73] *Ibid.*, p. 23 – traduzido.
[74] OECD. *The OECD Public Integrity Indicators (PII)*. 2021. Disponível em: https://www.oecd-public-integrity-indicators.org/. Acesso em: 15 dez. 2021.Traduzido.
[75] Cuja coleta de dados ocorrerá em 2022. *Ibid.* Traduzido.
[76] Com previsão de recolha dos dados para 2023. *Ibid.* Traduzido.
[77] P. M. HEYWOOD, "Combating Corruption in the Twenty-First Century: New Approaches," p. 84.
[78] Para uma tipologia de violações da integridade, ver L. HUBERTS e A. VAN MONTFORT. Building ethical organisations: The importance of organisational integrity systems. *In*:

coletiva: a necessidade da mudança de percepção para se alcançar o estado de transição de desconfiança no comportamento alheio para o de *confiança social*.

Ocorre que a integridade é parte de um processo constante de melhoria e de gestão das interações entre os cidadãos e a Administração Pública. Mais do que regular minuciosamente tais interações, importa enfatizar a boa gestão das estruturas que levam à tomada de decisão ética.[79] É o que veremos no item a seguir.

4.2 Uma perspectiva principiológica para a gestão da integridade pública

De acordo com Heywood, um modelo efetivo de gestão da integridade é "o quadro formal que garante que os funcionários públicos se envolvam em comportamentos éticos, agindo com honestidade e equidade, cumprindo ao mesmo tempo as normas legais prevalecentes".[80]

Ou seja, uma abordagem pautada não apenas nas regras, mas também na promoção de valores capazes de transformar a cultura organizacional[81] e impactar o comportamento. A literatura acadêmica distingue as orientações *compliance-based* e *values-based*. A primeira perspectiva (*compliance-based approach*) tem por foco o estabelecimento de controles externos e a conformidade com políticas diversas e regras; já a perspectiva *values-based* enfatiza o desenvolvimento da integridade, bem como realça a necessidade de os indivíduos internalizarem determinados valores.[82]

Este artigo adota uma visão integrada de ambas as orientações, com a ideia subjacente de que os sistemas de integridade objetivam "trazer algum grau de ordem e previsibilidade ao comportamento dos

---

A. GRAYCAR (ed.). *Handbook on Corruption, Ethics and Integrity in Public Administration*. Chetelham: Edward Elgar Publishing, 2020. cap. 31, p. 449-461.

[79] P. M. HEYWOOD, "Combating Corruption in the Twenty-First Century: New Approaches," p. 85 – traduzido.

[80] *Ibid*.

[81] Tomamos a definição de Paine para cultura organizacional, como sendo o conjunto de "valores, atitudes, crenças, linguagem e padrões comportamentais" de uma organização. L. S. PAINE. Managing for organizational integrity. *Harvard Business Review*, 72, n. 2, p. 106-117, 1994. p. 106 – traduzido.

[82] W. N. WEBB. Ethical culture and the value-based approach to integrity management: A case study of the department of correctional services. *Public Administration and Development*, 32, n. 1, p. 96-108, 2012. p. 97 – traduzido.

colaboradores".[83] Como pontuam Traviño e Nelson, para ser efetivo, um programa deve conter elementos de ambas as perspectivas, com valores traduzidos em regras de comportamento, com informação precisa que minore as ambiguidades e com ações que disciplinem o comportamento desviante[84] e que proteja e incentive a cultura organizacional.

Nesta toada, para se alcançar e conseguir manter uma cultura de integridade, é necessário dedicar esforços racionais para estabelecer, revisar e atualizar estândares, bem como para fornecer orientação e monitorar a sua aplicação na prática diária,[85] Partindo da proposta de Treviño e Nelson,[86] a cultura de integridade (CI) é formada pelos diversos aspectos que estimulam a conduta íntegra. A CI afeta a forma de pensar e agir com relação a situações de integridade, já que influencia a ação, o julgamento e a conscientização[87] ética.

Quando Kirby propõe os quatro[88] princípios da gestão da integridade pública, enfatiza que não se pode eliminar completamente o poder discricionário do agente público. Ocorre que o controlo do comportamento por via dos incentivos nem sempre é viável; portanto, a boa tomada de decisão deve estar ancorada nos valores partilhados do serviço público. Estes valores passam a formar uma nova referência – que o autor chama de "identidade" –, capaz de transformar os servidores públicos em "administradores" ou "curadores" da instituição. A responsabilidade individual vai além do papel que eles desempenham, já que o objetivo aquando da tomada de decisão é assegurar a "integridade da instituição como um todo", com coerência e consistência.

Também assinala Kirby que os novos valores poderão decair sem uma cultura organizacional que lhes dê suporte. Referida cultura deve ser criada e incentivada por meio de "formação, práticas dedicadas a oficiais de ética e liderança".[89] A formação, por exemplo, é usualmente

---

[83] G. R. WEAVER; L. K. TREVIÑO. Compliance and values oriented ethics programs: Influences on employees' attitudes and behavior. *Business Ethics Quarterly*, 9, n. 2, p. 315-335, 1999. p. 317 – traduzido.

[84] L. K. TREVIÑO; K. A. NELSON. *Managing business ethics: straight talk about how to do it right*. 6th ed. New York: John Wiley, 2014. p. 242.

[85] N. KIRBY. From anti-corruption to building integrity. In: A. GRAYCAR (ed.). *Handbook on Corruption, Ethics and Integrity in Public Administration*. Chetelham: Edward Elgar Publishing, 2020. cap. 32, p. 462-481.

[86] As autoras trabalham a cultura organizacional ética nas empresas. L. K. TREVIÑO; K. A. NELSON, *Managing business ethics*, p. 150.

[87] Ao passo que as diferenças individuais influenciam apenas a ação e o julgamento, *ibid*.

[88] N. KIRBY, "From anti-corruption to building integrity," p. 471-472.

[89] *Ibid.*, p. 472.

de adesão opcional, com transmissão de um contexto geral; orientada para intervenções episódicas com pouca interação e excessivamente didáticas, e para grupos sem individualização. No entanto, deveria ter por pressupostos a participação obrigatória, ser orientada para o contexto específico, oferecida de forma sustentada e que permita a interação dos participantes, e direcionada para grupos individualizados. E esta formação com ênfase nos valores precisa ser sustentada institucionalmente pelas práticas diárias, ou seja, fazer parte do discurso quotidiano da organização.

O terceiro[90] princípio da gestão da integridade é a liderança ética, um dos pilares da cultura organizacional. Esta liderança contém a dupla dimensão moral da pessoa (integridade nas decisões e comportamento) e do gestor (ao promover a integridade por meio do modelo que representa, capacitação, reforço e comunicação). O comportamento daqueles que ocupam cargos de liderança envia mensagens ou sinais sobre o comportamento esperado e que os colaboradores captam, pelo que a liderança ética pode ajudar a reduzir o comportamento antiético.[91]

O quarto e último princípio[92] diz respeito à *accountability*, que, junto com a transparência,[93] é de grande valor para a promoção da integridade pública. No entanto, a *accountability* não deve ser vista como um fim em si mesma, mas nas perspectiva de como pode ajudar, no geral, a alcançar e consolidar a integridade na instituição. Caso contrário, pode frustrar os esforços, ao transformar-se em uma cultura de conveniência burocrática (*tick-box approach*) e de metas de desempenho que não servem a um propósito maior, além de incentivar a aversão ao risco e a possibilidade de burlar o sistema.

De facto, as decisões humanas, tomadas em um contexto de interação social, muitas vezes são pautadas pela confiança e pela reciprocidade. A reciprocidade é considerada um dos determinantes sociais do comportamento ético, embora também faça parte das interações corruptas. E quando, ao invés da desconfiança, a confiança é a

---

[90] *Ibid.*, p. 472-473.
[91] *Ibid.* L. K. TREVIÑO; K. A. NELSON, *Managing business ethics*. p. 158.
[92] N. KIRBY, "From anti-corruption to building integrity," p. 473.
[93] O envolvimento de outras pessoas reduz a manobra moral do tomador de decisões. Não só porque estes terceiros poderão não partilhar dos mesmos vieses e justificações, mas também porque a aparência externa do comportamento influencia na tomada de decisão – além da autossatisfação, também se quer aparecer moral perante os demais. OECD. *Behavioural Insights for Public Integrity*: Harnessing the Human Factor to Counter Corruption. Paris: OECD Publishing, 2018. (OECD Public Governance Reviews), p. 23-30.

regra, diversos benefícios ao nível comportamental podem ser observados. A reciprocidade indireta, como a defesa do interesse público, funciona na base da confiança: de que os demais também irão atuar com integridade porque esta beneficia a todos. A tomada de decisão tendo por norte o interesse público tem por pressuposto a confiança no sistema, como a meritocracia, a higidez dos processos licitatórios e a justiça.[94] Este raciocínio é o que está subjacente à teoria da ação coletiva para a corrupção.

Isto não significa deixar de lado a *accountability*, mas integrá-la operacionalmente. A integridade dos agentes públicos serve também como controlo do comportamento desviante de seus pares. Mas para isto é necessário ampará-los com uma estrutura organizativa aberta aos reportes[95] (*speak-up culture*) e que proteja os denunciantes, a par de uma cultura de integridade que não veja estas ações como atos desleais.[96]

5 A importância da boa gestão da integridade pública no poder judicial e a Resolução nº 410/2021 do CNJ

O poder judicial desempenha um papel inequívoco no suporte e no fortalecimento da democracia, pois o Estado de Direito constitui um dos pilares de uma democracia de alta qualidade. O sistema jurídico, essencial para a estabilização, previsibilidade, clareza e ordem nas relações sociais, é um bem público. Nesta toada, é necessário, entre outras questões, que as leis possam ser seguidas pelos destinatários sem exigências desarrazoadas, bem como um poder judicial independente que interprete e aplique a lei sem arbitrariedade e subserviência aos interesses privados.[97]

---

[94] *Ibid.*

[95] Em situações de conduta desviante frequente, pode ocorrer a "difusão de responsabilidade", com diminuição da probabilidade de alguém se insurgir contra ela, já que, individualmente, há menos sentido de responsabilidade por aquela ação e tampouco se quer manifestar a desconfiança ou limitar a liberdade de escolha dos demais. *Ibid.*

[96] N. KIRBY, "From anti-corruption to building integrity," p. 473. OECD, *Behavioural Insights for Public Integrity: Harnessing the Human Factor to Counter Corruption*, p. 23-30.

[97] A impunidade é um sinal da ineficácia do Estado de Direito, o qual, nesta concepção, se refere diretamente ao poder judicial. Assim, quando analisado à luz da teoria da democracia, o Estado de Direito não deve ser visto apenas como uma "característica genérica do sistema legal e do desempenho dos tribunais", mas especialmente como a regra jurídica basilar de um Estado democrático. G. O'DONNELL, "The quality of democracy: Why the rule of law matters," p. 35-36.

Nesta toada, tribunais independentes proveem as respostas institucionais e os controlos necessários para assegurar a primazia do Estado de Direito, bem como a implementação correta e imparcial das políticas e da redistribuição dos recursos públicos.[98]

Mas a opinião dos cidadãos sobre o poder judicial nem sempre aponta para essa direção. De volta ao Latinobarómetro, note-se que 24,3%[99] dos entrevistados opinam que juízes e magistrados pertencem ao grupo de pessoas envolvidas em atos de corrupção. E, quando questionados sobre a confiança que depositam no Judiciário, apenas 10,6% responderam ter "muita" confiança, enquanto 21,9%, "nenhuma".[100]

Ora, o papel do poder judicial na qualidade da democracia e da governação é inequívoco. A independência, a integridade e a imparcialidade são essenciais para o estabelecimento de um sistema de justiça eficaz e funcional, contribuindo para o bom desempenho democrático ao proteger as instituições e reforçar a confiança do público no Estado de Direito.

Para tal, o sistema judicial precisa considerar os mais elevados padrões de ética, de forma a garantir a imparcialidade e objetividade das suas decisões, bem como conservar-se invulnerável a influências externas indevidas – por outras palavras, permanecer *íntegro*.

É neste sentido que foram idealizados os Princípios de Bangalore ("Princípios") para a conduta judicial.[101] Fruto do Grupo de Trabalhos para a Integridade Judicial (constituído sob os auspícios das Nações Unidas), os Princípios têm por objetivo estabelecer padrões para a conduta ética dos juízes e servir de inspiração para a elaboração de códigos de conduta ou estatutos nacionais, regionais ou internacionais. Os Princípios reconhecem os seguintes valores essenciais: independência, imparcialidade, integridade, idoneidade, igualdade e, finalmente, competência e diligência. De cada valor depreende-se um princípio

---

[98] B. ROTHSTEIN. What is the opposite of corruption? *Third World Quarterly*, 35, n. 5, p. 737-752, 2014.

[99] Quase a mesma percentagem atribuída ao setor privado (23,3%). C. LATINOBARÓMETRO, *Latinobarómetro*.

[100] As demais respostas mostram resultados tímidos em termos de confiança: 25,3% disseram ter "algo" de confiança e 39,3% "pouca". *Ibid.*

[101] UNODC. *Comentário aos Princípios de Bangalore para a conduta judicial (traduzido para o português europeu)*. Tradução M. REIS; E. LOPES. Lisboa: Centro de Estudos Judiciários, 2021.

que, nos Comentários[102] elaborados posteriormente, recebe os limites e alcance necessários para auxiliar os juízes no exercício das suas funções.

Importante notar que, nas discussões antecedentes, destacou-se que a percepção de parcialidade e corrupção estava a impactar negativamente a confiança pública no poder judicial.[103] De facto, no Preâmbulo aos Princípios, reconhece-se que "a *confiança do público* no sistema judicial e na autoridade moral e *integridade do judiciário* é de extrema importância numa sociedade democrática moderna".[104]

O princípio decorrente da integridade a considera "essencial para o desempenho adequado do cargo judicial".[105] Nos Comentários, ela é considerada absoluta, uma verdadeira necessidade.[106]

Na mesma linha, e tendo por norte a independência do poder judicial e a sua importância para o combate à corrupção, a Convenção das Nações Unidas contra a Corrupção (UNCAC[107]) exige, em seu artigo 11, que os Estados Parte adotem medidas para reforçar a integridade[108] dos seus membros, como a adoção de regras de conduta, e reduzir as oportunidades para a corrupção. Afinal, um sistema de justiça independente e imparcial sustenta a implementação efetiva de dita convenção. Em vista do seu papel central na efetiva aplicação de uma série de medidas previstas na UNCAC, como a cooperação internacional, deve ser uma preocupação primordial dos Estados Partes garantirem um poder judicial capacitado institucionalmente.

Nesta linha, a Resolução CNJ representa um movimento com ampla possibilidade de recuperação da confiança institucional. A adoção de sistemas de integridade ("SI") desenhados de acordo com

---

[102] Estes comentários objetivam ser um guia oficial para a aplicação dos princípios. *Ibid.*, p. 18-19.
[103] Dados de pesquisa de opinião e inquéritos governamentais. *Ibid.*, p. 9-10.
[104] *Ibid.*, p. 27, grifos nossos.
[105] *Ibid.*, p. 69.
[106] *Ibid.*, p. 70.
[107] Do inglês *United Nations Convention Against Corruption*.
[108] Fazendo referência aos Princípios de Bangalore, o Guia para implementação do art. 11 da UNCAC explica que integridade é "um conceito holístico que se refere à capacidade do sistema judiciário ou de um membro individual do judiciário de resistir à corrupção, respeitando plenamente os valores fundamentais de independência, imparcialidade, integridade pessoal, decoro, igualdade, competência e diligência". UNODC. *The United Nations Convention against Corruption: Implementation Guide and Evaluative Framework for Article 11*. United Nations. New York, p. 1-86. 2015, 11 – traduzido, Disponível em: https://www.unodc.org/documents/corruption/Publications/2014/Implementation_Guide_and_Evaluative_Framework_for_Article_11_-_English.pdf. Acesso em: 1º out. 2021.

os parâmetros propostos pela referida norma poderá contribuir para o reforço da integridade no poder judicial.

A Resolução CNJ é estruturada sobre (*i*) objetivos dos SI (art. 2º, *caput*); (*ii*) eixos que estruturam tais sistemas (art. 2º, parágrafo único); (*iii*) diretrizes para a concepção e implementação dos SI (art. 3º); e (*iv*) elementos fundamentais que devem nortear os SI (art. 4º). Dado o limite de espaço, vamos analisar apenas alguns aspectos desta estrutura, com inspiração nos princípios para a gestão da integridade e outras questões colocadas na subseção 4.2.

Quanto aos objetivos, a Resolução CNJ propõe uma visão integrada das perspectivas *compliance-based* e *values-based* para os programas de gestão da integridade. De um lado, a preocupação com a promoção da cultura de integridade por meio dos SI é tónica constante, desde os Considerandos até à menção expressa no art. 2º, mas sem esquecer a necessidade de se adotarem medidas e ações institucionais destinadas a prevenir, detectar e remediar os comportamentos desviantes.

O comprometimento da alta administração, essencial para a formação da cultura de integridade, é proposto como um dos eixos estruturantes e a norma faz referência ao "apoio explícito". Mas também é considerado uma diretriz para a concepção e implementação do SI; neste caso, pontua-se o "engajamento pessoal" da alta administração.

Dos chamados eixos estruturantes, destacamos também o aprimoramento contínuo e a capacitação, que são peças-chave na disseminação e fortalecimento da cultura de integridade. Mas também é importante lembrar que investir em *capacity building* auxilia a todos a compreenderem as regras e a sua forma de aplicação.

Nas diretrizes, a par do papel desempenhado pela alta administração, garantir a participação de *stakeholders* internos na elaboração e concretização do SI estimula a sua adesão com *motivação intrínseca* e não externa (imposta). Ademais, como já pontuado, a abertura (*openess*) e a participação dos *stakeholders* permitem uma melhor compreensão das necessidades dos cidadãos e podem auxiliar de diversas formas, como a impulsionar o nível de *compliance*.

Por fim, o art. 4º[109] introduz os chamados elementos fundamentais que devem nortear os SI. Em primeiro lugar está a governação pública,

---

[109] Nos 12 incisos do art. 4º: I – governança pública; II – transparência; III – *compliance*; IV – profissionalismo e meritocracia; V – inovação; VI – sustentabilidade e responsabilidade social; VII – prestação de contas e responsabilização; VIII – tempestividade e capacidade de resposta; IX – aprimoramento e simplificação regulatória; X – decoro profissional e reputação;

fortemente atrelada à integridade (pública).¹¹⁰ Neste artigo trabalhamos a integridade como governação, conceituação que se pode apreciar na Resolução CNJ. A norma também faz referência à sustentabilidade e à responsabilidade social, em línea com o compromisso de promover a consecução dos Objetivos de Desenvolvimento Sustentável, nomeadamente o ODS 16.

Tal artigo faz referência ao *compliance*¹¹¹ como elemento norteador, mas também traz valores como profissionalismo, meritocracia, decoro profissional e reputação. Também deixa vincada a vedação ao nepotismo, prática que representa violação aos princípios consubstanciados no art. 37, *caput*, da Constituição Federal.¹¹²

Por fim, também são considerados elementos fundamentais a transparência e a prestação de contas e a responsabilização (*accountability*). Como pontuamos na subseção 4.3, a transparência e a *accountability* não podem ser vistas como um fim em si mesmas, mas buscar-se a sua operacionalização; neste caso, integrá-las operacionalmente nos SI.

6 Reflexões finais

Vimos que, na perspectiva da ação coletiva, é necessário alterar o equilíbrio de corrupção. A proposta orienta para a promoção de políticas efetivas que permitam a transição do estado de desconfiança para o de confiança social, já que as expectativas sobre o comportamento dos outros desempenham um papel crucial em indicar o curso de ação em uma determinada situação social, neste caso, transações corruptas.

Pontuamos a necessidade de que os atores mudem a percepção sobre o comportamento em sociedade, ou seja, confiar que a maioria está disposta a atuar com honestidade. Isto precisa ser acompanhado de capacidade institucional para fortalecer tal confiança.

XI – estímulo à renovação dos cargos de chefia e assessoramento da alta administração; e XII – vedação ao nepotismo.

[110] Que a norma define como o "alinhamento consistente e adesão a valores, princípios e normas éticas comuns que sustentam e priorizam o interesse público sobre os interesses privados no setor público" (art. 5º, inciso I, da Resolução CNJ).

[111] Definido como o "conjunto de mecanismos e procedimentos de controle interno, auditoria, incentivo à denúncia de irregularidades e de aplicação efetiva do código de conduta ética, políticas e diretrizes com objetivo de prevenir, detectar e sanar desvios, fraudes, irregularidades e atos ilícitos praticados por membros ou servidores do Poder Judiciário" (art. 5º, inciso II, da Resolução CNJ).

[112] Neste sentido, cf. a Súmula Vinculante nº 13, do Supremo Tribunal Federal.

A tónica deste artigo tem sido que a integridade como governação e, mais precisamente, a sua boa gestão por meio de sistemas de integridade é uma avenida promissora no que pertine à recuperação e ao fortalecimento da confiança social. Como vimos na seção antecedente, a Resolução CNJ traz parâmetros orientadores que, se bem aplicados, permitem criar sistemas robustos.

Ocorre que a confiança é uma *"commodity* frágil"; perder a confiança é fácil, reconquistá-la é mais difícil. E é expectável que o investimento em integridade para a recuperação da confiança produza efeitos apenas a longo prazo. Ademais, o fato de que as diversas medidas a implementar possam vir a mostrar as falhas da instituição pode ter como consequência a perda da confiança a curto prazo.[113]

Por essa razão, os sistemas de integridade devem estar preparados para enfrentar de forma resiliente este possível recuo nos níveis de percepção da confiança. Mas como afirma Kirby, não deve ser esta possibilidade o que deve ditar a agenda pró-integridade. Afinal, "ter instituições robustas, coerentes, consistentes, moralmente permissíveis, confiáveis e louváveis deve ter valor suficiente".[114]

Referências

BARDHAN, P. Corruption and development: a review of issues. *Journal of Economic Literature*, 35, n. 3, p. 1320-1346, 1997.

BECKER, G. S. Crime and punishment: an economic approach. *Journal of Political Economy*, 76, n. 2, p. 169-217, 1968.

CAMERER, M. I. Measuring public integrity. *Journal of Democracy*, 17, n. 1, p. 152-165, 2006.

DE GRAAF, G. Causes of corruption: Towards a contextual theory of corruption. *Public Administration Quarterly*, p. 39-86, 2007.

DE SOUSA, L. Democracia, ética e corrupção. *Revista da Controladoria-Geral da União. Coletânea de artigos*, ano II, n. 2, p. 10-25, 2007.

DIAMOND, L.; L. MORLINO. The quality of democracy: An overview. *Journal of democracy*, 15, n. 4, p. 20-31, 2004.

GAROUPA, N. Behavioral Economic Analysis of Crime: A Critical Review. *European Journal of Law and Economics*, 15, n. 1, p. 5-15, 2003.

---

[113] Citando Dasgupta na expressão, N. KIRBY, "From anti-corruption to building integrity," p. 475.
[114] *Ibid.*, 475 – traduzido.

GROENENDIJK, N. A principal-agent model of corruption. *Crime, Law and Social Change*, 27, n. 3/4, p. 207-229, 1997.

HEYWOOD, P. M. Rethinking corruption: Hocus-pocus, locus and focus. *Slavonic and East European Review*, 95, n. 1, 2017.

HEYWOOD, P. M. Combating Corruption in the Twenty-First Century: New Approaches. *Daedalus*, 147, n. 3, p. 83-97, 2018.

HEYWOOD, P. M.; J. ROSE. Curbing Corruption or Promoting Integrity? Probing the Hidden Conceptual Challenge. *In*: HARDI, P.; HEYWOOD, P. M. *et al.* (ed.). *Debates of Corruption and Integrity*. London: Palgrave Macmillan UK, 2015. p. 102-119.

HUBERTS, L. Integrity and Integritism. *In*: *The integrity of governance*: What it is, what we know, what is done and where to go. Hampshire, UK: Palgrave McMillan, 2014. p. 38-65.

HUBERTS, L. Integrity: What it is and Why it is Important. *Public Integrity*, 20, n. sup1, p. S18-S32, 2018.

HUBERTS, L.; A. VAN MONTFORT. Building ethical organisations: The importance of organisational integrity systems. *In*: A. GRAYCAR (ed.). *Handbook on Corruption, Ethics and Integrity in Public Administration*. Chetelham: Edward Elgar Publishing, 2020. cap. 31, p. 449-461.

HUNTINGTON, S. P. *Political order in changing societies*. Foreword by Francis Fukuyama. New Haven and London: Yale University Press, 2006. 0300116209.

KARKLINS, R. *The system made me do it:* Corruption in Post-communist Societies. Abingdon, Oxon: Routledge, 2015. 1317454340.

KAUFFMANN, D.; P. C. VICENTE. Legal Corruption. *Economics & Politics*, 23, n. 2, p. 195-219, 2011.

KIRBY, N. From anti-corruption to building integrity. *In*: A. GRAYCAR (ed.). *Handbook on Corruption, Ethics and Integrity in Public Administration*. Chetelham: Edward Elgar Publishing, 2020. cap. 32, p. 462-481.

KLITGAARD, R. E. *Controlling corruption*. Berkeley e Los Angeles, California: University of California Press, 1988. 978-0-520-91118-5.

KURER, O. Definitions of Corruption. *In*: P. M. HEYWOOD (ed.). *Routledge Handbook of Political Corruption*. London: Routledge, 2015. p. 30-41.

LATINOBARÓMETRO, C. *Latinobarómetro*. 2020.

LEFF, N. H. Economic development through bureaucratic corruption. *American behavioral scientist*, 8, n. 3, p. 8-14, 1964.

LESSIG, L. Foreword: "Institutional Corruption" defined. *The Journal of Law, Medicine & Ethics*, 41, n. 3, p. 553-555, 2013.

MACIEL, G. G.; L. DE SOUSA. Legal corruption and dissatisfaction with democracy in the European Union. *Social Indicators Research*, 140, n. 2, p. 653-674, 2018.

MUNGIU-PIPPIDI, A. *The quest for good governance: How societies develop control of corruption.* Cambridge: Cambridge University Press, 2015. 978-1-316-28693-7.

NORRIS, P. Introduction: The grouth of critical citizens? *In*: P. NORRIS (ed.). *Critical citizens:* Global support for democratic government. Oxford: Oxford University Press, 1999. p. 1-27.

O'DONNELL, G. The quality of democracy: Why the rule of law matters. *Journal of democracy*, 15, n. 4, p. 32-46, 2004.

OCDE. Recomendação do Conselho da OCDE sobre integridade pública. 2017.

OCDE. *Trust and Public Policy:* How Better Governance Can Help Rebuild Public Trust. OECD Public Governance Reviews. Paris. 2017.

OECD. *Behavioural Insights for Public Integrity:* Harnessing the Human Factor to Counter Corruption. Paris: OECD Publishing, 2018 (OECD Public Governance Reviews).

OECD. *The OECD Public Integrity Indicators (PII).* 2021. Disponível em: https://www.oecd-public-integrity-indicators.org/. Acesso em: 15 dez. 2021.

OSTROM, E. Beyond Markets and States: Polycentric Governance of Complex Economic Systems. *Transnational Corporations Review*, 2, n. 2, p. 641-672, 2010.

PAINE, L. S. Managing for organizational integrity. *Harvard Business Review*, 72, n. 2, p. 106-117, 1994.

PERSSON, A.; B. ROTHSTEIN; J. TEORELL. Why Anticorruption Reforms Fail-Systemic Corruption as a Collective Action Problem. *Governance*, 26, n. 3, p. 449-471, 2013.

ROSE, J.; P. M. HEYWOOD. Political science approaches to integrity and corruption. *Human Affairs*, 23, n. 2, p. 148-159, 2013.

ROSE-ACKERMAN, S. *Corruption*: a Study in Political Economy. New York: Academic Press, 1978. 10036.

ROSE-ACKERMAN, S.; B. J. PALIFKA. *Corruption and government*: causes, consequences, and reform. 2. ed. Cambridge: Cambridge University Press, 2016. 978-1-139-96293-3.

ROTHSTEIN, B. *Social Traps and the Problem of Trust.* Cambridge: Cambridge University Press, 2005. 978-0-511-49032-3 978-0-521-84829-9 978-0-521-61282-1.

ROTHSTEIN, B. *The quality of government*: corruption, social trust, and inequality in international perspective. Chicago: The University of Chicago Press, 2011. 978-0-226-72957-2.

ROTHSTEIN, B. What is the opposite of corruption? *Third World Quarterly*, 35, n. 5, p. 737-752, 2014.

ROTHSTEIN, B. Fighting Systemic Corruption: The Indirect Strategy. *Daedalus*, 147, n. 3, p. 35-49, 2018.

ROTHSTEIN, B. *Controlling Corruption*: The Social Contract Approach. Kindle ed. New York: Oxford University Press, 2021. 978-0-19-264793-1.

SEN, A. *Sobre ética e economia.* Tradução r. t. R. D. M. LAURA TEIXEIRA MOTA. ePub ed. São Paulo: Companhia das Letras, 1999.

SOEHARNO, J. E. Aiming for Integrity with Integrity. *In*: B. VAN ROOIJ; D. D. SOKOL (ed.). *The Cambridge Handbook of Compliance.* Cambridge: Cambridge University Press, 2021. p. 1010-1019 (Cambridge Law Handbooks).

THOMPSON, D. F. Theories of Institutional Corruption. *Annual Review of Political Science,* 21, n. 1, p. 495-513, 2018.

TRANSPARENCY INTERNATIONAL. *Corruption Perceptions Index 2021.* 2022.

TREVIÑO, L. K.; K. A. NELSON. *Managing business ethics*: straight talk about how to do it right. 6th ed. New York: John Wiley, 2014. 978-0-470-34394-4.

UNIT, T. E. I. *Democracy Index 2020*: in sickness and in health?, p. 1-76. 2021.

UNITED NATIONS. Transforming our world: The 2030 sustainable development Agenda, 70th Session, UN General Asembly, UN Doc A/Res/70/1. New York: United Nations, 2015 2015. 1–35 p.

UNODC. *The United Nations Convention against Corruption*: Implementation Guide and Evaluative Framework for Article 11. United Nations. New York, p. 1-86. 2015.

UNODC. Comentário aos Princípios de Bangalore para a conduta judicial (traduzido para o português europeu). Tradução M. REIS; E. LOPES. Lisboa: Centro de Estudos Judiciários, 2021.

WARREN, M. E. What does corruption mean in a democracy? *American Journal of Political Science,* 48, n. 2, p. 328-343, 2004.

WEAVER, G. R.; L. K. TREVIÑO. Compliance and values oriented ethics programs: Influences on employees' attitudes and behavior. *Business Ethics Quarterly,* 9, n. 2, p. 315-335, 1999.

WEBB, W. N. Ethical culture and the value-based approach to integrity management: A case study of the department of correctional services. *Public Administration and Development,* 32, n. 1, p. 96-108, 2012.

Informação bibliográfica deste livro, conforme a NBR 6023:2018 da Associação Brasileira de Normas Técnicas (ABNT):

CASTRO, Julia María Gracia de. Reflexões sobre a importância da integridade pública: o fortalecimento da confiança nas instituições e o controlo da corrupção. *In*: SEGURA, Larissa Garrido Benetti (org.); KEPPEN, Luiz Fernando Tomasi; ZENKNER, Marcelo (coord.). *Sistema de integridade e Poder Judiciário*: estudos em homenagem ao ministro Luiz Fux. Belo Horizonte: Fórum, 2022. p. 35-60. ISBN 978-65-5518-454-9.

A EVOLUÇÃO NORMATIVA DO CONSELHO NACIONAL DE JUSTIÇA NA TRANSPARÊNCIA E INTEGRIDADE DO PODER JUDICIÁRIO BRASILEIRO

JORDANA MARIA FERREIRA DE LIMA
MARCOS VINÍCIUS JARDIM RODRIGUES

1 A atribuição regulamentar do Conselho

Conquanto instituído como órgão do Poder Judiciário (inciso I-A do artigo 92 da Constituição Federal de 1988), foi só após sua instalação, em 14 de junho de 2005, que o Conselho Nacional de Justiça (CNJ) foi desenhado regimental e estruturalmente.

Aliás, trata-se de órgão que está em construção, sendo o Supremo Tribunal Federal (STF) um de seus colmatadores mais potentes.[1] Sobre esse delineamento institucional, aqui interessa um breve retorno ao início do CNJ: 20 de agosto de 2008, oportunidade em que foi julgada, definitivamente,[2] a Ação Declaratória de Constitucionalidade (ADC) nº 12.[3]

A medida havia sido proposta pela Associação dos Magistrados do Brasil (AMB) e, em síntese, pleiteava, em caráter liminar, a suspensão de processos que envolvessem a Resolução CNJ nº 7, de 18 de outubro de 2005 (vedação ao nepotismo no Poder Judiciário),[4] com eficácia *ex tunc* àqueles processos em que o regramento houvesse sido afastado.

---

[1] De fato, o vínculo umbilical entre o CNJ e o STF pode ser aferido na primeira resolução editada pelo Conselho, que, dispondo sobre "as atividades de apoio" ao CNJ, previa, no art. 2º, que a "Secretaria do Conselho, com vistas à execução operacional de sua gestão administrativa, poderá firmar protocolo de cooperação com a Secretaria do Supremo Tribunal Federal".

[2] Medida cautelar havia sido deferida, nos autos da ADC 12, em momento anterior: 16.02.2006.

[3] Íntegra do acórdão disponível em: https://redir.stf.jus.br/paginadorpub/paginador.jsp?docTP=AC&docID=606840, acesso em: 10 nov. 2021.

[4] Íntegra disponível em: https://atos.cnj.jus.br/atos/detalhar/187, acesso em: 10 nov. 2021.

No mérito, a AMB buscava o reconhecimento da constitucionalidade da normativa do Conselho, por meio da ADC nº 12.

Nesse acórdão, os ministros do Supremo definiram os contornos que do seria o poder normativo do CNJ e em que ele se fundaria. Nas palavras do relator, Min. Carlos Ayres Britto:

> [...]
> A Resolução nº 07/05 se dota, ainda, de caráter normativo primário, dado que arranca diretamente do §4º do art. 103-B da Carta-cidadã e tem como finalidade debulhar os próprios conteúdos lógicos dos princípios constitucionais de centrada regência de toda a atividade administrativa do Estado, especialmente o da impessoalidade, o da eficiência, o da igualdade e o da moralidade.
> [...]
> O modelo normativo em exame não é suscetível de ofender a pureza do princípio da separação dos Poderes e até mesmo do princípio federativo. Primeiro, pela consideração de que o CNJ não é órgão estranho ao Poder Judiciário (art. 92, CF) e não está a submeter esse Poder à autoridade de nenhum dos outros dois; segundo, porque ele, Poder Judiciário, tem uma singular compostura de âmbito nacional, perfeitamente compatibilizada com o caráter estadualizado de uma parte dele. Ademais, o art. 125 da Lei Magna defere aos Estados a competência de organizar a sua própria Justiça, mas não é menos certo que esse mesmo art. 125, caput, junge essa organização aos princípios "estabelecidos" por ela, Carta Maior, neles incluídos os constantes do art. 37, cabeça.

É dizer: pela ADC nº 12, definiu-se, entre outros aspectos, que a capacidade regulamentar do CNJ decorre de comando constitucional e deve ser respeitada pelos demais órgãos do Poder Judiciário, exceto o STF.

Oportuno relembrar, no contexto, da ação constitucional ajuizada também pela AMB em momento anterior à própria existência jurídica do Conselho: a Ação Direta de Inconstitucionalidade (ADI) nº 3.367-1/DF, cujo julgamento também forneceu contornos às atribuições e funcionamento do CNJ. Pela pertinência, transcreve-se trecho de sua ementa:

> EMENTA: [...] Ação direta. Emenda Constitucional nº 45/2004. Poder Judiciário. Conselho Nacional de Justiça. Instituição e disciplina. Natureza meramente *administrativa*. Órgão *interno* de controle *administrativo, financeiro e disciplinar da magistratura*. Constitucionalidade reconhecida. Separação e independência dos Poderes. História, significado e alcance concreto do princípio. *Ofensa* a cláusula constitucional imutável (cláusula

pétrea). *Inexistência*. Subsistência do núcleo político do princípio, mediante *preservação da função jurisdicional*, típica do Judiciário, e das *condições materiais* do seu exercício imparcial e independente. Precedentes e súmula 649. Inaplicabilidade ao caso. Interpretação dos *arts. 2º e 60, §4º, III, da CF*. Ação julgada improcedente.
[...] 4. PODER JUDICIÁRIO. Conselho Nacional de Justiça. Órgão de natureza exclusivamente administrativa. Atribuições de controle da atividade administrativa, financeira e disciplinar da magistratura. *Competência relativa apenas aos órgãos e juízes situados, hierarquicamente, abaixo do Supremo Tribunal Federal*. Preeminência deste, como órgão máximo do Poder Judiciário, sobre o *Conselho, cujos atos e decisões estão sujeitos a seu controle jurisdicional*. [...] O Conselho Nacional de Justiça *não tem nenhuma competência sobre o Supremo Tribunal Federal e seus ministros*, sendo esse o órgão máximo do Poder Judiciário nacional, *a que aquele está sujeito*. 5. PODER JUDICIÁRIO. Conselho Nacional de Justiça. Competência. Magistratura. Magistrado vitalício. Cargo. *Perda mediante decisão administrativa*. Previsão em texto *aprovado pela Câmara dos Deputados* e constante do Projeto que resultou na Emenda Constitucional nº 45/2004. *Supressão pelo Senado Federal*. Reapreciação pela Câmara. Desnecessidade. Subsistência do sentido normativo do texto residual *aprovado e promulgado* (art. 103-B, §4º, III). Expressão que, ademais, ofenderia o disposto no art. 95, I, parte final, da CF. [...] 6. PODER JUDICIÁRIO. Conselho Nacional de Justiça. Membro. *Advogados e cidadãos. Exercício do mandato. Atividades incompatíveis com tal exercício.* Proibição não constante das normas da Emenda Constitucional nº 45/2004. Pendência de projeto tendente a torná-la expressa, mediante acréscimo de §8º ao art. 103-B da CF. Irrelevância. Ofensa ao princípio da isonomia. Não ocorrência. *Impedimentos* já previstos à conjugação dos *arts. 95, § único, e 127, §5º, II, da CF*. Ação direta de inconstitucionalidade. Pedido aditado. Improcedência. Nenhum dos advogados ou cidadãos membros do Conselho Nacional de Justiça pode, durante o exercício do mandato, exercer atividades incompatíveis com essa condição, tais como exercer outro cargo ou função, salvo uma de magistério, dedicar-se a atividade político-partidária e exercer a advocacia no território nacional. (ADI 3367, Relator(a): Min. CEZAR PELUSO, Tribunal Pleno, julgado em 13/04/2005, DJ 17.03.2006 PP-00004 EMENT VOL-02225-01 PP-00182 REPUBLICAÇÃO: DJ 22.09.2006 PP-00029) (Destacou-se).

Em resumo, do julgamento da ADI citada, ao menos seis aspectos do CNJ podem ser extraídos: a) órgão nacional que não pode ser replicado nas unidades da federação; b) natureza exclusivamente administrativa; c) órgão inserto no Judiciário, apesar de ser controlador deste; d) seus atos são passíveis de controle judicial; e) a penalidade máxima passível de aplicação pelo CNJ a juiz é aposentaria compulsória, e; f) aos membros que sejam advogados, durante o mandato no CNJ, são vedados o exercício da advocacia[5] e a atuação política. Sobre esta última, vale mencionar que a postura político-partidária de alguns membros do Judiciário foi um dos fatores, em 2008, para o que ensejou a edição da Resolução CNJ nº 60, de 19 de setembro de 2008, que veiculou o Código de Ética da Magistratura Nacional.

Antes de adentrar no Código de Ética e noutras resoluções do Conselho sobre integridade, ética e transparência, cabe demonstrar o que são esses três termos quando insertos na Administração Pública.

2 Conceituação: integridade, ética e transparência

Segundo a OECD (Organisation for Economic Co-operation and Development), em sua Recomendação sobre Integridade Pública,[6] no combate à corrupção, "abordagens tradicionais baseadas na criação de mais regras, conformidade mais rigorosa e cumprimento mais rígido têm eficácia limitada". Com efeito, a integridade pública viria como resposta estratégica e sustentável, constituindo "um dos principais pilares das estruturas políticas, econômicas e sociais e, portanto, é essencial ao bem-estar econômico e social e à prosperidade dos indivíduos e das sociedades como um todo" (fl. 3).

É que os riscos de integridade, inclusive a corrupção, existem nas interações entre os setores público e privado, demandando medida integrativa de que participe a sociedade e todos os níveis de governo, com vistas ao aumento da integridade pública, redução dos riscos no setor público e fomento à confiança pública.

Assim, para orientar na idealização e execução de medidas de integridade pública, não apenas para o Poder Judiciário, a OECD, na Recomendação supracitada, elencou estratégias, padrões e definições sobre integridade pública, conceituando esta como: "alinhamento consistente e adesão de valores, princípios e normas éticas comuns para sustentar e priorizar o interesse público sobre os interesses privados no setor público".

---

[5] Sobre a vedação do exercício da advocacia, vale lembrar que não é aplicável a membros do Conselho Nacional do CNMP, já que neste Conselho é possível advogar e exercer o mandato de conselheiro concomitantemente.

[6] Íntegra disponível em: https://www.oecd.org/gov/ethics/integrity-recommendation-brazilian-portuguese.pdf, acesso em: 10 nov. 2021.

Para compreender o que seja ética pública, úteis os ensinamentos de Hilda Naessens:

> La ética lleva consigo elementos que los ciudadanos comparten, sea cual sea su creencia religiosa, su relación familiar, su profesión, su oficio; elementos comunes que ayudan a la sociedad a vivir en armonía conforme a principios de justicia, libertad, igualdad y solidaridad a fin de hacer más satisfactoria la convivencia humana. Cuando la ética se aplica y se pone en práctica en el servicio público se denomina Ética Pública, también llamada ética para la política y la administración pública.[7]

Seguindo, por essa ética pública, exige-se do servidor público uma atuação de determinada maneira em cada situação específica, sempre com vistas ao interesse coletivo. Assim, para a citada autora mexicana:

> La ética pública puede comprenderse como un hacer colectivo, como un proceso en el que tanto la colectividad como los individuos generan pautas de conducta que posibilitan un mejor desarrollo de la convivencia, de la autonomía y de la libertad del hombre. Los gobiernos que quieran ser considerados como justos deben tener individuos íntegros, y es justamente aquí donde entra la ética al tener en sus manos la selección y formación de servidores públicos que actúen con responsabilidad y eficiencia. La ética en la administración pública pone en juego todo un conjunto de valores para ofrecer servicios de calidad a la comunidad.

Em arremate, evidencia-se que a ética aplicável ao setor público seja vital, considerando que as atividades dos servidores públicos – aí incluídos juízes, desembargadores e ministros – devem ser orientadas, necessariamente, ao bem comum. De outro lado, é essa atuação ética imprescindível que fará frente ao controle de arbitrariedades no uso do poder público, mantendo-se a confiança nas instituições públicas e funcionando como um salto qualitativo na Administração Pública, ao lado da atuação honesta, eficiente, objetiva, íntegra e transparente de servidores públicos na gestão de assuntos públicos. Perceptíveis são, todavia, condutas antiéticas no setor público, inclusive no Judiciário, fator que afeta sobremodo o correto e desejável funcionamento da Administração Pública.

---

[7] Hilda Naessens. Ética pública y transparencia. XIV Encuentro de Latinoamericanistas Españoles : congreso internacional, Sep. 2010, Santiago de Compostela, España. p. 2113-2130. ffhalshs-00531532f, pág. 2114-2119.

O conceito de transparência no setor público está atrelado a direitos fundamentais como o acesso à informação (art. 5º, XIV, CF/88) e propicia a observação social sobre recursos e procedimentos executados no setor público. Conforme Eduardo Guerrero Gutiérrez, a transparência na Administração Pública pode ser elucidada nos seguintes termos:

> [...] un ente colectivo, como un gobierno, una empresa privada o una asociación civil es transparente cuando hace pública, o entrega a cualquier persona interesada, información sobre su funcionamiento y procedimientos internos, sobre la administración de sus recursos humanos, materiales y financieros, sobre los criterios con que toma decisiones para gastar o ahorrar, sobre la calidad de los bienes o servicios que ofrece, sobre las actividades y el desempeño de sus directivos y empleados, etc.[8]

Ainda sobre transparência, vale diferenciar a transparência ativa da passiva.[9] Para tanto, traz-se à baila o estudo Luís Paulo Maia e Rodrigo Moreno Marques,[10] em que tal distinção é explicitada:

> De acordo com o princípio da transparência ativa, esses órgãos têm o dever de informar a sociedade de forma proativa e espontânea, sobre sua gestão e seus atos, por meio da divulgação de informações públicas por eles produzidas ou custodiadas. Já o princípio da transparência passiva está voltado para o fornecimento de informações públicas mediante a solicitação de um cidadão, por meio de Sistemas de Informação ao Cidadão (SIC).

Em arremate, rememora-se que, nos termos da Lei de Acesso à Informação (Lei nº 12.527, de 18 de novembro de 2011), os princípios elencados – transparência ativa e passiva – são de observância compulsória por todos os órgãos e instituições públicas brasileiras, em todos os poderes (Executivo, Legislativo e Judiciário) e níveis (municipal,

---

[8] Eduardo, Guerrero Gutiérrez, *Para entender la transparencia*, Nostra Ediciones, China, 2008, p. 11.
[9] Para mais informações sobre transparência no setor público, vide o Guia de Transparência Ativa (GTA) para os órgãos e entidades do Poder Executivo Federal, disponível em: https://www.gov.br/acessoainformacao/pt-br/lai-para-sic/guias-e-orientacoes/gta-6a-versao-2019.pdf, acesso em: 12 nov. 2021.
[10] Disponível em: https://periodicos.unb.br/index.php/RICI/article/view/9236, acesso em: 12 nov. 2021. Araújo, L. P. M. de; Marques, R. M. (2019). Uma análise da transparência ativa nos sites ministeriais do Poder Executivo Federal brasileiro. *Revista Ibero-Americana de Ciência da Informação*, 12(2), 419-439. https://doi.org/10.26512/rici.v12.n2.2019.9236.

estadual e federal), facultando-se tal cumprimento apenas a municípios com população inferior a dez mil habitantes.

Feitas as considerações, passa-se à demonstração da evolução normativa do Conselho na seara desses três atributos que deveriam reger todo o agir público.

3 O Código de Ética da magistratura e normas agregadoras

De modo diverso do que ocorre com a maior parte das resoluções e recomendações editadas pelo CNJ, a Resolução CNJ nº 60, de 19 de setembro de 2008, não derivou de processo[11] instaurado para tal.[12]

Assim, não foi possível buscar, para além dos *consideranda*, as circunstâncias e demais peculiaridades da elaboração do Código de Ética da Magistratura. Sabe-se, de outro lado, que sua edição decorreu da competência constitucionalmente atribuída ao CNJ (art. 103-B, §4º, I e II), levando-se em conta, ainda, os artigos 35, inciso VIII, e 56, inciso II, da Lei Orgânica da Magistratura Nacional (LOMAN – LC nº 95/79), que veda ao magistrado "procedimento incompatível com a dignidade, a honra e o decoro de suas funções" e comete-lhe o dever de "manter conduta irrepreensível na vida pública e particular", respectivamente.

O Código surge, assim, com o objetivo de fornecer instrumento "para os juízes incrementarem a confiança da sociedade em sua autoridade moral" (primeiro considerando do Código de Ética) e para que houvesse "compromisso institucional com a excelência na prestação do serviço público de distribuir Justiça e, assim, mecanismo para fortalecer a legitimidade do Poder Judiciário" (segundo considerando do Código de Ética).

Entre os dispositivos do Código em tela, destacam-se a reiteração sobre a vedação da participação de juiz em atividade político-partidária (art. 7º, Resolução nº 60/2008) e o artigo 13, em que se sugere ao juiz: "evitar comportamentos que impliquem a busca injustificada e desmesurada por reconhecimento social, mormente a autopromoção em publicação de qualquer natureza".

---

[11] Conquanto seja órgão administrativo, o CNJ, via seu Regimento Interno, denomina os procedimentos que são autuados como processos, ainda que não o sejam tecnicamente.

[12] Em regra, os atos normativos do Conselho advêm da classe processual Comissão (art. 43, XIV, RICNJ) ou Ato Normativo (art. 43, XVII, RICNJ).

Porém, a norma não foi suficiente para afastar condutas antiéticas de membros do Judiciário e, por essa razão, outras normativas advieram em reforço ao Código em tela, com destaques para: a) Resolução CNJ nº 305, de 17 de dezembro de 2019, por meio da qual o Conselho definiu "parâmetros para o uso das redes sociais pelos membros do Poder Judiciário"; b) Resolução CNJ nº 332, de 21 de agosto de 2020, que trata da ética, transparência e governança na produção e no uso de inteligência artificial no Judiciário; e c) Resolução CNJ nº 351, de 28 de outubro de 2020, que instituiu a Política de Prevenção e Enfrentamento do Assédio Moral, do Assédio Sexual e da Discriminação, no Poder Judiciário.

É truísmo que as resoluções supracitadas não esgotam os atos normativos do CNJ que tangenciam ou cuidam de temáticas ligadas à atuação ética, íntegra e transparente dos órgãos do Judiciário e dos respectivos membros. Todavia, optou-se, aqui, por demonstrar três importantes atos que permeiam, para além da atividade laboral, condutas fora do ambiente de trabalho.

Sobre a Resolução CNJ nº 305,[13] por exemplo, tem-se uma diretiva que decorre de manifestações de juízes em redes sociais que contrastavam dispositivos legais, os Princípios de Bangalore de Conduta Judicial e o Código Ibero-Americano de Ética Judicial. Com efeito, foi autuado pelo então presidente do CNJ, Ministro Dias Toffoli, o Procedimento de Ato nº 0004450-49.2019.2.00.0000, apresentado e julgado na 302ª Sessão Ordinária, realizada em 17 de dezembro de 2019.

A medida contém orientações sobre o que está vedado e, apesar de afigurar como óbvio, a Resolução nº 305 explicitou as seguintes proibições:

> Art. 4º Constituem condutas vedadas aos magistrados nas redes sociais:
> I – manifestar opinião sobre processo pendente de julgamento, seu ou de outrem, ou juízo depreciativo sobre despachos, votos ou sentenças, de órgãos judiciais, ressalvada a crítica nos autos e em obras técnicas ou no exercício do magistério (art. 36, inciso III, da Loman; arts. 4º e 12, inciso II, do Código de Ética da Magistratura Nacional);
> II – emitir opinião que demonstre atuação em atividade político-partidária ou manifestar-se em apoio ou crítica públicos a candidato, lideranças políticas ou partidos políticos (art. 95, parágrafo único, inciso III,

---

[13] Íntegra disponível em: https://atos.cnj.jus.br/atos/detalhar/3124, acesso em: 16 nov. 2021.

da Constituição Federal; art. 7º do Código de Ética da Magistratura Nacional);

III – emitir ou compartilhar opinião que caracterize discurso discriminatório ou de ódio, especialmente os que revelem racismo, LGBT-fobia, misoginia, antissemitismo, intolerância religiosa ou ideológica, entre outras manifestações de preconceitos concernentes a orientação sexual, condição física, de idade, de gênero, de origem, social ou cultural (art. 3º, inciso IV, da Constituição Federal; art. 20 da Lei nº 7.716/89);

IV – patrocinar postagens com a finalidade de autopromoção ou com intuito comercial (art. 95, parágrafo único, inciso I, da Constituição Federal; art. 36, inciso I, primeira parte, da Loman; art. 13 do Código de Ética da Magistratura Nacional);

V – receber patrocínio para manifestar opinião, divulgar ou promover serviços ou produtos comerciais (art. 95, parágrafo único, inciso IV, da Constituição Federal; art. 17 do Código de Ética da Magistratura Nacional); e

VI – associar a sua imagem pessoal ou profissional à de marca de empresas ou de produtos comerciais (art. 95, parágrafo único, inciso I, da Constituição Federal; art. 36, inciso I, primeira parte, da Loman; art. 13 do Código de Ética da Magistratura Nacional).

De outro lado, o ato deixa claro que, para configurar a atividade político-partidária, não são consideradas "manifestações, públicas ou privadas, sobre projetos e programas de governo, processos legislativos ou outras questões de interesse público, de interesse do Poder Judiciário ou da carreira da magistratura" (art. 4º, §1º, Resolução nº 305).

Livros e outras obras técnicas redigidas por juiz, assim como cursos em que haja atuação como professor, não se inserem nas restrições previstas nos incisos IV, V e VI, desde que não exista objetivo de lucro. O artigo 3º da Resolução nº 305 elenca uma série de recomendações para a correta atuação dos juízes em redes sociais, com destaque para o inc. II, alíneas "d" e "f", em que se aponta a possibilidade de apoio institucional no caso de *cyberbullying, trolls* e *haters,* em razão do exercício do cargo de juiz; e em que se recomenda o não compartilhamento de conteúdo em que não se saiba a veracidade da informação, evitando-se a propagação de notícias falsas (*fake news*), respectivamente.

Por seu turno, a Resolução CNJ nº 332 dispôs sobre conceitos[14] aplicáveis à inteligência artificial e seu uso pelo Judiciário brasileiro,

---

[14] A título exemplificativo, a Resolução nº 332, nos incisos de seu art. 3º, explicitou a definição de algoritmo, de modelo de inteligência artificial, de usuário interno e externo.

voltando-se, pois, à instituição – Poder Judiciário – de modo a auxiliar seus órgãos no uso dessa espécie de tecnologia. Na mesma norma, definiu-se, ainda, o sistema Sinapses com "solução computacional, mantida pelo Conselho Nacional de Justiça, com o objetivo de armazenar, testar, treinar, distribuir e auditar modelos de Inteligência Artificial" (art. 3º, III).

Para a edição da Resolução nº 332, o CNJ baseou-se na Carta Europeia de Ética sobre o Uso da Inteligência Artificial em Sistemas Judiciais e seu ambiente,[15] elaborada pela Comissão Europeia para a Eficácia da Justiça (CEPEJ) e por esta adotada em 4 de dezembro de 2018, durante a 31ª Reunião Plenária. Da Carta, mencionada nos *consideranda* da Resolução nº 332, extraem-se importantes lições, a exemplo de seu Anexo II, intitulado "Quais as utilizações da IA nos sistemas judiciais europeus?", em que a CEPEJ observa a necessidade de "reservas mais extremas" na utilização de algoritmos em matéria penal, para traçar o perfil de indivíduos.

Para tanto, destaca experiências de outros países, especificamente, COMPAS nos Estados Unidos e HART no Reino Unido, as quais ensejaram críticas por limitações na metodologia utilizada, já que continham abordagem exclusivamente estatística, fato que conduziu a equívoco no resultado: efeitos discriminatórios e deterministas.[16]

Também a utilização de IA para elaboração de "Norma baseada na quantidade" é vista com reservas pelo Colegiado europeu, que assim ponderou:

> [...] não se trata apenas de produzir escalas, o que poderia ser legítimo, mas de fornecer a cada juiz o conteúdo das decisões produzidas por todos os outros juízes e afirmar que a sua futura escolha está na massa destes "precedentes". Esta abordagem deve ser rejeitada porque este grande número não pode acrescentar ou substituir a lei. [...]. O estudo da CEPEJ também destacou os perigos da cristalização da jurisprudência e os

---

[15] Íntegra disponível em: https://rm.coe.int/carta-etica-traduzida-para-portugues-revista/168093b7e0, acesso em: 16 nov. 2021.

[16] Nas abordagens citadas, houve a constatação de que alguns indivíduos afro-americanos estariam mais frequentemente envolvidos em atos criminosos, levando a um fator de risco mais elevado para toda a população afro-americana. Como efeito, mesmo para pequenos delitos, os sistemas HART e COMPAS têm ponderado negativamente os arguidos afro-americanos, resultando na injusta majoração de suas penalizações, nas sentenças. Se os sistemas algorítmicos conseguirem ajudar a melhorar a recolha de informações para os serviços de liberdade condicional, por exemplo, e permitirem que as informações relevantes sejam recolhidas mais rapidamente para posterior tratamento humano, então será definitivamente possível progredir (em especial nos procedimentos acelerados).

efeitos potencialmente negativos sobre a imparcialidade e independência dos juízes.

Ainda tratando de normas que versem sobre a necessidade de atuação ética de juízes e demais integrantes dos órgãos do Judiciário, tem-se a recente instituição, pela Resolução CNJ nº 351, da Política de Prevenção e Enfrentamento do Assédio Moral, do Assédio Sexual e da Discriminação. Também embasada em normativos internacionais como: a Convenção Interamericana contra o Racismo, a Discriminação Racial e Formas Correlatas de Intolerância – ratificada pelo Brasil em maio de 2021; a Convenção sobre a Eliminação de Todas as Formas de Discriminação contra a Mulher – ratificada pelo Decreto nº 4.377, em setembro de 2002; a Convenção sobre os Direitos da Pessoa com Deficiência – ratificada no Brasil, via Decreto nº 6.949 de agosto de 2009; a Convenção nº 111 da Organização Internacional do Trabalho (OIT) – veiculada nacionalmente pelo Decreto nº 10.088, de novembro de 2019, e os Princípios de Yogyakarta,[17] além de levar em conta a adesão do CNJ ao pacto de implementação dos Objetivos de Desenvolvimento Sustentável da Agenda 2030, indicado pela Organização das Nações Unidas (ONU).

Por meio da Política Judiciária em tela, o Conselho pretende que os órgãos do Judiciário promovam medidas de prevenção e combate a atitudes que favoreçam o assédio ou o desrespeito aos valores profissionais do serviço público judiciário, já previsto em normativo anterior: a Resolução CNJ nº 240/2016. Em acréscimo, todavia, a Resolução nº 351 categoriza e explicita modalidades de assédio, além de conceituar termos necessários à lida com a temática (art. 2º), a exemplo de cooperação horizontal, vertical e transversal.[18]

---

[17] Os Princípios de Yogyakarta constituem documento sobre direitos humanos nas searas de orientação sexual e identidade de gênero. Publicado em novembro de 2006 como resultado de reunião internacional de grupos de direitos humanos, na cidade indonésia de Joguejacarta (Yogyakarta), esses princípios foram complementados em 2017, com outras formas de expressão de gênero e características sexuais. O documento elenca preceitos destinados a aplicar os padrões da lei internacional de direitos humanos ao tratamento de situações de violação dos direitos humanos de lésbicas, gays, bissexuais, transgêneros, intersexuais e afins.

[18] Conforme inciso VII do artigo 2º da Resolução CNJ nº 351: "Cooperação horizontal, vertical e transversal: respectivamente, a cooperação entre os pares e os membros de equipes de trabalho; entre os ocupantes de diferentes níveis da linha hierárquica sempre no duplo sentido ascendente-descendente; entre trabalhadores da organização e usuários, beneficiários, auxiliares e advogados, assim como com integrantes de outras instituições correlatas".

Relevante anotar, também, a previsão de Comissão de Prevenção e Enfrentamento do Assédio Moral e do Assédio Sexual, a ser instituída pelos órgãos do Judiciário, em cada grau de jurisdição, que contará com a participação de juízes, servidores e colaboradores terceirizados (art. 15, Resolução nº 351), explicitando, ainda, a necessidade de que haja diversidade de gênero, "devendo, caso necessário, a Presidência, ao realizar as indicações a seu encargo, privilegiar mulheres ou pessoas da população LGBTQIA+" (inc. III, §1º, art. 15).

Essa Comissão plúrima possui, entre as atribuições dispostas no rol do art. 16, a de representar aos órgãos disciplinares a ocorrência de retaliação a quem relatar práticas de assédio moral ou sexual e solicitar providências às direções dos órgãos, como: apuração de notícias de assédio; proteção; sigilo das apurações; alterações funcionais temporárias.

Por fim, sobre a política em tela, registre-se a previsão de acolhimento que se dá por meio de canal permanente para acompanhamento e orientação às pessoas afetadas por situações de assédio e discriminação, para minimizar riscos psicossociais e promover a saúde mental. Tais ações de acolhimento e acompanhamento diferenciam-se de procedimentos formais de natureza disciplinar, sendo, em relação a estes, autônomas.

4 Aprimoramento da transparência como atributo do Conselho

A primeira resolução editada pelo CNJ, com vistas a propiciar transparência aos órgãos do Poder Judiciário data de 16 de agosto de 2005. Até então visto por alguns[19] como a "caixa preta" das instituições públicas, o Poder Judiciário vem se aprimorando e o Conselho teve e tem papel primordial nessa melhoria.

Com vistas a atender ao comando constitucional do art. 103-B, §4º, VI e VII, foi editada a Resolução CNJ nº 4/2005, que criava o Sistema de Estatística do Poder Judiciário, no qual estariam concentrados e analisados "dados a serem obrigatoriamente encaminhados por todos os

---

[19] Exemplos de críticas anteriores à instituição do CNJ – pelo ex-presidente Luís Inácio Lula da Silva: https://www1.folha.uol.com.br/fsp/brasil/fc2304200302.htm, acesso em: 16 nov. 2021; por José Carlos Dias, ex-ministro da Justiça no governo Fernando Henrique: https://www1.folha.uol.com.br/fsp/opiniao/fz1805200310.htm, acesso em: 16 nov. 2021.

órgãos judiciários do país, conforme planilhas" previamente disponibilizadas.

Menos de um ano depois, foi publicada a Resolução CNJ nº 15, de 20 de abril de 2006, que agregou critérios, conceitos e prazos para o funcionamento do Sistema de Estatística do Poder Judiciário. Bem mais robusta, a normativa trazia, ainda três anexos, nos quais eram demonstrados os componentes das fórmulas dos indicadores estatísticos.

Nova modificação nesse Sistema de Estatística decorreu da Resolução nº 76, de 12 de maio de 2009, que segue vigente,[20] com alterações pontuais. A importância do sistema em tela reside no fato de que é por ele que são encaminhadas as informações processuais, orçamentárias e sobre a força de trabalho que propiciam a elaboração do Relatório Justiça em Números, editado pelo CNJ desde 2004 (ano-base 2003).[21]

Por meio do Relatório anual, fornecia-se transparência a dados como despesas dos tribunais, quantitativo de juízes, servidores e colaboradores, quantitativo de processos novos e em acervo, taxa de recorribilidade. Com o advento da Resolução CNJ nº 76 e suas complementações, o Conselho oferta vários outros dados e indicadores que auxiliam, para além de dar transparência, na formulação de políticas judiciárias, a exemplo da Política Nacional de Atenção Prioritária ao Primeiro Grau de Jurisdição (Resoluções CNJ nº 194 e nº 195, ambas de 2014), que teve como base o Relatório Justiça em Números 2013, no qual se evidenciou que 90% dos processos que tramitavam estavam nas unidades judiciárias de primeiro grau, ocasionando a taxa de congestionamento média de 72%, bem acima da taxa existente no segundo grau de jurisdição.

Finalizando a evolução normativa do Conselho na seara da transparência, merece registro o chamado *Ranking* da Transparência no Poder Judiciário, instituído pela Resolução CNJ nº 260, de 11 de setembro de 2018, que, por seu turno, complementou a Resolução CNJ nº 215/2015, pela qual se deu a regulamentação do acesso à informação e a aplicação da Lei nº 12.527, de 18 de novembro de 2011 (LAI), no âmbito do Poder Judiciário.

Antes da edição da própria LAI, o Conselho havia editado a Resolução CNJ nº 79, em 9 de junho de 2009, que regulava a transparência

---

[20] Trabalho finalizado em dezembro de 2021.
[21] Todos os relatórios estão disponíveis em: https://www.cnj.jus.br/pesquisas-judiciarias/justica-em-numeros/, acesso em: 16 nov. 2021.

na divulgação das atividades do Poder Judiciário brasileiro, prevendo o serviço de atendimento aos usuários da Justiça, para receber sugestões, críticas e reclamações sobre as atividades administrativas e jurisdicionais, preferencialmente por meio de ouvidorias.

Pela Resolução nº 215, que revogou a anterior e segue vigente, restou definida a obrigatoriedade de órgãos administrativos e judiciais do Poder Judiciário garantirem a pessoas naturais e jurídicas o direito de acesso à informação, de forma transparente, clara e em linguagem de fácil compreensão, com procedimentos céleres e objetivos. Sob o aspecto didático, a norma elencou conceitos aplicáveis, além de distinguir transparência ativa de passiva, sendo que esta se refere ao direito de acesso a documentos ou informações neles contidas, utilizados como fundamento da tomada de decisão ou de ato administrativo. Direito assegurado após a edição do ato decisório respectivo, "sempre que o acesso prévio puder prejudicar a tomada da decisão ou seus efeitos" (art. 8º, §2º, Resolução nº 215).

Quanto à transparência ativa, consubstancia-se na divulgação de informações de interesse geral produzidas pelos órgãos do Judiciário que deve ocorrer independentemente de requerimento. Ou seja, dados que devem constar dos sítios eletrônicos dos tribunais e conselhos, observando-se, entre outros aspectos, o livre acesso, a integralidade, a exatidão e a integridade das informações alusivas à gestão administrativa, financeira e orçamentária dos órgãos judiciários.

O regramento para a transparência no Judiciário, todavia, não se restringe às informações disponibilizadas nas páginas eletrônicas dos tribunais, conselhos e serviços auxiliares, considerando que o Conselho disponibiliza seus próprios dados processuais por meio do aplicativo CNJ em Números.[22] Ademais, há uma gama de painéis,[23] atualizados periodicamente, dos quais podem ser extraídos relevantes dados quantitativos sobre Medidas Protetivas de Urgência (BNMPU); Ações Coletivas (Cacol); Interceptações de Comunicações (SNCI); Demandas Repetitivas; Gestão Socioambiental; Priorização 1º Grau e Pessoas com Deficiência no Poder Judiciário, por exemplo.

---

[22] Disponível em: https://dpj.cnj.jus.br/cnj-em-numeros/, acesso em: 16 nov. 2021.

[23] Rol de painéis geridos pelo Departamento de Pesquisas Judiciárias do CNJ disponível em: https://www.cnj.jus.br/pesquisas-judiciarias/paineis-cnj/, acesso em: 16 nov. 2021.

5 Integridade no Judiciário

O vocábulo "integridade", conforme busca no *site* do CNJ,[24] aparece pela primeira vez no Código de Ética da magistratura, que, logo no art. 1º, indica que atuar como juiz exige conduta embasada nos princípios da independência, da imparcialidade, do conhecimento e capacitação, da cortesia, da transparência, do segredo profissional, da prudência, da diligência, da integridade profissional e pessoal, da dignidade, da honra e do decoro.[25]

Por seu turno, a mencionada Resolução nº 79/2009 (transparência) tinha, dentre seus princípios norteadores (art. 2º, inc. III), a livre acessibilidade a qualquer pessoa, integralidade, exatidão e integridade das informações referentes à gestão administrativa, financeira e orçamentária dos tribunais e conselhos, com vistas à devida transparência nos respectivos sítios eletrônicos na rede mundial de computadores.

Relembre-se de que, com base nos dados disponibilizados, o CNJ promove o *Ranking* da Transparência, em periodicidade anual, para valorizar os destaques no fornecimento de informação clara e organizada. Dentre os itens sob avaliação, no *Ranking*, estão temas como objetivos estratégicos, metas e indicadores do tribunal; levantamentos estatísticos sobre sua atuação; cronograma de sessões e atas das sessões passadas.

Por essa salutar competição pública entre os tribunais, também são avaliados serviços de informações sobre licitações, contratos, remuneração de membros e servidores, atos normativos, levantamentos

---

[24] Foram selecionadas as recomendações e resoluções que veiculavam o vocábulo "integridade", a partir da página de atos do Conselho, retornando os atos constantes do link a seguir: https://atos.cnj.jus.br/atos?tipoAto%5B0%5D=7&tipoAto%5B1%5D=13&argumento=integridade&page=6, acesso em: 16 nov. 2021.

[25] O Código de Ética destinou, ainda, o CAPÍTULO V – com o subtítulo INTEGRIDADE PESSOAL E PROFISSIONAL – no intento de elucidar um pouco mais a temática:
Art. 15. A integridade de conduta do magistrado fora do âmbito estrito da atividade jurisdicional contribui para uma fundada confiança dos cidadãos na judicatura.
Art. 16. O magistrado deve comportar-se na vida privada de modo a dignificar a função, cônscio de que o exercício da atividade jurisdicional impõe restrições e exigências pessoais distintas das acometidas aos cidadãos em geral.
Art. 17. É dever do magistrado recusar benefícios ou vantagens de ente público, de empresa privada ou de pessoa física que possam comprometer sua independência funcional.
Art. 18. Ao magistrado é vedado usar para fins privados, sem autorização, os bens públicos ou os meios disponibilizados para o exercício de suas funções.
Art. 19. Cumpre ao magistrado adotar as medidas necessárias para evitar que possa surgir qualquer dúvida razoável sobre a legitimidade de suas receitas e de sua situação econômico-patrimonial.

estatísticos, contatos e horário de funcionamento do órgão, incluindo se o tribunal possui informações acessíveis a pessoas com deficiência.

Em resumo, o princípio da integridade serviu de norte para determinados normativos do Conselho, todavia, seu conteúdo não havia sido elucidado. Em 2021, de outro lado, evidenciou-se a necessidade de normas gerais e diretrizes para a instituição de sistemas de integridade no Judiciário, sendo aprovada, assim, a Resolução CNJ nº 410, de 23 de agosto de 2021, que, em síntese, instituiu normas gerais para sistemas de integridade no Judiciário brasileiro.

Tais sistemas disseminam e implementam a cultura de integridade, promovendo ações institucionais de prevenção, detecção e punição em relação a fraudes e outras irregularidades. Para tanto, estruturam-se em eixos que vão desde análise, avaliação e gestão dos riscos a monitoramento, aprimoramento e capacitação permanentes.

Para que um sistema de integridade funcione, de outro lado, há de haver o comprometimento das pessoas que ocupam a direção do órgão – da chamada "alta administração", além da participação efetiva de servidores, gerando senso de pertencimento ao sistema.

6 Considerações finais

Com a edição da Resolução CNJ nº 410, em 23.08.2021, o Judiciário dá um importante passo para a concretização de diretrizes que compunham o rol de objetivos e diligências aptas à promoção de uma governança pública mais eficiente e transparente, além de trazer conteúdo inovador que pode ser acoplado a outras medidas do CNJ, em especial na seara da sustentabilidade e responsabilidade social, com prestação de contas e responsabilização, se for o caso.

A norma em tela ainda auxilia na correta compreensão do que sejam conceitos até então pouco utilizados no Judiciário, como *compliance*; gestão de riscos e outros que auxiliam na sua própria aplicação, além do apoio do Comitê de Integridade do Poder Judiciário (CINT), também instituído pela Resolução nº 410, cujas finalidades são: (i) assessorar na implementação do sistema de integridade, (ii) realizar o monitoramento e (iii) sugerir aprimoramentos a partir de boas práticas nacionais e internacionais.

Por fim, espera-se que a atuação do CNJ na seara de transparência e integridade não fique apenas na norma e, portanto, enseje efetiva eficiência dos mecanismos de controles internos, de modo a possibilitar o acompanhamento de resultados, soluções de melhoria das práticas implementadas, se for o caso, além de desburocratização e aprimoramento do Judiciário.

Informação bibliográfica deste livro, conforme a NBR 6023:2018 da Associação Brasileira de Normas Técnicas (ABNT):

LIMA, Jordana Maria Ferreira de; RODRIGUES, Marcos Vinícius Jardim. A evolução normativa do Conselho Nacional de Justiça na transparência e integridade do Poder Judiciário brasileiro. *In*: SEGURA, Larissa Garrido Benetti (org.); KEPPEN, Luiz Fernando Tomasi; ZENKNER, Marcelo (coord.). *Sistema de integridade e Poder Judiciário*: estudos em homenagem ao ministro Luiz Fux. Belo Horizonte: Fórum, 2022. p. 61-77. ISBN 978-65-5518-454-9.

EFICIÊNCIA E INTEGRIDADE: *COMPLIANCE* NO PODER JUDICIÁRIO COMO INSTRUMENTO PARA MUDANÇAS EFETIVAS

MATHEUS PUPPE

Introdução

A necessidade de mecanismos pragmáticos para a consecução dos princípios da integridade no âmbito do Poder Judiciário é indiscutível. Um programa de *compliance* devidamente implementado – e mensurável – pode ser uma das ferramentas necessárias para assegurar a apropriada aplicação da justiça e, desta forma, reforçar o ideal do Estado Democrático de Direito. Nossa Constituição Federal determina ao Poder Judiciário a implementação de mecanismos que concretizem os princípios constitucionais de legalidade, impessoalidade, moralidade, publicidade e eficiência, além de confiar ao Conselho Nacional de Justiça a atribuição de zelar por estes princípios.[1]

Embora diversas leis, normativos e regulamentações já façam parte destes preceitos, com o avançar da sociedade e os novos desafios advindos de sua evolução tecnológica, em velocidade e conectividade, mostra-se crescente a necessidade de procedimentos de integridade e *compliance* pautados nos preceitos da transparência e moralidade, alinhados com os preceitos internacionais da ONU e da OCDE. Apesar de alguns tribunais estaduais e federais terem logrado exitosas experiências na implementação de programas de *compliance*, a regulação nacional para consolidação deste propósito ainda está nos seus primeiros passos.[2]

Como dito, a sociedade evolui, assim como a conectividade e a velocidade das trocas de informações, tornando as relações sociais cada

---

[1] Art. 37 e art. 103-B, §4º, III, da Constituição Federal.
[2] Portaria do CNJ nº 2.737/2020.

vez mais dinâmicas, de forma que, para que o Judiciário continue de fato zelando pelos princípios constitucionais, este necessita de novas ferramentas, tais como o *compliance*, o qual, analisado sob a ótica da eficiência, pode ser responsável por mudanças na manutenção geral da justiça, de forma a acompanhar os desdobramentos sociais.

1 *Compliance* e suas vertentes

Inicialmente, devemos contextualizar o *compliance*, que transcende a simples conformidade legislativa.

O *compliance* é frequentemente simplificado como um processo em que as organizações cumprem leis, regulamentos e também códigos de ética e outras regras de negócios, sendo apresentado como um simples processo ou procedimento. *Au contraire*: *compliance* possui um significado ético, moral, filosófico e, por último, mas não menos importante, jurídico.

Desta forma, no que diz respeito aos potenciais normativos do *compliance*, podemos observar seis perspectivas iniciais[3] – porém não restritas a – e que podem ser intercambiáveis em seus significados. Perspectivas estas que foram descritas pelo renomado autor alemão Faust,[4] que as sintetizara em seis pontos que se seguem.

A primeira seria a perspectiva legalística, na qual se questiona a ação correspondente, quanto a sua adequação à Constituição, e se de fato fora legitimada democraticamente. Uma perspectiva essencial na consecução de um *compliance* efetivo no âmbito do Poder Judiciário (*Legalistische Perspektive: Entspricht die Handlung der – demokratisch legitimierten – Verfassung?*). Uma perspectiva corroborada por diversos autores posto que se trata da legítima adequação das ações às regras legais.

Em sequência, temos o *compliance* em um sentido estrito, onde se questiona até que ponto uma ação está em conformidade com as leis e regulamentos, também aplicável ao Poder Judiciário (*compliance in engen Sinn: Inwieweit ist diese Handlung konform mit Gesetzen und anderen regeln?*).

Seguimos com uma perspectiva kantiana, onde se questionam as máximas de uma ação e se estas são generalizáveis. Basicamente questionando a possibilidade de todos agirem de uma determinada forma

---

[3] Thomas Faust.
[4] Thomas Faust.

(*Kantianishe Perpektive: Sind die Maximen dieser Handlung verallgemeinerugsfähig? Was wäre, wenn alle so handeln würden?*). Esta fora sistematizada por Faust com base nas obras de Kant, que questionam as ações individuais e/ou coletivas.

No mais, possuímos a perspectiva utilitarista, onde se calcula o balanço geral da ação, se gera mais benefícios ou danos (*Utilitaristische Perpektive; Wird diese Handlung insgesamt mehr Nutzen als Schaden nach sich ziehen?*). Normalmente utilizada nas empresas, porém a ser evitada no setor público. Tal fato dá-se à função primordial de ambas as partes, onde uma empresa objetiva a maximização de seu resultado financeiro e, muito embora encontre limites e preceitos éticos, estes subsistem pela vontade de uma pessoa individual – sejam seus fundadores ou gestores –, mas que não se confluem no interesse "coletivo da pessoa jurídica" ou para evitarem-se danos reputacionais, que inevitavelmente afetariam seus lucros. Já no setor público, mais especificamente no Poder Judiciário, uma perspectiva estrita utilitarista viola preceitos fundamentais constitucionais e os próprios princípios da Justiça, de forma a manter a hegemonia do Estado Democrático de Direito, que valora e protege as individualidades e o bem coletivo.

Ainda neste contexto, temos a perspectiva da "regra de ouro", questionando um ato ou ação caso este fosse contra a própria pessoa que por hora age. Certos de que é uma perspectiva com viés sociológico, mas ainda assim interessante para definição dos processos e procedimentos, principalmente em um nível da microgestão (*Perpektive der Goldenen Regel: Würde ich diese Handlung auch gegen mich selbst gelten lassen?*).

Temos a perspectiva rawlsiana, também sob um viés sociológico, questionando uma suposta "opinião" (em nível teleológico) de pessoas próximas sobre o ato. Fato é que Rawls descreve a perspectiva externa para ponderar as ações e os atos; a própria inibição social diante de uma manifesta falta de integridade (*Rawlssche Perspektive: Was würden meine (unbeteiligten) Freunde und Familienangehörigen zu dieser Handlung sagen?*).

Por último, temos uma perspectiva de Habermas, a qual enxerga o *compliance* como um ato dentro do discurso aberto, público (*Habermassche Perspektive: Inwieweit Könnte diese Handlung mit guten Gründen in einem öffentlichen Diskurs vertreten werden?*).

Desta forma, o *compliance* deve ser idealizado conforme sua função primordial e conforme o ambiente dentro do qual está inserido, observando-se as perspectivas colocadas, sendo o Poder Judiciário claramente adepto às perspectivas legalísticas, *compliance* em um sentido estrito, e, em certa medida, ao observar os princípios constitucionais, uma perspectiva rawlsiana e kantiana.

Compliance vai além dos processos e procedimentos para implementação de um sistema de integridade e gestão eficientes e mensuráveis, perpassando por um alinhamento de valores para a consecução clara e transparente do objetivo final na instituição onde fora implementado, para que seja consecutado sem desvios e sem interesses individuais sobressaindo.

2 Eficiência e integridade

Ainda, ouso elencar uma sétima perspectiva, sendo esta própria, posto que devemos observar claramente que, para compreender a razão da integridade e do *compliance*, necessitamos primeiramente, sob uma ótica de *Law and Economics*, entender o que são as entidades e onde estão inseridas: sejam pessoas de direito público ou privado, posto que as organizações são pessoas (jurídicas ou não), racionais e maximizadoras de interesses.

Tal afirmação implica dizer que estas respondem a incentivos ou desincentivos, e, desta forma, se o meio onde estão inseridas se altera, elas também mudarão de forma a aumentar suas satisfações, modificando comportamentos para isto.

Como descrito por Richard Posner,[5] *eficiência* é o único critério de escolha social que vale a pena, principalmente porque consiste na alocação de recursos de forma que o valor é maximizado, onde indivíduos (pessoas jurídicas ou não, públicas ou privadas) são em geral avessos ao risco e como dito: *maximizadores de interesses*.

No caso dos entes públicos e do Poder Judiciário *per se*, são maximizadores de resultados, sempre dispostos a ampliar a utilidade (compreendida como benefício à sociedade) e minimizar os riscos (riscos estes para a boa administração da justiça e de garantir o máximo possível para a sociedade com o menor risco e/ou custo). Percebe-se a existência de uma análise econômica no processo de tomada de decisão, o que pode demonstrar seus comportamentos e, consequentemente, suas mudanças em potencial.

---

[5] Richard Posner.

Paralelamente, deve-se levar em conta o disposto por Miller, o qual afirma que um programa de *compliance* eficiente é composto pelo conjunto de políticas e procedimentos que um ente racional e maximizador de resultados implementaria *se as potenciais sanções esperadas fossem iguais ou maiores do que o custo social de suas violações.*

Logo, tendo isto em mente, observamos que o sistema de integridade e *compliance* devidamente implementados auxilia no processo racional de tomada de decisões, de uma maneira quase matemática, eis que um *compliance* efetivo ajuda a diminuir os custos de transação e reforçar a integridade ao estabelecer um processo nítido de gestão de riscos e custos dentro das empresas e do Poder Judiciário, melhorando a transparência e, por consequência, controlando os aspectos indesejáveis.

Sob uma ótica estrita do Judiciário (legalística e o *compliance* em sentido estrito) o *compliance* interno auxilia no aprimoramento de processos, estabelecendo procedimentos claros de gestão de riscos, cumprimento de normas e procedimentos, e necessariamente aumentando a efetividade do setor, o que impacta no declínio dos custos diretos e indiretos de aplicação da lei e recrudescimento do *enforcement* das normas, claramente transformando positivamente o Judiciário em uma estrutura ainda mais forte, mais eficaz e mais adequada às novas realidades contemporâneas.

Este processo permite movimentos mais céleres para o acompanhamento das transformações sociais em um ambiente altamente conectado e em constante evolução.

Afinal, o Direito é um espelho segurado sob a sociedade, que deve refletir seus anseios e desejos, e, agora, a integridade, parte dos novos anseios sociais, necessita de uma ferramenta, de um sistema para mantê-la de maneira eficiente.

No mais, os impactos associados a uma conduta em desconformidade com as leis incluem custos diretos e indiretos, tais como *os custos de oportunidade* e o *custo esperado de uma sanção*, e é inegável que violadores das normas ou procedimentos tendem a responder às mudanças nestes.

Inegável também a função do Poder Judiciário para impactar nos pesos e valores destas variáveis, tanto para os entes privados quanto internamente para seu *compliance* interno.

Desta forma, nos deparamos com um círculo virtuoso, no qual o Judiciário, ao regulamentar um sistema de *compliance* e integridade – para cumprimento efetivo e tempestivo de suas próprias diretrizes, normativas, regras e práticas –, necessariamente influencia os cálculos do setor privado, impactando no peso das variáveis, além de liderar pelo exemplo.

De igual forma, este processo de integridade auxilia na redução dos custos de aplicação ativa e passiva das normas, eis que os entes passam a responsabilizar-se internamente pelo seu cumprimento e passam a controlar suas próprias ações. Com isto, otimizando-se a efetividade do trabalho do magistrado e dos demais servidores, com uma consequente alocação eficiente de recursos para a consecução das atividades primordiais do Judiciário.

Desta forma, podemos observar como o processo de integridade e *compliance* conflui-se, impactando necessariamente os setores público e privado com ganhos mútuos e, o mais importante: com ganhos para a nação como um todo. Fato que só é possível com um sistema de *compliance* e integridade efetivo no Poder Judiciário.

Devemos ainda considerar um importante aspecto para as organizações: os aspectos reputacionais. Como todas as pessoas possuem "instinto de sobrevivência", sejam elas físicas ou jurídicas, de direito público ou privado, traduzido da maneira mais natural possível como o medo de falhar, o aspecto reputacional na era da conectividade passa a impactar e "decidir" em última instância na imposição das sanções sociais, quase jurídicas.

Como a "sobrevivência" de uma entidade está intrinsicamente atrelada à sua reputação, esta deve ser preservada ao máximo, com o *compliance* passando a exercer um fator de controle reputacional essencial.

Apesar do apetite por riscos (maiores ou menores dependo da organização), as entidades tendem a manter-se em uma posição de maximização de utilidade em um contrabalanço com a aversão à não consecução de sua finalidade.

Alguns fatores no processo de implementação de *compliance*, tais como multas, sanções e custos de implementação, eventuais custos de defesas ou outras sanções, são inegavelmente manejáveis e desta forma calculáveis (majoritariamente para o setor privado), entretanto existe um custo que todos, sejam empresas, Poder Judiciário ou outros entes públicos, evitam ante sua imprevisibilidade e imponderabilidade: *o dano reputacional*. Fato é que o impacto de eventual dano reputacional sobre o Judiciário seria distinto daquele que afeta a maioria de outros órgãos, especialmente distinto dos que afetam os entes privados. Como é um dos Poderes do Estado, o Judiciário continua a existir e a consecutar sua finalidade independentemente da visão social sobre este. Desta forma, torna-se quase muito difícil fazer um *opt-out* do Judiciário por uma suposta falta de confiança social, especialmente nos casos em que a jurisdição é obrigatória.

Entretanto, com um sistema de integridade e *compliance* no Judiciário, sua legitimidade de atuação seria inevitavelmente ampliada, especialmente pelo aumento de confiança junto as *key players*. O Judiciário deve adotar o *compliance* de forma a liderar pelo exemplo e otimizar suas atribuições de maneira a cumprir sua missão constitucional.

Certamente a evolução tecnológica e o amplo acesso à informação veiculada por meio da internet – em especial redes sociais – passaram a ser um fator primordial para acerbar o peso deste dano reputacional, que, apesar de impactos distintos dos danos aos privados, deve sim ser amplamente considerado pelo próprio Poder Judiciário na manutenção de um sistema eficaz de integridade, aumentando a transparência e a confiança da sociedade como resultado. Afinal, a sociedade necessita confiar em suas instituições.

Basicamente podemos observar que as iniciativas do Poder Judiciário de implementar um sistema de *compliance* repercutem diretamente no *compliance* de outros setores, sejam estes público e privados, de forma a atender a demanda social por efetivação dos princípios constitucionais da legalidade, impessoalidade, moralidade, reforçando sua confiança, e liderar pelo exemplo o meio privado.

3 *Compliance* e sua necessidade social

Compliance também pode ser uma forma de induzir comportamentos pela aceitação de influências, essencial para gerir um sistema como o Poder Judiciário, onde interesses individuais devem sair de cena em prol da consecução da finalidade proposta de manutenção da justiça.

Kelman[6] tenta definir o processo de influência social e sua aceitação como mudanças de comportamento, onde são descritas etapas pelas quais uma entidade deve desenvolver e passar para "implementar" tais comportamentos induzidos, que podem ser destacados em três etapas diferentes (embora o comportamento resultante possa parecer o mesmo).

---

[6] Herbert C. Kelman.

Apesar da definição destas etapas, onde cada etapa é caracterizada por um conjunto distinto de condições antecedentes e um conjunto distinto de condições consequentes, acredito que estas podem ser compreendidas individualmente como um processo sistemático evolutivo. O *compliance* deve ser o primeiro passo, ocorrendo quando um indivíduo aceita a influência na esperança de obter reações ou resultados favoráveis. Sendo:

1. Pode-se dizer que o *compliance* ocorre quando um indivíduo aceita influência porque espera obter uma reação favorável de outra pessoa ou grupo. Este adota o comportamento induzido não porque acredita em seu conteúdo, mas porque espera obter recompensas específicas ou aprovação para evitar punições específicas ou desaprovação (...).
2. Pode-se dizer que a identificação ocorre quando um indivíduo aceita influência porque deseja estabelecer ou manter um relacionamento autodefinidor satisfatório com outra pessoa ou grupo. Essa relação pode assumir as formas de identificação clássica, em que o indivíduo assume o papel do outro, ou pode assumir a forma de uma relação de papel recíproca (...).
3. Pode-se dizer que a internalização ocorre quando um indivíduo aceita a influência porque o conteúdo do comportamento induzido – as ideias e ações que o compõem – é intrinsecamente recompensador. Este adota o comportamento induzido porque é congruente com seu sistema de valores (...).

Desta forma, o *compliance* pode ser compreendido como um conjunto de processos e procedimentos que, no nível micro, afeta a gestão imediata e que, no nível macro, representa um fator de mudança social e de alinhamento de valores que lideram a transformação dos comportamentos até a sua internalização como razão de ser: o fazer pois é o "correto" a se fazer.

No mais, o *compliance* assume uma necessidade social ao considerarmos que cabe ao Poder Judiciário implementar mecanismos que concretizem os princípios constitucionais de legalidade, impessoalidade, moralidade, publicidade e eficiência no âmbito do Poder Judiciário. Um sistema que implica processos e procedimentos para ressaltar a ética, a transparência, os controles internos, a melhora nos fluxos de trabalho e nas obrigações de trabalho, como mecanismo necessário para manter a confiança, e com confiança qualquer instituição tem o poder de desenvolver-se eficientemente. O *compliance* torna-se uma etapa até uma futura internalização dos comportamentos.

4 Processos e etapas *compliance*

Certamente, para incorporarmos o *compliance* e a cultura da integridade dentro do sistema do Poder Judiciário de uma forma parametrizada e eficiente, cabe a cada tribunal avaliar sua própria realidade e implementar, de maneira harmônica, algumas etapas e procedimentos, de forma que o rigor técnico científico possa de fato contribuir para a criação de um *compliance* não apenas intuitivo, mas também mensurável – posto que tudo o que se pode mensurar pode-se aprimorar.

Desta forma, embora um programa de integridade e *compliance* observe as peculiaridades locais de cada tribunal, existem alguns processos cuja adoção poderá auxiliar uma efetiva implementação, tais como:

a) Identificação e análise dos riscos e vulnerabilidades regionais:

Considera-se sempre que o conhecimento dos riscos e dos "problemas internos e externos" repercute diretamente para a eficiência das ações, sempre direcionadas aos mecanismos de prevenção adequados e de forma a maximizar tempo e recursos no *compliance*. Certo ainda de que tal processo deve ser repetido de tempos em tempos.

b) Desenhar e implementar canal de *whistleblowing*:

Whistleblowing trata-se de figura daquele que leva ao conhecimento do *compliance* eventuais irregularidades para que uma investigação interna possa ser iniciada. Um canal específico que proteja a identidade deste denunciante para que não sofra retaliações futuras é essencial.

c) Elaborar o Código de Conduta:

O Código de Conduta é de suma importância para descrever as ações, preceitos e princípios esperados e tutelados pelo *compliance*, de forma a sintetizar boa parte dos riscos e vulnerabilidades em ações preventivas a serem tomadas e que são esperadas de todos os membros.

d) Elaborar uma cartilha de condutas:

A cartilha pode ser compreendida como uma espécie de "resumo" do Código de Conduta, disponível para a sociedade em meio de fácil acesso (hoje certamente o digital) e de maneira interativa, de forma a reforçar o social *accountability*), onde a proximidade com a sociedade é fundamental para minimizar danos reputacionais.

e) Implementar mecanismos de avaliação e reavaliação para a criação de métricas de aprimoramento:

Ainda mais importante do que a implementação de um sistema de integridade e *compliance* é a capacidade de aprimorá-lo, posto que o que pode ser mensurado pode ser melhorado. Métricas e análises de tempos em tempos são essenciais para isto, direcionando sempre esforços e recursos para as maiores vulnerabilidades e otimizando assim o sistema de *compliance*.

f) Implementar transformação digital para reforçar o aspecto reputacional do sistema Judiciário;

A transformação digital amplia o acesso, amplia o conhecimento. Com esta, o Poder Judiciário torna-se mais próximo da sociedade dentro da qual se encontra inserido, possibilitando a divulgação de conhecimentos e esclarecendo. Com isto, aprimora-se a efetividade do Judiciário, amplia-se o acesso à Justiça e minimizam-se os danos reputacionais.

g) Realizar treinamentos constantes e recorrentes sobre o *compliance* implementado.

Por último, observamos os treinamentos, que devem ser capazes de passar aos colaboradores e membros os preceitos e princípios cunhados no escopo de um sistema de integridade e *compliance*. Sempre recorrentes e sempre atentos às mudanças da sociedade e das vulnerabilidades encontradas.

No mais, um *compliance* efetivo perpassa pela mensuração e aprimoramento, que podem ser muitas vezes realizados por meio de:

a) Análise de Riscos do Tribunal (*Risk Assessment*);

b) Formulação de questionários internos direcionados às comarcas, seções ou subseções judiciárias;

c) Formulação de entrevistas com grupos randômicos de pessoas para obter:

    i. Percepção objetiva;

    ii. Percepção subjetiva;

    iii. Percepção informada (aumentando o nível de informação sobre as percepções e sobre os comportamentos), sendo esta o diálogo entre percepção vs. comportamento;

d) Geração de matriz de riscos com base nos resultados dos formulários e entrevistas;

e) Cooperação com outras agências e/ou departamentos;

f) Testes do sistema e métricas;

  i. Adaptação do canal de denúncias e reforço de mídias sociais com enfoque no *social accountability*, tal como um pré-teste;

  ii. Probabilidade de impacto, de forma a poder definir *qual* impacto;

  iii. Experimentação social, com base no aumento do nível de informação pautado nas medidas anteriores (treinamentos, presença em mídia social, entrevistas com percepção informada), e em sequência a realização do pós-teste, ao repetirmos os formulários e verificando o nível de denúncias que chegam ao canal;

  iv. Repetição das entrevistas.

As medidas propostas são meras sugestões, preliminares e superficiais, posto que auxiliam na estruturação de um sistema de *compliance* interno para os tribunais regionais e servem de guia para a implementação nas mais diversas realidades locais.

5 Conclusão

O *compliance* idealizado para o aprimoramento da justiça, observando-se as perspectivas *legalísticas, compliance em um sentido estrito, perspectiva rawlsiana* e *kantiana*, pode ser a diferença em um Poder Judiciário que transcende as expectativas sociais, gerando impacto real e efetivo ao liderar pelas mudanças com base nas novas realidades, como instrumento para mudanças efetivas e eficiência na integridade geral do Poder Judiciário.

O Judiciário é essencial na manutenção de nosso contrato social e deve liderar pelo exemplo. De modo a não só aumentar sua legitimidade perante os jurisdicionados ao efetivar de forma mais concreta os princípios constitucionais, mas também inspirando outros *players* – públicos e privados – a adotarem e colocarem em prática seus respectivos programas de *compliance*. Desta forma, deve sempre agir de maneira íntegra (e com *aparência* da integridade), para que não existam dúvidas ou questionamentos.

Certos de que o Direito deve evoluir juntamente com a sociedade na qual está inserido, e certamente a forma de aplicação da justiça também o deve, como parte de uma nova realidade, o Poder Judiciário deve valer-se de todas as ferramentas disponíveis para consecutar sua função primordial.

Para tanto, posto que o sistema judiciário é composto de indivíduos diversos, a necessidade de um alinhamento de processos, procedimentos e valores para que este opere da maneira homogênea faz-se essencial e, para isto, um sistema de integridade e *compliance* eficiente, ajustado às realidades locais, mas que permeia o único objetivo de aprimoramento da justiça, é necessário.

Dessa forma, ao desenvolvermos mecanismos de *compliance* nos tribunais regionais, guiados por erros e acertos de algumas inciativas pioneiras já implementadas, alcançaremos eventualmente o ponto da internalização dos comportamentos e alinhamento pleno de valores.

Referências

Ades, Alberto and Rafael Di Tella. 1999. Rents, Competition, and Corruption. American Economic Review Jonathan Jackson, Tom R Tyler, Mike Hough, Ben Bradford, Avital Mentovich (2015) Compliance and Legal Authority, Elsevier Ltd.

Ades, Alberto and Rafael Di Tella (1999) Rents, Competition, and Corruption. American Economic Review.

Baer, Miriam Hechler. 2009. Governing Corporate Compliance. Boston College Law Review.

Bottoms, Anthony. 2001. "Compliance and Community Penalties." In Cambridge Criminal Justice Series, edited by Anthony Bottoms, Loraine Gelsthorpe, and Sue Rex, 87-116. Devon, UK: Willan Publishing.

Davies, Mark. 2000. "Ethics in Government and the Issue of Conflicts of Interest", in Yassin El-Ayouty.

Faust, Thomas. 2015. Compliance Und Korruptionsbekämpfung (Beiträge Und Übungen Zur Organisationsethik). 2nd ed. BoD.

Fracarolli Nunes, Mauro, and Camila Lee Park. 2016. "Caught Red-Handed: The Cost of the Volkswagen Dieselgate." Journal of Global Responsibility 7 (2). https://doi.org/10.1108/JGR-05-2016-0011.

Furuta, Hirokiyo. 2016. "Origins and History of Compliance." Chuo Online, 2016.

Jahn-Kirsch. 2015. Criminal Compliance und Verfassungsrecht, in Criminal Compliance-Handbuch.

Jonathan R. Macey. 1988. Transaction Costs and the Normative Elements of the Public Choice Model: An Application to Constitutional Theory, Virginia Law Review.

Kelman, H C. 1958. "Compliance, Identification, and Internalization: Three Processes of Attitude Change." Journal of Conflict Resolution 2 (1): 51-60.

Kevin J. Ford & Mark Davi Government Ethics and Law Enforcement: Toward Global Guidelines.

Martin T. Biegelman and Daniel R. Biegelman. 2010. Foreign Corrupt Practices Act Compliance Guidebook: Protecting Your Organization from Bribery and Corruption. Wiley Corporate F&A.

Mulgan, Richard & John Wanna. 2012. "Developing Cultures of Integrity in the Public and Private Sectors", in Adam Graycar & Russell G. Smith eds., Handbook of Global Research and Practice in Corruption.

Miller, Geoffrey P. 2014. "An Economic Analysis of Effective Compliance Programs." SSRN Electronic Journal. https://doi.org/10.2139/ssrn.2533661.

Miller, Geoffrey P. 2019. The Law of Governance, Risk Management and Compliance. 3rd ed. Vol. 1. Wolters Kluwer.

Saad-Diniz, E. 2019. Ética Negocial e Compliance: Entre a Educação Executiva e a Interpretação Judicial. Revista dos Tribunais.

Silveira, RMJ, Saad-Diniz, E. 2015. Compliance, direito penal e lei anticorrupção. Editora Saraiva.

UK Parliament. 2010. "UK Bribery Act." https://www.legislation.gov.uk/ukpga/2010/23/contents.

United Nations. 2003. "United Nations Convention Against Corruption." UN General Assembly.

Informação bibliográfica deste livro, conforme a NBR 6023:2018 da Associação Brasileira de Normas Técnicas (ABNT):

PUPPE, Matheus. Eficiência e integridade: *compliance* no Poder Judiciário como instrumento para mudanças efetivas. *In*: SEGURA, Larissa Garrido Benetti (org.); KEPPEN, Luiz Fernando Tomasi; ZENKNER, Marcelo (coord.). *Sistema de integridade e Poder Judiciário*: estudos em homenagem ao ministro Luiz Fux. Belo Horizonte: Fórum, 2022. p. 79-91. ISBN 978-65-5518-454-9.

GOVERNANÇA E PODER JUDICIÁRIO: O CASO DA SECRETARIA ESPECIAL DE PROGRAMAS, PESQUISAS E GESTÃO ESTRATÉGICA

MARCUS LIVIO GOMES
DORIS CANEN
ANA HENDGES

1 Introdução

A alta demanda de processos do Poder Judiciário traduz-se num entrave ao cumprimento de sua função constitucional de promoção da justiça, garantia de direitos e solução de conflitos.

Anualmente, milhões de processos são protocolados no sistema de justiça brasileiro: somente no ano de 2020 foram 25,8 milhões de novos casos, de acordo com o relatório *Justiça em Números 2021*, resultando num estoque pendente de 75,4 milhões de processos.

Mostra-se urgente, portanto, a necessidade de uma gestão célere e eficiente, a fim de garantir o acesso à justiça em tempo razoável com uma boa administração dos recursos disponíveis e atenta à prevenção e ao combate a atos ilícitos contra a Administração Pública no âmbito do Poder Judiciário: faz-se necessária a implementação dos princípios de governança pública e *compliance*.

Nesse contexto, o Conselho Nacional de Justiça (CNJ), a quem compete realizar o controle da atuação administrativa e financeira do Poder Judiciário, mostra-se como importante órgão para concretizar a aplicação da governança pública e, assim, zelar pela eficiência, transparência e participação.

Em atenção ao cenário atual, em parceria com o Conselho da Justiça Federal (CJF) e o Programa das Nações Unidas para o Desenvolvimento (PNUD), o CNJ deu início, em março de 2021, ao programa Justiça 4.0, o qual, por meio de ações e projetos, desenvolve produtos que empreguem novas tecnologias e inteligência artificial para uso colaborativo, gerando automação na gestão administrativa e de dados processuais e promovendo o acesso à Justiça, com inovação digital, aproximação com os cidadãos e economia.

Os princípios de governança, porém, não são aplicados apenas externamente. O CNJ está em constante busca por autoaperfeiçoamento, redefinindo estruturas, fluxos e processos, aprimorando sistemas de controle e atuando sempre dentro dos pilares da transparência.

O presente estudo, portanto, pretende demonstrar a aplicação dos princípios da governança pública no Poder Judiciário, trazendo não apenas seu conceito, mas também experiências concretas de sua utilização dentro das iniciativas do CNJ.

2 Conceitos: governança e *compliance*

A terminologia *governança pública* – ou, conforme será empregada no presente estudo, *governança* –, cuja conceituação diverge de acordo com a perspectiva empregada para analisar o funcionamento de sistemas de governo, de regimes e do próprio Estado, pode ser definida amplamente como um conjunto de ações públicas empregadas em detrimento da resolução efetiva de questões sociais, políticas, econômicas e de outras naturezas que impactam uma determinada sociedade.

Para além da atuação de governos ou para análise de sistemas e modelos de Estado, o conceito pode ser empregado para a compreensão de fenômenos no âmbito internacional, em instituições intergovernamentais, humanitárias e no contexto corporativo. A governança advém com a continuidade do processo de complexificação de sociedades, públicos, clientes ou grupos de interesse, com o surgimento de diferentes demandas e a consolidação de demandas antigas, o que acarreta a necessidade de desenvolver novas soluções. Assim, a governança pública se direciona às ações do Poder Público empregadas em estratégias para solucionar questões de interesse compartilhado socialmente.

Em uma análise genérica, em *O que é governança?*,[1] Guy Peters disserta sobre sua lógica, que seria fundamentada na direção dessas ações "visando objetivos coletivos", identificando metas a serem cumpridas

---

[1] PETERS, Brainard Guy. O que é governança? Disponível em: https://revista.tcu.gov.br/ojs/index.php/RTCU/article/download/87/85. *Revista do Tribunal de Contas da União*, maio/ago. 2013.

e meios de viabilizá-las. O autor apresenta quatro funções fundamentais para uma forma de investimento bem-sucedida da governança: "estabelecimento de metas, coordenação das metas, implementação, avaliação e reações e comentários".

A primeira função, estabelecimento de metas, pressupõe a definição dessas com base no interesse e no benefício coletivo. A segunda, coordenação das metas, desenvolve-se de acordo com o campo de atuação da instituição, organização ou entidade aplicadora das ações. A terceira, implementação, envolve o desenvolvimento da capacidade do referido setor de "implementar programas que visam as metas já selecionadas".

A última, avaliação, reações e comentários, compreende o monitoramento das ações, a avaliação de seus impactos e o estabelecimento de processos de transparência e controle, em comunicação com o coletivo que se almeja alcançar. Esse último aspecto é central para o método da aplicação da governança, em atenção ao princípio de responsividade inerente a um fluxo, regime ou sistema democrático, que vise a corresponder ou a representar o interesse coletivo.

Compliance configura, no contexto da Administração Pública, o "cumprimento de leis e normas em vigor e o alinhamento com as políticas de gestão e controles internos e externos, para que se esteja em conformidade com o arcabouço e ambiente regulatórios".[2] O conceito pode ser traduzido como um "programa de integridade, tendo em vista que se trataria de ações com o objetivo de 'intensificar os procedimentos de controles internos' [...] alinhada ao 'estrito cumprimento da legislação, com o escopo de evitar ser penalizada'".[3]

Governança e *compliance* depreendem, dessa forma, dos princípios ideais de eficiência, integridade, ética e transparência em ações públicas, estimulando a participação da sociedade em suas diferentes etapas. Ambos os conceitos estão diretamente relacionados a estratégias, iniciativas e ações nas quais prevalece o emprego eficiente de recursos disponíveis, visando à promoção do interesse coletivo por meio da premissa de *bem comum*.

---

[2] CONTROLADORIA-GERAL DO DISTRITO FEDERAL – CGDF. *Cartilha de Governança e Compliance do Distrito Federal*. Disponível em: https://www.cg.df.gov.br/wp-conteudo/uploads/2021/03/Cartilha-versao-2-SUGOV2.pdf. Acesso em: 7 dez. 2021.

[3] ZANETTI, Adriana F. Lei Anticorrupção e *Compliance*. *R. Bras. de Est. da Função Públ. – RBEFP*, Belo Horizonte, ano 5, n. 15, p. 35-60, set./dez. 2016.

Sinteticamente, a governança se situa estreitamente associada à responsividade da representação e da participação, e *compliance* à prevenção e ao combate da prevalência de interesses individuais sobre os coletivos. No entanto, as terminologias encontram diversos pontos congruentes e complementares em seu exercício prático, sendo geralmente aplicadas de forma conjunta e, em alguns casos, como sinônimos.

3 A aplicação no âmbito do Poder Judiciário

A diversidade de temas tratados pelo Poder Judiciário no Brasil permeia diferentes esferas, entre questões coletivas e individuais: do âmbito social, econômico, político e cultural. Dessa forma, a governança perpassa sua atuação, em especial no que tange ao pressuposto de garantia do acesso à justiça, e *compliance,* em relação aos métodos de controle.

O cenário de domínio da atuação do Judiciário enfrenta o desafio de uma grande demanda concernente ao quantitativo de processos, que extrapola suas capacidades e os níveis de sua já alta produtividade, não sendo possível "afirmar que o judiciário concretize, na plenitude, a missão de realizar a pacificação social a um custo razoável, de forma acessível em um tempo adequado".[4]

Diante disso, os princípios da governança, em primeiro lugar, permitem visualizar iniciativas para concretizar uma gestão mais eficiente, célere e alinhada com as expectativas sociais sobre a atuação do Judiciário. Empregar a governança pública na análise e na elaboração de suas estratégias simboliza o movimento de atenção ao que reside na expectativa dos cidadãos em relação à justiça.

A própria criação do Conselho Nacional de Justiça (CNJ), implementado em 2005, corrobora com a aplicação desses princípios no âmbito do Judiciário. Conforme disposto no artigo 4º da Emenda à Constituição nº 45, de 2004, a instituição possui a competência de realizar o controle da atuação administrativa e financeira do Poder Judiciário, o que implica o emprego de mecanismos com base nos princípios da governança pública, zelando pela eficiência, transparência e participação.

---

[4] Conselho da Justiça Federal – CJF. *Manual de Governança da Justiça Federal*. Brasília: 2015. Disponível em: https://www.cjf.jus.br/observatorio/arq/ManualGovJF.pdf.

Além dos princípios relativos à governança, no que concerne ao *compliance*, a competência de zelar pelo cumprimento do Estatuto da Magistratura contribui para a estruturação do Conselho como instrumento de controle "da atuação administrativa e financeira do Poder Judiciário e do cumprimento dos deveres funcionais dos juízes".[5]

Assim, pode-se afirmar que o CNJ exemplifica um caso que O'Donnell[6] define por *"accountability* horizontal":

> [...] Agências estatais que têm o direito e o poder legal e que estão de fato dispostas e capacitadas para realizar ações, que vão desde a supervisão de rotina a sanções legais ou até o *impeachment* contra ações ou emissões de outros agentes ou agências do Estado que possam ser qualificadas como delituosas.[7]

As Resoluções CNJ nº 70, de 2008, e nº 198, de 1º de julho de 2014, dispõem sobre o planejamento e a gestão estratégica no âmbito do Poder Judiciário, incorporando os princípios da governança. A Resolução nº 325, de 29 de junho de 2020, atualiza e dispõe sobre a Estratégia Nacional do Poder Judiciário para 2021-2026, trazendo, em seu capítulo V, as competências e a estrutura da rede de governança colaborativa do Poder Judiciário, estabelecendo que a rede é composta por

> Representação de todos os segmentos de justiça [e compete a ela] apresentar propostas de aperfeiçoamento da Estratégia Nacional do Poder Judiciário 2021-2026, bem como auxiliar a execução, o monitoramento dos trabalhos e a divulgação dos resultados (CNJ, 2020, art. 16).

Em abril de 2019, o Conselho Nacional de Justiça publicou a Portaria nº 59, que regulamenta o funcionamento e estabelece procedimentos sobre a Rede de Governança Colaborativa do Poder Judiciário, propondo a governança nos termos da Estratégia Nacional do Poder Judiciário, visando à execução, ao monitoramento e à

---

[5] BRASIL. *Emenda à Constituição nº 45/2004*. Disponível em: www.planalto.gov.br/ccivil_03/constituicao/emendas/emc/emc45.htm. Brasília: Presidência da República Federativa do Brasil, 2011.
[6] O'DONNELL, Guillermo. *Accountability* horizontal e novas poliarquias. *Revista Lua Nova*, n. 44, p. 27-54, 1998 p. 40.
[7] Rodrigues (2008) disserta e fundamenta a hipótese de que o CNJ opera como instrumento de *accountability* horizontal.

divulgação de seus resultados,[8] assemelhando-se às funções descritas por Guy Peters.[9]

O *Manual de Governança da Justiça Federal*, elaborado pelo Conselho da Justiça Federal (2015), apresenta um modelo que permite visualizar as inflexões da governança no Judiciário para além da atuação do CNJ. O modelo se propõe a abordar questões como

> O julgamento mais célere dos processos; a gestão dos grandes litigantes e das demandas repetitivas; o aperfeiçoamento do sistema de gestão criminal; o incentivo à composição não litigiosa de conflitos (conciliação e mediação); entre outras, tudo sobre o manto regulamentador da Resolução CJF n. 313 de 22 de outubro de 2014, que definiu a estratégia da Justiça Federal (Alterada pela Resolução 354/2015).

Orientado à resolução de desafios de impacto coletivo a partir do escopo de atuação da Justiça Federal, o modelo toma como base os pressupostos básicos da governança, principalmente de eficiência, transparência e acessibilidade (em alusão à participação).

O Tribunal de Justiça do Distrito Federal e dos Territórios (TJDFT) estabeleceu por meio da Resolução nº 2, de 2019, sua Política de Governança, que abrange e orienta os subsistemas de governança, quais sejam "contratações, pessoas e tecnologia da informação e comunicação".[10] A política é pautada nos princípios de liderança, transparência, efetividade, ética, integridade e *accountability* (responsividade/prestação de contas), exemplificando um caso no âmbito da Justiça Estadual.

De forma geral, ainda que a participação direta popular não seja um princípio empregado na estrutura ou formação do Poder Judiciário no Brasil,[11] os princípios de governança e *compliance* em relação à forma

---

[8] Ver a notícia "Rede *de Governança Colaborativa do Poder Judiciário*." Disponível em: https://www.cnj.jus.br/gestao-estrategica-e-planejamento/rede-de-governanca-colaborativa-do-poder-judiciario/.

[9] PETERS, Brainard Guy. O que é governança? Disponível em: https://revista.tcu.gov.br/ojs/index.php/RTCU/article/download/87/85. *Revista do Tribunal de Contas da União*, maio/ago. 2013.

[10] TRIBUNAL DE JUSTIÇA DO DISTRITO FEDERAL – TJDFT. *Governança Institucional*. Disponível em: https://www.tjdft.jus.br/institucional/governanca. 2021. Acesso em: 12 dez. 2021.

[11] NEVES JUNIOR, Paulo Cezar. *Judiciário 5.0*: inovação, governança, usucentrismo, sustentabilidade e segurança jurídica. São Paulo: Ed. Edgard Blücher Ltda., Série Direito Financeiro, 2020, p. 24.

de seleção (com base no concurso público), a proposta orçamentária, a gestão de recursos humanos, a função de exercício de controle e garantia da integridade, bem como a transparência por meio da publicação de relatórios e a promoção de espaços de ouvidoria configuram eixos de grande importância em sua atuação.

4 Normativos

Abordar os princípios de governança e *compliance* requer a compreensão de padronizações que orientam e regulamentam a atuação de instituições no âmbito internacional e doméstico. Nos dois subcapítulos seguintes, serão elencados alguns dos principais instrumentos em ambos os contextos, sendo o doméstico contextualizado no caso do Brasil.

4.1 Normativos internacionais

A Convenção das Nações Unidas contra a Corrupção – UNCAC, de 2003, da qual o Brasil é signatário, promulgada no País pelo Decreto nº 5.687/2006, é um dos principais normativos internacionais e representa um marco para a implementação de mecanismos relacionados ao *compliance*. A Convenção estabelece, em seu artigo 5º, que

> Cada Estado Parte, de conformidade com os princípios fundamentais de seu ordenamento jurídico, formulará e aplicará ou manterá em vigor políticas coordenadas e eficazes contra a corrupção que promovam a participação da sociedade e reflitam os princípios do Estado de Direito, a devida gestão dos assuntos e bens públicos, a integridade, a transparência e a obrigação de render contas.

Dessa forma, os Estados Membros da ONU se comprometem com os princípios de promoção de *compliance*, com base no exercício de ações eficazes de combate à corrupção, por meio de políticas de transparência e de garantia à participação, notoriamente associada à governança. Convém enfatizar que, ao mesmo tempo em que não menciona diretamente a terminologia governança em seu texto, a Convenção cita os princípios que a definem, como a "participação da sociedade", a "devida gestão dos assuntos e bens públicos".

A Convenção da ONU contra o Crime Organizado Transnacional – UNTOC, de 2004, promulgada no Brasil pelo Decreto nº 5.015/2004, merece destaque no que concerne aos seus artigos 8º e 9º, por meio dos quais é determinado que cada Estado Parte adotará as medidas legislativas e outras que sejam necessárias para caracterizar como infrações penais atos de corrupção, bem como medidas eficazes de ordem legislativa, administrativa ou outras para promover a integridade e prevenir, detectar e punir a corrupção dos agentes públicos.

Do mesmo modo, a Convenção sobre o Combate à Corrupção de Funcionários Públicos Estrangeiros em Transações Comerciais Internacionais, da Organização para a Cooperação e Desenvolvimento Econômico – OCDE, de 1997, promulgada no Brasil pelo Decreto nº 3.678/2000, trata da prevenção e combate à corrupção de funcionários públicos estrangeiros no âmbito do comércio internacional. Apesar de não ser membro da OCDE, o Brasil é um dos Estados signatários da Convenção.

A Convenção Interamericana contra a Corrupção (1996) aborda *compliance* por meio dos temas sobre medidas preventivas, atos de corrupção, suborno transnacional, enriquecimento ilícito, efeitos sobre o patrimônio do Estado, sigilo bancário, medidas sobre bens, assistência e cooperação, entre outros. No Brasil, a Convenção foi promulgada pelo Decreto nº 4.410/2002, evidenciando a guinada em torno do comprometimento da Administração Pública com as diretrizes internacionais de *compliance*.

Vê-se, assim, que o Brasil é signatário das principais convenções internacionais sobre o tema.

4.2 Normativos domésticos

A Constituição Federal (CF) de 1988 é o principal instrumento que rege, com base nos preceitos do Estado de Direito, as normas no âmbito doméstico no Brasil. Em seu artigo 37, a CF define que "a administração pública direta e indireta de qualquer dos Poderes da União, dos Estados, do Distrito Federal e dos Municípios obedecerá aos princípios de legalidade, impessoalidade, moralidade, publicidade e eficiência", trazendo objetivamente os princípios de integridade, transparência e de responsividade atrelados à governança e ao *compliance*.

Da mesma forma, em seus artigos 165 e 169, a CF determina as regras orçamentárias com base na disponibilidade e existência de autorização, devendo as leis de diretrizes orçamentárias necessariamente compreender as metas e prioridades da Administração Pública

e realizar a observação aos resultados do monitoramento e da avaliação das políticas públicas previstos no §16 do art. 37.
A Lei Complementar nº 131/2009 acrescentou

> dispositivos à Lei Complementar n. 101, de 4 de maio de 2000, que estabelece normas de finanças públicas voltadas para a responsabilidade na gestão fiscal e dá outras providências, a fim de determinar a disponibilização, em tempo real, de informações pormenorizadas sobre a execução orçamentária e financeira da União, dos Estados, do Distrito Federal e dos Municípios.

Entre os acréscimos, vale destacar o parágrafo único do art. 48, que determina

> A transparência será assegurada também mediante: I – incentivo à participação popular e realização de audiências públicas, durante os processos de elaboração e discussão dos planos, lei de diretrizes orçamentárias e orçamentos; II – liberação ao pleno conhecimento e acompanhamento da sociedade, em tempo real, de informações pormenorizadas sobre a execução orçamentária e financeira, em meios eletrônicos de acesso público; III – adoção de sistema integrado de administração financeira e controle, que atenda a padrão mínimo de qualidade estabelecido pelo Poder Executivo da União e ao disposto no art. 48-A.

A Lei nº 12.257/2011 define procedimentos destinados a "assegurar o direito fundamental de acesso à informação" que "devem ser executados em conformidade com os princípios básicos da administração pública a partir de suas diretrizes", incluso o "fomento ao desenvolvimento da *cultura de transparência* na administração pública" (art. 3º – grifo nosso). Também, declara que "cabe aos órgãos e entidades do poder público *gestão transparente da informação*, propiciando amplo acesso a ela e sua divulgação" (art. 6º – grifo nosso) e que "o tratamento das informações pessoais deve ser feito de forma transparente e com respeito à intimidade, vida privada, honra e imagem das pessoas, bem como às liberdades e garantias individuais".[12]

A Lei nº 12.683/2012 trouxe alterações à Lei nº 9.613, de 3 de março de 1998, tendo por objetivo tornar mais eficiente a persecução penal

---

[12] Lei nº 12.257/2011. Brasília: Presidência da República Federativa do Brasil, 2011. Disponível em: http://www.planalto.gov.br/ccivil_03/_ato2011-2014/2011/lei/l12527.htm. Acesso em: 12 dez. 2021.

dos crimes de lavagem de dinheiro. No ano seguinte, foi sancionada a Lei n. 12.846/2013, que dispõe sobre a responsabilização administrativa e civil de pessoas jurídicas pela *prática de atos contra a Administração Pública*, configura um dos principais instrumentos vigentes associados aos princípios de *compliance*. A referida lei impacta diretamente as relações do âmbito privado, especificamente empresarial, com a Administração Pública, definindo mecanismos que visam à prevenção e ao combate à corrupção.

No Decreto nº 8.420/2015, que regulamenta a Lei nº 12.846/2013, são definidas categorias de análise para avaliar os *programas de integridade* no âmbito de pessoa jurídica em caso de "possível ocorrência de ato lesivo à administração pública federal". Entre essas categorias, estão "padrões de conduta, código de ética, políticas e procedimentos de integridade, aplicáveis a todos os empregados e administradores, independentemente de cargo ou função exercido".[13]

Em relação à temática do emprego de tecnologias e inovação, a 2ª Seção da Lei nº 13.709/2018, a Lei Geral de Proteção de Dados Pessoais, define que sistemas utilizados para o tratamento de dados pessoais devem ser estruturados de forma a atender esses princípios e requisitos de segurança e que "os controladores e operadores, no âmbito de suas competências, pelo tratamento de dados pessoais, individualmente ou por meio de associações, poderão formular regras de boas práticas e de *governança*"[14] (grifo nosso).

A Lei nº 14.133/2021 é objetiva quanto à obrigatoriedade de requisitos que façam atenção ao *compliance*. Tratando da Lei de Licitações e Contratos Administrativos, prevê que, "nas contratações de obras, serviços e fornecimentos de grande vulto, o edital deverá prever a obrigatoriedade de implantação de *programa de integridade* pelo licitante vencedor"[15] (grifo nosso).

---

[13] Ver artigos 4º e 42 do Decreto nº 8.420/2015. Brasília: Presidência da República Federativa do Brasil, 2018. Disponível em: www.planalto.gov.br/ccivil_03/_ato2015-2018/2015/decreto/d8420.htm. Brasília: Presidência da República Federativa do Brasil, 2018. Acesso em: 12 dez. 2021.

[14] Ver artigos 49 e 50 da Lei nº 13.709/2018. Brasília: Presidência da República Federativa do Brasil, 2018. Disponível em: http://www.planalto.gov.br/ccivil_03/_ato2015-2018/2018/lei/l13709.htm. Acesso em: 12 dez. 2021.

[15] Ver a Lei nº 14.133/2021. Brasília: Presidência da República Federativa do Brasil, 2021. Disponível em: http://www.planalto.gov.br/ccivil_03/_ato2019-2022/2021/lei/L14133.htm. Acesso em: 12 dez. 2021.

A Resolução CNJ nº 410/2021, que dispõe sobre normas gerais e diretrizes para a instituição de *sistemas de integridade* no âmbito do Poder Judiciário, define os princípios que guiam uma iniciativa recente, de grande espectro e alinhada com as diretrizes de governança e *compliance*:

> Art. 4º São elementos fundamentais que devem nortear o sistema de integridade dos órgãos do Poder Judiciário:
> I – governança pública;
> II – transparência;
> III – compliance;
> IV – profissionalismo e meritocracia;
> V – inovação;
> VI – sustentabilidade e responsabilidade social;
> VII – prestação de contas e responsabilização;
> VIII – tempestividade e capacidade de resposta;
> IX – aprimoramento e simplificação regulatória;
> X – decoro profissional e reputação;
> XI – estímulo à renovação dos cargos de chefia e assessoramento da alta administração; e
> XII – vedação ao nepotismo.

A Resolução CNJ nº 423/2021, que altera a Resolução CNJ nº 75/2009 e dispõe sobre os concursos públicos para ingresso na carreira da magistratura em todos os ramos do Poder Judiciário nacional, inclui tópicos relativos a esses princípios nas provas, entre eles a LGPD, governança corporativa e *compliance* no Brasil, mecanismos de combate às organizações criminosas e lavagem de dinheiro.

Além das resoluções mais recentes, o CNJ possui normativos anteriores orientados à consolidação de iniciativas relativas à governança e *compliance*, tratando-se de determinações estratégicas de gestão participativa e democrática, bem como de gestão de pessoas.

A Resolução CNJ nº 221/2016, que institui princípios de gestão participativa e democrática na elaboração das metas nacionais do Poder Judiciário e das políticas judiciárias do Conselho Nacional de Justiça, estimula em especial a participação tendo como condições a governança em rede, a liderança dos representantes das redes, a disponibilidade de formas e meios de *participação e a transparência*. O normativo determina modalidades de participação, como mesas de diálogo, videoconferências, enquetes e pesquisas, consultas e audiências públicas, formação de grupos de trabalho, fóruns e encontros, bem como sistemas de ouvidoria.[16]

Publicada no mesmo ano, a Resolução CNJ nº 240/2016 dispõe sobre a Política Nacional de Gestão de Pessoas no âmbito do Poder Judiciário. O ato resolve "instituir mecanismos de *governança* a fim de assegurar a aplicação desta política e o acompanhamento de seus resultados, bem como do desempenho da gestão de pessoas" e "*tornar públicas* as premissas que fundamentam a atuação das unidades de gestão de pessoas" (grifos nossos). A resolução define por "governança de pessoas" um "conjunto de mecanismos de avaliação, direcionamento e monitoramento da gestão de pessoas para garantir a realização da missão institucional com qualidade, ética, eficiência, efetividade e de modo sustentável, com redução de riscos e promoção da saúde".[17]

Assim, conclui-se que há diversos instrumentos normativos relativos à temática de governança e *compliance* no âmbito da Administração Pública e que iniciativas têm sido desempenhadas também no âmbito do Poder Judiciário, em atenção às suas competências e prioridades.

5 Apresentação de casos

5.1 Legislação anticorrupção e *compliance* e o Tribunal Penal Internacional

Convém situar legislações internacionais que se sobressaem no tratamento de *compliance* no âmbito nacional de dois países. Trata-se do caso da *Foreign Corrupt Practices Act* (FCPA), estadunidense, e da *UK Bribery Act* (UKBA), britânica. A primeira, aprovada em 1977, mostra-se como um dos instrumentos internacionais mais pertinentes sobre o tema, pois, "desde a aprovação da FCPA, o mercado global passou a ser regido por um número crescente de leis e regulamentos que visam prevenir a corrupção".[18] Segundo Santos,[19] a FCPA

---

[16] Ver artigos 3º e 4º da Resolução CNJ nº 221/2016. Brasília: Portal de Atos do CNJ, 2016. Disponível em: https://atos.cnj.jus.br/atos/detalhar/2279. Acesso em: 12 dez. 2021.

[17] Ver artigos 1º e 3º da Resolução CNJ nº 240/2016. Brasília: Portal de Atos do CNJ, 2016. Disponível em: https://atos.cnj.jus.br/atos/detalhar/2342. Acesso em: 12 dez. 2021.

[18] SANTOS, Luiz A. *Compliance como mecanismo de combate à corrupção*: comparativo da legislação brasileira com a perspectiva internacional. IDP: Dissertação de Mestrado em Direito, Justiça e Desenvolvimento, 2021. Disponível em: https://repositorio.idp.edu.br/handle/123456789/3323. Acesso em: 12 dez. 2021.

[19] *Op. cit.*, p. 69.

Tem a finalidade de coibir a prática de suborno para agentes do governo no intuito de obter vantagens indevidas, constituindo como alvo as empresas americanas, ainda que situadas fora dos Estados Unidos, ou qualquer outra estrutura norte-americana, em seus negócios. As sanções impostas pela FCPA aplicam-se tanto as pessoas físicas como às pessoas jurídicas.

A segunda, aprovada em 2010, prevê a "responsabilização de empresas por falhas ou defeitos na prevenção de atos de corrupção, sendo aplicável tanto para a prática de atos de corrupção no setor público como no setor privado".[20] Ainda, segundo Santos,[21] a UKBA é

> Uma legislação anticorrupção com alcance jurisdicional significativo e se aplica a todo o Reino Unido da Grã-Bretanha, ou seja, Inglaterra, Escócia, País de Gales e Irlanda do Norte. Além disso, essa lei tem um alcance jurisdicional mais abrangente em comparação com a FCPA.

O Tribunal Penal Internacional (TPI) pode ser considerado instrumento de governança transnacional, de modalidade multinível, apresentando "caráter independente e autônomo, havendo a clara delegação do poder persecutório do Estado ao órgão internacional" e estabelecendo "uma forma de governança que permite o Estado a funcionar sem restrições dentro das suas fronteiras, e na realidade cumpre uma função de extensão das suas atividades".[22] Conforme afirmado por Salgado,[23] pelo Estatuto de Roma, que instituiu o TPI em 1998,

> Não há a obrigação pelos Estados aderentes na incorporação de seus artigos e dos seus métodos processuais na ordem jurídica nacional. No entanto, a complementariedade exige uma espécie de obrigação indireta entre o TPI e o Poder Judiciário local (p. 23).

Dessa forma, países que aderem ao Estatuto de Roma em sua legislação doméstica e aplicam as sentenças no formato e teor determinados pelo TPI configuram situações nas quais se pode afirmar que o TPI age como instrumento de governança, ainda que de forma própria,

---

[20] *Op. cit.*
[21] *Op. cit.*, p. 70.
[22] SALGADO, Julia C. *Governança Transnacional de Direitos Fundamentais*: uma análise comparativa entre Estados Unidos, Canadá e Reino Unido em Matéria Criminal. Lisboa: Instituto Universitário de Lisboa, Dissertação de Mestrado, 2020.
[23] *Op. cit.*

assemelha-se a algumas competências de gestão estratégica exercidas por conselhos de Poder Judiciário no âmbito nacional.

A título de exemplo, no caso intergovernamental, para além das convenções conexas à corrupção, o Secretariado da Organização das Nações Unidas instituiu o Departamento de Estratégia de Gestão, Política e *Compliance* (*Department of Management Strategy, Policy and Compliance*). O departamento atua globalmente e é direcionado à excelência organizacional por meio da inovação, *accountability* e apresentação de soluções. Ao mesmo tempo, age como mecanismo de controle e é responsável, entre outros, sobre relações intergovernamentais e interagenciais, administração interna de justiça, definições em questões e iniciativas relativas à gestão, ao planejamento de programas, de orçamento e financiamento, a recursos humanos, transformação e à *accountability*.[24]

Outra iniciativa intergovernamental, oficializada em outubro de 2021, a Cúpula Judicial Ibero-Americana (Cumbre) aprovou, durante Assembleia Plenária, a criação da Rede Ibero-Americana de *Integridade Judicial*, para a qual o Brasil foi escolhido o secretário-executivo da primeira formação. A rede visa à "implementação de um código de conduta comum" onde se estimulará o intercâmbio de boas práticas, a criação de bancos de dados e de um sistema de avaliação de riscos de integridade dos sistemas de justiça criminal dos países-membros.[25]

Essas iniciativas representam o movimento de interesse sobre a temática e sobre o fortalecimento das instituições e de processos democráticos, sob o aspecto baseado em suas leis internas ou sob a governança global e sob a cooperação internacional. As duas primeiras configuram normativos de expressão global, exercendo influência sobre decisões de outros países para a implementação de perspectivas similares. Em termos intergovernamentais, a proposta da ONU abrange a ação intergovernamental em países nos quais suas agências se fazem presentes, obtendo grande amplitude de atuação, enquanto a concepção aplicada pela Cumbre reflete uma ação regional, em especial no contexto latino-americano.

---

[24] UNITED NATIONS, *Department of management strategy, policy and compliance*. Disponível em: https://www.un.org/management/. Acesso em: 12 dez. 2021.

[25] CONSELHO NACIONAL DE JUSTIÇA – CNJ. *Corregedora nacional defende expansão do uso de tecnologia no Judiciário*. 2021b. Disponível em: https://www.cnj.jus.br/corregedora-nacional-defende-expansao-do-uso-de-tecnologia-no-judiciario/. Acesso em: 12 dez. 2021.

5.2 Poder Executivo – nacional e internacional

O presente capítulo e o seguinte apresentam alguns casos de implementação de planos, estratégias e políticas com diretrizes voltadas à governança e ao *compliance*. Em ambos, busca-se atribuir maior foco a países latino-americanos, tendo em vista as similaridades sóciohistóricas e os relevantes avanços recentes deles.

NIETO MARTÍN, Adán. O cumprimento normativo. *In*: NIETO MARTÍN, Adán *et al.* (org.). *Manual de cumprimento normativo e responsabilidade penal das pessoas jurídicas*. Florianópolis: Tirant lo Blanch, 2018, p. 31-38.

No Brasil, a Controladoria-Geral da União instituiu, em 2016, seu Programa de Integridade, que possui, como um de seus objetivos, "assegurar que dirigentes, servidores e demais colaboradores da organização atuem segundo os valores, princípios éticos e padrões para cumprimento de sua missão, dentro dos limites da legalidade, da eficiência e da moralidade administrativa".[26]

Em 2021, o Poder Executivo Federal do Brasil instituiu seu Sistema de Integridade Pública por meio do Decreto nº 10.756/2021, intitulado Sipef. O sistema configuraria um "conjunto estruturado de medidas institucionais voltadas para a prevenção, a detecção e a sanção de práticas de corrupção e fraudes de regularidades e de outros desvios éticos e de conduta".[27]

No ano anterior, o Governo do Peru instituiu cinco eixos relativos ao tema para sua Política Geral de Governo de 2021, quais sejam: integridade e combate à corrupção; fortalecimento institucional para governança; crescimento econômico equitativo, competitivo e sustentável; desenvolvimento social e bem-estar da população; e descentralização efetiva para o desenvolvimento.[28]

A Argentina organiza, no mesmo contexto, a sua Estratégia Nacional de Integridade (ENI – *Estrategia Nacional de Integridad*) para

---

[26] CONTROLADORIA-GERAL DA UNIÃO – CGU. *Programa de Integridade da CGU*. Disponível em: https://www.gov.br/cgu/pt-br/acesso-a-informacao/governanca/programa-de-integridade-da-cgu. Acesso em: 12 dez. 2021.

[27] Brasil. *Governo institui Sistema de Integridade Pública do Poder Executivo Federal*. Disponível em: https://www.gov.br/pt-br/noticias/financas-impostos-e-gestao-publica/2021/07/governo-institui-sistema-de-integridade-publica-do-poder-executivo-federal. Acesso em: 12 dez. 2021.

[28] VALERIO, Cecilia M.; RAMÍREZ, Walter P. *Oportunidades de corrupción y pandemia*: el compliance gubernamental como un protector eficaz al interior de las organizaciones públicas. Lima: Desde el Sur, vol. 12, n. 1, ene./jun. 2020.

a "Administração Pública Nacional centralizada, descentralizada e em empresas com participação estatal".[29] Em 2017, o país sancionou a Lei nº 27.401, referente à prevenção e ao combate à corrupção cometidos por pessoas jurídicas, que, no entanto, se diferencia da lei brasileira correspondente, de 2013.[30]

Em 2016, o México aprovou a Lei Geral do Sistema Nacional Anticorrupção (SNA), com o objetivo de estabelecer as bases de coordenação para que as autoridades competentes previnam, investiguem e punam as infrações administrativas e os atos de corrupção, conforme previsto no art. 113 da Constituição Política dos Estados Unidos Mexicanos, cuja alteração mais recente, de 2015, implicaria a implementação de um sistema anticorrupção.

O art. 113 já previa alguns princípios que são atualmente atribuídos à governança e prevenção da corrupção em suas versões anteriores, como na de 1982: "as leis sobre responsabilidades administrativas dos servidores públicos determinarão suas obrigações a fim de salvaguardar legalidade, honra, lealdade, imparcialidade e eficiência"; e na de 2002, que previa indenização em caso de particulares sofrerem prejuízo em função de atividade administrativa irregular. No entanto, as alterações recentes são objetivas e orientadas à implementação de instrumentos para viabilizar a aplicabilidade dos princípios nelas dispostas.

O sistema mexicano (SNA) apresentou, em 2020, uma Política Nacional Anticorrupção com base em quatro eixos: combate à corrupção e impunidade; combate à arbitrariedade e ao abuso de poder; promoção da melhoria da gestão pública e dos pontos de contato governo-sociedade; envolvimento da sociedade e o setor privado. A política foi elaborada com base em três modalidades de participação/representação: conselho consultivo, consulta cidadão virtual e oito fóruns de consulta regional.[31]

O contexto atual constitui, no âmbito doméstico e do Poder Executivo dos países apresentados, o movimento de governança cujos

---

[29] ARGENTINA. *Planificación de la política de integridad del Poder Ejecutivo Nacional*. Disponível em: https://www.argentina.gob.ar/noticias/planificacion-de-la-politica-de-integridad-del-poder-ejecutivo-nacional. Acesso em: 12 dez. 2021.

[30] TANGERINO, Davi de P. C. Responsabilidade de pessoas jurídicas e programas de *compliance* quanto a atos de corrupção em Brasil e Argentina. *Revista Electrónica da Faculdade de Direito da Universidade do Porto*, Porto, n. 1, vol. 21, 2020. Disponível em: https://cije.up.pt/client/files/0000000001/9-artigo-davi-tangerino_1588.pdf. Acesso em: 12 dez. 2021.

[31] MÉXICO. *Política Nacional Anticorrupção*. Disponível em: https://www.sesna.gob.mx/politica-nacional-anticorrupcion/. Acesso em: 12 dez. 2021.

aspectos globais e da cooperação internacional foram identificados no capítulo anterior. Assim como no Poder Executivo, o desmembramento no Poder Judiciário deve ser abordado para analisar em que medida as iniciativas atuais se assemelham em diferentes contextos.

5.3 Âmbito internacional – Poder Judiciário

Para além do apresentado sobre o Poder Judiciário no Brasil, há iniciativas nesse âmbito empregadas por outros países. Na Constituição Espanhola (1978), foi instituído o Conselho Geral do Poder Judiciário,[32] que é presidido pelo presidente do Tribunal Supremo, em moldes muito semelhantes ao do CNJ no Brasil.

Por meio da Lei Orgânica nº 4/2018, o Poder Judiciário e seu Conselho Geral Judiciário da Espanha passam a conter em suas competências, de forma mais assertiva, mecanismos em matéria de transparência e luta contra a corrupção, dispondo de estímulo a iniciativas que promovam a participação e transparência em alusão ao controle da legalidade.[33] O Conselho possui a competência de realizar a compilação e atualização dos Princípios de Ética Judiciária e sua divulgação, bem como sua divulgação para outras entidades e organismos judiciários nacionais ou internacionais e de oferecer aconselhamento especializado a juízes/juízas e magistrados(as) em questões de *conflito de interesses*, bem como em outros assuntos relacionados com a *integridade*.[34]

Em Portugal, o Conselho Superior da Magistratura (CSM) é a instituição à qual compete a gestão e a disciplina da magistratura judicial, "sendo, simultaneamente, o órgão de garantia institucional dos Juízes e da sua independência".[35] Em seu Plano de Atividades para 2021, definiu que atuar para "consolidar como um órgão constitucional

---

[32] Ver a Constituição Espanhola de 1978. Disponível em: https://www.boe.es/buscar/act.php?id=BOE-A-1978-31229. Acesso em: 12 dez. 2021.
[33] Ver a Lei Orgânica nº 4/2018 do governo espanhol. Disponível em: https://www.boe.es/diario_boe/txt.php?id=BOE-A-2018-17987. Acesso em: 12 dez. 2021.
[34] Ver a página do Poder Judiciário da Espanha. Disponível em: https://www.poderjudicial.es/cgpj/es/Temas/Etica-Judicial/Comision-de-Etica-Judicial/Que-es/. Acesso em: 12 dez. 2021.
[35] Ver a Constituição da República Portuguesa (1976), art. 217 e o Relatório Anual CSM – 2019, disponível em: https://www.csm.org.pt/wp-content/uploads/2020/06/2019_Relatorio_Anual_CSM.pdf. Acesso em: 12 dez. 2021.

de referência – moderno, ágil, transparente e justo – na gestão do Judiciário"[36] é sua principal linha de orientação estratégica.

O Conselho atua com projetos voltados à gestão e ao aperfeiçoamento dos serviços jurídicos. Entre eles, três se destacam: o *Court Quality Framework Design*, cofinanciado pela Comissão Europeia, que tem como objetivo definir indicadores objetivos relativos à *qualidade da justiça* e partilhar as boas práticas nesta matéria; o *Court Management old problems new solutions for caseload management*, que tem como objetivo discutir boas práticas em gestão de tribunais e distribuição de processos; e o *Court Quality Framework* – CQFD, que tem por objetivo discutir um modelo de *avaliação do serviço prestado pelos Tribunais*.[37]

O Chile instituiu, pela Lei nº 18.969/1990, a Corporação Administrativa do Judiciário (CAPJ). É dirigida pelo Conselho Superior, integrado pelo Presidente do Supremo Tribunal (*Suprema Corte*) e por quatro ministros do mesmo tribunal, eleitos por ela em votação secreta e sucessiva, pelo período de dois anos, podendo ser reeleitos. Os valores da organização técnica são pautados pelo respeito pelas pessoas, integridade e transparência, gestão da eficiência voltada para as necessidades do Judiciário e da comunidade, bem como a inovação e a sustentabilidade.[38] A CAPJ (2021) é responsável por

> Desenhar, propor e implementar políticas, procedimentos e *mecanismos de auditoria* e detecção de riscos que permitam evitar *fraudes* ou uso indevido de recursos do Poder Judiciário ou da Corporação Administrativa; Informar o Conselho Superior sobre os principais riscos de *controle interno* do Poder Judiciário e da Corporação Administrativa; Realizar *auditorias financeiras* e operacionais aos Departamentos da Sociedade, às Administrações Zonais e aos Centros de Apoio aos Tribunais.

Na Colômbia, mais recentemente, foi instituído o Conselho Superior da Magistratura. Por meio dos Acórdãos C-285 e 373, de 2016, o Tribunal Constitucional revisou o Ato nº 2/2015, no qual sentenciou

---

[36] CONSELHO SUPERIOR DA MAGISTRATURA – CSM. Plano de Atividades para 2021. Disponível em: https://www.csm.org.pt/wp-content/uploads/2021/05/Plano-de-Atividades-2021.pdf. Acesso em: 12 dez. 2021.

[37] CONSELHO SUPERIOR DA MAGISTRATURA – CSM. *Projetos*. Disponível em: https://www.csm.org.pt/projetos/. Acesso em: 12 dez. 2021.

[38] Ver a página da CAPJ do Poder Judiciário, disponível em: https://www.pjud.cl/post/que-es-capj. Acesso em: 12 dez. 2021.

a alteração da denominação da Câmara Administrativa para Conselho Superior da Magistratura.[39]

O Conselho opera, atualmente, fundamentando-se em diversas competências relativas à governança e ao *compliance*, como estabelecer indicadores de gestão de escritórios judiciais e índices de desempenho, de indicadores de desempenho de funcionários e de funcionários judiciais, com base nos quais efetua o respectivo *controle e avaliação*; e controlar o *desempenho e a gestão* institucional do Tribunal Constitucional, do Supremo Tribunal de Justiça, do Conselho de Estado e do Ministério Público.

Em 2019, o Conselho Colombiano elaborou o Plano de Desenvolvimento Setorial do Poder Judiciário (2019-2022): "Justiça Moderna com Transparência e Capital Próprio", pautado em princípios e valores, como celeridade e oralidade, eficiência, diligência e compromisso, transparência e integridade, com pilares especificamente voltados à modernização tecnológica e da infraestrutura judiciária, transformação digital e segurança, recursos humanos e gestão do conhecimento, proximidade com o cidadão e comunicação e estratégia anticorrupção.[40]

No México, a Suprema Corte de Justiça da Nação possui órgãos encarregados de mecanismos de transparência, dos quais se salienta a atuação do Comitê Especializado de Ministros e do Comitê de Transparência, que possuem suas diretrizes principais definidas pela Lei Geral e pela Lei Federal de Transparência e Acesso à Informação Pública. O Conselho Federal de Magistratura é a instituição que possui as funções de administração, vigilância e disciplinaridade no âmbito do Poder Judiciário, com exceção da Suprema Corte de Justiça da Nação e seu Tribunal Eleitoral.[41]

A exemplo dos casos elencados neste capítulo, é possível concluir que a importância da governança e do *compliance* no contexto da Administração Pública não se limita a apenas uma área. O escopo do Poder Judiciário é atuar com demandas diretamente relacionadas com a garantia do acesso à justiça aos cidadãos da respectiva sociedade à

---

[39] CONSEJO SUPERIOR DE LA JUDICATURA. *Información general*. Disponível em: https://www.ramajudicial.gov.co/web/consejo-superior-de-la-judicatura/informacion-general. Acesso em: 12 dez. 2021.

[40] CONSEJO SUPERIOR DE LA JUDICATURA. *Plan Sectorial de Desarrollo Rama Judicial 2019 – 2022 "Justicia Moderna con Transparencia y Equidad"*. Disponível em: https://www.ramajudicial.gov.co/documents/10240/26035296/Plan+Sectorial+de+Desarrollo+2019-2022.pdf/1744e358-886d-44ed-96b2-3c319b5ffa99. Acesso em: 12 dez. 2021.

[41] Definida pela Constituição Política dos Estados Unidos Mexicanos (1982).

qual serve. Dessa forma, fortalecer mecanismos práticos, estratégias e instrumentos normativos se mostra ao mesmo tempo uma necessidade e um caso global de constantes êxitos.

5.4 Governança e *compliance*: um estudo de caso da Secretaria Especial de Programas, Pesquisas e Gestão Estratégica – SEP/CNJ

(Recorte da Gestão Fux 2020-2021)

Além dos já mencionados atos normativos do Poder Judiciário, insta destacar a atuação da gestão atual da SEP, que trabalha com um conjunto de ações que definem as responsabilidades e ajudam a desenhar os processos para tomadas de decisão, destacando assim as elogiadas práticas de liderança, estratégia e controle que compõem a governança.

Conforme diretrizes do Programa Justiça 4.0, relatórios de gestão[42] e matérias especiais da comunicação interna, um dos pilares da secretaria na gestão atual é a definição de estruturas e processos assim como a ampla transparência de estruturas e resultados, que definem sua regra de *compliance* e *accountability*.

Em entrevista em seu perfil para a *Revista CNJ*, o Secretário Especial de Programas, Pesquisas e Gestão Estratégica do CNJ, Dr. Marcus Livio Gomes, destaca que o desafio dos gestores de hoje é justamente a crescente digitalização e globalização das atividades:

> No âmbito do Judiciário, o desafio é ainda maior, em vista da necessidade desse Poder prestar um serviço de excelência ao cidadão. É importante destacar que o Judiciário brasileiro está extremamente avançado no que tange aos processos digitais, eis que a digitalização iniciou muitos anos antes da pandemia. Tal eficiência chama atenção positivamente de membros dos Poderes Judiciários do exterior, o que tenho observado em eventos internacionais que participo.[43]

Destacam-se, a seguir, algumas ações da SEP.

---

[42] Conselho Nacional de Justiça – CNJ. *Secretaria Especial divulga mensalmente dados de produtividade e projetos em andamento*. Intranet CNJ, Brasília, 27 de janeiro de 2021. Portal de Notícias. Disponível em: https://www.cnj.jus.br/intranet/secretaria-especial-divulga-mensalmente-dados-de-produtividade-e-projetos-em-andamento/. Acesso em: 7 dez. 2021.

[43] Entrevista com Marcus Livio Gomes, Secretário Especial de Programas, Pesquisas e Gestão Estratégica: Secretaria Especial divulga mensalmente dados de produtividade e projetos em andamento. *Revista Eletrônica do CNJ*, v. 5 n. 1, p. 9-11, 2021. Disponível em: https://www.cnj.jus.br/intranet/secretaria-especial-divulga- mensalmente- dados-de-produtividade-e-projetos-em-andamento/. Acesso em: 7 dez. 2021.

5.4.1 Publicação de relatórios mensais

A Secretaria Especial de Programas, Pesquisas e Gestão Estratégica passou a adotar um sistema de emissão de relatórios de produtividade mensais logo no início da gestão, último semestre de 2021, que é composto por dados estatísticos, comparativos gráficos e compilados de ações e atos normativos importantes, e objetiva o compartilhamento de uma visão geral dos esforços dos(as) colaboradores(as) para localizar acertos, que por via de regra acabam se tornando modelo para outros processos, mas também para encontrar gargalos que possam ser contornados ou mesmo evitados para gestões futuras.

O sucesso e destaque da prática resultaram na produção paralela de relatórios semestrais e um anual, que se dispõem a servir de base para relatórios mais amplos sem a necessidade de lidar com pesquisas extensas e onerosas.

O relatório de produtividade é disponibilizado para acesso público do CNJ por meio da página da Secretaria Especial na intranet[44] e tem um acesso reservado para produtividade, que é atualizado mensalmente e chega a servir de modelo para iniciativas de outras unidades e projetos.

A série de matérias do Portal de Notícias da Intranet CNJ, #CNJ em Dia, destacou a nova abordagem da SEP,[45] informando que: "[...] as iniciativas promovidas pelo secretário especial, Marcus Lívio, estimulam um ambiente transparente e atento àquilo que é parte do trabalho fundamental para implementação dos eixos de gestão do ministro Luiz Fux".

Outro ponto destacado é que:

> Na página da SEP da intranet, que sofreu um processo completo de atualização e renovação das informações, você consegue acessar o relatório de produtividade atualizado e verificar aquilo que tem acontecido no dia a dia da unidade, como, por exemplo, a informação de que mais de 1.000 processos já tramitaram pelo SEI entre setembro e dezembro de 2020, incluindo diversas iniciativas e soluções implementadas pela Secretaria Especial no CNJ.
> [...]

---

[44] A página de publicações pode ser acessada por meio do *link*: https://www.cnj.jus.br/intranet/areas_institucionais/areas-institucionais/secretaria-especial-de-programas-pesquisas-e-gestao-estrategica/produtividade-da-sep/. Acesso em: 12 dez. 2021.

[45] A matéria pode ser conferida em: https://www.cnj.jus.br/intranet/secretaria-especial-divulga-mensalmente-dados-de-produtividade-e-projetos-em-andamento/. Acesso em: 12 dez. 2021.

"Manter nossa página na Intranet atualizada é importante pra nossa equipe, já que lá conseguimos organizar as informações por temas e áreas de atuação, além encontrar sempre aquilo que precisamos para a rotina do trabalho do gabinete. Entendo que a Intranet do CNJ funciona também como um espaço para mostrar aos outros colegas aquilo que temos feito e que pode beneficiar o trabalho das unidades", afirmou Doris Canen, chefe de gabinete da Secretaria Especial, que reconhece também o trabalho essencial dos juízes auxiliares alocados na Secretaria, do assessor Eduardo Sousa, dos secretários Paulo, Fabiana e Carlos, da revisora Marlene, e dos estagiários Kevem, Luiz [...] (INTRANET/#CNJemDia, 2021).

A matéria também destacou a nova abordagem da SEP, informando que: "[...] as iniciativas promovidas pelo secretário especial, Marcus Livio, estimulam um ambiente transparente e atento àquilo que é parte do trabalho fundamental para implementação dos eixos de gestão do ministro Luiz Fux." Pilares que a pasta considera fundamentais para se desenvolver sem se deslocar dos esforços conjuntos.

5.4.2 Definição de fluxos de trabalho

Para padronizar trabalhos e reduzir tempo e problemas de comunicação processual, em conformidade às estruturas organizacionais do CNJ, a SEP, por meio de reuniões e alinhamentos, configurou os processos e as responsabilidades da pasta, almejando um espelho da rotina processual da unidade. O sistema de fluxos internos de trabalho da SEP foi publicado e gera coordenação interna, ciência de responsabilidades e antecipação de ações administrativas.[46]

5.4.3 O sistema de controle e acompanhamento de processos da SEP

Para lidar com a troca de gestão e evitar lentidão e problemas com prazos, a equipe da SEP percebeu que deveria fazer uso mais inteligente das ferramentas de trabalho e criou um sistema de acompanhamento e controle dos processos herdados e dos que estavam em tramitação, produzindo uma base de dados junto com um sistema de

---

[46] CNJ. *Secretaria Especial divulga mensalmente dados de produtividade e projetos em andamento.* Intranet CNJ, Brasília, 27 de janeiro de 2021. Portal de Notícias. Disponível em: https://www.cnj.jus.br/intranet/secretaria-especial-divulga-mensalmente-dados-de-produtividade-e-projetos-em-andamento/. Acesso em: 7 dez. 2021.

divulgação de andamento de processos para a equipe interna que o sistema comum não abarcava.

Com o sistema de controle, desenvolver os processos em tramitação e concluir os herdados pode ser feito pela primeira vez em equipe e não mais de forma individual, criando assim uma cultura organizacional e dispensando problemas como divergências de horários dos(as) colaboradores(as).

O sistema de acompanhamento de processos da SEP se ancorou no uso dos programas *Microsoft Excel* e *Microsoft Planner* para ajudar a unidade a conseguir gerenciar o alto número de processos na caixa da unidade no sistema SEI durante a transição.

Após se solidificar, o sistema de acompanhamento dos processos tornou-se ferramenta corriqueira e essencial para o controle; como resultado, grandes quantidades de processos puderam ser tratadas com um número menor de funcionários. Desse modo, por diversas vezes, a raiz do sistema de acompanhamento foi elogiado e até solicitado como modelo por outras unidades.

Seus principais diferenciais são seu sistema de controle de prazos e contagem de onerosidade; sua ferramenta de notificação de atualização por *e-mail* e intrincados mecanismos de filtragem.

Em março de 2021, o sistema de acompanhamento de processos da SEP ganhou uma matéria no canal de notícias da intranet por meio da série *Fora de Cena*,[47] uma série de notícias, que se dedica a mostrar como muitos projetos desenvolvidos pelos(as) servidores(as) do CNJ impactam diretamente o trabalho realizado por outras instituições e a prestação jurisdicional ao cidadão brasileiro.

A matéria elucidou como o uso da tecnologia e da inovação tem sido crucial para aprimorar e dar maior celeridade ao acompanhamento em tempo real das centenas de processos que passam pela Secretaria Especial de Programas, Pesquisas e Gestão Estratégica (SEP).

> Kevem divide suas funções de gerir o sistema com Luiz Felipe Gogin Gomes, que chegou justamente no momento em que a nova gestão da SEP estava tomando posse e contribuiu com sua experiência em inovação e sistemas. "Nos primeiros meses foi uma imersão entre nós, estagiários, com tentativas e erros até o modelo ser usado de maneira fluida pela equipe. (...) Luiz, que atualmente cursa o 4º semestre de

---

[47] A matéria pode ser acessada em: https://www.cnj.jus.br/intranet/fora-de-cena-sep-adota-sistema-que-aprimora-acompanhamento-de-processos/. Acesso em: 12 dez. 2021.

Administração na UnB, explica que o fluxo de novos processos não para e o sistema desenvolvido por eles já começou herdando mais de 200 processos durante a troca de gestão. "Diariamente processos entram e saem da SEP, cada qual com suas particularidades, relações externas e atribuições para juízes específicos. (INTRANET/ Fora de Cena, 2021)

Em recorte da matéria, Doris Canen, Chefe de Gabinete, destaca ainda que o sistema desenvolvido pelos estagiários da SEP tem sido importante ainda para o acompanhamento remoto dos processos, uma vez que o CNJ adotou a modalidade de teletrabalho durante a atual pandemia do novo coronavírus.

A Chefe de Gabinete da SEP, Doris Canen, acrescenta que o trabalho realizado pelo Kevem e Luiz contribui para dar mais transparência ao fluxo processual do CNJ. "O trabalho realizado pelos estagiários é importante para o conhecimento do conteúdo dos mais diversos processos que tramitam na secretaria, bem como do acompanhamento e cumprimento dos prazos e pronto atendimento aos demais setores do CNJ". (INTRANET/ Fora de Cena, 2021)

A matéria da editoria especial foi lida por muitos e bem assimilada, gerando como consequência vários pedidos de modelagem de sistemas semelhantes adaptados às demandas particulares de cada unidade. Sendo inviável a confecção de sistemas individualizados para diferentes unidades, desenvolveu-se a promessa de um curso/*workshop* da equipe de colaboradores(as) da SEP.

5.4.4 Gestão dos acordos de cooperação da Secretaria

A Secretaria Especial de Programas, Pesquisas e Gestão Estratégica tem por finalidade prestar apoio e assessoramento técnico à Presidência e às Comissões Permanentes do Conselho Nacional de Justiça nas atividades relacionadas aos programas e projetos institucionais, às pesquisas judiciárias, à gestão estratégica, à capacitação de servidores(as) do Poder Judiciário. Utilizando-se das bases do sistema de acompanhamento de processos, o sistema de acompanhamento de Acordos de Cooperação Técnica é uma versão com mais ferramentas e fórmulas de controles devido às especificidades dos acordos, com muitos detalhes técnicos e muitos prazos.

A automação de prazos e sistemas de notificações de andamento tornou as parcerias do CNJ uma realidade muito mais fluida, a qual anteriormente era marcada como categoria de processo oneroso. A inovação marca o sinônimo de padrão de trabalho das parcerias, antecipando termos, aberturas e renovações e dando compasso aos planos de trabalho, que se tornaram mais acessíveis aos integrantes de cada coalizão.

5.4.5 Controle de composição de microcolegiados

A SEP é notadamente destacada pela variedade de microcolegiados, políticas e projetos dos quais os(as) juízes/juízas auxiliares da secretaria fazem parte ou os coordenam. Um controle de composição de colegiados surge com a necessidade de lidar com o alto volume e a rotatividade de nomeações e designações; além de ser uma base de dados concisa e atualizada, serve de referência de instruções normativas. O sistema de controle de composição de colegiados atualmente acompanha comissões, comitês, grupos de trabalho, pactos e políticas nacionais e fóruns. Para promover o justo acesso aos diferentes níveis de colaboradores, essa base de dados tem cópia *on-line* para a equipe.

5.4.6 Tratamento do sistema de ouvidoria referente aos sistemas geridos pela SEP

Os chamados relatados pela ouvidoria do CNJ no que tange aos sistemas geridos pela SEP são tratados pela Secretaria não só como demanda externa, mas também como fonte de dados para avaliação periódica, correlacionando e cruzando padrões e tendências para se antecipar a quadros deficitários, formando perfis e estratégias de ação como respostas a outras equipes e ao público.

5.4.7 SEP na Rede de Governança Colaborativa

A Estratégia Nacional do Poder Judiciário 2021-2026 foi instituída pela Resolução CNJ nº 325, de 30 de junho de 2020, após construção democrática e participativa no âmbito da Rede de Governança Colaborativa, e tem a finalidade de definir as diretrizes nacionais da atuação institucional dos órgãos do Poder Judiciário para o próximo sexênio. Impulsionar a execução, o monitoramento e a divulgação dos resultados da Estratégia Nacional do Poder Judiciário é uma das atribuições da Rede de Governança Colaborativa, que agrega representantes de todos os tribunais.[48]

---

[48] Ver a Resolução nº 325, de 29 de junho de 2020. Disponível em: https://atos.cnj.jus.br/atos/detalhar/336. Acesso em: 12 dez. 2021.

Ao atuar de forma integrada, a Rede torna possível a tomada de decisão compartilhada, possibilitando que os diferentes segmentos da Justiça alcancem as metas e levem o Judiciário a cumprir seus desafios. (INTRANET/ Notícias, 2021)

Segundo o Comitê Nacional da Rede, uma estratégia de sucesso tem como característica o engajamento das equipes, dessa forma, faz-se necessário que as equipes do Judiciário, superando a etapa de comoção, sintam-se parte da Estratégia, consigam vislumbrar como a sua rotina interfere positivamente no alcance dos resultados.

O Plano de Comunicação da Estratégia Nacional foi destacado como um instrumento essencial para reforçar a compreensão, a sensibilização e o engajamento dos diferentes públicos. Com a mensagem chave "Realizar Justiça é a nossa missão", o Plano contempla peças gráficas que buscam tornar mais uniforme e clara a amplitude da Estratégia e como ela ocorre no dia a dia das pessoas. (INTRANET/ Notícias, 2021).

Em conjunto com as juízas-auxiliares do CNJ, Lívia Peres e Dayse Starling, o Secretário Especial de Programas, Pesquisas e Gestão Estratégica do Conselho Nacional de Justiça (CNJ) e coordenador do colegiado, Marcus Livio Gomes, afirma que o Comitê Nacional da Rede quer ir além do relevante papel que cumpre na formulação estratégica: "Estamos iniciando novos passos, debatendo instrumentos que podem sensibilizar magistrados, magistradas e todas as equipes dos tribunais para a importância do cumprimento das metas".[49]

5.4.8 Condução da Reunião de Análise da Estratégia pela SEP

A Secretaria Especial de Programas, Pesquisas e Gestão Estratégica realiza a Reunião de Análise da Estratégia (RAE). O objetivo da RAE é o diálogo sobre a execução da estratégia do CNJ, além de ser uma boa oportunidade para que todos se atualizem sobre a situação de indicadores e projetos institucionais que compõem o planejamento.

---

[49] CNJ. Entrevista com Marcus Livio Gomes, Secretário Especial de Programas, Pesquisas e Gestão Estratégica: Secretaria Especial divulga mensalmente dados de produtividade e projetos em andamento. *Revista Eletrônica do CNJ*, v. 5, n. 1, p. 9-11, 2021. Disponível em: https://www.cnj.jus.br/intranet/secretaria-especial-divulga- mensalmente- dados-de-produtividade-e-projetos-em-andamento/. Acesso em: 7 dez. 2021.

Matéria divulgada no portal de notícias da Intranet CNJ[50] comenta a contribuição do juiz-auxiliar da presidência e coordenador do Departamento de Monitoramento e Fiscalização do Sistema Carcerário e do Sistema de Execução de Medidas Socioeducativas (DMF), Luís Geraldo Sant'Ana Lanfredi, que elogiou o trabalho apresentado, enfatizando que:

> A SEP e o DGE têm construído no CNJ um arcabouço de propostas que nos permitem hoje construir políticas de uma forma muito robusta e consistente. Isso reafirma a qualidade dos nossos servidores, e faz com que o CNJ se reafirme no cenário nacional como referência. É um orgulho muito grande fazer parte dessa equipe! (INTRANET CNJ, 2021)

Segundo matéria divulgada no portal de notícias do portal Intranet CNJ:

> Apresentar resultados do Planejamento Estratégico Institucional do CNJ, promover debate de ideias e soluções para o atingimento de resultados, assim como conhecer iniciativas inovadoras relacionadas à Gestão Estratégica do CNJ foram objetivos do encontro entre gestoras e gestores do Conselho na última Reunião de Análise da Estratégia (RAE) do CNJ [...] A juíza-auxiliar da presidência designada como coordenadora do DGE, Dayse Starling Motta, destacou a importância do evento para o acompanhamento da estratégia institucional.

6 Conclusões

Com base nas reflexões sobre as definições de governança e *compliance* e da análise de normativos nacionais e internacionais – casos que exprimem as inflexões dessas categorias no âmbito do Poder Judiciário – e no estudo de caso da Secretaria Especial de Programas, Pesquisas e Gestão Estratégica do Conselho Nacional de Justiça, é possível constatar a relevância do tema tratado neste estudo.

Conclui-se que empregar princípios relativos a esses temas contribui para a consolidação de pressupostos democráticos e inerentes ao Estado de Direito, em especial quando se trata de instituições às quais compete a Administração Pública. O Judiciário, além de representar

---

[50] SEP e DGE reuniram gestores do CNJ para última RAE de 2021. Intranet CNJ, Brasília, 18 de outubro de 2021. *Portal de Notícias*. Disponível em: https://www.cnj.jus.br/intranet/sep-e-dge-reuniram-gestores-do-cnj-para-ultima-rae-de-2021/. Acesso em: 7 dez. 2021.

esforços na garantia de acesso à justiça, manifesta compromisso com a qualidade e eficiência dos serviços, enquanto estimula mecanismos de participação e responsividade com relação aos cidadãos que dele fazem uso.

A experiência do Conselho Nacional de Justiça no Brasil tem se consolidado para estabelecer esses princípios e promover a aderência a eles no contexto que lhe compete, e sua Secretaria Especial de Programas, Pesquisas e Gestão Estratégica tem desempenhado protagonismo em ações desenvolvidas em diversas frentes relativas ao tema, evidenciando-se suas iniciativas no estabelecimento de canais de comunicação e transparência, fluxos padronizados com a finalidade de tornar o serviço mais célere, eficiente e humanizado.

A partir da apresentação de procedimentos que exemplificam boas práticas na Administração Pública judiciária, em alinhamento com diretrizes internacionais de governança global e princípios de cooperação, sua atuação exprime os desafios do processo e, ao mesmo tempo, trajetórias de êxito para o cenário da justiça e da consolidação de princípios democráticos no Brasil.

Referências

BRASIL. *Constituição Federal da República Federativa do Brasil de 1988*. Disponível em: http://www.planalto.gov.br/ccivil_03/constituicao/constituicao.htm. Brasília: Presidência da República Federativa do Brasil, 1988.

BRASIL. Lei nº 12.683, de 9 de julho de 2012. Altera a Lei nº 9.613, de 3 de março de 1998, para tornar mais eficiente a persecução penal dos crimes de lavagem de dinheiro. Brasília: Presidência da República Federativa do Brasil, 2012. Disponível em: www.planalto.gov.br/ccivil_03/_Ato2011-2014/2012/Lei/L12683.htm#art2. Acesso em: 12 dez. 2021.

BRASIL. Lei nº 12.846/2013. Disponível em: http://www.planalto.gov.br/ccivil_03/_ato2011-2014/2013/lei/l12846.htm. Brasília: Presidência da República Federativa do Brasil, 2013.

BRASIL. *Governo institui Sistema de Integridade Pública do Poder Executivo Federal*. https://www.gov.br/pt-br/noticias/financas-impostos-e-gestao-publica/2021/07/governo-institui-sistema-de-integridade-publica-do-poder-executivo-federal. Acesso em: 12 dez. 2021.

CONSELHO DA JUSTIÇA FEDERAL – CJF. *Manual de Governança da Justiça Federal*. Brasília: 2015. Disponível em: https://www.cjf.jus.br/observatorio/arq/ManualGovJF.pdf. Acesso em: 12 dez. 2021.

CONSELHO NACIONAL DE JUSTIÇA – CNJ. *Justiça em Números 2021*. Brasília: Conselho Nacional de Justiça, 2021. Disponível em: https://www.cnj.jus.br/wp-content/uploads/2021/11/relatorio-justica-em-numeros2021-221121.pdf. Acesso em: 12 dez. 2021.

CONSELHO NACIONAL DE JUSTIÇA – CNJ. *SEP adota sistema que aprimora acompanhamento de processos*. Intranet CNJ, Brasília, 15 de março de 2021. Portal de Notícias. Disponível em: https://www.cnj.jus.br/intranet/fora-de-cena-sep-adota-sistema-que-aprimora-acompanhamento-de-processos/. Acesso em: 7 dez. 2021.

CONSELHO NACIONAL DE JUSTIÇA – CNJ. *Rede de Governança reforça execução da Estratégia Nacional do Judiciário*. Intranet CNJ, Brasília, 3 de setembro de 2021. Portal de Notícias. Disponível em: https://www.cnj.jus.br/intranet/rede-de-governanca-reforca-execucao-da-estrategia-nacional-do-judiciario/. Acesso em: 7 dez. 2021.

CONSELHO NACIONAL DE JUSTIÇA – CNJ. *Corregedora nacional defende expansão do uso de tecnologia no Judiciário*. Brasília: 2021b. Disponível em: https://www.cnj.jus.br/corregedora-nacional-defende-expansao-do-uso-de-tecnologia-no-judiciario/.

O'DONNELL, Guillermo. *Accountability* horizontal e novas poliarquias. *Revista Lua Nova*, n. 44, p. 27-54, 1998.

ORGANIZAÇÃO DAS NAÇÕES UNIDAS – ONU. *Convenção das Nações Unidas contra a Corrupção*. Viena: Escritório das Nações Unidas sobre Drogas e Crime, 2003.

ORGANIZAÇÃO DAS NAÇÕES UNIDAS – ONU. United Nations Convention Against Transnational Organized Crime And The Protocols Thereto. Nova Iorque: Organização das Nações Unidas, 2004.

RODRIGUES, Leandro do Nascimento. *O Conselho Nacional de Justiça como instrumento de accountability horizontal*: análise do período 2005-2007. Universidade de Brasília: Dissertação de Mestrado do Programa de Pós-Graduação em Ciência Política, 2008.

Informação bibliográfica deste livro, conforme a NBR 6023:2018 da Associação Brasileira de Normas Técnicas (ABNT):

GOMES, Marcus Livio; CANEN, Doris; HENDGES, Ana. Governança e Poder Judiciário: o caso da Secretaria Especial de Programas, Pesquisas e Gestão Estratégica. *In*: SEGURA, Larissa Garrido Benetti (org.); KEPPEN, Luiz Fernando Tomasi; ZENKNER, Marcelo (coord.). *Sistema de integridade e Poder Judiciário*: estudos em homenagem ao ministro Luiz Fux. Belo Horizonte: Fórum, 2022. p. 93-121. ISBN 978-65-5518-454-9.

REGULAÇÃO RESPONSIVA E INTEGRIDADE: PERSPECTIVAS NO ÂMBITO DO PODER JUDICIÁRIO[1]

HENRIQUE ABI-ACKEL TORRES

1 Introdução

O exercício do poder (pelo Estado) implica constituir-se no centro de imputação[2] normativa. Este exercício, nada mais é do que uma relação de autoridade (KELSEN, 1945, p. 190). Em outras palavras, significa a possibilidade de interferência na esfera jurídica dos membros daquela sociedade.

O Estado encarna a competência, ou medida de poder, com um centro de atributos jurídicos necessários para regular a vida em sociedade, desde sua parcela mais simples até seus âmbitos mais complexos. E o faz, primordialmente, para manutenção da ordem pública, acabando por difundir-se em regulações mais sofisticadas da vida em sociedade, como os mercados e a vida econômica.

Porém, desde as sociedades mais primitivas, o mecanismo mais básico de tentativa de manutenção da ordem pública sempre foi a ameaça de retaliação, a punição. Não podemos esquecer, porém, que existem mecanismos voltados à dissuasão e prevenção de condutas reconhecidamente nocivas para a sociedade.

A tentativa aqui será a de, a partir da compreensão da cultura regulatória já aplicada no âmbito dos Tribunais brasileiros e da certeza de que a integridade é vital para qualquer âmbito da governança pública, reforçando o compromisso republicano com os valores fundamentais

---

[1] Este artigo é o resultado parcial de uma pesquisa realizada pelo autor – especialmente no âmbito criminal econômico – outros resultados foram publicados em outro artigo, sob o título "A regulação responsiva e as perspectivas para o *criminal compliance*".

[2] Aqui entenderemos imputação não necessariamente com viés penal, mas como "atribuição de responsabilidade".

e salvaguardando a confiança social na integridade das instituições, estabelecer algumas ideias sobre o ideal de regulação responsiva no Poder Judiciário.

Como importante marco na instituição de sistemas de integridade no âmbito do Poder Judiciário, o Conselho Nacional de Justiça publicou a Resolução nº 410, de 23 de agosto de 2021, que dispõe sobre normas gerais e diretrizes, adotando o sistema *soft law*, deixando para que cada órgão judiciário possa estabelecer alguns critérios dentro de sua especificidade.

A aludida resolução tem como fundamento a cultura dos tribunais em matéria de combate à corrupção e boa governança, conforme bases já definidas na Convenção das Nações Unidas contra a Corrupção e na Agenda 2030 das Nações Unidas para o Desenvolvimento Sustentável.

Há, claramente, uma crise dos modelos tradicionais de regulação estatal, e a adoção de novas estratégias de mudança comportamental que buscam compreender especialmente a escolha racional dos entes sociais é essencial para dissuadir comportamentos nocivos e fomentar as boas práticas no âmbito das instituições, notadamente no Poder Judiciário. O resgate da racionalidade é fundamental para a adoção de tais estratégias regulatórias, que em muito podem contribuir para o próprio combate de práticas nocivas.

O caminho escolhido, portanto, passa pela compreensão da cultura regulatória dos Tribunais, buscando aprimorar mecanismos de prevenção, detecção e correção de condutas não íntegras. O ponto de chegada é a conclusão, ainda parcial, de que as melhores práticas criam um ambiente de transparência e segurança, resgatando a confiança social na lisura das instituições e um ganho de imagem, assim como melhoria no serviço prestado à população.

Por fim, apresenta-se uma tentativa de solução ao problema aqui localizado. E o caminho, inevitável, é a necessária compreensão das estratégias adotadas. Somente tendo consciência de como funciona a regulação responsiva, se conseguirá algum sucesso que racionalize o ambiente regulatório.

2 A cultura regulatória e os sistemas de integridade no âmbito do Poder Judiciário

Sabe-se que têm se desenvolvido diversas teorias, na intenção de compreender as ilicitudes em âmbito institucional ou corporativo, desde as condutas mais banais – mas que podem criar uma cultura imprópria – até o próprio fenômeno da delinquência, que deve ser enfrentado. As estratégias são do mais variado espectro, partindo desde propostas de conteúdo profundamente incapacitante (ou neutralizador) até formas de autorregulação (BRAITHWAITE, 1992, p. 101 e ss.). Não há a menor dúvida que vivemos um momento de expansão do Direito Penal (ou mesmo do Direito Administrativo Sancionador). Esse momento já perdura desde meados dos anos 1990, como sempre fora sustentado por Silva Sánchez (2011, p. 83 e ss.). Esta expansão teve um momento importante para a regulação e as premissas do Direito Penal Econômico, especialmente a partir da crise econômica 2008, de maneira globalizada (SILVEIRA; SAAD-DINIZ, 2017, p. 22-23).

A crise econômica mundial de 2008 foi deflagrada a partir dos Estados Unidos da América, com origem justamente em um contexto de plena desregulação, seguida pela comercialização de ativos imobiliários indevidamente qualificados, o que acabou sendo replicado em diversos países e criando crises nacionais em vários locais.

Questionou-se, então, a desregulação, fundamentando o entendimento de que era necessária uma regulação mais firme, bem como a utilização do Direito Penal em premissas preventivas, determinando questões de integridade e, portanto, estabelecendo as premissas dos *compliance programs*.

O *compliance* pode ser definido como um conjunto de disciplinas a fim de fazer cumprir as normas legais e regulamentares, as políticas e as diretrizes estabelecidas pelas empresas para evitar desvios e inconformidades, um verdadeiro sistema de integridade organizacional (LUCAS, 2020). O estabelecimento dos programas de *compliance*, ao nosso entender, tem muito a ver com uma lógica própria do Direito Penal. É que o seu propósito básico é evitar o cometimento de ilícitos, em uma ideia claramente de prevenção de delitos econômicos empresariais (SILVEIRA; SAAD-DINIZ, 2015, p. 113 e ss.), através da autoimposição de *stardards* de conduta.

A denominada "Era da Integridade" é formada pela junção de três grupos: os indivíduos, as empresas – que, como dito, lideram processos de integridade organizacional – e a sociedade (LUCAS, 2020).

A autorregulação regulada permite que as instituições se assegurem de que sejam cumpridas as normas vigentes, sejam internas ou externas, e que se descubram infringências a essas normas, aplicando-se as respectivas sanções.

Enfim, muitos são os papéis que podem ser assumidos pelos programas de integridade na questão penal. Sem dúvida, dentre tantas funções que lhe podem ser atribuídas, destaca-se a de espelhar a função típica do sistema penal: o controle social, ainda que neste caso seja um controle de viés institucional (SILVEIRA; SAAD-DINIZ, 2015, p. 122-123).

O sistema penal, ao exercer seu papel de controle, se utiliza de diversos mecanismos e atribuições. É, obviamente, sancionatório, possuindo função preventiva (de comportamentos nocivos) e repressiva, lançando mão de providências, por exemplo, de cunho neutralizador (também chamadas de incapacitação), e de objetivos dissuasórios.

Seu objetivo é, portanto, em última análise, a prevenção dos comportamentos nocivos, aliada à repressão sancionatória. A lógica sistemática desta espécie de regulação de comportamentos, assim, sendo substancialmente penal, trabalha com a própria aplicação do "castigo", ainda que este seja de natureza administrativa.

É importante ter em conta que há um fenômeno de plena administrativização do Direito Penal, com posturas cada vez de maior conteúdo sancionador (SILVA SÁNCHES, 2011). Neste contexto, há que se preocupar com a superação do modelo binário, que ainda perdura, de termos unicamente preventivos/repressivos.

Há que se preocupar, por exemplo, com ideias restaurativas e dissuasórias, essenciais para a regulação de uma sociedade cada vez mais complexa (BECK, 2010), com atividades econômicas cada vez mais diversificadas.

O objetivo de um programa de integridade, individualizado à complexidade de cada estrutura organizacional, é verificar as bases normativas solicitadas pelo Estado, de acordo com seu campo de atuação, para executar a autorregulação regulada. Só então se busca a responsabilidade por eventual *non compliance* ou pelo não cumprimento dos deveres (SILVEIRA; SAAD-DINIZ, 2015, p. 128).

Quanto ao Direito Penal, a apuração de responsabilidade e autoria é um dos grandes desafios (GÓMEZ-JARA DÍEZ, 2006, p. 193 e ss.), e são temas muitas vezes simplificados em nome de uma maior efetividade, fato dramático e perigoso para as garantias essenciais à legitimidade de todo o sistema penal, e até mesmo de um sistema regulatório, administrativo-sancionador.

Enfim, o que nos parece importante delimitar é que, ao contrário do que se previa, a implicação e a inter-relação que passaram a existir entre a esfera administrativa e penal criaram um universo interessante, permitindo uma maior relação de conceitos de áreas que antes se viam isoladas. Isso fez com que, por um lado, se compreendesse melhor a lógica punitiva e, por outro, se estabelecesse, em alguns casos, uma prévia instância administrativa.

Isso teve transcendência na cultura dos próprios tribunais, que já possuem uma tradicional atividade regulatória buscando transparência e eficiência.

No âmbito do Tribunal de Justiça de Minas Gerais (TJMG), houve pioneirismo no estabelecimento do "Programa Integridade" desenvolvido por magistrados e servidores, que consiste em um conjunto de políticas e ações com o objetivo de manter a instituição em conformidade com as leis e com a ética.

Dentre os diversos documentos desenvolvidos pela Corte Mineira, podemos destacar:

- a Resolução nº 880/TJMG: que institui e regulamenta o Processo Administrativo de Responsabilização (PAR), previsto no Capítulo IV da Lei Federal nº 12.846/13 (Lei Anticorrupção Empresarial);
- Código de Conduta: que tem por finalidade orientar e cientificar seus agentes públicos quanto às condutas a serem observadas no ambiente de trabalho e na interação com o público externo, de modo a mantê-las convergentes com a missão, a visão e os valores do Tribunal, comprometidas com a ética e a probidade e em conformidade com o interesse público;
- Política de Gestão de Riscos: instituída pela Portaria nº 4.777/TJMG, que dispõe sobre os objetivos, os pressupostos, as categorias de riscos, as diretrizes gerais do processo de gestão de riscos, as competências e atribuições concernentes à gestão de riscos no TJMG;
- Manual de Gestão de Riscos: é a metodologia consistente em conjunto de etapas que visam à operacionalização da gestão, representando um passo a passo de como deverá ser feito o gerenciamento dos riscos detectados;

- Política de Integridade para Ingresso de Servidores: instituída pela Portaria nº 4.716/TJMG, tem por finalidade acompanhar o cumprimento dos requisitos legais necessários à ocupação de cargo em comissão ou função de confiança, bem como estabelecer as diligências destinadas à verificação da adequação do candidato à cultura ético-organizacional;
- Política de Integridade das Contratações: instituída pela Portaria nº 4.717/2020, tem por finalidade estabelecer as condutas a serem observadas pelas unidades responsáveis pelo processo licitatório, contratos e pelos demandantes e contratados, com o propósito de assegurar negociações públicas pautadas na ética, boa-fé, isonomia e moralidade;
- Cartilha de Integridade para Licitantes e Contratados do TJMG: tem por finalidade apresentar recomendações e orientações a serem observadas na participação das licitações e execução dos contratos, enfatizando o respeito à integridade corporativa nas relações negociais;
- Formulário de Análise de Perfil dos Contratados: é mais uma ferramenta do sistema de integridade do TJMG, com foco na identificação de situações que podem dar causa a riscos de integridade nas relações negociais entre o Tribunal e as empresas contratadas.

Surge, porém, um questionamento: qual deve ser o caminho normativo, do ponto de vista regulatório, que melhor permitiria a disseminação desta cultura? Ou, ainda, quais os mecanismos adequados para estabelecer tal ambiente? Sem um ambiente regulatório que trate destas questões, nos parece de difícil desenvolvimento o ambiente de cumprimento. Portanto, procuraremos tratar destas questões de agora em diante.

3 A crise dos modelos regulatórios tradicionais

Parece-nos absolutamente clara a crise generalizada dos modelos tradicionais de regulação, e a necessária superação do modelo binário regulação *versus* desregulação. Para compreender tal contexto, há que se voltar brevemente para alguns pressupostos básicos sobre a regulação, o que faremos de maneira superficial por não ser o objetivo principal do presente texto.

Como já tratamos, a crise de 2008 teve muito a nos dizer, especialmente quanto aos questionamentos em relação à desregulação (SILVEIRA; SAAD-DINIZ, 2017, p. 22). A verdade é que há um enorme campo de discussão quanto à forma como o Estado deverá se relacionar com a sociedade, ou em que medida deve interferir na organização da sociedade, regulando-a, quando necessário (ALBUQUERQUE, 2018, p. 51).

O fenômeno da regulação possui diversas faces, explicações, bases empíricas e conceitos. Varia, inclusive, em relação ao setor econômico a que se destina. Trata-se de tema da maior complexidade, que aqui não estamos simplificando, ou mesmo ignorando conceitos basilares, mas torna-se impossível esgotar o tema no presente estudo.

O Direito lida diretamente com a manifestação normativa da regulação, daí a existência de diversas teorias jurídicas sobre o tema.

Regular, do ponto de vista jurídico, significa justamente isso: utilizar preceitos normativos para regulamentar. Sua técnica (legislativa e sobre a própria estrutura administrativa) acaba por manifestar fundamentos teóricos utilizados para a própria concepção do tema.

Em sentido amplo, podemos entender a regulação como a intervenção estatal, estabelecendo condições para o exercício de determinadas atividades econômicas, condicionando-as por lei ou ato normativo. Editam-se normas, que são em seguida implementadas e têm o seu cumprimento fiscalizado, inclusive através da punição de eventuais infrações.

O centro de imputação normativa que aqui tratamos encontra-se em uma situação de interferir unilateralmente na esfera jurídica dos entes que participam do entorno social. A conformação de direitos e deveres imposta por este regramento jurídico regula as relações que envolvem aqueles destinatários destas normas (ARANHA, 2018).

Desde o início da modernidade, diversos modelos foram desenvolvidos para estabelecer essa intrincada relação regulatória. Nos albores da teoria liberal clássica de Adam Smith, o Estado possuía apenas um papel de vigia (BRAITHWAITE, 2000, p. 223), que foi sendo modificado pelo ganho em complexidade social e a exigência da sociedade civil de que o Estado intervenha mais.

A função interventora é típica do Estado Keynesiano, de que o Estado deveria se ocupar da condução de determinados setores, levando em conta os anseios que a sociedade tinha de maior proteção. Foi esta mudança de paradigmas que marcou o *New Deal*, dos Estados Unidos da década de 30, instaurada pelo governo de Franklin Delano Roosevelt.

O governo norte-americano buscava oferecer soluções para a maior crise econômica já vista até então, determinando a criação de uma grande variedade de agências reguladoras de alcance maior,[3] que assumiram a responsabilidade no âmbito de controle central feito pelo Estado, em atividades que antes não possuíam regulação (BRAITHWAITE, 2000, p. 224).

Criou-se, assim, uma maior confiança no aparato estatal e na ideia de que poderia este realizar tudo que se propusesse. Por muito tempo perdurou a ideia (ainda presente em diversos momentos) de que, ante qualquer problema ou desordem, bastava incrementar a intervenção direta pelo Estado e tudo estaria resolvido (BRAITHWAITE, 2000, p. 224).

Do Estado, onipresente e onipotente, tudo se esperava. Nada mais natural que a sociedade passasse a exigir do ente centralizador a tutela da economia, saúde, educação, enfim, a gestão de absolutamente todas as parcelas das atividades humanas. Este modelo passou a enfrentar graves problemas, especialmente em um ambiente de crescente complexidade (BLACK, 2001, p. 106).

Era óbvio que este Estado agigantado e inchado, em algum momento, entraria em colapso, e são muitas as razões para isso. As estruturas organizativas mais complexas, o paradigma do risco (BECK, 2010), a globalização, são alguns aspectos que contribuíram para a necessidade de substituição deste modelo centralizador.

Enfim, o Estado Keynesiano perdeu a sua eficácia interventora, sendo incapaz de prevenir e mitigar os riscos da modernidade. Como na maioria das situações de colapso, o movimento foi pendular, havendo setores que defendiam a plena desregulação. Claramente, não é uma solução promissora, como já demonstrou a crise de 2008.

Ainda assim, quando se cogita a presença do Estado em setores relevantes, é natural que se questione a própria eficiência ou a preservação da esfera de livre atuação. A desregulação, que consistiria na livre organização do mercado, teria como fundamento garantir a viabilidade

---

[3] Foi nesta época que surgiram diversas agências regulatórias norte-americanas, como, entre muitas outras, a *Securities Exchange Comission* (SEC), de importância essencial para o mercado de valores norte-americano até a atualidade.

da atividade através da conformação das normas inerentes à própria atividade, de forma natural.

Significa, assim, não a mera extinção de regulação, mas a diminuição da atuação do Estado.

A verdade é que há uma discussão entre aqueles a favor de uma forte regulação estatal e aqueles que pedem maior desregulação. Há que se transcender essa discussão binária, já que o debate está esgotado.

A boa política pública não é necessariamente escolher entre o livre mercado e a regulação, nem simplesmente decidir qual e como prescrever uma lei (AYRES; BRAITHWAITE, 1995, p. 3).

Reconhece-se, assim, uma crise nos modelos tradicionais: por um lado, a plena desregulação é inviável; por outro, a regulação interventora, em uma sociedade complexa, se mostra indesejável.

Como em toda crise, nasce a oportunidade de buscar alternativas, e uma solução lógica possível seria o ponto intermediário, e faz nascer o fenômeno da autorregulação regulada, que representa uma união de esforços em prol do benefício comum.

Não se trata de um mero impulso em direção à desregulação. Ou seja, não é uma "desregulação regulada", como muitos poderiam pensar, mas uma melhora qualitativa quanto à intervenção do Estado. Pode, inclusive, significar uma regulação rigorosa, em alguns setores econômicos, mas com maior eficiência e eficácia.

Voltando à questão do âmbito da integridade no Poder Judiciário, vê-se que tal formato trouxe uma forma mais sofisticada e interessante de realizar o controle de atos.

A determinação de que as instituições criem uma série de mecanismos destinados a estabelecer *standards* de conduta que favoreçam a legalidade cria maior ambiente preventivo e ataca de frente a ocorrência delitiva.

Nada mais é do que foi concretado pela edição da Resolução nº 410, de 23 de agosto de 2021, pelo Conselho Nacional de Justiça, iniciativa que deve ser comemorada, não apenas pela inovação, como também pela forma.

Parece-nos muito claro que a criação de *standards* e princípios gerais que venham a nortear a integridade é uma perspectiva muito mais eficaz do que a intervenção direta ou a desregulação, o que não o torna – obviamente – um sistema absolutamente livre de problemas.

Há quem entenda que normas que obedecem à própria premissa de configuração do sistema de autorregulação regulado, as chamadas normas de *enforcement*, seria o exercício da interferência administrativa nas fases de confecção de normativas, tendo, estas sim, um "controle de qualidade" que faz com que sejam legítimas para complementar as normas penais em branco (NIETO MARTIN, 2015, p. 106).

Sabidamente, os programas de integridade assumem protagonismo como a forma como as instituições tendem a desenvolver a sua própria autorregulação. Materializam um conjunto de medidas organizadas, muitas vezes, no formato de um "programa". Mas, para além da análise que deve ser feita internamente quanto aos programas e sua modelagem, também é necessário compreender todo o universo regulatório em que se inserem.

Do ponto de vista prático, o Estado brasileiro se afasta dos modelos neoliberais, não confiando cegamente na desregulação e leis de mercado, e aceita a possibilidade de intervenção nas atividades econômicas.

É um exemplo da autorregulação, em nosso país, o estabelecimento da Lei nº 12.846/13 (Lei Anticorrupção), que não contém proibições expressas, mas estabelece diretrizes para a autorregulação quanto a questões relativas à corrupção.

Assim, veja-se que para incentivar o estabelecimento dos sistemas internos de integridade, em clara opção pela autorregulação regulada, a norma brasileira possui, além de finalidade repressiva, pretensões preventivas e de redução de sanções. Trata-se de um sinal interessante, ainda que seja necessário verificar a aplicação e os efeitos.[4]

Essa verificação de efetividade deve ser implementada pela multiplicidade de medidas existentes de combate à corrupção. Há que se observar se há a efetiva criação de um melhor ambiente de cumprimento, com melhor sistematicidade e com impactos positivos em todo o ambiente regulado.

4 Os desafios comportamentais da regulação

No âmbito penal, houve um agravamento às críticas à política correcionalista do *welfarismo* (ou bem-estar social), que fez com que este anterior estado de coisas entrasse em colapso (ABI-ACKEL TORRES, 2018, p. 234).

---

[4] A respeito, v. ONU. *Review of the Implementation of the United Nations Convention against Corruption – Brazil*, 3.11.2015. Disponível em: https://www.unodc.org/unodc/treaties/CAC/country-profile/CountryProfile.html?code=BRA. Acesso em: 17 jul. 2019.

No âmbito regulatório, como vimos, o Estado interventor também não aguentou a crescente complexidade, globalização e outros *inputs*, e acabou recebendo críticas que provocaram a mudança de concepção, chegando a essa mesma sensação de fracasso, com críticas e a consequente desregulação.

Coincidiu com a própria erupção de um certo neoconservadorismo nas disciplinas morais, e com posturas neoliberais, especialmente com Margareth Thatcher na Grã-Bretanha e Ronald Reagan nos Estados Unidos (GARLAND, 2005, p. 175), o que produziu uma verdadeira obsessão pelo controle em alguns aspectos sociais.

Neste contexto político-social, aqui tratado com bastante brevidade,[5] o desvio, então, passou a ser visto como uma manifestação de indisciplina. Deve ser lembrado, contudo, que as normas buscam uma predição de como as pessoas responderão a seus incentivos. Muitos dos trabalhos que tratam da relação entre a Economia e o Direito, por exemplo, baseiam-se justamente nas ideias de *rational choice* e do behaviorismo.

Qualquer âmbito sancionador do Estado, por muito tempo, se baseou na ideia de que "o castigo funciona", favorecendo claramente a política simbólica de endurecimento (GARLAND, 2005, p. 195).

Há, até mesmo, um complexo psicológico na necessidade das massas por vingança: segundo Freud, o castigo representa uma compensação às restrições que se impõem ao próprio sadismo, sentimentos que ficam claros na multidão de pessoas curiosas e enfurecidas em relação ao delito (FALCON Y TELLA, 2005, p. 52-53).

Independente da discussão sobre se o castigo funciona ou não, do ponto de vista regulatório, é compreendido que a lei efetiva é aquela que sensibiliza os bem-intencionados, e dissuade os mal-intencionados. As teorias sobre a dissuasão vêm ganhando bastante interesse nos últimos tempos, especialmente com influência da economia e da psicologia (COOTER, 2005, p. 95).

O protagonismo da economia comportamental a partir dos anos 1990 trouxe a economia para um contato íntimo com a psicologia cognitiva. Segundo Robert Cooter (2005), ainda é necessária uma maior interação para estabelecer um contato com valores e motivos e, assim,

---

[5] Trata-se de desenho político-social muito mais complexo do que o aqui traçado. Ver Abi-Ackel Torres, 2018, p. 225 e ss.

contribuir de fato para a construção de efeitos dissuasórios que poderão, então, ser incorporados às normas jurídicas.⁶

Cooter (2005, p. 106) entende que, em democracias bem organizadas, devido à ideia de conformação de valores e a escolha racional, os cidadãos costumam observar vantagens na obediência à lei e na boa participação no governo. Isso faz com que muitas pessoas, portanto, se comprometam a obedecer a lei, serem bons cidadãos e participarem positivamente na sociedade. Esse compromisso é estável e isso, obviamente, vale também para grupos de cidadãos, organizações e instituições.

Se há esse comprometimento, por que não dissuadir aqueles que, a princípio, não ganhariam com a postura de bons cidadãos? Nada mais lógico do que criar incentivos para que aquelas entidades venham a cumprir as normas postas.

Se a análise de racionalidade reflete o comportamento atual, o ambiente normativo deve servir como uma verdadeira engrenagem que encoraja determinados tipos de comportamentos socialmente desejáveis e desencoraja os indesejáveis. Isso tem consequências importantíssimas tanto na lei penal como no ambiente regulatório (O'NEILL, 2005, p. 292-293).

As penalidades devem ser desenhadas para dissuadir atividades que a sociedade escolheu como nocivas ou usadas para definir as preferências quanto ao encorajamento entre uma escolha racional sobre outra. Ainda assim, momentos de irracionalidade, quando a escolha não parece ser previsível, sempre existirão.

Parece-nos perfeitamente clara a ligação existente entre a dissuasão e a escolha racional, ainda que nem sempre seja plenamente possível tratar de efeitos dissuasórios específicos e no seu modo de atuação ao comportamento.

A verdade é que os modelos de escolha racional podem, sim, falhar ao tentar prever o comportamento em algumas situações, especialmente quando os envolvidos tendem sistematicamente a subestimar as variáveis e consequências, o que demonstra que não há sistema infalível.

---

⁶ O autor entende que pessoas racionais usam meta-valores, como, por exemplo, a felicidade, para escolher entre diversos valores e caminhos. Nestas circunstâncias, o decisor pode evitar algum problema se a conexão entre oportunidades e valores é forte o suficiente. Uma conexão forte pode causar uma saída para "dominar" as demais, quando avaliada através de valores semelhantes. O interessante desta teoria é que, em uma democracia bem organizada, há vantagens para o cidadão cumpridor das leis.

De qualquer forma, nos parece extremamente interessante a ideia de traçar um sistema responsivo de regulação, especialmente para o estabelecimento da autorregulação regulada. O ambiente jurídico parece ter certa resistência em reconhecer a existência de comportamentos irracionais, o que revela uma falha na sua habilidade de influenciar o comportamento humano.

Segundo Yuval Feldman e Robert MacCoun (2005, p 363), as mudanças individuais em *compliance* apenas duram enquanto aquele que está *compliant* entende estar sendo avaliado, e que poderá ser premiado pela sua conduta ou pretende evitar uma punição. Essa ideia é essencial para entendermos o *enforcement* que deve haver em um ambiente de autorregulação regulada: há que se manter o incentivo externo.

5 O modelo de regulação responsiva

A regulação responsiva se distingue de outras estratégias de governança justamente pelos gatilhos e reações que visa utilizar para efetivar a sua intervenção no âmbito institucional. Não se trata apenas de uma nova visão, mas uma verdadeira inovação quanto à resposta a condutas reguladas.

A ideia de *enforced self-regulation* (AYRES; BRAITHWAITE, 1995, p. 101), a nossa autorregulação regulada, é o modelo que encarna a regulação responsiva. Trata-se de uma verdadeira negociação entre o Estado e quaisquer entidades (inclusive públicas), para estabelecer regulações particulares a cada segmento social.

Trata-se, portanto, de uma ideia de "corregulação" estendida. A sequência de regras é amoldada a cada segmento da sociedade, mas com variáveis especialmente analisadas para evitar as violações e responder de forma efetiva a estas, criando o ambiente de cumprimento.

A ideia básica, portanto, é de que o governo deve ser responsivo à conduta daqueles que ele busca regular, decidindo, naquele momento, qual o grau de intervenção que deve aplicar. O modelo de pirâmide regulatória estabelecido por John Braithwaite (2002, p. 29 e ss.) é particularmente interessante nesse contexto:

Figura 1 – Um exemplo da pirâmide regulatória de Braithwaite. Da base para o topo, em tradução livre: Persuasão; Carta de Aviso; Penalidade Civil; Penalidade Criminal; Suspensão da Licença, Revogação da Licença. Quanto às providências, na base fala-se em persuasão e justiça restaurativa, no meio da pirâmide, as sanções (especialmente no meio o efeito dissuasório ao ator racional), e no topo, a sanção de incapacitação pelo comportamento irracional.

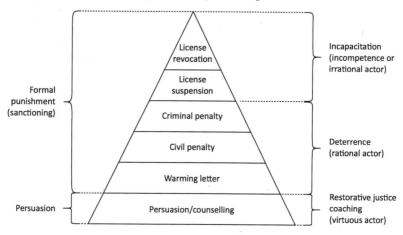

Trata-se da ideia de começar com o diálogo, na base da pirâmide, em uma clara ideia oriunda da Justiça Restaurativa. A partir das penalidades civis e criminais, já estamos falando em efeitos dissuasórios, até chegar à incapacitação do topo da pirâmide.

As agências de regulação têm cada vez mais aplicado a ideia da pirâmide regulatória. A ideia responsiva é interessante, pois dá oportunidade a uma opção mais respeitosa e até mesmo barata, partindo de um princípio de que estamos lidando com entes chamados pelo autor de "virtuosos". Enquanto, quando aplicamos a dissuasão, assume-se a ideia de que são atores racionais.

O modelo piramidal de Braithwaite é o cerne da ideia de regulação responsiva. Veja que a ideia do ator racional e de aplicação de respostas dissuasórias dizem respeito àqueles que o autor chama de *willing but not able* até aqueles que chama de *able but not willing*, mostrando uma variação interessante de racionalidade que necessita de incentivos para haver o cumprimento de normas.

Enquanto isso, na base da pirâmide, bem como no topo, temos os extremos. Na base, os virtuosos, que às vezes carecem de maior informação para tomar decisões de acordo com a vontade regulatória, e no topo aqueles que necessitam de uma implementação mais incisiva ou de uma efetiva intervenção do Estado.

O modelo da regulação responsiva é, enfim, uma terceira via regulatória, com a ideia de ultrapassar a visão binária tradicional e ter um ideal mais inteligente: persuadir quando suficiente, dissuadir quando necessário e punir quando efetivo. A regulação deixa de ser apenas uma resposta ao comportamento nocivo, mas algo que busca um verdadeiro senso de justiça e, portanto, uma cultura de *integridade* efetiva.

Trata-se de um modelo bem mais dinâmico, com instrumentos e gatilhos bem definidos. A própria sociedade passa a enxergar a regulação como algo muito mais legítimo, daí combinar tanto com a cultura dos sistemas de integridade: as normas passam a ser vistas como mais justas, com maior conformação social, e menos como intromissão do Estado na atividade regulada.

Veja que o modelo piramidal pode ser visto de diversas formas. A seguir, na figura, fica claro que o modelo se aplica tanto para a eventual necessidade de uma regulação punitiva como para a autorregulação imposta, e até mesmo para uma autorregulação simples.

Figura 2 – Outro exemplo do modelo de pirâmide regulatória de Braithwaite, traduzido para o português. Este diz respeito às estratégias regulatórias, demonstrando que fica claro que o modelo responsivo atende a diversas formas de reação da atividade regulada.

A ideia que inspira o modelo é a confiança nos demais e na cooperação. Trata-se de ideia similar à criação de diálogo entre os entes que envolvem. Assemelha-se, até mesmo, às modernas teorias funcionalistas no Direito Penal: aquele que cumpre as normas cria a confiança dos demais; quando estas não são cumpridas, a norma reafirma sua vigência, através de sua sanção, que neste caso pode conter mecanismos dissuasórios.

A criação de um interesse do ente regulado cria a confiança necessária para um ambiente de cumprimento das boas práticas necessárias à integridade. O maior desafio, no entanto, nos parece o meio da pirâmide: trata-se do produto das negociações entre regulador e regulados, a fim de desenvolver regras particularizadas, que servem de elemento dissuasório e formam o ideal de *enforced self-regulation*. A efetividade da autorregulação, portanto, depende do próprio *design* institucional do sistema.

Quanto ao topo da pirâmide, trata-se da própria regulação clássica, punitiva, com a aplicação de penalidades duras. A base também encarna um grande desafio: o da justiça restaurativa. Para John Braithwaite (1999), a ideia de Justiça Restaurativa, além de repousar sobre o pilar da regulação responsiva, também tem como base o conceito de "vergonha reintegrativa".

Braithwaite se apoia em diversas bases teóricas criminológicas e funda a ideia restaurativa em provocar vergonha no indivíduo que teria como agir de forma diferente, a que chama de "agente virtuoso". A ideia funcionaria, portanto, para aquele que ainda pode ser demovido com facilidade da ideia criminógena. Se o ambiente não é conflituoso, entendemos que há sim potencialidade no modelo que se encontra na base de seu modelo piramidal.

Enfim, trata-se de um modelo moderno e que vem sendo cada vez mais adotado, inclusive no Brasil – pelo menos em âmbito teórico. As Agências Reguladoras brasileiras têm, cada vez mais, tratado do tema, inclusive em relatórios técnicos. Há, sem dúvida, um favorecimento do ambiente de cumprimento.

A comunicação entre a modelagem regulatória responsiva e a criação das práticas de integridade nos parece bastante clara, inclusive quanto às estratégias de implementação dos modelos específicos para alguns setores econômicos.

6 Conclusões

O objetivo primordial da proposta temática do presente texto é a tentativa de uma construção desta relação entre o moderno modelo de regulação responsiva e o fomento de um ambiente favorável ao sistema de integridade. Trata-se de algo importante, especialmente diante da necessidade de adoção de critérios no âmbito do Poder Judiciário.

Isso tudo nos parece ter uma relação vicinal com o próprio estabelecimento de critérios de racionalidade do sistema regulatório (inclusive a chamada *rational choice*). Sem a compreensão das modernas tendências regulatórias, seria impossível vislumbrar uma maior efetividade das respostas regulatórias. Com uma compreensão de maior legitimidade, a intervenção se torna mais efetiva.

Entendemos que isso passa pelo estabelecimento de normas gerais (*soft law*) que possam direcionar os órgãos judiciários do país e criarem ideais de integridade dentro de sua própria cultura institucional.

A legalidade, por óbvio, oferece garantias. Mas a legalidade do sistema regulatório não pode ser meramente formal. As intervenções devem possuir este reconhecimento de legitimidade, para que se tornem efetivas no bojo das atividades econômicas do dia a dia. Daí a necessidade de se compreender melhor, e fundamentar, a atuação estatal, bem como a própria formação da autorregulação regulada.

A eventual corrida por uma regulação intervencionista não nos parece interessante, assim como a desregulação já se mostrou incapaz de dar respostas efetivas. É essencial a formulação de critérios razoáveis e racionais, estudados para cada setor da atividade econômica. Assim, criando um diálogo institucional, maior racionalidade haverá e o conteúdo efetivo da regulação poderá ser alcançado.

No âmbito penal, Díez Ripollés (2003, p. 168) já fundamentava a ideia de intermediação entre Política e Direito, para que se elabore um modelo racional de legislação penal, que legitime a adoção de decisões com premissas valorativas e controle de legalidade. Tal ideia pode ser transposta ao âmbito regulatório, especialmente por envolver situações que constituam atitudes sancionatórias e dissuasórias, que acabam por ter funções semelhantes à própria pena criminal, guardadas as devidas proporções.

O consenso valorativo, com critérios inteligentes e responsivos à real necessidade de tutela regulatória, serve de fundamento interessante para a construção do arcabouço normativo (externo e interno), dando maior confiabilidade ao sistema de cumprimento de normas, ancorando modelo mais racional de regulamentação das atividades, o que ocorreu com a Resolução nº 410/2021 do Conselho Nacional de Justiça.

É evidente que, em determinadas situações, não se pode deixar de lado a eventual necessidade intervencionista, que deve obedecer aos critérios da própria racionalidade da legislação penal.

Ganham relevo, portanto, as medidas de justiça restaurativa, que possuem, inclusive, precedentes em culturas antigas (BRAITHWAITE, 2002). Um impulso em seu desenvolvimento poderia alcançar um peso importante na ética do cuidado e até mesmo na gestão de emoções, em uma chave comunicativa (DE LA CUESTA ARZAMENDÍ; SUBIJANA, 2017, p. 599 e ss.). Pode-se promover, enfim, respostas que fomentem a restauração de vínculos sociais, possibilitando a toda a comunidade o envolvimento em problemas que dão maior noção de justiça social.

Parece-nos razoável a expansão de estratégias restaurativas, sem esquecer de eventuais funções dissuasórias e até mesmo punitivas. O modelo piramidal de John Braithwaite é de grande valia, para esse contexto.

A regulação responsiva, portanto, parece-nos de enorme interesse para a construção da ponte entre o ambiente regulatório – já que consegue transcender a discussão binária intervenção *versus* desregulação – e a harmonia que se quer gerar através da adoção de programas de integridade.

Existem, no entanto, desafios que devem ser enfrentados em nosso país, e isso deve ser discutido. Uma cultura de *integridade* mais forte é necessária para a compreensão sistêmica da regulação responsiva, assim como uma maior representatividade dos interesses e a institucionalização das agências com ideais responsivos.

É possível vencer os desafios e nos adaptarmos à regulação responsiva. Isso criaria um ciclo virtuoso, em nome de um ambiente de maior conformidade com as normas necessárias ao melhor funcionamento social.

Referências

ABI-ACKEL TORRES, Henrique. *Política criminal contemporânea*: o discurso populista na intervenção punitiva. Belo Horizonte: Editora D'Plácido, 2018.

ALBUQUERQUE, Eduardo Lemos Lins de. *Compliance e crime corporativo*. Belo Horizonte: Editora D'Plácido, 2018.

ARANHA, Marcio Iorio. *Manual de Direito Regulatório*: Fundamentos do Direito Regulatório. 4. ed. rev. ampl. London: Laccademia Publishing, 2018. Kindle Version.

AYRES, Ian; BRAITHWAITE, John. *Responsive Regulation*: transcending the deregulation debate. New York: Oxford University Press, 1995.

BECK, Ulrich. *Sociedade de Risco*; rumo a uma outra modernidade. São Paulo: Editora 34, 2010.

BLACK, Julia. Decentring regulation: understanding the role of regulation and self-regulation in a "post-regulatory" world. *Current Legal Problems*, n. 54, p. 103-146, 2001.

BRAITHWAITE, John. *Crime, shame and reintegration*. New York: Cambridge University, 1999.

BRAITHWAITE, John. The new regulatory state and the transformation o criminology. *British Journal of Criminology*, n. 40, p. 222-238, 2000.

BRAITHWAITE, John. *Restorative justice & Responsive regulation*. New York: Oxford University Press, 2002.

COOTER, Robert. Treating yourself instrumentally: internalization, rationality, and the law. *In*: PARISI, Francesco; SMITH, Vernon L. *The law and economics of irrational behavior*. Stanford: Stanford University Press, 2005.

DE LA CUESTA ARZAMENDÍ, José Luís; SUBIJANA, Ignácio José. *Justicia restaurativa y terapéutica*: hacia innovadores modelos de justicia. Valencia: Tirant lo Blanch, 2017.

DÍEZ RIPOLLÉS, José Luís. *La racionalidad de las leyes penales*: práctica y teoría. Madrid: Editorial Trotta, 2003.

FALCON Y TELLA, María José; FALCON Y TELLA, Fernando. *Fundamento y finalidad de la sanción*: ¿un derecho a castigar? Madrid: Marcial Pons, 2005.

FELDMAN, Yuval; MACCOUN, Robert; Some well-aged wines for the "new norms" bottles: implications of social psychology for law and economics. *In*: PARISI, Francesco; SMITH, Vernon L. *The law and economics of irrational behavior*. Stanford: Stanford University Press, 2005.

GARCÍA-PABLOS DE MOLINA, Antonio. *Tratado de Criminología*. 3. ed. Valencia: Tirant lo Blanch, 2003.

GARLAND, David. *La cultura del control, crimen y orden social en la sociedad contemporánea*. Traducción de Máximo Sozzo. Barcelona: Editorial Gedisa, 2005.

GÓMEZ-JARA DÍEZ, Carlos. ¿La coautoría como fundamento de la responsabilidad penal de los órganos de dirección de la empresa por delitos cometidos por los subordinados? *In*: AA.VV. Derecho y justicia penal en el siglo XXI. Liber amirocum en homenaje al Profesor Antonio González-Cuellar García. Madrid: Colex, 2006.

KELSEN, Hans. *General Theory of Law and State*. Trad. Anders Wedberg. Cambridge: University Press, 1945.

LUCAS, Luiz Fernando. *A era da integridade*: Homo Conscious: a próxima evolução: o impacto da consciência e da cultura de valores para encontrar propósito, paz espiritual e abundancia material na sua vida pessoal, profissional e na sociedade/ Luis Fernando Lucas. São Paulo: Editora Gente, 2020.

NIETO MARTÍN, Adán. Responsabilidad social, gobierno corporativo y autorregulación: suas influencias em el derecho penal de la empresa. *Política criminal*. A3-5, n 5, p. 1-18, 2008.

NIETO MARTÍN, Adán. Autorregulación, "Compliance" y justicia restaurativa. *In*: ARROYO JIMÉNEZ, Luis; NIETO MARTÍN, Adán. *Autorregulación y sanciones*. 2. ed. Pamplona: Aranzadi, 2015.

O'NEILL, Michael E. The biology of irrationality: crime and the contingency of deterrence. *In*: PARISI, Francesco; SMITH, Vernon L. *The law and economics of irrational behavior*. Stanford: Stanford University Press, 2005.

ONU. Review of the Implementation of the United Nations Convention against Corruption – Brazil, 3/11/2015 https://www.unodc.org/unodc/treaties/CAC/country-profile/CountryProfile.html?code=BRA, acesso em: 17 jul. 2019.

SCHÜNEMANN, Bernd. Las reglas de la técnica en el derecho penal. *Anuario de derecho penal y ciencias penales*, n. 3, v. 47, p. 307-341, 1994.

SILVA SÁNCHEZ, Jesús-María. *Expansión del derecho penal*. Aspectos de la política criminal en las sociedades postindustriales. Buenos Aires: BdeF, 2011.

SILVEIRA, Renato de Mello Jorge; SAAD-DINIZ, Eduardo. *Compliance, Direito penal e lei anticorrupção*. São Paulo: Saraiva, 2015.

SILVEIRA, Renato de Mello Jorge; SAAD-DINIZ, Eduardo. *Repatriação e crime*: aspectos do binômio crise econômica e direito penal, Belo Horizonte: Editora D'Plácido, 2017.

SOUZA, Artur de Brito Gueiros; JAPIASSU, Carlos Eduardo Adriano. Criminologia e delinquência empresarial: da cultura criminógena à cultura do *Compliance*. *Quaestio Iuris*, Rio de Janeiro, vol. 10, n. 2, p. 1031-1051, 2017.

Informação bibliográfica deste livro, conforme a NBR 6023:2018 da Associação Brasileira de Normas Técnicas (ABNT):

TORRES, Henrique Abi-Ackel. Regulação responsiva e integridade: perspectivas no âmbito do Poder Judiciário. *In*: SEGURA, Larissa Garrido Benetti (org.); KEPPEN, Luiz Fernando Tomasi; ZENKNER, Marcelo (coord.). *Sistema de integridade e Poder Judiciário*: estudos em homenagem ao ministro Luiz Fux. Belo Horizonte: Fórum, 2022. p. 123-142. ISBN 978-65-5518-454-9.

INTEGRIDADE JUDICIAL E A PROTEÇÃO DE DADOS

RODRIGO PIRONTI
MARIANA KEPPEN

Introdução

A Lei Geral de Proteção de Dados (Lei nº 13.709/18), vigente desde setembro de 2020, inaugurou um novo paradigma em relação à privacidade e proteção de dados no Brasil. Principalmente seguindo a tendência da União Europeia, todos os agentes públicos ou privados que realizem tratamento de dados pessoais precisam estar adequados às suas previsões. Nesse sentido, imperioso tratarmos de proteção de dados quando discutimos sobre a integridade judicial.

A discussão sobre integridade se relaciona com a privacidade e proteção de dados primeiramente pelo fato de que a LGPD é mais uma legislação à qual o Poder Judiciário precisa estar em conformidade, e, sendo assim, não haverá integridade judicial se as obrigações e deveres previstos na Lei não estiverem sendo observados, mas, principalmente, não haverá integridade judicial se estiverem sendo desrespeitados direitos de titulares na realização de tratamentos de dados no âmbito do Poder Judiciário.

Para além desta constatação mais "óbvia", por assim dizer, há outro ponto de intersecção entre o debate relacionado à integridade e o debate da privacidade e proteção de dados. Este diz respeito ao fato de que as ferramentas implementadas para a estruturação de um programa ou sistema de integridade também auxiliam no atendimento à Lei Geral de Proteção de Dados e na construção de um programa de governança em privacidade, conforme sugerido pelo artigo 50 da mencionada lei, previsto a seguir:

Art. 50. §2º Na aplicação dos princípios indicados nos incisos VII e VIII do caput do art. 6º desta Lei, o controlador, observados a estrutura, a escala e o volume de suas operações, bem como a sensibilidade dos dados tratados e a probabilidade e a gravidade dos danos para os titulares dos dados, poderá:

I - *implementar programa de governança em privacidade* que, no mínimo:

a) demonstre o comprometimento do controlador em adotar processos e políticas internas que assegurem o cumprimento, de forma abrangente, de normas e boas práticas relativas à proteção de dados pessoais;

b) seja aplicável a todo o conjunto de dados pessoais que estejam sob seu controle, independentemente do modo como se realizou sua coleta;

c) seja adaptado à estrutura, à escala e ao volume de suas operações, bem como à sensibilidade dos dados tratados;

d) estabeleça políticas e salvaguardas adequadas com base em processo de avaliação sistemática de impactos e riscos à privacidade;

e) tenha o objetivo de estabelecer relação de confiança com o titular, por meio de atuação transparente e que assegure mecanismos de participação do titular;

f) esteja integrado a sua estrutura geral de governança e estabeleça e aplique mecanismos de supervisão internos e externos;

g) conte com planos de resposta a incidentes e remediação; e

h) seja atualizado constantemente com base em informações obtidas a partir de monitoramento contínuo e avaliações periódicas;

Tendo como base os eixos previstos no artigo 2º, parágrafo único, da Resolução nº 410 do Conselho Nacional de Justiça, o presente artigo se propõe a analisar de que forma tais eixos podem também apoiar os Tribunais na adequação à Lei Geral de Proteção de Dados e implantação de um programa de governança em privacidade ou sistema de privacidade, nomenclatura que adotaremos daqui para frente. O mencionado artigo possui a seguinte redação:

> Parágrafo único. Os sistemas de integridade serão estruturados nos seguintes eixos:
>
> I – comprometimento e apoio explícito da alta administração dos respectivos órgãos;
>
> II – existência de órgão gestor responsável pela sua implementação e coordenação em cada tribunal;
>
> III – análise, avaliação e gestão dos riscos; e
>
> IV – monitoramento permanente, aprimoramento contínuo e capacitação.

Para cumprir com o objetivo proposto, a análise se encontra estruturada em quatro partes, sendo cada uma dedicada a um dos eixos previstos. Na primeira parte será abordado o papel da Alta Administração no processo de adequação à LGPD, conforme eixo previsto no inciso I (comprometimento e apoio explícito da Alta Administração dos respectivos órgãos); na segunda parte, a necessidade de nomeação do encarregado de dados e a sugestão da nomeação de um comitê de privacidade, em paralelo ao segundo eixo previsto na resolução (existência de órgão gestor responsável pela sua implementação e coordenação em cada tribunal); a terceira parte tratará sobre a necessidade da elaboração do mapeamento de dados e da matriz de riscos, em consonância com a previsão do inciso III (análise, avaliação e gestão dos riscos); e, por fim, a quarta parte abordará a importância do monitoramento, aprimoramento e capacitação, endereçando o último eixo supramencionado (monitoramento permanente, aprimoramento contínuo e capacitação).

I O papel da Alta Administração

No mesmo sentido da implantação de um sistema de integridade, a implantação do sistema de privacidade requer o patrocínio da Alta Administração do respectivo Tribunal para que as medidas implementadas tenham, de fato, aderência no dia a dia da instituição. O apoio da Alta Administração, também conhecido como *"tone at the top"*, é essencial para o desenvolvimento de uma cultura de privacidade no âmbito do Poder Judiciário e engajamento de seus servidores, e pode ser evidenciado primeiramente através do interesse desta na consecução do projeto, mas também através, por exemplo, da participação de seus membros em treinamentos realizados sobre o assunto; através de comunicados e pronunciamentos que demonstrem a preocupação com a adequação à LGPD; e o constante monitoramento do andamento das ações necessárias.

Também em relação ao papel da Alta Administração no processo de adequação à Lei Geral de Proteção de Dados, importante mencionar que a Alta Administração foi erroneamente classificada por alguns Tribunais como controladora de dados. Da mesma forma, foram nomeados como operadores de dados os servidores e funcionários da estrutura administrativa que, no dia a dia de suas atividades, realizam o tratamento de dados.

Essas designações, entretanto, encontram-se equivocadas, primeiro, pelo fato dessa interpretação ir contra ao sentido finalístico da Lei Geral de Proteção de Dados, mas principalmente pelo fato desse tema ser objeto de teorias já consolidadas.

O Comitê Europeu de Proteção de Dados (CEPD) já havia se manifestado sobre o tema, notadamente nas *Guidelines* publicadas em 2020, sinalizando que a correta interpretação e designação dos agentes de tratamento se pautam no caráter institucional destes. Sendo assim, é a organização que é classificada como controladora e não um indivíduo que faz parte de seu corpo funcional, justamente pelo fato de que o poder de decisão sobre as finalidades e os meios utilizados nos tratamentos de dados é da organização e, consequentemente, quem pode, e deve, ser responsabilizado pelos prejuízos decorrentes dessas decisões é esta, e não seu agente.

No mesmo sentido, através da publicação de um Guia Orientativo sobre Agentes de Tratamento, em maio de 2021, a Autoridade Nacional de Proteção de Dados brasileira (ANPD) referendou tal posicionamento em relação à aplicação da Lei nº 13.709/18, conforme segue:

> 5. São agentes de tratamento o controlador e o operador de dados pessoais, os quais podem ser pessoas naturais ou jurídicas, de direito público ou privado. Ressalta-se que os agentes de tratamento devem ser definidos a partir de seu caráter institucional. Não são considerados controladores (autônomos ou conjuntos) ou operadores os indivíduos subordinados, tais como os funcionários, os servidores públicos ou as equipes de trabalho de uma organização, já que atuam sob o poder diretivo do agente de tratamento.[1]

Além disso, a interpretação de que a Alta Administração seria a controladora de dados e os servidores os operadores de dados vai contra a própria teoria do órgão, segundo a qual os agentes que atuam e exercem as atividades públicas externam vontades e decisões do Estado, não se confundindo com as suas próprias. Sendo assim, quem responderá como controlador ou operador, a depender do tratamento específico realizado, será a instituição, porque é essa que realmente

---

[1] BRASIL, Autoridade Nacional de Proteção de Dados (ANPD). Guia Orientativo para definições dos Agentes de Tratamento de Dados Pessoais e do Encarregado. Maio 2021. p. 5.

detém o poder decisório sobre os dados ou então realizará as operações dos tratamentos.

Ou seja, a Alta Administração não pode figurar como controladora de dados, sem que isso, entretanto, diminua a importância de seu papel. Conforme mencionado, o apoio da Alta Administração à implantação do sistema de privacidade, assim como na implantação do sistema de integridade – e à gestão de mudanças como um todo –, é essencial e requer a participação ativa de seus membros.

II Nomeação do encarregado de dados e de um comitê de privacidade

O segundo eixo do sistema de integridade, que também é aplicável ao sistema de privacidade, é a necessidade da nomeação de uma estrutura responsável por este sistema. Para além da nomeação do encarregado de dados, que é uma obrigação prevista no artigo 23 da LGPD,[2] as melhores práticas sugerem que seja também criado um Comitê de Privacidade nos Tribunais.

O encarregado de dados, também conhecido como DPO (Data Protection Officer) em decorrência da nomenclatura adotada pela GDPR, possui o importante papel de atuar como um facilitador na comunicação com titulares e a Autoridade Nacional de Proteção de Dados (ANPD). Para tanto, exercerá atividades relacionadas ao recebimento das solicitações encaminhadas pelos titulares, prestando os devidos esclarecimentos; receberá as comunicações emitidas pela ANPD, adotando todas as medidas necessárias; bem como deverá elaborar orientações para os servidores e membros em relação às boas práticas de proteção de dados pessoais.

Já o comitê de privacidade tem o papel apoiar o encarregado de dados nas atividades relacionadas ao gerenciamento dos riscos de proteção de dados, monitoramento das respostas a incidentes,

---

[2] Art. 23. O tratamento de dados pessoais pelas pessoas jurídicas de direito público referidas no parágrafo único do art. 1º da Lei nº 12.527, de 18 de novembro de 2011 (Lei de Acesso à Informação), deverá ser realizado para o atendimento de sua finalidade pública, na persecução do interesse público, com o objetivo de executar as competências legais ou cumprir as atribuições legais do serviço público, desde que:
III - seja indicado um encarregado quando realizarem operações de tratamento de dados pessoais, nos termos do art. 39 desta Lei.

acompanhamento dos planos de ação para mitigação dos riscos e controle de indicadores de desempenho relacionados ao sistema de privacidade.

Para o cumprimento por parte dos Tribunais de suas obrigações típicas de controlador, é importante que exista um grupo de trabalho dedicado à execução e acompanhamento das medidas que estão sendo implementadas. E aqui utilizo a expressão "obrigações típicas" porque LGPD define que são agentes de tratamento pessoas naturais ou jurídicas, de direito público ou privado, e, conforme repartição constitucional e critérios de organização administrativa, são pessoas jurídicas de direito público a União, os Estados, o DF e os Municípios, que, por sua vez, repassam competências aos órgãos públicos, seja através da desconcentração administrativa ou como decorrência do exercício do *munus* constitucional ou legal.

Ou seja, apesar da falta de substrato formal para o enquadramento de órgãos e poderes nos conceitos do artigo 5º, inciso VI, da LGPD, é inegável que lhes foram atribuídas obrigações inerentes à figura de controlador, conforme exemplificam os artigos a seguir:

> Art. 26. O uso compartilhado de dados pessoais pelo Poder Público deve atender a finalidades específicas de execução de políticas públicas e atribuição legal pelos órgãos e pelas entidades públicas, respeitados os princípios de proteção de dados pessoais elencados no art. 6º desta Lei.
> Art. 29. A autoridade nacional poderá solicitar, a qualquer momento, aos órgãos e às entidades do poder público a realização de operações de tratamento de dados pessoais, informações específicas sobre o âmbito e a natureza dos dados e outros detalhes do tratamento realizado e poderá emitir parecer técnico complementar para garantir o cumprimento desta Lei.
> Art. 32. A autoridade nacional poderá solicitar a agentes do Poder Público a publicação de relatórios de impacto à proteção de dados pessoais e sugerir a adoção de padrões e de boas práticas para os tratamentos de dados pessoais pelo Poder Público.

Sendo assim, os órgãos e poderes públicos que recebem competências das pessoas jurídicas de Direito Público, apesar de não responderem perante danos em decorrência dos tratamentos de dados, por exemplo, exercem o poder de decisão sobre os tratamentos de dados que decorrem do exercício das atividades englobadas no repasse de competências e podem ser entendidos como controladores.

Essa interpretação foi exatamente a adotada pela ANPD em seu Guia Orientativo, que assim concluiu:

27. Assim, em conclusão: nas operações de tratamento de dados pessoais conduzidas por órgãos públicos despersonalizados a pessoa jurídica de direito público a que os órgãos sejam vinculados é a controladora dos dados pessoais e, portanto, responsável pelo cumprimento da LGPD.
28. Contudo, em razão do princípio da desconcentração administrativa, o órgão público despersonalizado desempenhará funções típicas de controlador de dados, de acordo com as obrigações estabelecidas na LGPD.[3]

Uma ressalva bastante importante feita pela ANPD em seu guia orientativo é que, dentre as previsões relativas aos controladores e que se aplicam aos entes despersonalizados, há a necessidade de nomeação de um encarregado de dados pelos órgãos e poderes públicos.

Sendo assim, o encarregado de dados, em conjunto com o comitê de privacidade, terá a importante missão de promover a cultura de privacidade e proteção de dados internamente, além de garantir a aplicação e eficácia das medidas necessárias ao atendimento da LGPD.

III Gestão de riscos – elaboração do mapeamento de dados e matriz de riscos

O mapeamento de dados, também conhecido pelo termo em inglês, *data mapping*, é essencial para a adequação à Lei Geral de Proteção de Dados e deve ser o ponto de partida de todas as medidas que serão adotadas para a consecução deste objetivo.

É através do mapeamento de dados que os Tribunais alcançarão pleno conhecimento de todos os tratamentos realizados no exercício de suas atividades, tanto das atividades meio como das atividades fim, e então terão os subsídios necessários para a elaboração de uma matriz de riscos que auxiliará na tomada de decisão em relação a quais as medidas necessárias para a garantia da privacidade e proteção de dados.

Conforme o nome sugere, o mapeamento de dados elencará os tratamentos realizados pela instituição e a forma como são realizados tais tratamentos, contendo, conforme as melhores práticas,[4] pelo menos as seguintes informações:

---

[3] BRASIL, Autoridade Nacional de Proteção de Dados (ANPD). *Op. cit.* p. 10.

[4] Dentre as quais citamos o Guia para a proteção de dados do ICO (Information Commissioner's Office), autoridade independente do Reino Unido criada para defender os direitos de informação de interesse público, promovendo a abertura dos órgãos públicos e a privacidade

- descrição da finalidade do tratamento;
- forma de coleta dos dados pessoais;
- quais dados pessoais são utilizados no referido tratamento;
- quem são os titulares de dados (por exemplo: servidores, desembargadores, cidadãos);
- qual a categoria dos dados pessoais (se sensíveis ou comuns);
- quais gabinetes ou áreas têm acesso a tais dados;
- qual a forma de armazenamento;
- a previsão de compartilhamento com terceiros;
- o prazo de retenção de tais dados;
- a forma de descarte;
- análise da base legal que justifica tal tratamento;
- designação dos agentes de tratamento.[5]

Apesar da LGPD não fazer referência ao "mapeamento de dados", esta prevê em seu artigo 37[6] a necessidade de o controlador e operador manterem registros das operações de tratamentos que realizam, e o mapeamento de dados serve exatamente a este objetivo.

Além disso, em seu artigo 23,[7] no capítulo em que é previsto o tratamento de dados pessoais pelo Poder Público, consta a necessidade de que sejam informados quais os tratamentos de dados realizados pela Administração Pública, quais suas finalidades e procedimentos. Apesar de o mapeamento de dados não ser necessariamente o documento que informa tais tratamentos, podendo este, por exemplo, ser uma política

---

dos dados para os indivíduos. REINO UNIDO. Information Commissioner's Office – ICO. Guide to the UK General Data Protection Regulation (UK GDPR). Disponível em: https://ico.org.uk/for-organisations/guide-to-data-protection/guide-to-the-general-data-protection-regulation-gdpr/.

[5] Vide discussão sobre agentes de tratamento abordada na seção anterior.

[6] Art. 37. O controlador e o operador devem manter registro das operações de tratamento de dados pessoais que realizarem, especialmente quando baseado no legítimo interesse.

[7] Art. 23. O tratamento de dados pessoais pelas pessoas jurídicas de direito público referidas no parágrafo único do art. 1º da Lei nº 12.527, de 18 de novembro de 2011 (Lei de Acesso à Informação), deverá ser realizado para o atendimento de sua finalidade pública, na persecução do interesse público, com o objetivo de executar as competências legais ou cumprir as atribuições legais do serviço público, desde que: I - sejam informadas as hipóteses em que, no exercício de suas competências, realizam o tratamento de dados pessoais, fornecendo informações claras e atualizadas sobre a previsão legal, a finalidade, os procedimentos e as práticas utilizadas para a execução dessas atividades, em veículos de fácil acesso, preferencialmente em seus sítios eletrônicos.

de privacidade, para que tal previsão seja cumprida, é necessário o entendimento dos tratamentos de dados realizados pelo Tribunal e o levantamento das informações relacionadas aos tratamentos – que é materializado na elaboração do mapeamento de dados.

Importante mencionar que usualmente é apontado um aparente conflito entre a Lei de Acesso à Informação e a Lei Geral de Proteção de Dados, isso porque, em uma primeira análise, a LAI promove uma ampliação na circulação de informações (que podem conter dados pessoais) e a LGPD, uma limitação e balizas no que se refere a dados pessoais. Entretanto, para além do fato de que ambas, em realidade, complementarmente corroboram com a transparência e *accountability* no tratamento de dados – *lato sensu* –, a realização de um mapeamento de dados, para a adequação à LGPD, pode ainda viabilizar o atendimento à LAI, isso porque o mapeamento dos tratamentos de dados acaba por refletir o mapeamento dos processos internos da instituição, de modo que as solicitações fundamentadas na LAI possam também ser mais bem atendidas.

Tendo como base o mapeamento de dados, é possível analisar quais os riscos relacionados aos tratamentos realizados pela instituição, bem como os demais riscos relacionados às novas imposições da LGPD, como por exemplo a falha no atendimento aos direitos dos titulares.

A necessidade da elaboração de uma matriz de riscos se justifica pelo fato de que todas as ações adotadas nas etapas subsequentes do projeto de adequação à Lei Geral de Proteção de Dados precisam estar endereçadas ao cenário de riscos da instituição, primeiramente, por uma questão de coerência e eficácia das medidas, mas, principalmente, no intuito de promover a correta alocação de esforços e recursos do Poder Público.

A matriz de riscos, sem prejuízo da adição de outros elementos, conterá os eventos de riscos relacionados aos tratamentos, sua causa e consequência, o que permite auferir o grau de cada risco, com base em uma análise de probabilidade x impacto. Desta forma é possível prever quais os planos de ação para a mitigação dos riscos levantados e qual a prioridade de implantação destes.

A elaboração do mapeamento de dados e da matriz de riscos, em conclusão, serve como ponto de partida da adequação à LGPD, porque seu conteúdo é essencial entendimento do cenário de risco e de quais as medidas precisarão ser adotadas. Caso contrário, caso sejam adotadas iniciativas sem a devida análise de riscos, estas muito provavelmente não alcançarão o objetivo proposto e poderão, inclusive, representar um desperdício de recursos.

IV Monitoramento, aprimoramento e capacitação

O principal objetivo da implantação de um sistema de integridade e das ferramentas de *compliance* é, em linhas gerais, a *mudança de cultura* no sentido da promoção de relações mais íntegras, éticas e seguras. Em relação ao sistema de privacidade, não é diferente. Notadamente, também se trata de uma mudança de cultura, da adoção de novos padrões de privacidade e de respeito aos titulares de dados. Sendo assim, as ferramentas e estratégias desenvolvidas pelo *compliance* que buscam o aculturamento e promovem a mudança de paradigma servem como importante instrumento para a efetiva adequação das instituições à Lei Geral de Proteção de Dados.

Em relação ao monitoramento contínuo, a própria matriz de riscos, que possibilita a verificação e cálculo de riscos residuais após implantação dos planos de ação, permite o monitoramento do desenvolvimento do sistema de privacidade.

Além disso, o acompanhamento e análise das solicitações dos titulares de dados oportuniza aos Tribunais o entendimento dos motivos que levaram à procura dos titulares de dados e como melhor se posicionar em relação a isso. Cito um exemplo: é verificado o recebimento de um grande número de solicitações de titulares de dados em que é questionado sobre o uso compartilhado de dados pelo Poder Público (situação prevista no artigo 26 da LGPD), diante desse cenário, seria interessante que a Política de Privacidade do Tribunal dispusesse com maior destaque sobre o uso compartilhado de dados, aprimorando a transparência em relação aos tratamentos internos e facilitando o acesso dos titulares a essas informações, sem que tenham que ativamente questionar ao Tribunal.

Da mesma forma, o acompanhamento dos incidentes de segurança, ou suspeitas de incidentes, serve também para melhor direcionar os esforços internos relacionados à proteção de dados. Por exemplo, pode ser constatado que a maioria dos incidentes ocorreu por falha humana, nesse caso, será mais eficiente a realização de treinamentos com os servidores que estão realizando o tratamento de dados do que a adoção de um novo *firewall*.

Sendo assim, o acompanhamento contínuo, em conjunto com as iniciativas relacionadas a treinamento e comunicação, muito exploradas na implantação de sistemas de integridade, têm função essencial também no sistema de privacidade. Isso porque, para que de fato ocorra a implantação prática das novas obrigações previstas pela LGPD, é necessário que os servidores estejam capacitados e cientes dessas novas demandas, e os titulares devidamente informados.

Conclusão

A Lei Geral de Proteção de Dados (Lei nº 13.709/2018) inaugurou uma série de obrigações que precisam também ser observadas pelo Poder Judiciário para efetivamente alcançarmos a integridade judicial. Isso porque não há o que se falar em integridade judicial se, por exemplo, direitos dos titulares de dados estão sendo violados na condução das atividades de Tribunais e Câmaras.

Nesse sentido, o presente artigo buscou demonstrar que os eixos propostos pelo artigo 2º, parágrafo único, da Resolução nº 410 do Conselho Nacional de Justiça, em relação à implantação de sistemas de integridade no âmbito do Poder Judiciário, também contribuem e são importantes para a implantação de sistemas de privacidade e, como última consequência, para a adequação dos Tribunais e órgãos do Poder Judiciário à Lei Geral de Proteção de Dados.

Mais especificamente em relação aos eixos, é necessário o comprometimento e apoio explícito da Alta Administração dos respectivos órgãos em relação ao sistema e às mudanças que precisarão ser implementadas. Caso contrário, o sistema de privacidade não alcançará a devida aderência por parte dos servidores e membros da instituição, sendo que a promoção e o incentivo da Alta Administração são igualmente importantes para sistemas de integridade e de privacidade.

Além disso, é também essencial a existência de órgão gestor responsável pela implementação e coordenação das medidas a serem implementadas. Em relação aos sistemas de privacidade, foi ressaltada a necessidade de nomeação do encarregado de dados e a importância da criação de um comitê de privacidade, que, juntos, ficarão responsáveis pelo constante acompanhamento do desenvolvimento dos trabalhos e por disseminar a cultura de privacidade e proteção de dados dentro da instituição.

Também a análise, avaliação e gestão dos riscos servem como eixo fundamental para o processo de adequação à Lei Geral de Proteção de Dados e implantação do sistema de privacidade. Isso porque é a partir do entendimento dos tratamentos (materializado no mapeamento de dados), e análise do cenário de risco relacionado a tais tratamentos, que serão definidos quais planos de ação (políticas, procedimentos, treinamentos, testes de segurança, entre outros) deverão ser implementados, de modo que as medidas implementadas mitiguem este cenário. Ou seja, a elaboração de uma matriz de riscos de LGPD traz coerência para o projeto, de modo que as medidas sejam devidamente priorizadas conforme o grau do risco, e que não ocorra a situação de adoção de medidas desnecessárias ou menos eficazes sendo implementadas.

E, por fim, o monitoramento permanente, aprimoramento contínuo e capacitação são também essenciais a um sistema de privacidade, porque um dos principais objetivos da legislação de proteção de dados nacional é exatamente que as empresas e instituições públicas desenvolvam internamente uma cultura de privacidade sólida e voltada à proteção dos titulares de dados e, para isso, será necessário o constante monitoramento dos tratamentos de dados e medidas de controle, aprimoramento contínuo do sistema e capacitação permanente de todos aqueles que compõem a organização.

Concluindo, o Poder Judiciário está diante de um importante desafio e, nesse sentido, os eixos propostos na Resolução nº 410 do CNJ, e demais ferramentas desenvolvidas para a implantação de sistemas de integridade, são fundamentalmente relevantes para auxiliar os Tribunais nessa importante tarefa, que precisa ser enfrentada para que seja garantida a integridade judicial. Mas não só isso, o Poder Judiciário, como um dos pilares de nossa sociedade, é peça fundamental para o *"tone from the top"* na promoção da cultura de privacidade e proteção de dados, que muito apesar de ainda estar em desenvolvimento no nosso país encontra já na atuação diária do Poder Judiciário um relevante paradigma.

Referências

BRASIL. Lei nº 13.709, de 14 de agosto de 2018. Lei Geral de Proteção de Dados (LGPD).

BRASIL, Autoridade Nacional de Proteção de Dados (ANPD). Guia Orientativo para definições dos Agentes de Tratamento de Dados Pessoais e do Encarregado. 2021.

BRASIL, Conselho Nacional de Justiça, Resolução nº 410, de 23 de agosto de 2021.

REINO UNIDO. Information Commissioner's Office – ICO. Guide to the UK General Data Protection Regulation (UK GDPR). Disponível em: https://ico.org.uk/for-organisations/guide-to-data-protection/guide-to-the-general-data-protection-regulation-gdpr/.

UNIÃO EUROPEIA. Regulamento nº 2016/679, de 4 de maio de 2016. Regulamento Geral de Proteção de Dados (GDPR).

Informação bibliográfica deste livro, conforme a NBR 6023:2018 da Associação Brasileira de Normas Técnicas (ABNT):

PIRONTI, Rodrigo; KEPPEN, Mariana. Integridade judicial e a proteção de dados. *In*: SEGURA, Larissa Garrido Benetti (org.); KEPPEN, Luiz Fernando Tomasi; ZENKNER, Marcelo (coord.). *Sistema de integridade e Poder Judiciário*: estudos em homenagem ao ministro Luiz Fux. Belo Horizonte: Fórum, 2022. p. 143-155. ISBN 978-65-5518-454-9.

OS EFEITOS COLATERAIS DO ULTRA *COMPLIANCE*

TRACY REINALDET

1 Um Poder Judiciário que se aperfeiçoa: a Resolução nº 410 e o *compliance*

A promulgação da Resolução nº 410 pelo Conselho Nacional de Justiça faz parte de um movimento mundial que busca aperfeiçoar o Poder Judiciário, no sentido de implementar neste boas práticas de gestão e de administração. As medidas tomadas pelo Conselho Superior da Magistratura na França, por exemplo, bem comprovam que o tema, realmente, não está limitado às fronteiras brasileiras e que há sim um esforço global de aprimoramento da organização judiciária **(a)**. Nesse contexto, o *compliance* se revela como um dos elementos fundamentais dos sistemas de integridade, sem o qual boas práticas de gestão e de administração não podem ser perseguidas ou alcançadas pelo Poder Judiciário **(b)**.

a) A Resolução nº 410 e a corrida mundial pela integridade do Poder Judiciário

A Agenda 2030 da Organização das Nações Unidas (ONU) apresenta dezessete objetivos para o desenvolvimento sustentável de um país. Dentre estes, o de número dezesseis trata da "paz, justiça e instituições eficazes". Para a ONU, não há progresso possível sem instituições sólidas, transparentes e com boas práticas de governança. As metas propostas pelo objetivo dezesseis demonstram, portanto, a existência de uma preocupação mundial, a qual atinge diversos países, pela integridade das instituições do Estado, dentre estas o Poder Judiciário.[1]

---

[1] Aliás, a própria Resolução nº 410 enfoca o objetivo dezesseis: "considerando que o Objetivo nº 16 dos ODSs busca 'promover sociedades pacíficas e inclusivas para o desenvolvimento sustentável, proporcionar o acesso à justiça para todos e construir instituições eficazes,

Na França, para ilustrar, o Conselho Superior da Magistratura (CSM) desenvolveu nos últimos anos diversas ações que almejam implementar e disseminar uma cultura de boas práticas no seio do Poder Judiciário. Confiram-se algumas destas ações.

Em 2019, por exemplo, foi lançada uma nova edição francesa da "Coleção sobre as obrigações deontológicas dos magistrados".[2] Um livro que reúne princípios e regras que buscam guiar juízes sobre como eles devem se portar diante de diferentes situações cotidianas, a fim de evitar ou minimizar a ocorrência de irregularidades no exercício da magistratura.

Da mesma forma, em conjunto com a Escola Nacional da Magistratura (ENM), o CSM realiza periodicamente cursos de formação contínua, onde questões envolvendo a integridade do Poder Judiciário recebem grande atenção. Disciplinas sobre deontologia e boas práticas corporativas são algumas das matérias que os juízes e os integrantes do Ministério Público francês devem cursar, a fim de aperfeiçoar suas ações diárias.

Por fim, pode-se citar, ainda, a criação do "Serviço de ajuda e de vigilância deontológica" (SAVD), órgão consultivo do CSM, junto ao qual, através de uma simples ligação telefônica, o magistrado ou membro do *parquet* francês pode solicitar orientação sobre como proceder diante de um evento que diga respeito à sua vida profissional ou mesmo pessoal e que possa afetar a integridade do Poder Judiciário. É interessante constatar que a maior parte das consultas realizadas ao SAVD diz respeito a questões envolvendo a imparcialidade dos juízes. "Posso tratar do processo com a parte autora sem a presença da parte ré?", "É recomendável que eu vá à festa de casamento do Procurador da República que oficia na minha vara?". Estas são apenas algumas das tantas indagações propostas ao SAVD, as quais corroboram a preocupação do Poder Judiciário francês em realizar boas práticas e manter a sua integridade aos olhos da sociedade.[3] Mas não é só o direito do hexágono que se inquieta com o tema.

---

responsáveis e inclusivas em todos os níveis', inclusive pela redução substancial da corrupção e do suborno em todas as suas formas, pelo desenvolvimento de instituições eficazes, responsáveis e transparentes em todos os níveis, e pela garantia da tomada de decisão responsiva, inclusiva, participativa e representativa em todos os níveis".

[2] Conseil Supérieur de la Magistrature. *Recueil des obligations déontologiques des magistrats*. Paris: La Documentation Française, 2019.

[3] Conseil Supérieur de la Magistrature. *Rapport d'activité 2019*. Paris: La Documentation Française, 2019.

No Brasil, essa preocupação global pela integridade das instituições, disposta na Agenda 2030 da ONU, passou, doravante, a ser atendida por intermédio da Resolução nº 410 do Conselho Nacional de Justiça (CNJ). De um lado, a Resolução dispõe sobre a implementação de sistemas de integridade junto aos diversos órgãos do Poder Judiciário brasileiro: foros de primeira instância, tribunais e cortes superiores. De outro lado, o diploma proposto pelo CNJ regulamenta os contornos gerais e as características destes sistemas de integridade. Examine-se com mais atenção o conteúdo da Resolução.

À partida, é de se ressaltar que a Resolução cria o Comitê de Integridade do Poder Judiciário (CINT), cuja principal missão é auxiliar o CNJ e os demais órgãos da organização judiciária na implementação e no acompanhamento de seus sistemas de integridade. O estabelecimento de um comitê específico, responsável por levar a cabo os termos da Resolução, bem demonstra que a ideia do CNJ não foi a de prolatar uma normativa "para inglês ver", mas se tratou bem do contrário disto: quis o CNJ criar uma resolução e tirá-la do papel, a fim de aplicá-la em cada vara, câmara ou turma do país. Em um Estado onde, infelizmente, muitas medidas públicas são realizadas apenas de modo virtual ou aparente, a preocupação do CNJ em não deixar que a Resolução se torne "letra morta" é, sem dúvida, louvável e corrobora o comprometimento do próprio Conselho com os sistemas de integridade que ele busca implementar.

Em seguida, a Resolução dispõe sobre os objetivos, os eixos, as diretrizes e os elementos fundamentais dos sistemas de integridade que devem ser aplicados pelo Poder Judiciário. Tais aspectos deste novel normativo merecem breve abordagem, a fim de que se possa melhor compreender todas as facetas e características dos programas de integridade enunciados pelo CNJ em sua Resolução.

De acordo com o artigo 2º da Resolução, os sistemas de integridade forense possuem dois principais objetivos. Primeiro, a implementação e a disseminação de uma "cultura de integridade" no ambiente do Poder Judiciário, a fim de que a execução de boas práticas passe a ser parte integrante da rotina, do dia a dia de servidores e magistrados.[4] Segundo,

---

[4] "Somente a culturalização de uma organização, com um esforço real que garanta que seus colaboradores incorporem as práticas de conformidade em suas rotinas, é capaz de dar eficiência a um programa de *compliance* e importar em mudanças reais de paradigma". LAMY, Anna. *Compliance Criminal como Ferramenta de Enforcement Anticorrupção*. Curitiba: UFPR, Tese de Doutorado, 2019, p. 89.

promover ações para prevenir, detectar e punir irregularidades ocorridas nos fóruns e nos tribunais. Estes dois objetivos demonstram que os sistemas de integridade propostos pelo CNJ atuarão em duas frentes distintas e complementares. De um lado, de modo anterior à prática incorreta, buscando evitá-la; prevenção esta que pode ser feita, para exemplificar, por intermédio da elaboração de "Cartilhas de boas práticas" ou de "Códigos de conduta ética", dirigidos aos integrantes do Poder Judiciário.[5] De outro lado, de maneira posterior à ação irregular praticada, a fim de que a punição pelo comportamento ilícito sirva como instrumento de prevenção geral e especial, evitando, assim, novas irregularidades que abalem a integridade dos foros.[6]

Na sequência, é de se dizer que o artigo 2º, parágrafo único, da Resolução dispõe que tais sistemas de integridade serão concretizados a partir de três grandes eixos. A um, o respeito e o comprometimento da alta administração[7] do Poder Judiciário para com os sistemas de integridade, eixo este que visa implementar a famosa regra *"conduct from the top"*.[8] A dois, a criação, em cada foro do Brasil, de um órgão gestor responsável pela implementação e pela coordenação dos sistemas

---

[5] O art. 42 do Decreto nº 8.420/15 prevê que o programa de integridade deve ser avaliado a partir de diversos parâmetros. Dentre estes, está a existência ou não de um código de ética e de conduta dentro da organização. Sobre o tema, Lamy afirma que poderá ser elaborado "um documento público que será a personificação da empresa e seus princípios. Conterá as métricas de boas práticas anticorrupção, bem como as infrações disciplinares e suas penalizações. Esse documento pode receber diversas nomenclaturas a depender da abordagem que a empresa quer dar ao seu programa. Se a ideia é mostrar uma fisionomia mais restritiva e sancionatória pode-se usar 'Código de Conduta'. Se a ideia é enaltecer o viés preventivo e de qualidade de medida pode-se denominar 'Manual de boas práticas', 'de Excelência', etc.". LAMY, Anna, *op. cit.*, p. 118.

[6] Sobre o tema: RIOS, Rodrigo; ANTONIETTO, Caio. *Criminal Compliance* – Prevenção e Minimização de Riscos na Gestão da Atividade Empresarial. *In: Revista Brasileira de Ciências Criminais*, vol. 114, p. 341-375, 2015. É de se dizer que tal punição não pode se chocar com as atribuições das corregedorias, conforme prevê o art. 3º, parágrafo único, inciso III, da Resolução. Até onde irá a atuação repressiva do sistema de integridade e onde começará a atuação das corregedorias é questão que ainda deve ser definida na prática e ao longo da implementação da Resolução.

[7] Aliás, em postura louvável, em seu art. 5º, inciso III, a Resolução chega a definir o que entende por alta administração, sendo esta composta pelos "Presidentes, Vice-presidentes, Corregedores, Ouvidores e respectivos assessores diretos dos órgãos do Poder Judiciário".

[8] Em fevereiro de 2017, a Seção de Fraude do Departamento de Justiça Norte-Americano (DOJ) realizou uma avaliação de sistemas de integridade no ambiente corporativo. Nesta avaliação, o DOJ defendeu a ideia de que programas de integridade de sucesso aplicam a regra da "conduta que vem do topo". E isto porque o comportamento da alta administração é fundamental para gerar nos demais integrantes da organização o respeito pela Lei e pelas boas práticas. Dessa forma, se a alta administração der o exemplo, há maiores chances do sistema de integridade ser respeitado e gerar uma cultura de conformidade dentro do órgão. MORITZ. Scott. *Operationalizing Compliance*: conduct at the top, accountability are

de integridade.⁹ Por fim, a três, o monitoramento, a análise e a gestão dos riscos inerentes à atividade judiciária.¹⁰ Estes são, em essência, os três eixos sobre os quais se estruturarão os sistemas de integridade propostos pelo novo normativo do CNJ.

Logo após, o artigo 3º da Resolução trata das diretrizes que devem ser perseguidas pelo Poder Judiciário na criação e na implementação dos sistemas de integridade. Elas são cinco. Primeira, o comprometimento e o engajamento da alta administração da máquina forense para com os sistemas de integridade.¹¹ Segunda, a participação de todos os integrantes e servidores do Poder Judiciário na criação e na implementação dos sistemas de integridade.¹² Terceira, o estabelecimento de um canal direto de comunicação, uma espécie de *"hotline"*, através do qual possam ser realizados elogios e críticas aos membros da organização judiciária.¹³ Quarta, a avaliação constante do grau de risco à integridade do Poder Judiciário que se pode ter com uma contratação ou com uma formalização de convênio. Por último, quinta, a correção constante de falhas sistêmicas que se façam presentes na organização judiciária. Eis as diretrizes da Resolução.

---

key. Disponível em: https://www.linkedin.com/pulse/operationalizing-compliance-conduct-top-key-scott. Acesso em: 5 nov. 2021.

9   Que nada mais seria do que um *compliance officer*. Sobre o tema, conferir: GERALDO, Tiago. A responsabilidade penal do compliance officer: do dever de vigilância ao compliance empresarial. In: *Estudos sobre law enforcement, compliance e Direito Penal*. Portugal: Almedina, 2018.

10 "No mundo corporativo, risco está associado à incerteza do cumprimento de algum objetivo ou na probabilidade de perda de algo imaterial ou intangível. A gestão adequada dos riscos é condição fundamental para o sucesso da organização e, por isso, passou a ocupar lugar de destaque na gestão da empresa". GIOVANINI, Wagner. *Compliance*: a excelência na prática. São Paulo: 2014, p. 61.

11 É interessante notar que o engajamento da alta administração é tido pela Resolução tanto como eixo quanto como diretriz dos sistemas de integridade, o que reforça a importância deste ponto para o CNJ.

12 "Deve-se contar com todos os colaboradores para melhorar rotinas. Inclusive no quesito reporte de desvios. São eles que estão fisicamente vivendo o dia a dia da empresa, e quem têm mais condições de presenciar condutas desviantes. (...) Para que eles possam reportar desvios, no entanto, precisam saber quais são as proibições que incidem na atividade desempenhada, e somente os treinamentos serão capazes de disseminar e elucidar". LAMY, Anna, *op. cit.*, p. 124.

13 A Lei nº 12.846/13 utiliza a nomenclatura "canal de denúncia" para designar o meio de comunicação que deve estar à disposição do servidor ou magistrado. O objetivo é que tal ferramenta seja "usada para se fazer reportes de eventuais desvios cometidos por colaboradores aos parâmetros trazidos" pelo sistema de integridade. LAMY, Anna, *op. cit.*, p. 126. É de se dizer que a Controladoria-Geral da União estabelece diretrizes com relação ao tema em seu manual *"Programa de Integridade: Diretrizes para Empresas Privadas"*. Disponível em: https://www.gov.br/cgu/pt-br/centrais-de-conteudo/publicacoes/integridade/arquivos/programa-de-integridade-diretrizes-para-empresas-privadas.pdf. Acesso em: 11 nov. 2021.

Por fim, os elementos fundamentais dos sistemas de integridade propostos pelo CNJ estão dispostos no artigo 4º da Resolução. Ao todo são doze elementos, merecendo destaque os seguintes: a transparência; o profissionalismo e meritocracia; a sustentabilidade e responsabilidade social; a prestação de contas e responsabilização; a vedação ao nepotismo e – o elemento fundamental que mais interessa ao presente artigo – o *compliance*. De fato, a Resolução deixa claro que o *compliance* é um componente essencial para os sistemas de integridade propostos pelo CNJ, e não poderia ser diferente, afinal, não há organização íntegra sem um programa de *compliance* real e efetivo **(b)**.

b) O *compliance* como elemento fundamental dos sistemas de integridade

Talvez o elemento fundamental mais famoso de qualquer sistema de integridade seja o *compliance*.[14] Efetivamente, ele parece ser a grande coqueluche na matéria. Não à toa, nos últimos anos, diversas publicações e livros trataram sobre o tema no Brasil.[15] Nesse contexto, a Resolução do CNJ não poderia ter feito diferente, e a inclusão do *compliance* como componente essencial dos sistemas de integridade destinados à organização judiciária foi um acerto.

De toda sorte, além de tratar o *compliance* como um elemento fundamental dos sistemas de integridade, a Resolução foi além e acabou por dar a tal nomenclatura uma definição. Certo, o ato de conceituar pode engessar o conteúdo da norma, não permitindo que ela evolua com a prática forense e com o passar do tempo. No entanto, no caso do *compliance*, tal conceituação parecer ser bem-vinda, afinal, palavras amplas, cujo conteúdo pode ser preenchido por ideias diversas e, por vezes, antagônicas, como é o caso da locução *to comply*,[16] são termos

---

[14] O nascedouro do *compliance* é controvertido, mas quer parecer que ele tem sua origem na política financeira que foi proposta pelo Banco Central estadunidense ao longo do ano de 1913. Essa política buscou tornar a economia dos Estados Unidos da América mais segura e estável, com a implementação de programas de governança junto às empresas que possuíam atividades no mercado financeiro. Sobre o tema: MANZI, Vanessa. *Compliance no Brasil*: consolidação e perspectivas. São Paulo: Saint Paul, 2008.

[15] COUTINHO, Aldacy; BUSATO Paulo. *Aspectos Jurídicos do Compliance*. Florianópolis: Empório do Direito, 2017. GUARAGNI, Fábio; BUSATO, Paulo. *Compliance e Direito Penal*. Barueri: Atlas, 2015.

[16] "*Compliance* é um termo oriundo do verbo inglês '*to comply*', significando cumprir, satisfazer ou realizar uma ação imposta. Não há tradução correspondente para o português. Embora algumas palavras tendam a aproximar-se da possível tradução, como por exemplo, observância, submissão, complacência ou conformidade, tais termos podem soar díspares". GIOVANNI, Wagner. *Compliance*: a excelência na prática. São Paulo, 2014, p. 14.

catalisadores de confusões e de desencontros jurídicos. Portanto, há que se olhar com bons olhos a definição proposta pelo CNJ.

Nesse contexto, em seu artigo 5º, a Resolução afirma que *compliance* é o "conjunto de mecanismos e procedimentos de controle interno, auditoria, incentivo à denúncia de irregularidades e de aplicação efetiva do código de conduta ética, políticas e diretrizes com o objetivo de prevenir, detectar e sanar desvios, fraudes, irregularidades e atos ilícitos praticados por membros ou servidores do Poder Judiciário". Em outras palavras, o *compliance* é a reunião de todos os elementos (controladoria, auditoria, canal de denúncia, código de conduta ética, políticas de integridade, etc.) que visam assegurar a integridade de uma organização, servindo ele para prevenir, detectar e sanar os comportamentos desviantes. A própria conceituação do termo *to comply*, proposta pela Resolução, portanto, explica por que o *compliance* é a nota tônica de um sistema de integridade, estando tão em voga na atualidade: pois orbitam em torno dele todos os elementos que integram o cerne, a espinha dorsal, da ideia de probidade e de retidão.

No entanto, apesar de ser a nota tônica de todos os sistemas de integridade, o *compliance* não possui sempre as mesmas características e, dentro de diferentes organizações, ele pode ter vieses e enfoques dissemelhantes. Em outras palavras, cada ente moral possui o seu *compliance* específico, com peculiaridades que guardam relação com as características próprias da organização. Consequentemente, o foco legal do *compliance* varia de acordo com o tipo de ente moral no qual ele está inserido.[17]

Por exemplo, para uma empresa privada, o respeito às regras tributárias e às normas trabalhistas pode ser objeto de grande atenção do *compliance*, enquanto que, para o Poder Judiciário, por se tratar de um ente de direito público, onde a quase totalidade de colaboradores são agentes concursados, faz pouco sentido se ter um *compliance* muito concentrado em regras tributárias e trabalhistas. Contudo, diferentemente de uma empresa privada que não possui contratos com pessoas jurídicas de Direito público, o *compliance* do Poder Judiciário deve dar grande

---

[17] "Com efeito, e quando implantado em uma organização, pode ter diversas ênfases a depender da sua necessidade mais premente. Pode-se enfatizar um viés concorrencial, tributário, trabalhista, consumerista, de responsabilidade civil, e tantos outros; dentre os quais também o criminal, e especificamente: o *compliance* anticorrupção". LAMY, Anna, *op. cit.*, p. 79.

atenção a diplomas legais que envolvam a probidade administrativa,[18] as regras de licitação,[19] as condições de parcerias público-privadas,[20] as Leis Orgânicas da Magistratura e do Ministério Público e, por óbvio, que envolvam crimes contra a Administração Pública.[21]

Por conseguinte, dentro dos sistemas de integridade propostos pela Resolução do CNJ, o *compliance* será o elemento responsável por – a partir das controladorias, das auditorias, dos canais de denúncia, dos códigos de conduta ética e das políticas de integridade de cada foro brasileiro – fazer com que a organização judiciária respeite as normas inerentes ao seu funcionamento, prevenindo, detectando e sanando comportamentos desviantes que se afastem da legalidade e que concretizem atos irregulares contra os já mencionados diplomas legais.

Não há, portanto, como pensar diferente. O *compliance* é fundamental para qualquer sistema de integridade, inclusive para o que é proposto pelo CNJ, e ele só pode ser visto com bons olhos. Afinal, quem é que se oporia a um instrumento de prevenção e de resolução da prática delitiva? Por óbvio, ninguém. No entanto, mesmo para o bom há limite. E isto porque, se aplicado de modo rígido e intolerante, o *compliance* pode se tornar um ultra *compliance* e apresentar efeitos deletérios incompatíveis com princípios do Direito Penal, com políticas de inclusão e com outras resoluções do CNJ **(2)**.

2 Até para o bom há limite: o problema do ultra *compliance*

Apesar de inicialmente ser visto como algo positivo, o *compliance*, quando levado ao extremo (ultra *compliance*), traz consigo consequências práticas que são antagônicas com princípios do Direito Penal, com políticas de inclusão e igualmente com a Resolução nº 96 do CNJ. Ademais, o ultra *compliance*, paradoxalmente, acaba por fomentar

---

[18] Como a Lei nº 8.429/92.
[19] Pode-se citar a Lei nº 8.666/93. Aliás, o art. 3º da Resolução traz como diretriz dos sistemas de integridade a "avaliação do grau de risco de integridade nas contratações e convênios públicos".
[20] Para ilustrar, faça-se referência a Lei nº 11.079/04.
[21] No âmbito das pessoas físicas que integram o Poder Judiciário, pode-se fazer referência aos crimes dispostos no Título XI do Código Penal (crimes contra a Administração Pública). No que tange aos entes morais que integram o Poder Judiciário, deve-se fazer referência à Lei nº 12.846/13. Há ainda, por óbvio, outros diplomas legais, mas citam-se estes só para ilustrar o ponto.

eventuais novas práticas delitivas **(a)**. Por tal motivo, a implementação e a aplicação do *compliance* são fundamentais dentro de qualquer sistema de integridade, mas elas devem ser realizadas com moderação, seguindo alguns limites básicos **(b)**.

a) Os efeitos deletérios do ultra *compliance*

Para explicar o que é o ultra *compliance*, cite-se uma ilustração de como ele pode funcionar. O Sr. José mantinha uma conta corrente junto ao banco Y há vinte anos. Nunca houve naquela conta movimentações financeiras atípicas e ele jamais utilizou com exagero os limites do cheque especial. No entanto, no ano passado, ele recebeu uma carta do *compliance* do banco Y. Com palavras sutis, a correspondência da instituição financeira convidava o Sr. José a encerrar sua conta-corrente, solicitando que ele indicasse uma conta-corrente de outro banco para ser realizada a transferência do saldo remanescente ou que ele comparecesse à sua agência para retirar um cheque administrativo. O Sr. José não entendeu direito o que estava acontecendo. De toda forma, sem ter conta-corrente em outra instituição financeira, ele preferiu ir ao banco para retirar o saldo via cheque administrativo. Dias depois, o Sr. José foi ao banco X e pediu para abrir uma conta-corrente em seu nome. Para a sua surpresa, o *compliance* do banco X não autorizou a abertura de nenhuma conta-corrente em nome do Sr. José. Foi quando ele percebeu o que estava acontecendo. O Sr. José fora condenado em uma operação policial de grande repercussão no Brasil. A condenação, mesmo sem trânsito em julgado, havia sido amplamente noticiada pela mídia e, de agora em diante, o Sr. José estava banido do sistema financeiro nacional.

O relato fático do parágrafo anterior tem ares de crônica imaginativa, mas se trata de situação real, pela qual passam muitos réus nos dias de hoje. De fato, diversos bancos possuem *compliance*, o que é sem dúvida algo positivo e mesmo obrigatório à luz do que dispõe o artigo 10 da Lei nº 9.613/98. No entanto, a utilização do *compliance* levada ao extremo – fenômeno que se denomina neste artigo como ultra *compliance* – traz consigo consequências como a narrada, em razão da qual toda e qualquer pessoa condenada pela Justiça Penal, mesmo antes do trânsito em julgado, pode ser excluída do sistema financeiro. O efeito é drástico e carrega em si um paradoxo: aquilo que foi concebido para prevenir práticas delitivas (*compliance*), se levado ao extremo (ultra *compliance*), pode acabar por incentivar novos comportamentos ilícitos. Explica-se.

Diante de seu banimento do sistema financeiro, o Sr. José parece ter duas escolhas: ou ele passa a ter sua vida econômica fora do circuito bancário, sem nenhuma conta-corrente, cartão de crédito ou relação financeira formal; ou o Sr. José decide continuar a ter uma vida econômica dentro do circuito bancário, mas através de uma interposta pessoa, a qual lhe emprestará um nome para que ele possa ser aprovado no *compliance* do banco.

Em uma sociedade de economia capitalista, onde o dinheiro é cada vez mais desmaterializado, não há dúvida de que a escolha que provavelmente será feita pelo Sr. José é a segunda e não a primeira. E aqui reside o paradoxo contido no ultra *compliance*. Aquilo que foi criado para evitar crimes, quando levado ao extremo, acaba por fomentar a prática de novas infrações. Afinal, o protagonista da ilustração aqui proposta, para continuar a ter uma vida econômica normal, cometerá, no mínimo, um crime de falsidade ideológica.

Mas, além de encerrar um paradoxo em si, o ultra *compliance* é incompatível com determinados princípios do Direito Penal. Uma ilustração comprova a assertiva. Não é raro que o *compliance* insira na cultura empresarial e nos contratos da pessoa jurídica que é objeto do sistema de integridade aquilo que se denomina na prática como "cláusula ou barreira anticorrupção".[22] Segundo esta, o ente moral deve se abster de ter relações comerciais ou contratuais com qualquer pessoa física investigada, processada ou condenada junto à Justiça Penal. A amplitude de tal proibição pode variar de empresa para empresa, mas não raras vezes ela abrange a perquirição penal envolvendo qualquer crime ou contravenção. Por conseguinte, a rigor, o fato de ser objeto de um simples inquérito policial por crime tributário ou pelo delito de embriaguez ao volante, por exemplo, já seria suficiente para que determinada pessoa física não fosse aprovada pelo *compliance* do ente moral, não podendo tal pessoa física ter, consequentemente, nenhuma relação comercial ou contratual com a pessoa jurídica em questão.

O exemplo, novamente, parece caricato, mas o ultra *compliance* pode ir além e ser ainda mais rígido. Explica-se. Com certa frequência, o programa de integridade de algumas empresas proíbe não só

---

[22] O nome usual está incorreto, pois, como se verá, tal cláusula ou barreira não diz respeito apenas ao crime de corrupção, mas pode versar sobre toda e qualquer espécie delitiva.

que ela tenha relação direta com pessoa física investigada, processada ou condenada, mas que o ente moral igualmente tenha qualquer relação comercial ou contratual com outra pessoa jurídica cujo quadro societário ou administrativo seja composto por alguma pessoa física investigada, processada ou condenada pela Justiça Penal. E isto, novamente, independentemente do crime ou da contravenção que seja objeto do procedimento que envolve tal pessoa física. Em síntese, para o ultra *compliance*, o perquirido penal é tido – direta ou indiretamente – como alguém que deve ser banido da pessoa jurídica e cuja proximidade só pode ser vista com maus olhos.

A questão que se coloca é a de se saber se tal "cláusula ou barreira anticorrupção", prevista com grande amplitude pelo *compliance* de certos entes morais, é compatível ou não com princípios do Direito Penal, como o da presunção de inocência, o da prevenção especial da pena ou, ainda, o da proibição de sanções de caráter perpétuo. Além disto, é de se indagar igualmente se seria o ultra *compliance* harmonizável com políticas inclusivas para o ex-detento, tais como a campanha "Começar de Novo" do CNJ e as "Regras de Mandela" da ONU. A resposta, para ambas as questões, parece ser negativa. Confira-se.

À partida, o ultra *compliance* tem dificuldade de se ajustar com algumas pedras fundamentais do Direito Penal. De início, ele desrespeita o princípio da presunção de inocência, disposto nos arts. 5º, inciso LVII, da Constituição da República e 283 do Código de Processo Penal. Afinal, o simples fato de a pessoa física ser investigada ou processada, sem qualquer trânsito em julgado, já é suficiente para que ela seja vista como responsável pela infração e não possa ter relações comerciais ou contratuais com o ente moral detentor do austero programa de integridade. É clarividente o desrespeito que tal "cláusula ou barreira anticorrupção" traz ao direito subjetivo do cidadão de ser tratado como inocente até o final de seu processo, direito este que deve ser observado tanto por entes jurídicos de natureza pública como também de natureza privada.[23] Mas este não é o único problema.

Em seguida, o ultra *compliance* também é incompatível com o princípio da prevenção especial da pena. Embora muito se discuta sobre a matéria, quer parecer que o legislador e a jurisprudência,[24] sobretudo a partir do que dispõe o artigo 59 do Código Penal, consagraram

---

[23] Ver STF, Recurso Extraordinário nº 201.819.
[24] Ver STF, *Habeas Corpus* nº 121.348.

a ideia de que uma das finalidades da pena é a de evitar que o condenado volte a delinquir. Por óbvio, a frustração da reincidência passa pela ideia de ressocialização e, por conseguinte, de inserção no mercado de trabalho. Afinal, dificilmente alguém pode se considerar inserido na sociedade sem trabalho ou renda. Contudo, ao proibir a contratação de ex-condenados, o ultra *compliance* acaba por dificultar ou mesmo impedir que o propósito de ressocialização da pena se concretize. Por hipótese, imagine-se que todas as pessoas jurídicas adotassem essa "cláusula ou barreira anticorrupção" na sua máxima extensão, de que modo um apenado encontraria um novo trabalho nesse contexto? Evidentemente, ele não encontraria. O egresso seria um "pária" do mercado de trabalho, o portador de uma espécie de "passaporte amarelo"[25] que o estigmatizaria e que o afastaria da sociedade. Difícil acreditar, portanto, que o ultra *compliance* possa se harmonizar não só com o artigo 59 do Código Penal, mas igualmente com os artigos 25, 26 e 27 da Lei nº 7.210/84.

Por fim, o ultra *compliance* também não é compatível com o que dispõe o artigo 5º, inciso XLVII, alínea "b", da Constituição da República. Afinal, ele pode encerrar em si uma "pena" de caráter perpétuo e, quando se tratar de uma pessoa física investigada ou processada e não de uma pessoa física condenada, o ultra *compliance* pode concretizar uma "sanção" que, além de perpétua, é antecipada. Diz-se isto porque, à luz desse austero programa de integridade, a pessoa física que foi atingida pelo Direito Penal jamais deveria encontrar lugar no mercado de trabalho, pouco importando para tanto que a sua investigação, o seu processo ou a sua condenação tenha se encerrado recentemente ou há muito tempo.

Para que esta ideia não pareça simples retórica, basta-se dizer que, no bojo de alguns sistemas de ultra *compliance*, a pessoa jurídica deve se abster – independentemente de fatores cronológicos – de ter qualquer relação comercial ou contratual com o investigado, processado ou condenado, sendo irrelevante para tanto se o pretérito penal da

---

[25] Na obra de Victor Hugo, "Os Miseráveis", Jean Valjean recebe, ao sair da prisão, um "passaporte amarelo", o qual serve para identificá-lo como ex-detento: "o homem deu três passos e continuou, aproximou-se da lamparina que estava sobre a mesa. Continuou, como se não tivesse compreendido direito: – Olhe, não é isso; o senhor entendeu? Sou um presidiário, um condenado, estou vindo da prisão. Tirou do bolso uma grande folha de papel amarelo e a abriu. – É meu passaporte. Amarelo, como o veem. Serve para que me expulsem de todo lugar para onde eu vá". HUGO, Victor. *Os miseráveis*. São Paulo: Martin Claret, 2014, p. 33.

pessoa física tenha tido lugar há três meses ou há três décadas. Custoso pensar como tal posição do ultra *compliance* não caracteriza na prática a aplicação de uma "pena" de caráter perpétuo, sobretudo quando se tem em conta que o não acesso ao trabalho, de fato, é uma modalidade de sanção disposta no artigo 47 do Código Penal; a diferença de que, na Lei criminal, tal pena é sempre temporária, enquanto que, para o ultra *compliance*, ela pode ser perpétua.

Mas, além de não se harmonizar com tais princípios do Direito Penal, o ultra *compliance* é igualmente incompatível com políticas inclusivas propostas em favor do ex-condenado. Demonstre-se este antagonismo com duas ilustrações.

No ano de 2009, por meio da Resolução nº 96, o CNJ criou a campanha "Começar de Novo". O objetivo desta é sensibilizar os órgãos públicos e a sociedade civil, a fim de que estes forneçam postos de trabalho para presos e egressos do sistema carcerário. Acertadamente, a Resolução acredita que o trabalho é elemento capaz de diminuir sensivelmente a taxa de reincidência e evitar, assim, a prática de novos atos ilícitos. Como, então, ajustar o ultra *compliance* ao conteúdo dessa Resolução do CNJ? De um lado, a Resolução afirma que oportunidades laborativas devem ser concedidas a presos e a egressos do sistema carcerário. De outro lado, o ultra *compliance* diz que o investigado, o processado ou o condenado não pode ter oportunidade de trabalho em uma pessoa jurídica detentora de um sistema de integridade. Por óbvio, esses dois elementos – ultra *compliance* e Resolução – são inconciliáveis. Mas não é só com a Resolução nº 96 do CNJ que o ultra *compliance* não se harmoniza, uma vez que ele é igualmente antagônico com o que dispõem as regras da ONU na matéria. Confira-se.

No ano de 2015, as Nações Unidas revisitaram as "Regras Mínimas para o Tratamento de Presos",[26] editando-se, como resultado de tal análise, as "Regras de Mandela".[27] Trata-se de um compilado de normas que estabelecem o que a ONU entende por tratamento adequado aos reclusos, assim como o que ela compreende como boa gestão dos

---

[26] Originalmente, tais regras foram adotadas no 1º Congresso das Nações Unias sobre Prevenção do Crime e Tratamento de Delinquentes, realizado em Genebra (Suíça), em 1955, tendo sido elas aprovadas pelo Conselho Econômico e Social da ONU, por intermédio da Resolução nº 663.

[27] Aliás, é de se sublinhar que o CNJ publicou tias regras em sua Série de Tratados Internacionais de Direitos Humanos: LANFREDI, Luís (coord.). *Regras de Mandela*: regras mínimas das Nações Unidas para o tratamento de Presos. Brasília: CNJ, 2016.

estabelecimentos prisionais. Especificamente com relação ao tema deste artigo, deve-se atentar aos dispositivos 90[28] e 108[29] das "Regras de Mandela", os quais dispõem expressamente que a responsabilidade do Estado e da sociedade civil para com os presos não cessa com a colocação dos egressos em liberdade, mas subsiste inclusive após o final da execução da pena; sendo dever do Estado e da sociedade civil assegurar ao ex-preso a sua reinserção social por intermédio de uma vaga de trabalho.

Olhos postos nas "Regras de Mandela", fica difícil defender o ultra *compliance* e dizer que ele não contraria as políticas internacionais em favor da reinserção dos egressos. De um lado, a ONU trata a recolocação do ex-preso no mercado de trabalho como um problema coletivo, cuja responsabilidade recai não só sobre os ombros dos órgãos estatais, mas inclusive sobre os ombros da sociedade civil. De outro lado, no entanto, o ultra *compliance* não só não contribui para a realização de tal política de reinserção, como pior do que isto: ele é um obstáculo a ela. Afinal, para ele, o condenado, ainda depois de cumprir sua pena, não pode ter lugar nem dentro da empresa detentora de um sistema de integridade, nem dentro de outra pessoa jurídica que se relacione com esta.

Se nos dias de hoje alguns acusados, mesmo depois de colaborarem com a Justiça e ressarcirem os cofres públicos, ainda se sentem como "leprosos sociais",[30] quão catastrófico não seria o cenário na hipótese de uma eventual hipertrofia do ultra *compliance*? Os clientes do Direito Penal ou viveriam para sempre à margem da legalidade ou teriam que fundar sua própria comunidade, uma espécie de Asilo-Colônia Aimorés, onde, para não reincidirem, os ex-condenados, excluídos da sociedade, viveriam apenas entre si. De fato, a hipótese é burlesca, mas através

---

[28] "O dever da sociedade não cessa com a libertação de um recluso. Seria por isso necessário dispor de organismos governamentais ou privados capazes de trazer ao recluso colocado em liberdade um auxílio pós-penitenciário eficaz, tendente a diminuir os preconceitos a seu respeito e a permitir-lhe a sua reinserção na sociedade".

[29] "Os serviços ou organizações governamentais ou outras, que prestam assistência a reclusos colocados em liberdade para se reestabelecerem na sociedade, devem assegurar, na medida do possível e do necessário, que sejam facultados aos reclusos libertados documentos de identificação apropriados, que lhes sejam garantidas casas adequadas e trabalho, vestuário apropriado ao clima e à estação do ano e recursos suficientes para chegarem ao seu destino e para subsistirem no período imediatamente seguinte à sua libertação".

[30] Foi esta a firmação feita por Paulo Roberto Costa, ex-diretor da Petrobras, preso na operação Lava Jato, o qual fez um acordo de colaboração e cooperou com a Justiça. Confira-se em: https://agora.folha.uol.com.br/brasil/2015/11/1703619-virei-um-leproso-afirma-ex-diretor-da-petrobras.shtml.

dela se pode demonstrar o completo despropósito ao qual se chegaria com a instigação e a promoção do ultra *compliance*.

Não há dúvida. O *compliance* é algo positivo e fundamental a qualquer sistema de integridade. Ele foi criado para prevenir, identificar e resolver práticas irregulares e, por isto, é algo, em essência, positivo e bom. No entanto, o *compliance* não pode ser levado ao extremo. Caso contrário, ele alcançará o *status* de ultra *compliance*, o qual, além de carregar em si um paradoxo, é incompatível com os princípios do Direito Penal e com as políticas de inclusão propostas pelo CNJ e pela ONU. Em resumo: deve-se sempre usar o *compliance*, mas com moderação **(b)**.

b) Use *compliance*, mas com moderação

Diante dos efeitos deletérios decorrentes de um programa de *compliance* levado ao extremo (ultra *compliance*), em especial no que diz respeito aos relacionamentos comerciais e contratuais da pessoa jurídica, a questão que se coloca é a de saber quais limites devem ser impostos ao *compliance*, a fim de que ele continue compatível com a Lei e com as políticas de inclusão. De modo propositivo, inclusive no que tange à Resolução nº 410 do CNJ, poder-se-ia citar quatro regras que o *compliance* deve seguir para não ser vítima de uma hipergênese e conseguir manter sua conformidade com os princípios do Direito Penal e com as políticas de inclusão propostas pelo CNJ e pela ONU.

Em primeiro lugar, o fato de a pessoa física ser investigada, processada ou condenada não deve ser tido pelo *compliance* como um obstáculo *per se* para que tal pessoa física não possa ter qualquer relação comercial ou contratual com a pessoa jurídica detentora do sistema de integridade. Conforme o que foi exposto, pensar o contrário seria desrespeitar o princípio da presunção de inocência, no caso de pessoa física investigada ou processada, e os princípios da prevenção especial da pena e da proibição de sanção de caráter perpétuo, na hipótese de pessoa física condenada. Logo, este seria o primeiro limite ao *compliance*: pelo simples fato da pessoa física ser investigada, processada ou condenada, o *compliance* não pode obstar que tal pessoa física tenha relação comercial ou contratual com a pessoa jurídica detentora do sistema de integridade. Mas não é só.

Em segundo lugar, a *"red flag"* do *compliance* só pode ser levantada quando a condenação da pessoa física, com trânsito em julgado, possui ligação direta com o relacionamento comercial ou contratual que será estabelecido entre ela e a pessoa jurídica. Citem-se dois exemplos para explicar a regra.

Uma casa de repouso busca um empregado para desempenhar a função de cuidador de idosos. O candidato em potencial, no entanto, tem recente condenação, transitada em julgado, pelo crime de lesão corporal contra uma pessoa com mais de sessenta anos. Em tal situação, não há dúvida de que o *compliance* pode desaconselhar a contratação desta pessoa física, afinal, ela já não é mais presumivelmente inocente e o crime por ela praticado, além de ser contemporâneo, guarda íntima relação com a atividade laboral que tal pessoa física irá desempenhar. Logo, neste caso, a *"red flag"* deve ser levantada. De qualquer sorte, veja-se agora outro exemplo, dessa vez envolvendo um ente de Direito público.

A secretaria municipal de obras de determinado município almeja contratar um engenheiro, no regime de servidor temporário. Na fase final da contratação, o *compliance* do município constata que tal pessoa física foi funcionária pública tempos atrás, tendo sido ela demitida em razão de uma condenação, com trânsito em julgado, por crime de corrupção, a qual foi proferida há um ano. Neste segundo exemplo, da mesma forma que na primeira ilustração, quer parecer que o *compliance* pode sim ser contrário à admissão de tal pessoa física, afinal, sua condenação, além de recente, guarda íntima conexão com a função que ela irá exercer junto ao ente moral de direito público. Ao que tudo indica, estas são as balizas dentro das quais o *compliance* pode fechar a porta da pessoa jurídica para o ex-condenado.

Em terceiro lugar, para emitir sua opinião e se posicionar sobre a possibilidade ou a impossibilidade de determinada relação comercial ou contratual, o *compliance* deve observar o tempo transcorrido entre a condenação com trânsito em julgado e o momento no qual irá se estabelecer o relacionamento da pessoa física com a pessoa jurídica. Não parece ser razoável, por exemplo, o *compliance* invocar uma sentença condenatória muito antiga para banir a pessoa física do ambiente de trabalho. O direito ao esquecimento deve ter também o seu lugar dentro do programa de integridade.

De qualquer modo, qual seria o lapso cronológico de referência para se estabelecer o que está e o que não está "prescrito" aos olhos do *compliance*? Talvez, a resposta a tal indagação possa ser encontrada no que prevê o artigo 64, inciso I, do Código Penal. Tal dispositivo estabelece que a reincidência não será reconhecida pelo Poder Judiciário quando, entre a data do término de cumprimento da pena e o fato ilícito novo, já tiver se passado cinco anos. Quem sabe não se possa extrair daí a referência cronológica aqui buscada? Se assim se pensar, a condenação, com trânsito em julgado, só impedirá o estabelecimento de uma relação comercial ou contratual com a pessoa física condenada quando – entre o término de cumprimento da pena e a possível contratação – tiver se passado menos do que cinco anos. Caso contrário, a condenação da pessoa física com trânsito em julgado não poderá impedir *per se* o estabelecimento de uma relação comercial ou contratual entre a pessoa jurídica detentora do programa de integridade e a pessoa física.

Por fim, em quarto lugar, o *compliance* pode estabelecer eventuais políticas de incentivo à contratação de pessoas físicas que já foram criminalmente condenadas, e isto tanto o *compliance* do setor privado quanto o do setor público. No que tange ao setor público, é de se destacar que a Resolução nº 96 do CNJ prevê, em seu artigo 2º, §4º, que os tribunais poderão "promover ações de reinserção, sobretudo no tocante à contratação de presos, egressos e cumpridores de medidas e penas alternativas". Por conseguinte, o próprio CNJ já estimula a criação de políticas de incentivo à contratação de presos e condenados, as quais podem, doravante, ser disciplinadas por intermédio dos sistemas de integridade propostos na Resolução nº 410.

Ao que tudo indica, seguindo estas quatro regras, o *compliance* estará longe de se tornar um ultra *compliance* e manterá sua compatibilidade com os princípios do Direito Penal, com as políticas de inclusão do ex-preso e também com as resoluções do CNJ. O Poder Judiciário e os entes morais só têm a ganhar com a instauração de sistemas de integridade em suas organizações, notadamente quando estes sistemas são ponderados, razoáveis e se distanciam da ideia de um ultra *compliance*. Os séculos se passam, mas a "ética do meio termo aristotélica" ainda parece ser o melhor dos caminhos possíveis. É o caminho que o *compliance* deve também seguir.

Referências

CONSEIL SUPÉRIEUR DE LA MAGISTRATURE. *Recueil des obligations déontologiques des magistrats*. Paris : La Documentation Française, 2019.

CONSEIL SUPÉRIEUR DE LA MAGISTRATURE. *Rapport d'activité 2019*. Paris : La Documentation Française, 2019.

COUTINHO, Aldacy; BUSATO Paulo. *Aspectos Jurídicos do Compliance*. Florianópolis: Empório do Direito, 2017.

GERALDO, Tiago. A responsabilidade penal do *compliance officer*: do dever de vigilância ao *compliance* empresarial. *In*: *Estudos sobre law enforcement, compliance e Direito Penal*. Portugal: Almedina, 2018.

GIOVANINI, Wagner. *Compliance*: a excelência na prática. São Paulo: (editora própria), 2014.

GUARAGNI, Fábio; BUSATO, Paulo. *Compliance e Direito Penal*. Barueri: Atlas, 2015.

HUGO, Victor. *Os miseráveis*. São Paulo: Martin Claret, 2014.

LAMY, Anna. Compliance Criminal como Ferramenta de Enforcement Anticorrupção. Curitiba: UFPR, Tese de Doutorado, 2019.

LANFREDI, Luís (coord.). *Regras de Mandela*: regras mínimas das Nações Unidas para o tratamento de Presos. Brasília: CNJ, 2016.

MANZI, Vanessa. *Compliance* no Brasil: consolidação e perspectivas. São Paulo: Saint Paul, 2008.

MORITZ, Scott. *Operationalizing Compliance*: conduct at the top, accountability are key. Disponível em: https://www.linkedin.com/pulse/operationalizing-compliance-conduct-top-key-scott. Acesso em: 5 nov. 2021.

RIOS, Rodrigo; ANTONIETTO, Caio. Criminal Compliance – Prevenção e Minimização de Riscos na Gestão da Atividade Empresarial. *In*: *Revista Brasileira de Ciências Criminais*, vol. 114, 2015.

Informação bibliográfica deste livro, conforme a NBR 6023:2018 da Associação Brasileira de Normas Técnicas (ABNT):

REINALDET, Tracy. Os efeitos colaterais do ultra *compliance*. *In*: SEGURA, Larissa Garrido Benetti (org.); KEPPEN, Luiz Fernando Tomasi; ZENKNER, Marcelo (coord.). *Sistema de integridade e Poder Judiciário*: estudos em homenagem ao ministro Luiz Fux. Belo Horizonte: Fórum, 2022. p. 157-174. ISBN 978-65-5518-454-9.

CORRUPÇÃO NO JUDICIÁRIO POR DEPENDÊNCIA

EDUARDO SAAD-DINIZ
JOÃO VICTOR PALERMO GIANECCHINI

1 Introdução

Nem sempre se garantem ao juiz concretas condições para o devido cumprimento de seu dever funcional. Há situações cada vez mais cotidianas de ameaças de associações criminosas ou mesmo pressão ilegítima de grupos altamente poderosos que podem comprometer o exercício "autônomo" e "independente" da judicatura. Isso torna o comportamento desviante um pouco mais complexo e delicado do que a simples violação de dever funcional por parte do juiz. O que se trata aqui é de investigar os contextos em que, mesmo cioso de seus deveres, falta-lhe a capacidade de decidir livre da subordinação a interesses privados.

Por isso é que o debate científico em torno da autonomia e do controle no Poder Judiciário costuma reproduzir falsos dilemas. No lugar de indevida ingerência na atuação funcional, estratégias institucionais mais realistas de promoção da integridade poderiam oferecer maior estabilidade à atuação funcional de magistrados. Talvez seja o caso de investigar com maior profundidade se mecanismos de controle social inteligentes não poderiam criar ambiente menos favorável a ofensivas em face do juiz.

Em função destes pressupostos, este ensaio encontra sua delimitação na compreensão da reprodução de dinâmicas da *corrupção por dependência* no Poder Judiciário. Isto é, de que forma a especialização do comportamento decisório no ambiente empresarial assim como o crescimento exponencial de comportamentos associativos são responsáveis por submeter e subjugar, seja por meio do exercício de influência ilegítima ou mesmo por meio de ameaça e violência, o comportamento decisório de magistrados a contextos de dependência.

Após o debate sobre as insuficiências na compreensão da corrupção, serão discutidos o enraizamento em meio ao Poder Judiciário e as possibilidades de aplicação dos programas de *compliance* como estratégia de controle que ofereça maior espaço de proteção ao exercício da autonomia judicial em contextos de dependência.

2 Insuficiências do debate sobre a corrupção

As teses sobre corrupção seguem sendo bastante afeitas à *individual accountability* do funcionário público, são bastante anacrônicas. A análise dos conceitos tradicionais de corrupção pública assume pressuposições pouco realistas sobre a dinâmica das instituições, do controle social ou mesmo sobre a configuração do Estado. A capacidade explanatória do fenômeno não vai para além do recurso a limitações na descrição de desenhos institucionais[1] ou a conflitos de agência,[2] ou mesmo aos desafios impostos a contextos marcados por baixos padrões de governança[3] e transparência nas contratações públicas. A análise criminológica das modernas formas de corrupção e seus reflexos nos processos de tomada de decisões, tanto em âmbito público como no domínio privado, impõe a superação de explicações tradicionais.

Teoricamente, as modalidades de corrupção, por sua vez, parecem tender à divisão entre corrupção individual (*individual corruption*) e

---

[1] No cenário brasileiro, essa realidade é muitas vezes associada ao presidencialismo de coalizão e à política de concessões entre diversos atores políticos. ROSE-ACKERMAN, Susan; PIMENTA, Raquel de Matos. Corruption in Brazil: beyond the criminal law. *In*: LAGUNES, Paul; SVEJNAR, Jan. *Corruption and the Lava Jato Scandal in Latin America*. New York: Routledge, 2020, p. 199-212.

[2] Em especial, ressalta-se a forte influência dos estudos de Rose-Ackerman na delimitação da corrupção como conflito de agência. ROSE-ACKERMAN, Susan. Corruption. *In*: ROWLEY, Charles K.; SCHNEIDER, Friedrich. *Readings in Public Choice and Constitutional Political Economy*. New York: Springer, 2008, p. 551-552. "Corruption in my formulation is the misuse of public office for private gain. This definition leaves open the issue of just what constitutes misuse, but it recognizes that sometimes public office can legitimately provide private benefits to politicians and bureaucrats" [...]. "Corruption is, in essence, an agency/principal problem. An agent violates the trust of his or her principal through self-enrichment or through illegally enriching a political party. A public official may take a bribe in return for a favorable decision or may simply steal from the state's coffers". ROSE-ACKERMAN, Susan. Corruption. *In*: ROWLEY, Charles K.; SCHNEIDER, Friedrich. Readings in Public Choice and Constitutional Political Economy. New York: Springer, 2008, p. 551-552.

[3] ROSE-ACKERMAN, Susan. The challenge of poor governance and corruption. *Revista Direito GV*, Especial 1, p. 207-266, 2005.

corrupção institucional (*institutional corruption*).[4] A corrupção individual (*individual corruption*) se refere a acordos, arranjos *quid pro quo* que beneficiam funcionários públicos enquanto não satisfazem os interesses da instituição de que fazem parte. A sua vez, a corrupção institucional (*institutional corruption*) se refere a benefícios oferecidos ao funcionário público, que não são obtidos por meios legítimos, para apoiar um propósito institucional. Ela se dá nas hipóteses em que os interesses privados distorcem os propósitos públicos por meio do exercício abusivo de influência, em meio à atuação das autoridades públicas sem levar em conta as regras processo democrático.[5]

A esta segunda acepção alinha-se o enraizamento da corrupção no Poder Judiciário, na qual os reflexos da corrupção no meio institucional-burocrático permitem que o processo decisório seja desvirtuado de seus princípios basilares, como imparcialidade e justiça, para refletir interesses privados de uma elite político-econômica influente ou mesmo de associações criminosas. O problema é que se convive, neste atual cenário, com o anacronismo da política legislativa doméstica, incorporando definições excessivamente abertas, que não muito mais fazem do que refletir o "uso indevido de cargo ou função pública para obtenção de benefício privado". Estas descrições normativas deixam de oferecer substrato teórico ao desenvolvimento da interpretação judicial,[6] ainda distante da apreensão dos principais desafios que envolvem dinâmicas de corrupção, seja diante do cenário globalizado transnacional, seja com maior sensibilidade ao contexto local, com a profusão de redes de

---

[4] Sobre o referencial teórico, veja-se THOMPSON, Dennis J. Theories of Institutional Corruption. *Annual Review of Political Science*, v. 21, p. 495-513, 2018.

[5] THOMPSON, Dennis. Two Concepts of Corruption: Making Campaigns Safe for Democracy. Geor. Wash. L. Rev., v. 12, p. 1.036-1.039, 2005. Veja-se também LAUFER, William S. Modern Forms of Corruption and Moral Stains. *The Georgetown Journal of Law & Policy*, v. 12, p. 376, 2014.

[6] A corrupção a nível institucional se diferencia da corrupção individual na medida em que supera a simples dinâmica do suborno *quid pro quo* a fim de oferecer referencial explanatório para a forma como a corrupção se reproduz em dinâmicas institucionais, ou seja, de que forma estruturas de incentivo atuam no ambiente organizacional a fim de fornecer as oportunidades para o comportamento enquadrado como corrupto (THOMPSON, Dennis F. Theories of Institutional Corruption. *Annual Review of Political Science*, v. 21, p. 495-513, 2018). Aqui seria interessante reproduzir o referencial Lessig – Thomson do meu texto sobre, no livro organizado pelo Kubiciel. Os desafios próprios da abertura normativa inerente ao Direito Penal podem ser compreendidos na análise de Christoph Burchard. BURCHARD, Christoph. From open normativity to normative openness: adressing the elefant in the room, that is, the fact of justificatory pluralism in international criminal justice. *Philosopfical foundations of International Criminal Law*: Foundational Concepts. Bruxelas: Torkel Opsahl Academic EPublisher, n. 35, p. 1-22, 2019.

interesse nas quais convergem associações criminosas, milícias e interesses corporativos intransparentes.

A isso se somam o exponencial protagonismo das corporações,[7] inclusive sobre a tomada de decisões nas relações de natureza público-privada, assim como a semelhante especialização do comportamento decisório no âmbito de organizações públicas e privadas. Ou seja, as "modernas formas de corrupção",[8] especialmente associadas à concentração de poder econômico – e, em certa medida, político – das grandes corporações,[9] se expressam a partir da assimetria na participação da tomada de decisões políticas, no financiamento ilegal de campanhas eleitorais e na manutenção do cenário marcado pela falsa indignação moral frente ao comportamento corporativo socialmente danoso.[10]

Em alguns casos, a própria estrutura burocrático-institucional inerente ao Poder Judiciário atua como fator responsável por dificultar *public* e *social accountability*, gerando oportunidades para a reprodução de comportamento desviante, na exata medida em que faltam transparência e controle sobre as atividades desenvolvidas no âmbito judicativo.[11] O comportamento desviante de operadores de instituições públicas e, principalmente, de magistrados tende a ser negligenciado pelas estratégias de *accountability*, tendo em vista a aparência de legalidade e conformidade que ostentam.[12] De uma forma ou de outra, o excesso de discricionariedade nas atividades dos funcionários públicos,

---

[7] Para a análise do avanço do protagonismo das corporações e sua influência na dinâmica da criminalidade econômica, inclusive por meio de escândalos de corrupção, desde um contexto internacional, veja-se LAUFER, William S. *Corporate Bodies and Guilty Minds*: The Failure of Corporate Criminal Liability. Chicago: The University of Chicago Press, 2006. Para análise do contexto nacional, veja-se SAAD-DINIZ, Eduardo. Corrupção e *compliance* no Brasil. *In*: LOBATO, José Danilo Tavares; MARTINELLI, João Paulo Orsini; SANTOS, Humberto Souza (org.). *Comentários ao Direito Penal Econômico Brasileiro*. Belo Horizonte: D'Plácido, 2017, p. 721-747.

[8] LAUFER, William S. Modern Forms of Corruption and Moral Stains. *Geo. JL & Pub. Policy*, v. 12, p. 373, 2014.

[9] Amplamente sobre, veja-se BARAK, Gregg. *Unchecked Corporate Power*: Why the crimes of multinational corporations are routinized away and what we can do about it. New York: Routledge, 2017.

[10] LAUFER, William S. Where is the moral indignation over corporate crime. *In*: BRODOWSKI, Dominik *et al. Regulating Corporate Criminal Liability*. Heidelberg: Springer, Cham, 2014. p. 19-31.

[11] No contexto da Administração Pública, veja-se LAUFER, William S. Modern Forms of Corruption and Moral Stains. *The Georgetown Journal of Law & Policy*, v. 12, p. 379-390, 2014.

[12] THOMPSON, Dennis. Two Concepts of Corruption: Making Campaigns Safe for Democracy. *Geor. Wash. L. Rev.*, v. 12, p. 1036-1039, 2005. Veja-se também LAUFER, William S. Modern Forms of Corruption and Moral Stains. *The Georgetown Journal of Law & Policy*, v. 12, p. 376, 2014.

a ausência de mecanismos de freios e contrapesos (*checks and balances*), as dificuldades na promoção do controle social, além da falta de um diálogo público sobre corrupção no Judiciário podem afetar sensivelmente na forma como se desenvolve ou se obstrui a *accountability* da atuação de magistrados, assim como o enraizamento e rotinização de dinâmicas corruptas nos tribunais.

Na interpretação de Lawrence Lessig, por meio de sua própria estrutura burocrático-institucional, associada a uma "caixa preta" pela ausência de mecanismos de supervisão e promoção de *accountability* dos atores do sistema de justiça, o Poder Judiciário pode ser utilizado como mecanismo de rotinização do comportamento socialmente danoso, que ocorre por meio da manutenção de uma "falsa indignação" (*faux indignation*) ou mesmo pela ausência de dimensão do dano que a corrupção institucionalizada apresenta[13] em meio à ausência de dados que possam instruir a mensuração sobre dano e compor a construção da verdade no processo penal. O desarranjo regulatório e legislativo assim como a fragilidade do *enforcement* instrumentalizam e facilitam a cumplicidade, inclusive do Poder Judiciário, com as dinâmicas predatórias instrumentalizadas por redes empresariais,[14] associações criminosas, milícias ou grupos de poder.

Em uma palavra, estratégias claras e consistentes de integridade poderiam auxiliar na compreensão das manifestações do comportamento violento que gera dependência no cotidiano do juiz, valendo igualmente para melhor situar empiricamente as dinâmicas de corrupção de instituições públicas.

3 Corrupção no Judiciário

Uma explicação realista de como atuam os mecanismos responsáveis por enraizar a corrupção no Poder Judiciário, compreendida por alguns[15] como a utilização da condição de autoridade pública para a

---

[13] Para o conceito de corrupção institucionalizada, veja-se LESSIG, Lawrence. Institutional Corruptions. *Edmond J. Safra Working Papers*, n. 1, p. 3-20, 2013.

[14] Para a análise da cumplicidade das corporações com dinâmicas autoritárias e corruptas, veja-se SAAD-DINIZ, Eduardo. Justiça de transição corporativa: a nova geração de estudos transicionais. *Revista Brasileira de Ciências Criminais – RBCCrim.*, v. 167, n. 28, p. 71-128, 2020. SAAD-DINIZ, Eduardo. The idea of corporate transitional justice: Paths to corporate criminology in Brazil. *Criminal Justice Review*, v. 46, n. 4, p. 435-449, 2021.

[15] BUSCAGLIA, Edgardo. An analysis of judicial corruption and its causes: An objective governing-based approach. *International Review of Law and Economics*, v. 21, p. 235, 2001.

obtenção de benefícios privados ou mesmo o exercício de influência inapropriada ou indevida responsáveis por prejudicar a imparcialidade da justiça,[16] necessita ir além de esquemas sobre "comportamento racional" e "estruturas de incentivo", deduzidos de uma análise econômica da corrupção. Na verdade, o necessário contraponto às teses sobre o conflito de agência assume como ponto de partida que a presença de uma estrutura marcada por incentivos, pela incerteza quanto à detecção e mecanismo interno de sanção não representa a principal causa para a reprodução de dinâmicas ilegítimas.[17]

A análise da corrupção por dependência no Poder Judiciário requer explicações mais realistas. Conforme analisado por Edgardo Buscaglia em pesquisas empíricas realizadas em países em desenvolvimento,[18] as causas da corrupção no Poder Judiciário envolvem a (i) grande concentração de papéis internos de organização em poucos atores do sistema judiciário, principalmente magistrados que concentram um grande número de papéis administrativos e decisórios; (ii) o grande número de aspectos procedimentais em sua atuação funcional somado à ausência (ou falta) de transparência sobre os procedimentos desempenhados, bem como a informalidade na distribuição e execução de tarefas; (iii) a grande abertura e incerteza quanto à leis e instrumentos regulatórios válidos; (iv) poucos mecanismos alternativos de resolução de conflitos; e (v) a forte presença da criminalidade organizada, cujas ameaças e a presença de violência,[19] assim como influência local, acabam por submeter magistrados e demais atores do sistema de justiça a contextos de dependência de práticas corruptas para a continuidade de sua atuação funcional.[20]

Este déficit de autonomia em relação a estruturas de poder e influência leva à criação de estruturas de dependência, nas quais os

---

[16] GLOPPEN Siri. Courts, corruption and judicial independence. *In*: SØREIDE, Tina; WILLIAMS, Aled (ed.). *Corruption, grabbing and development*. Edward Elgar Publishing, 2013, p. 69.

[17] Em uma estrutura burocrática, marcada pela institucionalização de funções e a pouca ou nenhuma supervisão, seja interna ou externa, há muitos outros fatores e elementos contextuais que influenciam a tomada de decisão.

[18] BUSCAGLIA, Edgardo. Corruption and judicial reform in Latin America. *Policy Studies*, v. 17, n. 4, p. 273-285, 1996.

[19] Violência e ameaça como fatores responsáveis pela indução (não voluntária) à cooperação por meio de práticas corruptas podem ser compreendidas em JIANG, Ting; LINDEMANS, Jan Willem; BICCHIERI, Cristina. Can Trust Facilitate Bribery? Experimental Evidence from China, Italy, Japan, and the Netherlands. *Social Cognition*, v. 33, n. 5, p. 483-504, 2015.

[20] BUSCAGLIA, Edgardo. Judicial corruption in developing countries. *UC Berkeley Program in Law and Economics*, Working Paper Series, p. 16-17, 1999.

atores do sistema judiciário, inclusive os magistrados, são vitimizados em meio a sua atuação funcional.[21] Os contextos marcados pelo enraizamento da corrupção institucionalizada/operacional, em que setores políticos e econômicos são capazes de exercer grande influência na atuação funcional de magistrados, tendem a criar laços de dependência entre os processos de tomada de decisão, inclusive na atuação judicativa, e interesses privados.[22]

A reprodução de dinâmicas corruptas em meio ao sistema judiciário não se constitui como problema exclusivo de nações subdesenvolvidas ou em desenvolvimento. Muito pelo contrário, seu alcance atinge todo o globo e já se encontra presente nas principais pesquisas mundiais sobre percepção da corrupção no Poder Judiciário. A prevalência de práticas corruptas é responsável por corroer a confiança na imparcialidade dos tribunais, prejudicando todas as funções judiciais centrais, tais como resolução de disputas, aplicação da lei (*enforcement*), proteção dos direitos de propriedade e execução de contratos. Além disso, prejudica a função mais ampla de responsabilização que é confiada ao Judiciário nos sistemas democráticos, comumente associada à defesa dos direitos dos cidadãos, colocar em segurança a integridade das regras políticas e punir delitos e outras infrações.[23]

A relação entre dependência e corrupção no Poder Judiciário busca elevar a capacidade explanatória do fenômeno para além de casos isolados envolvendo a integridade pessoal de funcionários públicos. Na verdade, o fenômeno deve ser compreendido a partir das relações estruturais que ou protegem ou vulneram a independência funcional da atuação de juízes e funcionários subordinados do sistema de justiça. Isso pode se expressar na forma de ausência de proteção contra ameaças ou até mesmo pela subserviência a relações ilegítimas, marcadas pelo exercício abusivo de poder econômico ou político.[24]

---

[21] Em sentido semelhante, veja-se ROSE-ACKERMAN, Susan. Judicial Independence and Corruption. *Transparency International, Global Corruption Report*, p. 15-24, 2007.

[22] BUSCAGLIA, Edgardo. An analysis of judicial corruption and its causes: An objective governing-based approach. *International Review of Law and Economics*, v. 21, p. 234-236, 2001.

[23] Para a análise dos índices como o Afrobarômetro, Latinobarômetro, Eurobarômetro, relatórios da Transparência Internacional, dentre outros, veja-se GLOPPEN Siri. Courts, corruption and judicial independence. *In*: SØREIDE, Tina; WILLIAMS, Aled (ed.). *Corruption, grabbing and development*. Edward Elgar Publishing, 2013, p. 68.

[24] GLOPPEN Siri. Courts, corruption and judicial independence. *In*: SØREIDE, Tina; WILLIAMS, Aled (ed.). *Corruption, grabbing and development*. Edward Elgar Publishing, 2013, p. 68-71.

A interferência de instâncias de poder, por meios legítimos ou ilegítimos, na atuação funcional do Poder Judiciário constitui, conforme afirmado anteriormente, a principal forma de corrupção, da qual são vítimas os juízes e a população, que não possui influência, econômica ou política,[25] para determinar resultados de decisões judiciais. Ao fim e ao cabo, a corrupção judicial acaba por aprofundar as desigualdades socioeconômicas ou mesmo constituir um reflexo das dinâmicas autoritárias.[26] Seja como for, constitui-se como mais um dos feixes do prisma de déficits democráticos históricos enraizados na sociedade brasileira.

Neste aspecto, em âmbito nacional, adquire especial relevância o exponencial avanço da influência do crime organizado na esfera política e em âmbito decisório. Não à toa, oito municípios brasileiros buscaram criar varas especializadas destinadas ao julgamento de casos envolvendo organizações criminosas e já se reconhece amplo domínio político e econômico, inclusive pelas instâncias políticas e judiciais,[27] do crime organizado em municípios e estados da federação. O preenchimento de funções tradicionalmente estatais por setores de associações criminosas já deixa de ser fenômeno isolado das comunidades socialmente desorganizadas e adquire escala municipal ou mesmo estadual. Com isso, o envolvimento de associações de duvidoso caráter democrático e o exercício de influência no Poder Judiciário acabam por constituir nova ameaça à independência funcional de magistrados, afetando a autonomia do processo decisório inerente aos representantes do Poder Judiciário.[28]

---

[25] GONG, Ting. Dependent Judiciary and Unaccountable Judges: Judicial Corruption in Contemporary China. *The China Review*, v. 4, n. 2, p. 33-54, 2004.

[26] Sobre os reflexos da corrupção, Cuellar e Stephenson afirmam que "Endemic public corruption is one of the most serious and seemingly intractable problems afflicting the modern developing world. Corruption is associated with lower per capita income, higher levels of poverty and inequality, worse health outcomes, less innovation 2 3 4 and entrepreneurship, greater risk of macroeconomic crises, lower levels of public trust, and higher levels of political instability and violence". *QoG Working Paper Series*, p. 1-45, set. 2020.

[27] COELHO, Henrique. Investigação sobre organizações criminosas vai chegar nas esferas de poder, diz juiz da Vara de Crime Organizado no Rio. *G1 Rio*, 09.11.2019. Disponível em: https://g1.globo.com/rj/rio-de-janeiro/noticia/2019/11/09/investigacao-sobre-organizacoes-criminosas-vai-chegar-nas-esferas-de-poder-diz-juiz-da-vara-de-crime-organizado-no-rio.ghtml. Acesso em: 9 fev. 2022.

[28] A preocupação já se tornou, inclusive, objeto de discussões do Conselho Nacional de Justiça (CNJ). CONSELHO NACIONAL DE JUSTIÇA. CNJ recomenda a criação de varas especializadas no combate ao crime organizado. Disponível em: https://www.cnj.jus.br/cnj-recomenda-a-cria-de-varas-especializadas-no-combate-ao-crime-organizado-2/. Acesso em: 9 fev. 2022.

A partir do contexto fático, novas soluções para o problema da corrupção por dependência no Poder Judiciário precisam ser desenhadas e implementadas. Conforme Stephenson defende, a superação da corrupção institucionalizada deve passar, em primeiro lugar, por agências de *enforcement* estatais e, principalmente, pelo Poder Judiciário.[29]

4 A relevância dos programas de *compliance* para a corrupção por dependência

O conceito de *compliance* tem sido submetido à constante revisão, com especial atenção aos desdobramentos da criminalidade empresarial nas três últimas décadas (em nível global) ou na última década (nível doméstico). Eugene Soltes,[30] por exemplo, apreende o conceito de *compliance* a partir de sua finalidade essencial de prevenção e detecção às infrações econômicas, voltados à adesão ao referencial regulatório. Adán Nieto Martín,[31] a sua vez, entende tratar-se de sistema de gestão destinado a preservar a legalidade da atividade empresarial. Este conceito de "adesão a parâmetros regulatórios" é, em verdade, amplamente replicado pelos pesquisadores especializados em *compliance*. Geoffrey Miller, por sua vez, compreende o *compliance* como sistema de controle interno, cuja função se concretiza por meio do preenchimento de atividades de *enforcement*, original e tradicionalmente estatais, já no âmbito privado, destinados ao alinhamento da conduta dos agentes e funcionários corporativos à regulação e às legislações aplicáveis a seu comportamento.[32]

Do ponto de vista sancionatório, o crescimento dos estudos em *compliance* e as tentativas de mensuração de medidas eficazes de prevenção e detecção têm sido acompanhados por algumas iniciativas

---

[29] Sobre isso, veja-se palestra de Matthew S. Stephenson em evento organizado pelo CNJ. "Integridade da Justiça é pilar do combate à corrupção, afirma professor de Harvard". Disponível em: https://www.cnj.jus.br/integridade-da-justica-e-pilar-do-combate-a-corrupcao-afirma-professor-de-harvard/. Acesso em: 23 mar. 2022.

[30] SOLTES, Eugene. Evaluating the effectiveness of corporate compliance programs: establishing a model for prosecutors, courts and firms. *NYU Journal of Law & Business*, v. 14, p. 965-101, 2018.

[31] NIETO MARTÍN, Adán. O cumprimento normativo. *In*: NIETO MARTÍN, Adán et al. (org.). *Manual de cumprimento normativo e responsabilidade penal das pessoas jurídicas*. Florianópolis: Tirant lo Blanch, 2018, p. 31-38.

[32] MILLER, Geoffrey. The compliance function: an overview. *Law & Economics Research Paper Series Working Paper*, n. 14-36, p. 1-20, nov. 2014.

legislativas destinadas a sugerir punição mais branda ou até mesmo ausência de punição para empresas que implementem um programa de *compliance* efetivo.[33] Do ponto de vista criminológico, a efetividade do programa de *compliance* em prevenir a comissão de infrações e delitos econômicos tem sido constantemente associada ao seu potencial em determinar a superação de uma cultura corporativa defeituosa em outra marcada pela disseminação de valores éticos e prossociais.[34] Seja como for, os países em desenvolvimento ainda seguem sendo objeto da seletividade do *enforcement* transnacional de legislações estrangeiras anticorrupção, como é o caso do *Foreign Corrupt Practices Act* norte-americano. Sob a alcunha de moralização dos negócios em meio à intensificação da *lex mercatoria* global,[35] justifica-se a imposição seletiva, arbitrária e autoritária de regulações extraterritoriais que, sob a aparente orientação de "intolerância frente à corrupção",[36] ou impõem a dominação estratégica de mercados,[37] ou justificam profecias autorrealizáveis (*self-fulfilling prophecy*), relegando às nações do assim chamado "terceiro mundo" investimentos pouco confiáveis ou de natureza ilícita,

---

[33] A implementação de programa de *compliance* efetivo tem sido vista pela dogmática jurídico-penal como ferramenta para a redução da culpabilidade empresarial e, assim, como instrumento para a redução da pena ou até mesmo para sua ausência nos casos concretos. ENGELHART, Marc. *The nature and basic problems of compliance regimes:* Beiträge zum Sicherheitsrecht. Freiburg: Max Planck, 2018, p. 2 e ss. Para uma revisão crítica do conceito, SAAD-DINIZ, Eduardo. *Ética negocial e compliance*. São Paulo: Revista dos Tribunais, 2019, p. 125 e ss.

[34] Sobre a abordagem de *compliance* e as pesquisas em *business ethics* e a necessidade de se acoplar programas de *compliance* à transformação da cultura corporativa, veja-se HESS, David. Ethical infrastructures and evidence-based corporate compliance and ethics programs: policy implications for the empirical evidence. *Journal of Law & Business*, New York University, v. 12, n. 2, p. 318-368, 2016.

[35] Sobre o conceito e desenvolvimento da *lex mercatoria*, veja-se TEUBNER, Gunther. Global Bukowina: Legal Pluralism in the World Society. *In*: TEUBNER, Gunther (ed.). *Global Law Without a State*. Dartmouth: Aldershot, 1997, p. 8.

[36] LAUFER, William S. Modern Forms of Corruption and Moral Stains. *Geo. JL & Pub. Policy*, v. 12, p. 373, 2014.

[37] A noção de competitividade entre distintos mercados e a imposição de sanções de natureza penal não se constitui como problemática única e exclusivamente afeita às dicotomias enfrentadas pelos antagonismos regulatórios entre "primeiro e terceiro mundo". Na verdade, entre nações desenvolvidas, isso também pode ser observado, principalmente sob a crítica da ausência da incorporação da responsabilidade penal das pessoas jurídicas nos ordenamentos domésticos. Sobre isso, veja-se KUBICIEL, Michael. Die deutschen unternehmensgeldbußen: ein nicht wettbewerbsfähiges modell und seine alternativen. *Kölner Papiere Zur Kriminalpolitik*, v.1, p. 3-13, 2016. Para a análise da crítica sob o prisma brasileiro, veja-se SAAD-DINIZ, Eduardo. *Ética negocial e compliance*: entre a educação executiva e a interpretação judicial. São Paulo: Thomson Reuters Brasil, 2019, p. 157.

em meio à manutenção de contextos regulatórios frágeis e à instabilidade de instituições sujeitas ao arbítrio político-econômico.[38]

A Resolução nº 410/2021 do CNJ (Conselho Nacional de Justiça) vem para estabelecer a disseminação e implementação da cultura de integridade e a promoção de medidas e ações institucionais destinadas à prevenção, detecção e punição de fraudes e demais irregularidades e falhas sistêmicas identificadas. Ela pode inspirar políticas institucionais de promoção de estabilidade institucional, o que implica a necessidade de melhorar o ambiente de negócios entre nós e investimentos internacionais. Trata-se de iniciativa bastante promissora e pode inspirar políticas institucionais, o desenho de novas políticas públicas e a base para fontes de pesquisa e produção empírica, sobretudo no Judiciário.

A Resolução do CNJ pode exercer diferença nesse sentido, distribuindo justiça e assegurando independência. Para chegar a isso, tem-se trabalhado com sistematização analítica de dados e sua disponibilização, assim como trabalhar esses dados para que fiquem mais acessíveis ao público, para ir além do senso comum a respeito da ideia de corrupção como comportamento estritamente racional, estruturas de incentivo, criação de preditivos ou inibidores de comportamento, meras percepções sobre problemas de governança.

É necessário entender quais são os comportamentos que deixam o juiz vulnerável, de tal forma a alocar de forma inteligente os mecanismos de *compliance*. Ao menos é assim que se espera poder reforçar sua autonomia, endereçar a distribuição de Justiça, identificar as motivações sociais que operam em cada decisão e as estruturas de oportunidade que podem levar o Juiz à dependência. Tomando a normativa do CNJ como referencial interpretativo, é bem possível pensar em mecanismos de proteção deste magistrado vulnerável diante de pressões ilegítimas, ampliando os espaços de exercício da independência da atuação funcional do juiz.

Os mecanismos de *compliance* voltados à redução da corrupção no Judiciário deveriam servir para reduzir os riscos de envolvimento de redes de interesse ou de seus dirigentes e/ou subordinados em atos configurados como corruptos, como troca de favores em troca de interesses ilegítimos. Mecanismos efetivos de *compliance* deveriam ser capazes de permitir, além da prevenção a infrações econômicas, rápida detecção

---

[38] WARREN, Danielle E.; LAUFER, William S. Are Corruption Indices a Self-Fulfilling Prophecy? A Social Labeling Perspective of Corruption, v. 88, *Journal of Business Ethics*, p. 841, 2009.

(prévia a autoridades públicas ou outros terceiros), investigação, apuração e pronta remediação. No relacionamento externo, medidas efetivas também significam a colaboração suficiente com autoridades públicas, a fim de identificar supostos envolvidos e solucionar o conflito. O controle social pode ganhar sofisticação em estratégias de monitoramento, ouvidoria e *ombudsman* dos tribunais.

O controle social de um Judiciário independente, portanto, pode ser expressão de reforço da autonomia em contextos de dependência. Além de medida para reduzir o impacto negativo da corrupção no Judiciário, pode servir como uma influência mais do que positiva do CNJ na consolidação de espaços de independência funcional do juiz, reforçando a mensagem de que no País os tribunais encontram as concretas condições para operar com a necessária autonomia diante de grupos de poder.

Informação bibliográfica deste livro, conforme a NBR 6023:2018 da Associação Brasileira de Normas Técnicas (ABNT):

SAAD-DINIZ, Eduardo; GIANECCHINI, João Victor Palermo. Corrupção no Judiciário por dependência. *In*: SEGURA, Larissa Garrido Benetti (org.); KEPPEN, Luiz Fernando Tomasi; ZENKNER, Marcelo (coord.). *Sistema de integridade e Poder Judiciário*: estudos em homenagem ao ministro Luiz Fux. Belo Horizonte: Fórum, 2022. p. 175-186. ISBN 978-65-5518-454-9.

O IMPACTO DOS RESULTADOS DAS INVESTIGAÇÕES INTERNAS CORPORATIVAS EM PROCESSOS JUDICIAIS: A IMPORTÂNCIA DA AUTORREVELAÇÃO VOLUNTÁRIA PARA A REPUTAÇÃO EMPRESARIAL E PARA A DEFESA DO INTERESSE PÚBLICO

MARCELO ZENKNER

1   Os pilares do *compliance* e a importância dos sistemas de integridade

Com a entrada em vigor da Lei nº 12.846/2013 e, posteriormente, da Lei nº 13.303/2016, tanto empresas privadas quanto empresas estatais vêm buscando evitar, com o máximo de eficiência possível, a aplicação das duríssimas sanções, tanto de caráter administrativo quanto de caráter judicial, que lhes podem ser aplicadas diante da consumação de qualquer dos atos lesivos previstos nos incisos do artigo 5º da Lei Anticorrupção Empresarial.

Não é por outra razão que a implementação de sistemas[1] de *compliance* – facultativos (mas necessários), segundo as diretrizes da Lei nº 12.846/2013, e obrigatórios, segundo previsão contida na Lei nº 13.303/2016 – vem demandando em escala crescente a atenção do mundo empresarial brasileiro nos últimos anos.

Não há nenhuma novidade na assertiva de que um efetivo sistema de *compliance* deve ser concebido a partir de três pilares fundamentais: a prevenção, a detecção e a correção. Isso porque o seu objetivo central é, em primeiro lugar, o de procurar evitar a ocorrência de ilicitudes

---

[1] Apesar de a legislação brasileira trazer, em diversos dispositivos, a expressão "programas de *compliance*", o presente artigo tratará a hipótese como "sistema", exatamente para que sejam acentuadas suas características de perenidade e de constante aprimoramento, e não de algo que tenha início, meio e fim.

no âmbito da organização, o que pode se dar por políticas e procedimentos escritos, pelo treinamento da equipe e dos colaboradores, pelo recebimento e aplicação dos recursos adequados dedicados à conformidade e à boa governança.

Nenhum sistema de *compliance*, entretanto, por mais completo que seja, é imune à ocorrência de casos de fraude, corrupção, suborno ou outras irregularidades. Por essa razão, um efetivo sistema de *compliance* deve conter mecanismos capazes de detectar quaisquer problemas relacionados à conformidade, incluindo o canal de denúncias (independente e auditável) e os controles internos (preferencialmente automatizados).

A terceira etapa – correção –, que será deflagrada sempre que uma *"compliance issue"* for identificada, envolve realizar a devida investigação interna; se for o caso, dar aos responsáveis o tratamento disciplinar adequado e proporcional; corrigir suas próprias deficiências através das lições aprendidas e, sobretudo, reportar às autoridades, caso seja identificada a ocorrência, em tese, da prática de crime, de ato de improbidade administrativa ou de ilícito de competência do CADE ou da CVM.

Uma investigação interna bem conduzida e concluída é sinal de maturidade e de efetividade do sistema de *compliance*, pois reflete o compromisso da organização com a integridade e com a conformidade. Internamente, gera nos colaboradores um sentimento de que a empresa está comprometida com a justiça organizacional e de que sempre serão adotadas as medidas adequadas e proporcionais quando uma transgressão for comprovada. Quando essa percepção se estabelece, os colaboradores passam a compreender melhor o seu dever de vigilância e se sentem mais confiantes em reportar as irregularidades que venham a conhecer, pois sabem que a organização levará a sério cada uma das denúncias recebidas.

Além disso, apurações bem conduzidas e concluídas reforçam a reputação da empresa perante terceiros, pois transmitem uma sensação de seriedade e de credibilidade aos parceiros de negócios e às autoridades públicas que recebem o respectivo reporte final. Assim agindo, a empresa consegue demonstrar que o discurso de ética corporativa não é mera retórica e, o que é mais importante, dá indicativos concretos no sentido de que está levando as boas práticas de *compliance* a sério.

Daí a importância dos sistemas de integridade, como uma evolução do *compliance* clássico. Enquanto estes se ocupam apenas com a mera conformidade à lei, às regras e aos procedimentos, um sistema de integridade vai além, pois também foca na cultura e nos valores corporativos. O comportamento empresarial íntegro é bom para os negócios, pois melhora a imagem da empresa, aprimora sua eficiência e sustenta o ativo mais importante para a perenidade de qualquer organização: a confiança.

Se devida e efetivamente implementado, um sistema de integridade fortalecerá a relação de confiança que deve existir nas relações entre os próprios empregados, entre os empregados e seus gerentes, entre os gerentes e os diretores, entre os diretores e os membros do Conselho de Administração e, sobretudo, a confiança que os acionistas, investidores, consumidores e autoridades públicas devem possuir em relação às atividades da empresa.

2 O reporte do resultado das investigações internas corporativas – benefícios e riscos

Uma investigação interna corporativa nada mais é senão um inquérito formal conduzido por uma empresa para verificar se leis, regulamentos e políticas organizacionais internas foram violados e, em caso afirmativo, recomendar as ações corretivas.

Deve ser instaurada sempre que uma empresa tomar conhecimento de uma transgressão real ou potencial, o que pode se dar a partir de uma fonte interna (canal de denúncia, relatórios de conformidade, relatórios de auditoria ou representações da Alta Administração) ou de uma fonte externa (mídia, relatórios de auditores externos ou representações oriundas do controle oficial externo).

O objetivo de uma investigação interna é obter, ao final, uma visão completa dos fatos retratada pelos elementos de convicção coletados, ou seja, o que aconteceu, quando aconteceu, quem foi o responsável, quem permitiu que acontecesse e qual foi o montante do prejuízo. Em outras palavras: trata-se de um procedimento de apuração de fatos relacionados a possíveis irregularidades cometidas no âmbito da própria empresa (ou de uma parte interessada ou relacionada) ou por um membro do Conselho de Administração, executivo, colaborador ou terceiro contratado.

As apurações corporativas não dispõem das mesmas ferramentas que estão à disposição das investigações iniciadas pelas autoridades públicas, as quais detêm o denominado "poder de polícia". Por essa razão, autoridades policiais, auditores públicos e membros do Ministério Público podem, de modo geral, requisitar documentos de outros órgãos públicos ou de pessoas jurídicas de natureza privada, intimar ou convidar testemunhas para prestarem depoimentos e, com ordem judicial, podem, ainda, realizar interceptações telefônicas e quebrar sigilos bancário e fiscal.

No âmbito corporativo, as diligências são mais limitadas e envolvem, normalmente, a preservação, a coleta e a revisão de dados (incluindo-se a análise de mensagens contidas no e-mail e no telefone funcional, memorandos armazenados eletronicamente, etc.), o que pode demandar o apoio de consultorias externas especializadas e, por isso, ser bastante complexo e custoso. Além disso, também podem ser realizadas análises de natureza técnica, vistorias *in loco* e entrevistas com colaboradores da empresa que sejam capazes de fornecer informações básicas importantes, esclarecimentos técnicos para determinados documentos encontrados e outras informações que sejam importantes para a conclusão da investigação.

O encerramento se dá com a confecção do relatório final para comunicação interna e, se for o caso, também externa em favor das autoridades públicas, no qual estarão registrados todos os resultados obtidos e serão oferecidos os apontamentos necessários para a razoável e proporcional aplicação das medidas corretivas específicas que deverão ser adotadas pela empresa para prevenir futuras situações análogas.

Mas qual é o valor que as autoridades públicas conferem ao produto dessas investigações internas corporativas? Como o Poder Judiciário recebe e avalia o reporte dessas apurações? Que benefícios e prejuízos as empresas podem alcançar a partir do encaminhamento desse reporte às autoridades públicas?

É inegável que a autorrevelação voluntária ("voluntary self-disclosure") é, antes de qualquer outra coisa, uma decisão de caráter comercial para a empresa, pois ela avaliará e ponderará, preliminarmente, acerca dos benefícios e riscos corporativos que envolvem os fatos em questão. Além disso, para tomar decisão de tamanha repercussão, a Alta Administração precisa considerar, cuidadosamente, não apenas a possibilidade de um processo sancionatório ou reparatório contra a pessoa jurídica a partir da autorrevelação voluntária, inclusive à luz da LGPD, mas também a responsabilidade civil e criminal de seus próprios integrantes. Por isso, quando são detectados casos de fraude e corrupção dentro da própria organização, as empresas precisam sopesar os prós e os contras antes de definir quais serão os próximos passos. Essa tarefa, além de ser árdua, complexa e profundamente estressante, dependerá sempre do sistema jurídico e da cultura de cada país.

Nos Estados Unidos, os resultados das investigações internas possuem um imenso valor para as autoridades públicas, possuindo, por óbvio, um peso maior os reportes proativos frente àqueles meramente reativos. Aliás, nos últimos anos, o DoJ ("Department of Justice") tem se esforçado significativamente no sentido de incentivar as empresas a desenvolverem um comportamento corporativo ético, inclusive pela notificação das autoridades sobre a ocorrência de atos ilícitos, pela cooperação total e completa com as investigações públicas e pela realização de tudo o que for necessário para remediar a conduta considerada ilícita.[2] A comunicação daquilo que se apurou no âmbito das investigações internas às autoridades públicas está prevista em diversos estatutos ou regulamentos federais, dentre os quais se destacam:

- a Lei Sarbanes-Oxley (2002), que exige a divulgação de todas as informações que tenham um efeito financeiro relevante para uma empresa de capital aberto em relatórios financeiros periódicos;
- a Lei de Sigilo Bancário dos Estados Unidos (1970), que exige que as instituições financeiras divulguem certas transações suspeitas ou transações monetárias superiores a US$ 10.000 (dez mil dólares);
- os Regulamentos Antilavagem de Dinheiro dos EUA, que exigem que as instituições financeiras relatem a constatação de um crime de lavagem de dinheiro consumado ou mesmo uma mera suspeita;
- o Anti-Kickback Enforcement Act (1986), que exige que as empresas contratadas pelo governo federal realizem uma "notificação oportuna" de violações da lei criminal federal ou de pagamentos indevidos em conexão com a concessão ou execução dos respectivos contratos ou subcontratos públicos, incluindo aqueles celebrados fora dos Estados Unidos.

Ao receberem o resultado de uma investigação interna, seja em decorrência de uma imposição legal ou não, para que possam avaliar

---

[2] Consultar, a esse respeito, https://www.justice.gov/opa/speech/deputy-attorney-general-rosenstein-delivers-remarks-34th-international-conference-foreign, acesso em: 9 set. 2021.

os benefícios que serão creditados em favor da empresa, tanto o DoJ quanto a SEC (*"Securities and Exchange Commission"*) levarão em consideração as seguintes circunstâncias, dentre outras: a) a oportunidade e a voluntariedade da autorrevelação; b) a veracidade, a integralidade e a confiabilidade das informações fornecidas; c) a natureza e a extensão da cooperação; d) a importância e a utilidade daquela cooperação para uma investigação pública; e e) a remediação adequada, inclusive a devolução dos lucros eventualmente obtidos.

De acordo com a Política de Execução Corporativa da FCPA ("FCPA Corporate Enforcement Policy"[3]), sempre que uma empresa atender a todos os padrões relativos à "autorrevelação voluntária, à cooperação total e à remediação oportuna e apropriada", ela terá seu caso resolvido pela denominada "declination", ou seja, pela não abertura de um processo sancionatório e pela não aplicação de sanções. Para tanto, é necessário que seja constatada a ausência de circunstâncias agravantes, quais sejam: a) o envolvimento da Alta Administração; b) a obtenção de lucros significativos; c) a abrangência da conduta ilícita; e d) a reincidência.

As razões para a vigência dessa política são óbvias: se houve a detecção tempestiva do ato ilícito, se houve a apuração correta e eficiente dos fatos, se estes foram levados ao conhecimento das autoridades públicas (que nada sabiam a esse respeito) e se não houve o envolvimento da Alta Administração da empresa ou mesmo lucros significativos para esta em decorrência do ato ilícito, tudo isso bem demonstra que o sistema de integridade corporativa é robusto, está consolidado e funcionou adequada e tempestivamente.

Ainda segundo a mesma Política de Execução Corporativa da FCPA, mesmo nas hipóteses em que fatores agravantes são identificados, o DoJ poderá conceder (ou poderá recomendar a um tribunal que seja concedida) uma redução de 50% no piso da faixa de multa das "USSG – United States Sentencing Guidelines"[4] (exceto em casos que envolvem reincidência criminal) para empresas que se autodenunciaram, cooperaram totalmente e corrigiram oportunamente e de forma adequada as falhas de seu sistema de *compliance*. Se a empresa não tiver reportado voluntariamente a má conduta, mas, por outro lado, cooperar com as

---

[3] Disponível em: https://www.justice.gov/criminal-fraud/file/838416/download, acesso em: 1º set. 2021.

[4] Disponível em: https://www.ussc.gov/guidelines/2018-guidelines-manual-annotated, acesso em: 9 set. 2021.

investigações, a ela ainda será possível a concessão de uma redução de até 25% do limite inferior da faixa de multa das USSG.

Apenas a título exemplificativo, o DoJ, em 2020, utilizou a "declination" para não abrir um processo criminal em desfavor da empresa World Acceptance Corporation[5] por violações a FCPA, mesmo com a comprovação do pagamento de vantagens indevidas a agentes públicos no México.[6] A investigação encontrou evidências de que, entre 2010 e 2017, a subsidiária mexicana da empresa, por meio de seus colaboradores e agentes, repassou mais de US$ 4 milhões a intermediários terceirizados que foram usados, em parte, para pagar propinas a sindicalistas mexicanos e a agentes públicos a fim de obter contratos com os sindicatos e o governo.

Para chegar a essa decisão final no caso concreto, as autoridades americanas consideraram o seguinte: a) a comunicação voluntária e imediata da conduta imprópria; b) a cooperação total e proativa da empresa World Acceptance Corporation (incluindo o fornecimento de todos os fatos relevantes conhecidos sobre a ilicitude); c) a natureza e a gravidade do delito; d) a correção completa realizada pela empresa World Acceptance Corporation, incluindo-se, aí, o treinamento adicional sobre a FCPA adicionado ao sistema de *compliance*, a destituição dos executivos diretamente responsabilizados, bem como o encerramento do relacionamento comercial com os terceiros no México envolvidos no ilícito; e e) o fato de que a empresa World Acceptance Corporation repassará à SEC o valor integral de seus ganhos ilícitos.

São essas espécies de incentivos que estabelecem uma relação de plena confiança entre as empresas, os seus *compliance officers* e as autoridades públicas americanas, eis que laços fortes são estabelecidos exatamente a partir de interesses comuns, o que contribui, sobremaneira, para a mitigação da corrupção sob o ponto de vista preventivo e sob a ótica da ação direcionada a potenciais corruptores.

No Brasil, infelizmente, não funciona dessa maneira, estando aqui ancorada uma das críticas mais eloquentes contra a Lei Anticorrupção

---

[5] A World Acceptance Corporation opera um negócio de financiamento de pequenos empréstimos. A empresa oferece empréstimos de curto prazo, seguro de crédito relacionado e produtos e serviços auxiliares a pessoas físicas. A World Acceptance geralmente atende indivíduos com acesso limitado a outras fontes de crédito ao consumidor de bancos, poupança e empréstimos, outras empresas de financiamento ao consumidor e cartões de crédito.

[6] Documento disponível na íntegra em: https://www.justice.gov/criminal-fraud/file/1301826/download, acesso em: 9 set. 2021.

Empresarial. Se o mesmo procedimento for adotado por uma empresa que detecta a prática de um ilícito, segundo a lei brasileira o máximo que ela conseguirá obter será a celebração de um acordo de leniência com remissão total das sanções de publicação extraordinária da decisão condenatória e de proibição de receber incentivos, subsídios, subvenções, doações ou empréstimos de órgãos ou entidades públicas e de instituições financeiras públicas ou controladas pelo Poder Público. Obrigatoriamente essa mesma empresa suportará, entretanto, o pagamento de uma multa administrativa reduzida, na melhor das hipóteses, em 2/3 (dois terços), conforme previsão contida no §2º do artigo 16 da Lei nº 12.846/2013, podendo ainda sofrer a aplicação de outras sanções previstas nos demais diplomas legais sancionadores, como, por exemplo, a Lei de Licitações e Contratos Administrativos.

Em verdade, o legislador da Lei Anticorrupção Empresarial partiu de uma premissa completamente falsa, qual seja, a de que, "se um ato lesivo foi praticado, isso significa que o sistema de *compliance* da empresa não é efetivo". Como demonstrado, a efetividade do sistema estará demonstrada exatamente pela detecção e pela correção, caso a primeira barreira de prevenção seja superada. Por isso, fica difícil explicar para o empresário que, após a realização de um investimento considerável na implementação de um sistema de integridade robusto e, diante da detecção de uma transgressão, teria ele o dever de reportar os fatos às autoridades públicas para, ao final e se tudo correr bem, ainda pagar uma multa que pode chegar à terça parte do valor total que seria devido. No fim do dia, quais seriam os incentivos que o empresário brasileiro teria para a autorrevelação voluntária quando a ocorrência da ilicitude detectada internamente não é do conhecimento das autoridades públicas? Praticamente nenhum.

Esse equívoco da legislação brasileira é tão gritante que a Medida Provisória nº 703, de 18 de dezembro de 2015 – a qual, infelizmente, já teve sua vigência encerrada –, tentou corrigir, ainda que de modo parcial, a redação da Lei nº 12.846/2013, acrescentando três incisos ao já mencionado §2º do artigo 16, com a seguinte redação:

> Art. 16, §2º. O acordo de leniência celebrado pela autoridade administrativa:
>
> I - isentará a pessoa jurídica das sanções previstas no inciso II do caput do art. 6º e das sanções restritivas ao direito de licitar e contratar previstas na Lei nº 8.666, de 21 de junho de 1993, e em outras normas que tratam de licitações e contratos;

II - poderá reduzir a multa prevista no inciso I do *caput* do art. 6º em até dois terços, não sendo aplicável à pessoa jurídica qualquer outra sanção de natureza pecuniária decorrente das infrações especificadas no acordo; e

III - *no caso de a pessoa jurídica ser a primeira a firmar o acordo de leniência sobre os atos e fatos investigados, a redução poderá chegar até a sua completa remissão, não sendo aplicável à pessoa jurídica qualquer outra sanção de natureza pecuniária decorrente das infrações especificadas no acordo* – grifo nosso.

É interessante notar que, à época da entrada em vigor da Medida Provisória nº 703, o próprio Poder Executivo reconheceu que a legislação brasileira estava "desalinhada" das melhores práticas internacionais, conforme se vê de um dos tópicos da Exposição de Motivos Interministerial (EMI) nº 207/2015 lavrada pela Advocacia-Geral da União, pela Controladoria-Geral da União e pelo Ministério da Justiça:[7] "13. Outra inovação diz respeito à possibilidade de o acordo de leniência poder ser realizado com mais de uma pessoa jurídica nos casos de conluio. Com essa previsão, *o texto se alinha às normas internacionais, permitindo que apenas a primeira empresa a se manifestar pelo acordo possa obter a remissão total da multa*" – grifo nosso.

É verdade que a remissão total da multa, se a Medida Provisória nº 703 ainda estivesse produzindo efeitos, somente seria possível para a hipótese de consumação do ato lesivo descrito na alínea "a" do inciso IV do artigo 5º da Lei nº 12.846/2013 ("frustrar ou fraudar, mediante ajuste, combinação ou qualquer outro expediente, o caráter competitivo de procedimento licitatório público"), mas já representaria, ao menos, algum avanço. Entretanto, mesmo o texto da Medida Provisória nº 703 já era contraditório em si próprio: na hipótese de cartel, que é um ato lesivo gravíssimo, a primeira empresa participante que reportasse às autoridades públicas teria direito à remissão total da multa, mas, nos demais atos lesivos da Lei Anticorrupção Empresarial – a maioria deles muito mais brandos – isso não seria possível.

Diante da insuficiência de incentivos para a "voluntary self-disclosure" no Brasil, não seria ilógico para uma empresa que realizou uma boa investigação interna simplesmente considerar, ao final, cuidadosamente a opção de aguardar e, via de consequência, suportar os riscos inerentes à probabilidade (baixa, média ou alta) de a conduta

---

[7] Disponível em: https://www2.camara.leg.br/legin/fed/medpro/2015/medidaprovisoria-703-18-dezembro-2015-782125-exposicaodemotivos-149094-pe.html, acesso em: 2 set. 2021.

ilícita detectada internamente vir a ser descoberta por outros meios pelas autoridades públicas, o que pode, inclusive, jamais vir a ocorrer.

É fato que as autoridades americanas têm sido, historicamente, muito receptivas às empresas que tomam a iniciativa de relatar fatos e, nos últimos anos, a grande maioria dos casos afetos à FCPA foi resolvida por meio de um "Non-Prosecution Agreement" (NPA). Não é por outra razão que tanto o DoJ quanto a SEC valorizam muito as investigações internas corporativas. No Brasil, ao contrário, ainda não existe essa cultura, muito provavelmente devido ao fato de a legislação em vigor acabar não apenas fomentando um sentimento de desconfiança entre autoridades públicas e empresas, mas também dificultando o desenvolvimento de sistemas de integridade efetivos.

3 O tratamento dispensado às comunicações corporativas pelo Poder Público

3.1 As diretivas do Acordo de Cooperação Técnica firmado entre os órgãos de controle brasileiro

Foi celebrado, em agosto de 2020, um Acordo de Cooperação Técnica (ACT) entre a Controladoria-Geral da União (CGU), a Advocacia-Geral da União (AGU), o Ministério da Justiça e Segurança Pública (MJSP) e o Tribunal de Contas da União (TCU) em matéria de combate à corrupção no Brasil, especialmente em relação aos acordos de leniência da Lei nº 12.846/2013.[8] O Ministério Público Federal também foi convidado para a iniciativa, mas acabou não assinando o documento.

O acordo de leniência busca, na prática, estimular as denúncias espontâneas e a obtenção de resultados efetivos na apuração, tais como a identificação dos demais envolvidos na infração, o acesso a informações desconhecidas e a obtenção célere de documentos que comprovem o ato lesivo. Apesar de constituir importante ferramenta de investigação, não há nenhuma dúvida de que o acordo de leniência também funciona como um poderoso instrumento de defesa, já que sua celebração pode conferir à pessoa jurídica celebrante vantagens e benefícios jurídicos.

O ACT firmado, sem dúvida nenhuma, tem sua importância reconhecida, eis que atesta que os casos de corrupção atraem a incidência de

---

[8] Disponível em: https://www.conjur.com.br/dl/orgaos-termo-assinado-cooperacao.pdf, acesso em: 3 set. 2021.

um verdadeiro sistema de responsabilização, que demanda a atuação articulada de várias instituições com competência administrativa para combatê-la, dentre as quais, destacam-se: a) as instituições com poder de investigação e persecução penal (no nível federal através da Polícia Federal e Ministério Público Federal); b) as instituições encarregadas de promover ações judiciais pela prática de ato de improbidade administrativa (no plano federal, pelo Ministério Público Federal e pelos entes públicos lesados, sendo a União representada pela Advocacia-Geral da União); c) as instituições comissionadas legalmente para exercer as funções próprias ao controle interno, à persecução administrativa nos termos da Lei nº 12.846/2013 e à prevenção e combate à corrupção (no âmbito do Poder Executivo federal, a cargo da Controladoria-Geral da União); e d) as instituições incumbidas do controle externo dos demais Poderes (que no âmbito federal é exercido pelo Tribunal de Contas da União).

Além disso, dentre os princípios que devem reger a atuação das instituições signatárias desse ACT, são assinalados os seguintes:

- o da segurança jurídica, *para que haja o devido incentivo à autodenúncia voluntária* (segundo princípio);
- o da efetividade, eficiência e celeridade na obtenção de informações e provas acerca dos ilícitos, com a identificação, quando couber, dos demais envolvidos (terceiro princípio);
- o da preservação da empresa e dos empregos, considerando que a continuidade das atividades de produção de riquezas é um valor a ser protegido sempre que possível, a fim de permitir a manutenção da fonte produtora e o emprego dos trabalhadores, preservando-se suas funções sociais e o estímulo à atividade econômica (oitavo princípio);
- o da razoabilidade e da proporcionalidade, sendo vedada a imposição de obrigações e sanções em medida superior àquelas condizentes ao atendimento do interesse público e à recuperação de ativos em montante suficiente à prevenção do ilícito e à justa indenização dos prejuízos ao erário, sempre prevalecendo a lógica de que o colaborador não pode estar nas mesmas condições do não colaborador, mas também não pode equiparar-se àquele que, desde o início, optou por não delinquir (décimo terceiro princípio);

- e, principalmente, *o da primazia da autodenúncia*, nos termos do art. 16, §1º, inciso I, da Lei nº 12.846, de 2013, regulamentado pelo Decreto nº 8.420, de 2015 (décimo sétimo princípio).

Especialmente em relação a esse décimo sétimo princípio, um *disclaimer*, desde logo, precisa ser realizado: o inciso I do §1º do artigo 16 da Lei Anticorrupção Empresarial, em verdade, apenas estabelece que configura requisito para a celebração do acordo de leniência que "a pessoa jurídica seja a primeira a se manifestar sobre seu interesse em cooperar para a apuração do ato ilícito".[9]

Já tive a oportunidade de criticar esse dispositivo anteriormente,[10] pois o requisito destacado é absolutamente idêntico àquele previsto no inciso I do §1º do art. 86 da Lei nº 12.529/2011, que trata dos acordos de leniência no âmbito do CADE – Conselho Administrativo de Defesa Econômica. A exigência na Lei Antitruste se justifica plenamente, até porque lida diretamente com questões afetas à cartelização, fazendo todo o sentido a geração de uma ruptura da relação de confiança estabelecida entre os integrantes do cartel exatamente a partir das premissas do chamado "Dilema do Prisioneiro".[11]

Por outro lado, este requisito nem sempre é justificável nos acordos de leniência da Lei Anticorrupção Empresarial, eis que, na maioria das vezes, pessoas jurídicas que participam de um mesmo evento ilícito não estão cartelizadas. Não foi por outra razão que o Decreto nº 8.420/2015, em uma tentativa de estabelecer uma correção de rota, previu, no inciso I de seu artigo 30, que "A pessoa jurídica que pretenda celebrar acordo de leniência deverá ser a primeira a manifestar interesse em cooperar para a apuração de ato lesivo específico, *quando tal circunstância for relevante*" (grifo nosso). O Ministério Público Federal, seguindo o mesmo entendimento e ainda por ocasião da vigência da Medida Provisória nº 703/2015, emitiu nota técnica sustentando a possibilidade de uma ou mais empresas celebrarem acordo de leniência em relação ao mesmo

---

[9] Esta exigência chegou a ser eliminada do rol de requisitos para a celebração dos acordos de leniência pela Medida Provisória nº 703/2015, mas, como já ressaltado, perdeu a validade por não ter sido ratificada pelo Congresso Nacional.

[10] ZENKNER, Marcelo. *Integridade Governamental e Empresarial*: um espectro do combate à corrupção no Brasil e em Portugal. Belo Horizonte: Fórum, 2019, pp. 466/467.

[11] O Dilema do Prisioneiro faz referência a um problema da teoria dos jogos e parte da premissa de que cada jogador, de forma independente, sempre pretenderá aumentar ao máximo a sua própria vantagem sem se importar com o resultado em relação ao outro jogador.

ato lesivo, desde que essas tragam informações acerca de fatos ainda não conhecidos ou provados:

> Caso se pretenda avançar na possibilidade de mais de uma pessoa jurídica firmar acordo de leniência pelo mesmo fato, é preciso firmar alguns marcos teóricos seguros para não se fragilizar a essência do acordo e o estímulo do rompimento do silêncio pelo primeiro a colaborar (dilema do prisioneiro). Assim, nas situações de cartel, a leniência só poderia ser firmada com a primeira empresa disposta colaborar com as autoridades, de modo que continuaria valendo a tese do dilema do prisioneiro. Isso porque, numa situação de cartel, basta a colaboração de uma empresa para se desnudar a combinação dos demais interessados. Por outro lado, *para situações diversas da de cartel, a celebração de acordo de leniência seria cabível com mais de uma empresa,* desde que a primeira seja a única que pode receber um benefício maior (redução ou remissão de multa e permissão para contratar e receber benefícios e incentivos do Poder Público) e a(s) outra(s), além de receberem um menor benefício (apenas redução da multa e não publicação extraordinária de decisão condenatória), deve apresentar fatos novos, pois os primeiros fatos, em tese, já devem ser esclarecidos pela primeira empresa celebrante, sob pena do acordo ter sido mal negociado[12] (grifo nosso).

Se o objetivo da Lei nº 12.846/2013 era o de copiar o formato dos acordos de leniência que são formalizados no âmbito do CADE, deveria o legislador ter repetido a parte positiva e louvável da Lei nº 12.529/2011 que efetivamente estimula essas espécies de ajuste, especialmente o *caput* e o parágrafo único de seu artigo 87, os quais preveem que a celebração de acordo de leniência determina a suspensão do curso do prazo prescricional e impede o oferecimento da denúncia em desfavor do agente em relação aos crimes contra a ordem econômica, tipificados na Lei nº 8.137/1990, e dos demais crimes diretamente relacionados à prática de cartel, e que o cumprimento do acordo de leniência acarreta a extinção automática da punibilidade dos mesmos crimes.

Fica claro que, ao contrário do que se extrai do texto do ACT, não há na lei brasileira nenhuma "primazia da autodenúncia" no sentido de esta ocupar um lugar de destaque ou ser prioritária, mas sim apenas

---

[12] Disponível em: www.mpf.mp.br/pgr/documentos/NotaTecnica5CCRMP703analisedoparecerPauloTeixeira.pdf, acesso em: 3 set. 2021 – 5ª Câmara de Coordenação e Revisão – Combate à Corrupção do MPF, Nota Técnica nº 01/2016 – 5ª CCR, de 4 de maio de 2016.

um remendo (mal) copiado da Lei Antitruste e indevidamente transplantado para a Lei Anticorrupção Empresarial.

Por fim, o ACT de agosto de 2020 ainda estabelece, como primeiro pilar dos acordos de leniência, "a efetiva colaboração do envolvido na apuração dos ilícitos, com a identificação dos demais envolvidos na infração administrativa, quando couber, e o fornecimento célere de informações e documentos aptos a colaborar com a comprovação da infração sob apuração".

Apesar de todas essas boas intenções dos órgãos de controle brasileiros, não há, como será reforçado ao longo deste artigo e ao contrário do que prevê o segundo princípio do ACT, nenhum estímulo para as empresas realizarem a autodenúncia voluntária e, além disso, também não há nenhuma inclinação por parte das autoridades públicas no sentido de serem os resultados das investigações internas corporativas aproveitados no âmbito das apurações conduzidas por órgãos oficiais.

3.2 A Instrução Normativa nº 13/2019 da Controladoria-Geral da União

A Instrução Normativa (IN) nº 13, de 8 de agosto de 2019, define os procedimentos para apuração da responsabilidade administrativa de pessoas jurídicas de que trata a Lei nº 12.846, de 1º de agosto de 2013, a serem observados pelos órgãos e entidades do Poder Executivo federal.

Suas disposições aplicam-se não apenas aos órgãos integrantes da Administração Direta do Poder Executivo federal, mas também às autarquias, fundações, empresas públicas e sociedades de economia mista compreendidas na Administração Indireta do Poder Executivo federal, ainda que se trate de empresa estatal que explore atividade econômica de produção ou comercialização de bens ou de prestação de serviços (artigo 2º).

A falta de confiança da Controladoria-Geral da União em relação aos reportes produzidos a partir de investigações internas realizadas por empresas privadas é tão grande que esses documentos sequer são mencionados no bojo da IN nº 13/2019, apesar de o artigo 18, inciso IV, do Decreto nº 8.420/2015 estabelecer como atenuante a "comunicação espontânea pela pessoa jurídica antes da instauração do PAR acerca da ocorrência do ato lesivo".

A mensagem que o dispositivo passa ao mundo corporativo é totalmente contraditória: se houver o "voluntary self-disclosure" e não for possível a celebração de um acordo de leniência, haverá condenação e aplicação de uma multa que poderá chegar a 20% do faturamento bruto no exercício anterior ao da instauração do PAR, mas, como a notícia chegou às autoridades públicas por força de uma iniciativa da própria empresa, haverá (apenas) uma redução de 2% na sanção pecuniária!

É de se estranhar a falta de tratamento específico à autorrevelação voluntária no bojo da IN nº 13/2019. A impressão que fica é no sentido de que, para a CGU, a não ser para o cálculo da multa, não merece importância a análise das circunstâncias da autorrevelação, ou mesmo a veracidade, a integralidade e a confiabilidade das informações nela contidas, e muito menos se há ou não utilidade daquela cooperação para que seja iniciada uma investigação pública.

Aliás, se por acaso chegar à Controladoria-Geral da União um reporte afeto a uma investigação corporativa, será determinada a "[...] análise acerca da existência dos elementos de autoria e materialidade necessários para a instauração de PAR em relação aos fatos noticiados, compreendendo, inclusive, a realização de diligências e produção de informações necessárias para averiguar a procedência da notícia, caso as informações e provas que a acompanhem não sejam suficientes para o seu pronto arquivamento ou para justificar a instauração imediata do PAR" (artigo 8º, inciso II, da IN nº 13/2019). Essas diligências podem compreender, inclusive, a tomada de depoimentos e a realização da perícia necessária ao esclarecimento dos fatos (artigo 9º, §1º, da IN nº 13/2019), provavelmente repetindo-se aquilo que já foi realizado no âmbito corporativo por absoluta falta de confiança e gerando uma demora absolutamente prejudicial à empresa denunciante.

O atraso, entretanto, ainda pode ser pior caso seja instaurada, nos termos do artigo 11 da multicitada Instrução Normativa, uma Investigação Preliminar (IP), a qual deverá observar uma série de formalidades para coleta de indícios e de provas de autoria e de materialidade de eventual ato lesivo ocorrido para, ao final, se chegar a uma conclusão que servirá apenas para subsidiar o juízo de admissibilidade da autoridade competente.

Esse formalismo absolutamente injustificado proposto pela CGU, aliás, viola princípios vetores da governança pública previstos nos incisos I, III e IV do artigo 3º do Decreto nº 9.203/2017, quais sejam, o da capacidade de resposta, o da confiabilidade e o da melhoria regulatória. Isso porque, com a demora na solução do caso causada pela deficiência na capacidade da resposta e na regulação da questão, restará um enorme prejuízo à empresa, a qual, além de perder a confiança na Administração Pública, também deixará de acreditar na utilidade da "voluntary self-disclosure".

Verifica-se, assim, que a Instrução Normativa CGU nº 13/2019 não apenas descartou a inserção de incentivos em favor da autorrevelação voluntária e gerou uma série de embaraços às iniciativas corporativas nesse sentido, mas também atentou contra a boa governança pública ao lançar mão de um formalismo excessivo e absolutamente nefasto à rápida solução da questão em prol do administrado.

3.3 A Portaria Normativa nº 18/2021 da Advocacia-Geral da União

A Portaria Normativa (PN) nº 18, de 16 de julho de 2021, regulamenta o acordo de não persecução cível em matéria de improbidade administrativa previsto no art. 17, §1º, da Lei nº 8.429, de 1992, no âmbito da Advocacia-Geral da União e da Procuradoria-Geral Federal.

Esse regulamento já não começa bem ao indicar, logo no §2º de seu artigo 2º, que o acordo de não persecução cível poderá ser formalizado, inclusive, com pessoas jurídicas, quando, na verdade, o instrumento do Direito Premial próprio para estas é o acordo de leniência da Lei nº 12.846/2013. A redação do dispositivo é a seguinte: "O acordo poderá abranger todos os atos tipificados como ato de improbidade administrativa e poderá ser celebrado pelas pessoas físicas e *jurídicas* responsáveis por sua prática" – grifo nosso.

Como se sabe, durante a apuração de ilícitos que atentam contra a probidade, uma série de situações pode acontecer: pode ser constatado apenas o envolvimento de agentes públicos e, nesse caso, aplicar-se-ão as regras e sanções previstas na Lei de Defesa da Probidade Administrativa (Lei nº 8.429/92); pode ser constatado apenas o envolvimento de pessoas jurídicas e, nessa hipótese, aplicar-se-ão as regras e sanções previstas na Lei Anticorrupção Empresarial (Lei nº 12.846/2013); ou pode ser, finalmente, em um mesmo fato ilícito, constatado tanto o envolvimento de agentes públicos como de pessoas jurídicas, gerando uma maior complexidade.

Se, por exemplo, o representante de uma empresa paga propina para o presidente da comissão de licitações, a fim de que a pessoa jurídica à qual se encontra vinculado saia vitoriosa em determinada licitação, temos, na hipótese, a prática do ato de improbidade administrativa previsto no inciso I do art. 9º da Lei nº 8.429/92 para as pessoas físicas envolvidas e a prática do ato lesivo descrito no inciso I do art. 5º da Lei nº 12.846/2013 para a pessoa jurídica.

A PN AGU nº 18/2021, ao admitir que pessoa jurídica poderia incorrer na prática de ato de improbidade administrativa, parece ter se agarrado na orientação da jurisprudência do Superior Tribunal de Justiça, segundo a qual, "considerando que as pessoas jurídicas podem ser beneficiadas e condenadas por atos ímprobos, é de se concluir que, de forma correlata, podem figurar no polo passivo de uma demanda de improbidade, ainda que desacompanhada de seus sócios" e "[...] é admitida a inserção da pessoa jurídica na qualificação de sujeito passivo da improbidade administrativa, pois o art. 3º da LIA não faz qualquer distinção entre pessoas físicas e jurídicas como legitimados passivos para a ação de improbidade".

Esse entendimento, entretanto, foi firmado pelo STJ em casos submetidos a julgamento *antes* da entrada em vigor da Lei nº 12.846/2013 (*v.g.*, REsp. nº 1.122.177/MT, Rel. Ministro Herman Benjamin, Segunda Turma, DJe 27.04.2011; REsp. nº 970.393/CE, Rel. Ministro Benedito Gonçalves, Primeira Turma, julgado em 21.6.2012, DJe 29.06.2012). Mesmo os acórdãos mais recentes a esse respeito tratam de ações de improbidade cujos fatos se passaram em período pretérito a 29 de janeiro de 2014, ou seja, antes da entrada em vigor da Lei Anticorrupção Empresarial (*v.g.* REsp. nº 1.789.492/PR, Rel. Ministro Francisco Falcão, Segunda Turma, julgado em 16.05.2019, DJe 23.05.2019; AgInt. no AREsp. nº 826.883/RJ, Rel. Ministro Sérgio Kukina, Primeira Turma, julgado em 26.06.2018, DJe 09.08.2018), não podendo, pela evolução da legislação em vigor, servir de base para casos atuais ou futuros.

É verdade que há doutrina minoritária no sentido de que os atos lesivos da Lei nº 12.846/2013 somente se consumariam diante da ausência de participação direta de qualquer agente público, pois, em caso contrário, a hipótese seria de improbidade administrativa, de acordo com os ditames da Lei nº 8.429/92. Nesse caso, a pessoa jurídica somente seria responsabilizada se o agente público também viesse a ser condenado pela prática do ilícito e se ficasse comprovado que ela, dolosamente, induziu ou concorreu para a prática do ato de improbidade (art. 3º, *caput*, da Lei de Defesa da Probidade Administrativa).

O problema é que essa corrente doutrinária possui uma série de equívocos, tanto de ordem técnica como de ordem prática. Em primeiro lugar, se prevalecesse o entendimento, estar-se-ia dando à Lei nº

12.846/2013 um caráter de subsidiariedade em relação à Lei nº 8.429/92, como se uma lei federal tivesse um *status* superior a outra ou, então, como se não fosse possível estabelecer uma convivência harmônica entre ambas. Em verdade, ambas as leis dialogam perfeitamente e, houvesse qualquer antagonismo, obviamente prevaleceria a segunda, a partir da regra que "lei posterior revoga a anterior quando expressamente o declare, quando seja com ela incompatível ou quando regule inteiramente a matéria de que tratava a lei anterior" (§1º do art. 2º do Decreto-lei nº 4.657, de 4 de setembro de 1942, com a redação que lhe foi dada pela Lei nº 12.376/2010).

Por último – e não menos importante – merece destaque o fato de que, como a Lei nº 8.429/1992 exige a constatação do elemento subjetivo dolo na conduta do agente para que se veja consumado um ato de improbidade administrativa, tal prova é praticamente impossível de ser produzida em se tratando de pessoas jurídicas, também denominadas pessoas coletivas, morais, fictícias ou abstratas. Não é por outra razão que, do inteiro teor do Acórdão proferido no AgInt. no AREsp. nº 826.883/RJ (antes referenciado), se extrai que "[...] nessas hipóteses, o dolo exigido para a configuração do ato de improbidade administrativa será analisado a partir da conduta dos representantes legais da pessoa jurídica demandada".

Ora, foi exatamente para evitar a necessidade desse malabarismo hermenêutico que a Lei nº 12.846/2013, concebida especialmente para pessoas jurídicas, trouxe a previsão de responsabilidade objetiva em seu artigo 2º, dispensando-se a análise de dolo ou culpa da empresa, por exemplo, para que seja ela devidamente responsabilizada. Ademais, merece também registro o fato de que a Lei nº 13.874, de 20 de setembro de 2019, introduziu o artigo 49-A no Código Civil para deixar claro e expresso que "a pessoa jurídica não se confunde com os seus sócios, associados, instituidores ou administradores", o que torna absolutamente ilegal, a partir da vigência dessa lei, a comunicação do dolo ou da culpa dos sócios ou dos administradores para a pessoa jurídica.

Para espancar qualquer dúvida, a Lei nº 14.230, de 25 de outubro de 2021, a qual alterou substancialmente o texto original da Lei de Defesa da Probidade Administrativa, acrescentou o §2º ao artigo 3º da Lei nº 8.429, com a seguinte redação: "As sanções desta Lei não se aplicarão à pessoa jurídica, caso o ato de improbidade administrativa seja também sancionado como ato lesivo à administração pública de que trata a Lei nº 12.846, de 1º de agosto de 2013". Isso significa, em outras palavras, que, a partir da entrada em vigor da Lei Anticorrupção Empresarial, pessoas jurídicas, em regra, não podem mais ser responsabilizadas pela prática de atos de improbidade administrativa, de modo que não podem, também, celebrar acordos de não persecução cível, mas sim acordos de leniência.

Mas a confusão não termina aí, pois a AGU ainda parece possuir o entendimento de que o órgão sancionador competente pode fazer uma "escolha" em torno da aplicação da Lei Anticorrupção Empresarial ou da Lei de Improbidade Administrativa, gerando enorme insegurança jurídica em desfavor das empresas. De acordo com o *caput* do artigo 4º da PN AGU nº 18/2021, "*Se os fatos objeto da proposta de acordo também configurarem atos tipificados e puníveis no âmbito da Lei nº 12.846, de 1º de agosto de 2013, e forem identificados elementos que indiquem a possibilidade de celebração de acordo de leniência*, bem como a iniciativa negocial tiver sido tomada pelos envolvidos nesses fatos, a proposta deverá ser encaminhada ao Departamento de Patrimônio Público e Probidade da Procuradoria-Geral da União para *avaliação*, em conjunto com a Diretoria de Acordos de Leniência da Secretaria de Combate à Corrupção da Controladoria-Geral da União, *do instrumento mais adequado*" – grifos nossos.

Sempre defendi que, se a investigação demonstrar o envolvimento de agentes públicos e, também, de algum sócio, gestor, colaborador ou representante da pessoa jurídica, basta seja iniciado um único processo no qual deverá ser observada a aplicação simultânea das duas leis, tanto na formulação dos pedidos como na decisão final a ser tomada pelo órgão jurisdicional competente.[13] Nesse caso, os agentes públicos envolvidos e terceiras pessoas físicas serão responsabilizados apenas se comprovado o elemento subjetivo exigido para o respectivo ilícito, enquanto a pessoa jurídica será responsabilizada à luz da responsabilidade objetiva preconizada na Lei nº 12.846/2013, ainda que o pedido seja julgado improcedente em relação aos agentes públicos que compõem o polo passivo.

Em resumo: com a entrada em vigor da Lei nº 12.846/2013, foi preenchida uma lacuna que havia no sistema brasileiro anticorrupção que fazia com que a Lei nº 8.429/1992, apesar de ter sido explicitamente concebida para sancionar pessoas físicas, fosse aplicada também em

---

[13] ZENKNER, Marcelo. *Integridade Governamental e Empresarial*: um espectro do combate à corrupção no Brasil e em Portugal. Belo Horizonte: Fórum, 2019, p. 488-490.

desfavor de pessoas jurídicas. A partir do preenchimento desse vazio no ordenamento jurídico brasileiro – uma decorrência, diga-se de passagem, de o Brasil ser signatário da Convenção da OCDE sobre o Combate à Corrupção de Funcionários Públicos Estrangeiros em Transações Comerciais Internacionais – não resta a menor dúvida de que a Lei de Defesa da Probidade Administrativa é aplicável às pessoas físicas, que celebram o acordo de não persecução cível, e que a Lei Anticorrupção Empresarial é aplicável às pessoas jurídicas, as quais podem celebrar acordos de leniência. Interpretações equivocadas a esse respeito que desconsideram premissas básicas de efetividade processual e de integração dos diversos sistemas jurídicos que tratam de um mesmo assunto – como pretende fazer a AGU –, representam uma séria ameaça contra os resultados pretendidos e poderão criar profundos embaraços à correta e à adequada aplicação da Lei nº 12.846/2013.

Numa tentativa de salvar o texto da Portaria Normativa AGU nº 18/2021, poderiam ser considerados os processos iniciados antes de 29 de janeiro de 2014 e ainda em andamento em tempo presente com pessoas jurídicas demandadas por ato de improbidade administrativa, à luz do artigo 3º da Lei nº 8.429/92. Também poderiam ser consideradas as hipóteses de envolvimento de pessoas jurídicas com agentes públicos em ilicitudes não descritas na Lei nº 12.846/2013 e que configurariam ato de improbidade administrativa, mas, até a presente data, nenhum caso concreto se apresentou a esse respeito, dada a abrangência dos atos lesivos descritos na Lei Anticorrupção Empresarial. Apenas e tão somente nessas situações é que se poderia pensar na celebração de um acordo de não persecução cível com uma pessoa jurídica, pois a Lei Anticorrupção Empresarial possui caráter sancionatório e, por isso, deve observar os ditames do princípio da irretroatividade.

Apesar de defender que pessoas jurídicas podem celebrar acordos de não persecução cível por ato de improbidade administrativa, a Portaria Normativa da AGU, curiosamente, não traz previsão de qualquer benefício para a autorrevelação voluntária e, o que é ainda pior, afirma que "O ANPC tem natureza sancionatória e reparatória" (artigo 3º, *caput*) e que "O acordo deverá prever o ressarcimento do dano, o perdimento de bens ou valores acrescidos ilicitamente ao patrimônio, quando houver, *e a aplicação de pelo menos uma das demais sanções previstas no art. 12 da Lei nº 8.429, de 1992*" (artigo 3º, §1º) – grifo nosso.

Ouso, aqui, profetizar: jamais uma empresa baterá as portas da AGU com o resultado de uma investigação interna corporativa para reportar a ocorrência de um ato de improbidade administrativa totalmente incógnito para a Administração Pública envolvendo um sócio, gestor ou colaborador de seus quadros e um agente público federal. Por que ela faria isso? Para se sujeitar à Lei de Defesa da Probidade Administrativa, pagar uma multa e, posteriormente, ainda ser enquadrada no âmbito da Lei Anticorrupção Empresarial?

Essa ausência de incentivos é geradora de enormes barreiras entre as autoridades públicas e a iniciativa privada e demonstra, plenamente, a inexistência de qualquer relação de confiança entre ambas as partes, impedindo que o sistema anticorrupção brasileiro possa evoluir.

3.4 A Portaria Conjunta nº 4/2019 da Controladoria-Geral da União e da Advocacia-Geral da União

A Portaria Conjunta (PC) nº 4, de 9 de agosto de 2019, define os procedimentos para negociação, celebração e acompanhamento dos acordos de leniência de que trata a Lei nº 12.846, de 1º de agosto de 2013, no âmbito da Controladoria-Geral da União e dispõe sobre a participação da Advocacia-Geral da União.

Apesar de também se confundir em relação ao regime de responsabilização das pessoas jurídicas, vinculando-o, mais uma vez, aos atos de improbidade administrativa, essa Portaria Conjunta parece até imbuída de boas intenções. Isso porque, em seu artigo 2º, prevê que "O acordo de leniência será celebrado com as pessoas jurídicas responsáveis pela prática dos atos ilícitos previstos na Lei nº 12.846, de 2013, na Lei nº 8.429, de 2 de junho de 1992, na Lei nº 8.666, 21 de junho de 1993, e em outras normas de licitações e contratos, *com vistas à isenção ou à atenuação das respectivas sanções*, desde que colaborem efetivamente com as investigações e o processo administrativo, devendo resultar dessa colaboração: I - a identificação dos demais envolvidos nos atos ilícitos, quando couber; e II - a obtenção célere de informações e documentos que comprovem os ilícitos sob apuração" – grifo nosso.

É claro que ela não poderia trazer uma previsão que contrariasse a previsão contida na Lei nº 12.846/2013, razão pela qual, nos incisos de seu artigo 12, faz previsão acerca da possibilidade de isenção no acordo de leniência de todas as sanções administrativas possíveis, *salvo a multa*, que poderia ser reduzida em, no máximo, dois terços, de acordo com a previsão contida no criticado inciso I do art. 6º da Lei Anticorrupção Empresarial.

A conclusão é no sentido de que a PC nº 4/2019, ao final, acaba por oferecer tratamento idêntico a fatos que foram descobertos pela própria autoridade pública e a fatos que só foram descobertos por uma iniciativa da pessoa jurídica envolvida. Houvesse, no Brasil, a previsão legal para a "declination", estaria criado um ambiente propício para, de acordo com a *razoabilidade* e a *proporcionalidade*, se estabelecer um tratamento diferenciado para três situações que são absolutamente distintas, a saber:

- Investigação pública instaurada a partir de uma "voluntary self-disclosure" para o tratamento de atos lesivos até então desconhecidos – ao lado de outras circunstâncias favoráveis, deveria gerar isenção total de responsabilização para a empresa, inclusive em relação à multa;
- Investigação pública instaurada a partir de uma "voluntary self-disclosure" para o tratamento de atos lesivos já conhecidos pelas autoridades – deveria ser recepcionada como indicativo de cooperação para configurar uma atenuante;
- Investigação pública instaurada que, durante o seu curso, constata que a empresa realizou investigação interna, apurou os fatos, concluiu pela sua ilicitude e optou por omiti-los das autoridades – deveria configurar circunstância agravante.

O princípio da proporcionalidade, de fundamental importância para o Estado Democrático de Direito, é exatamente aquele vocacionado a inibir e a neutralizar os abusos do Poder Público no exercício de suas funções, qualificando-se não apenas como parâmetro de aferição da própria constitucionalidade material dos atos estatais, mas também de interpretação e aplicação da lei. Emerson Garcia e Rogério Pacheco Alves, ao analisarem esses princípios à luz do Direito Administrativo Sancionador, ensinam:

> Concebemos o princípio da razoabilidade como o indicador de uma relação de natureza lógica entre meios e fins, enquanto que ao princípio da proporcionalidade é atribuído um conceito mais amplo, alcançando outros aspectos da intensidade do ato, que deve ser adequado, necessário e proporcionar benefícios maiores do que os malefícios gerados, terminando por assumir grande relevância na medida em que evita a

imposição de restrições aos direitos individuais em intensidade superior à necessária preservação do interesse público.[14]

É exatamente por isso que a Lei Federal nº 9.784/1999, que regula o processo administrativo em âmbito da Administração Pública Federal, traz previsão expressa dos princípios da razoabilidade e da proporcionalidade no parágrafo único de seu artigo 2º, *in verbis*:

> Artigo 2º, parágrafo único. Nos processos administrativos serão observados, entre outros, os critérios de:
> [...]
> VI - adequação entre meios e fins, vedada a imposição de obrigações, restrições e sanções em medida superior àquelas estritamente necessárias ao atendimento do interesse público.

Isso significa que, em sua atuação, o agente público sempre deverá observar e usar os instrumentos que estão à sua disposição em prol dos objetivos da lei que está sendo executada e com a devida proporcionalidade. Aliás, é exatamente nesse ponto que repousa a ideia de continuidade e de preservação das empresas, as quais são geradoras de empregos e recolhedoras de impostos, o que é absolutamente compatível com o interesse público. Não é por outro motivo que a Lei de Defesa da Probidade Administrativa agora prevê, no §3º de seu artigo 12, que "na responsabilização da pessoa jurídica, deverão ser considerados os efeitos econômicos e sociais das sanções, de modo a viabilizar a manutenção de suas atividades" (incluído pela Lei nº 14.230/2021).

Não é essa, entretanto, a tendência observada na Portaria Conjunta nº 4/2019 e muito menos na atuação da Advocacia-Geral da União e da Controladoria-Geral da União, não se percebendo no momento qualquer movimento organizado no sentido de serem corrigidas essas distorções.

3.5 Na Resolução nº 23/2007 do Conselho Nacional do Ministério Público

A Resolução nº 23, de 17 de setembro de 2007, do Conselho Nacional do Ministério Público regulamenta os artigos 6º, inciso VII, e 7º, inciso I, da Lei Complementar nº 75/93 e os artigos 25, inciso IV, e

---

[14] GARCIA, Emerson; ALVES, Rogério Pacheco. *Improbidade Administrativa*. 8. ed. São Paulo: Saraiva, 2014, p. 116.

26, inciso I, da Lei nº 8.625/93, disciplinando, no âmbito do Ministério Público, a instauração e tramitação do inquérito civil.

Em primeiro lugar, é importante destacar a absoluta vinculação entre o inquérito civil e as investigações internas corporativas, eis que é atribuição do Ministério Público promover a chamada "ação de improbidade empresarial", a fim de deduzir em juízo a pretensão de aplicar as sanções judiciais previstas no artigo 19 da Lei Anticorrupção Empresarial. Aliás, conforme previsão da própria Lei nº 12.846/2013, "Nas ações de responsabilização judicial, será adotado o rito previsto na Lei nº 7.347, de 24 de julho de 1985", ou seja, o procedimento próprio para a ação civil pública.

Mas não só isso: se a investigação interna é realizada no âmbito de uma empresa pública ou de uma sociedade de economia mista, ao final da apuração pode restar caracterizada a prática de ato de improbidade administrativa por parte de algum de seus dirigentes ou colaboradores, eis que, de acordo com o artigo 2º da Lei nº 8.429/92, consideram-se agente público, para os efeitos desta lei, o agente político, o servidor público e todo aquele que exerce, ainda que transitoriamente ou sem remuneração, por eleição, nomeação, designação, contratação ou qualquer outra forma de investidura ou vínculo, mandato, cargo, emprego ou função nas entidades mencionadas no artigo 1º da lei de regência, aí incluídas as empresas estatais (§5º).

Em se tratando de empresas exclusivamente privadas, é uma *prerrogativa* do *compliance officer* reportar ao Ministério Público os resultados de uma investigação interna para que as providências acerca de um ato lesivo ou de um ato de improbidade administrativa sejam adotadas pelo *Parquet*. Essa comunicação, entretanto, obviamente deve estar vinculada ao interesse da organização em buscar a celebração, desde logo, de um acordo de leniência em seu favor (artigo 16 da Lei nº 12.846/2013) ou de um acordo de não persecução cível em favor de seus dirigentes ou colaboradores (artigo 17-B da Lei nº 8.429/92), conforme o caso.

Em relação a empresas estatais não é assim que funciona. Isso porque, de acordo com o artigo 6º da Lei nº 7.347/85, "Qualquer pessoa poderá e o servidor público *deverá* provocar a iniciativa do Ministério Público, ministrando-lhe informações sobre fatos que constituam objeto da ação civil e indicando-lhe os elementos de convicção" (grifo nosso). Isso significa, em outras palavras, que o *compliance officer* de uma empresa estatal – que é um agente público na acepção legal – possui o dever de reportar às autoridades responsáveis caso uma investigação interna sob seu comando acuse a consumação de um ato ilícito previsto em lei.

Isso diferencia bastante o *compliance officer* de uma empresa estatal do *compliance officer* de uma empresa privada, pois este último pode avaliar discricionariamente a conveniência e a oportunidade do reporte às autoridades públicas e, inclusive, optar pelo não encaminhamento sem violar qualquer disposição legal.

De acordo com o Ato Normativo do CNMP, chegando ao conhecimento do Ministério Público o resultado de uma investigação interna reportado por uma empresa estatal ou por uma empresa privada, possui o seu representante a prerrogativa de, antes da formalização do inquérito civil, instaurar o chamado "procedimento preparatório", o qual se encontra disciplinado nos §§4º a 7º do artigo 2º da Resolução nº 23/2007.

O objetivo desse procedimento preparatório é coletar elementos para a identificação da(s) pessoa(s) e/ou do(s) objeto(s) que serão investigados, complementando as informações recebidas antes de se instaurar um inquérito civil ou, se for o caso, até mesmo dispensando este, caso o acervo probatório já seja suficiente. Pode, ainda, o membro do Ministério Público, diante do reporte recebido de uma empresa estatal ou de uma empresa privada, diretamente instaurar o inquérito civil propriamente dito, objetivando produzir todos os elementos de convicção admitidos no ordenamento jurídico vigente mediante a realização de diligências que serão devidamente documentadas mediante termo ou auto circunstanciado (§§2º e 3º do artigo 6º da Resolução nº 23/3007).

O principal problema afeto a essa opção é que, na maioria das vezes, o Promotor de Justiça ou o Procurador da República não produz, mas sim reproduz os mesmos elementos de convicção já coletados no âmbito da investigação interna corporativa, inclusive ouvindo novamente as mesmas testemunhas, o que representa imenso desperdício de energia, tempo e, o que é pior, de recursos públicos.

Esquecem-se de que, segundo o parágrafo único do artigo 1º da Resolução nº 23/2007, o inquérito civil não é condição de procedibilidade para o ajuizamento das ações a cargo do Ministério Público, nem para a realização das demais medidas de sua atribuição própria, como, por exemplo, a celebração de acordo de leniência ou de um acordo de não persecução cível. Não se tem notícias, entretanto, de providências ministeriais que tenham sido adotadas exclusivamente com base em um reporte empresarial, ainda que seja este consistente e bem elaborado.

Vale lembrar que, de acordo com o inciso II do §6º do artigo 17 da Lei de Defesa da Probidade Administrativa, "a petição inicial será instruída com documentos ou justificação que contenham indícios suficientes da veracidade dos fatos e do dolo imputado ou com razões fundamentadas da impossibilidade de apresentação de qualquer dessas provas, observada a legislação vigente". Nessa linha, considerando as características de prescindibilidade do inquérito civil, atenderia plenamente o princípio da eficiência à propositura de uma ação de improbidade pelo Ministério Público escorada em uma investigação interna bem conduzida, sólida e com credibilidade.

A Resolução nº 23/2007, entretanto, não faz qualquer menção ao tratamento de eventuais investigações internas corporativas encaminhadas ao Ministério Público e, muito menos, aos benefícios que poderiam ser concedidos à empresa que age de acordo com as melhores práticas de integridade empresarial. Isso acontece porque ainda há no Brasil um certo preconceito derivado da falta de confiança das autoridades públicas brasileiras em relação ao trabalho de investigação que é realizado no plano corporativo.

No momento em que este artigo é escrito ainda se encontra em discussão, no âmbito do Conselho Nacional do Ministério Público, a minuta de Resolução que tem por objetivo disciplinar o "acordo de não persecução cível" no âmbito do Ministério Público.[15] Esse acordo de não persecução cível, admitido expressamente pelo artigo 17-B da Lei nº 8.429/1992, seria "o negócio jurídico celebrado entre Ministério Público e pessoas físicas ou jurídicas, investigadas pela prática de improbidade administrativa, devidamente assistidas por advogado ou defensor público" (artigo 1º, *caput*, da Proposta de Resolução).

Ao admitir logo em seu primeiro artigo, expressamente, que pessoas jurídicas estariam sujeitas às sanções da Lei de Defesa da Probidade Administrativa, a Proposta de Resolução também repete os mesmos equívocos da Portaria Normativa nº 18/2021 da Advocacia-Geral da União, já retratados no item 3.3, supra.

Mas não é só isso. A Proposta de Resolução prevê, em seu artigo 2º, que "A celebração do acordo de não persecução cível se dará sem prejuízo do ressarcimento ao erário e da perda de bens ou valores acrescidos ilicitamente e conterá, necessariamente, a aplicação de uma das

---

[15] Disponível em: https://www.cnmp.mp.br/portal/images/noticias/2021/julho/Proposta_de_Resolucao_-_Acordo_de_Nao-Persecucao_Civel.pdf, acesso em: 3 set. 2021.

medidas sancionatórias previstas em lei, bem como as condições necessárias para assegurar sua efetividade". Não bastasse a confusão que o CNMP estabelecerá, caso a minuta seja aprovada, entre a Lei de Defesa da Probidade Administrativa e a Lei Anticorrupção Empresarial, ele ainda descarta completamente a possibilidade de uma empresa, pela autorrevelação voluntária, levar ao conhecimento do Ministério Público fatos absolutamente desconhecidos e capazes de gerar a responsabilização de agentes públicos e, exatamente por força dessa cooperação plena, ficar isenta de responsabilização, o que vai, como já reafirmado, na contramão das melhores práticas internacionais.

Existe ainda outra Proposta de Resolução do CNMP, do ano de 2019, que pretende regulamentar, no âmbito do Ministério Público e nos termos da Lei nº 12.846/2013, a responsabilização administrativa de pessoas jurídicas por atos lesivos praticados em desfavor do *Parquet* como ente da Administração Pública.[16] A respectiva minuta, mais uma vez, não traz qualquer previsão de incentivos para as empresas que se dispuserem a cooperar com o Ministério Público espontaneamente.

Por fim, no âmbito restrito do Ministério Público Federal, merece referência a Orientação nº 07/2017 da 5ª Câmara de Coordenação e Revisão sobre a formalização dos acordos de leniência.[17] Aqui também não é oferecido qualquer estímulo à autorrevelação voluntária, pois, de acordo com o item 7.5, o pagamento da multa da Lei de Defesa da Probidade Administrativa ou da Lei Anticorrupção Empresarial é "obrigação mínima da colaboradora".

Qual seria a vantagem para a empresa tomar a iniciativa de levar ao conhecimento do Ministério Público, por exemplo, o fato – totalmente desconhecido de autoridades públicas – de que, internamente, houve a detecção de um gerente comercial ter efetuado o pagamento de vantagem ilícita a um agente público se, caso os mesmos fatos venham a ser descobertos por outras vias, as condições para celebração do acordo de leniência com o Ministério Público Federal seriam absolutamente as mesmas? A deturpação do sistema anticorrupção brasileiro levaria a uma decisão lógica por parte do empresário no sentido de aguardar o desenrolar dos acontecimentos, havendo o risco, inclusive, de os fatos jamais chegarem ao conhecimento das autoridades.

---

[16] Disponível em: https://www.cnmp.mp.br/portal/images/Propostas/PROP_RES_RESPON_ADM_PJ.pdf, acesso em: 3 set. 2021.

[17] Disponível em: http://www.mpf.mp.br/pgr/documentos/ORIENTAO7_2017.pdf, acesso em: 3 set. 2021.

É interessante notar que, de acordo com o item 8 desta Orientação nº 07/2017 da 5ª Câmara de Coordenação e Revisão do MPF, "A multa e outras sanções, bem como o valor pago a título de antecipação de reparação de danos, serão estabelecidas com estrita observância do princípio da proporcionalidade, em razão do qual deve ser buscado o equilíbrio entre o proveito trazido à investigação e o benefício concedido à colaboradora". Ora, fossem realmente aplicadas as balizas do princípio da proporcionalidade na hipótese, deveria estar prevista, em tese, a possibilidade de remissão total da multa para a hipótese de autorrevelação voluntária de fatos desconhecidos, inclusive para gerar segurança jurídica em favor da empresa.

3.6 A Resolução nº 181/2017 do Conselho Nacional do Ministério Público

A Resolução nº 181, de 7 de agosto de 2017, do Conselho Nacional do Ministério Público dispõe sobre a instauração e tramitação do procedimento investigatório criminal (PIC) a cargo do Ministério Público.

De acordo com o *caput* do artigo 1º desta Resolução, "O procedimento investigatório criminal é instrumento sumário e desburocratizado de natureza administrativa e investigatória, instaurado e presidido pelo membro do Ministério Público com atribuição criminal, e terá como finalidade apurar a ocorrência de infrações penais de iniciativa pública, servindo como preparação e embasamento para o juízo de propositura, ou não, da respectiva ação penal".

O PIC poderá ser instaurado pelo membro do Ministério Público de ofício ou, então, mediante provocação de qualquer interessado (artigo 3º, *caput*, da Resolução nº 181/2017). Nesse sentido, se, ao final de uma investigação interna corporativa, o *compliance officer* concluir pela existência de indícios da prática de um crime contra a Administração Pública, por exemplo, poderá ele representar ao Ministério Público pela instauração de um procedimento investigatório criminal, descartando-se, na hipótese, qualquer tomada de providência junto à autoridade policial.

É sabido que, para o recebimento de uma denúncia, o sistema penal brasileiro, além de prova da materialidade, exige apenas a presença de "indícios de autoria". De acordo com o artigo 239 do Código de Processo Penal, considera-se *indício* a circunstância conhecida e provada, que, tendo relação com o fato, autorize, por indução, concluir-se a existência de outra ou outras circunstâncias. Indício, assim, é uma circunstância indicativa de que um fato ocorreu, está ocorrendo ou ocorrerá. Há, deste modo, uma vinculação direta entre o indício e a probabilidade de ocorrência do fato, a qual poderá ser grande ou pequena dependendo da força desse indício.

São as regras da experiência que estabelecem a gradação da força dos indícios – se essa força for de uma intensidade muito grande, o indício pode até assumir o *status* de prova, mas isso não é requisito para a promoção de uma ação penal. Se uma investigação interna corporativa concluir, por exemplo, que houve transferência bancária realizada pela empresa, de modo injustificado, para um determinado agente público, esse elemento de convicção já configurará indício da prática do crime de corrupção passiva (artigo 317 do Código Penal).

Quando as autoridades passam a confiar no sistema de integridade de uma empresa, os resultados são extraordinários para ambos os lados. Autoridades policiais, Auditores Federais e membros do Ministério Público precisam entender que, na maioria das vezes, as empresas são vítimas das condutas de seus sócios, gestores, colaboradores ou representantes, que atuam, inclusive, com o intuito de lesar a própria pessoa jurídica.

Estabelecida essa percepção e uma relação de confiança, os elementos oriundos de investigações internas corporativas ganham outro colorido e passam, inclusive, a ser utilizados como efetivos instrumentos de persecução penal. Na 74ª fase da Operação Lava Jato, batizada de "Sovrapprezzo", que tratou de fraudes em operações de câmbio comercial contratadas pela Petrobras com o Banco Paulista no período compreendido entre 2008 e 2011, por exemplo, 25 mandados de busca e apreensão foram cumpridos pela Polícia Federal. Segundo o Ministério Público Federal (MPF), funcionários do banco cobravam sobrepreço nas operações cambiais e a diferença era desviada em favor de executivos da estatal. O Procurador da República Alexandre Jabur, em entrevista, afirmou que, dentre as provas colhidas ao longo das investigações, destacam-se mensagens de *e-mails* dos funcionários da Petrobras e planilhas emitidas pela Gerência Geral de Integridade Corporativa da Petrobras.[18]

Ainda sobre a mesma "Operação Sovrapprezzo", o Procurador da República Antônio Diniz informou que o acréscimo ou decréscimo nas taxas de câmbio era quase imperceptível, na casa dos milésimos

---

[18] Disponível em: https://g1.globo.com/pr/parana/noticia/2020/09/10/pf-cumpre-mandados-de-busca-da-operacao-lava-jato-em-sp-e-no-rj.ghtml, acesso em: 3 set. 2021.

de real. Em sua entrevista,[19] declarou textualmente: "O prejuízo à Petrobras, no entanto, em razão do volume bilionário negociado, alcançou quase R$ 100 milhões. A própria variação cambial intrajornada tratava de esconder as evidências de irregularidades, em sofisticado 'modus operandi' que torna o crime quase perfeito. Muito dificilmente se conseguiria juntar as peças desse quebra-cabeça – cuja montagem ainda está em curso – sem a experiência acumulada pelos membros e servidores da força-tarefa Lava Jato, *e o trabalho conjunto com várias instituições parceiras, como a Polícia Federal, a Receita Federal e o Setor de Integridade Corporativa da Petrobras*" – grifo nosso.

O sistema de integridade corporativa da Petrobras é, atualmente, um dos mais robustos e eficientes do Brasil, graças ao trabalho de uma equipe altamente qualificada e comprometida, o que gera a necessária credibilidade para as autoridades públicas, as quais passam a enxergar a empresa não como uma criminosa, mas como uma parceira que pode funcionar como excelente fonte de informações.

A Petrobras não é, entretanto, o único caso no Brasil, havendo várias outras empresas que se encontram nas mesmas condições ou, pelo menos em potencial, possuem plenas condições de alcançar esse nível de exigência e de excelência, gerando extraordinários resultados não apenas para os seus próprios negócios e para a sua reputação, mas também para a defesa do interesse público.

4 Reflexos das evidências coletadas em investigações internas nos processos judiciais

A partir de 2005, por força de acórdão do Tribunal Superior do Trabalho (TST), o empregador passou a ter o direito de monitorar e rastrear as atividades do seu empregado no ambiente de trabalho, desde que o faça mediante ciência prévia. Nesse sentido, merece transcrição trecho do acórdão paradigmático:

> [...] *Insta ter presente também a responsabilidade do empregador, perante terceiros, pelos atos de seus empregados em serviço (Código Civil, art. 932, inc. III), bem como que está em xeque o direito à imagem do empregador, igualmente merecedor de tutela constitucional. Sobretudo, imperativo considerar*

---

[19] Disponível em: https://www.poder360.com.br/lava-jato/policia-cumpre-mandados-na-sede-da-petrobras-em-desdobramento-da-lava-jato/, acesso em: 3 set. 2021.

que o empregado, ao receber uma caixa de e-mail de seu empregador para uso corporativo, mediante ciência prévia de que nele somente podem transitar mensagens profissionais, não tem razoável expectativa de privacidade quanto a esta, como se vem entendendo no Direito Comparado (EUA e Reino Unido). 5. Pode o empregador monitorar e rastrear a atividade do empregado no ambiente de trabalho, em e-mail corporativo, isto é, checar suas mensagens, tanto do ponto de vista formal quanto sob o ângulo material ou de conteúdo.

O TST, em verdade, procurou fazer coexistir o direito de privacidade e de sigilo das comunicações do trabalhador com o dever do empregador em controlar a atividade de seus empregados, responsabilidade esta estabelecida principalmente a partir da entrada em vigor da Lei nº 12.846/2013. Assim, para que possa ter acesso regular a tais informações, deve o empregador indicar prévia e formalmente ao empregado não apenas acerca da proibição parcial ou absoluta de utilização pessoal dos aparelhos pertencentes à empresa, mas também dos limites de seu poder investigativo.[20]

Isso significa que as corporações, no exercício de seu poder diretivo e disciplinar (artigo 2º da CLT), devem comunicar aos empregados acerca das condutas desejáveis e dos respectivos procedimentos disciplinares, aí incluídas as medidas de controle e vigilância do computador e dos dados existentes no telefone corporativo. Também é recomendável, por óbvio, que a investigação interna tenha antes esgotado todos os meios menos invasivos da intimidade e da privacidade do empregado para, só após, se valer do poder/dever de acesso aos dados dos aparelhos corporativos.

Ao mesmo tempo, a Lei Federal nº 9.296/96, que disciplina a interceptação de comunicações telefônicas e telemáticas, legitima postular a medida de exceção perante o Poder Judiciário apenas a autoridade policial e o Ministério Público. Não há, assim, qualquer previsão legal no sentido de a empresa requerer o afastamento do sigilo de comunicações telefônicas ou telemáticas de seus empregados no curso de uma investigação interna ou, o que seria ainda pior, de realizá-la diretamente.

Se todas as exigências e vedações legais forem observadas, as evidências coletadas durante uma investigação interna poderão ser utilizadas como provas válidas em um processo judicial, mas, para tanto, deverá ser demonstrada a higidez da formação daquelas provas, ou seja,

---

[20] TRIBUNAL SUPERIOR DO TRABALHO. RR - 61300-23.2000.5.10.0013, Rel. Ministro João Oreste Dalazen. Data de Julgamento: 18.05.2005, 1ª Turma, Data de Publicação: DJ 10.06.2005. Disponível em: http://www.tst.jus.br, acesso em: 3 set. 2021.

deverá ser apresentada uma garantia de que a prova não sofreu qualquer tipo de alteração ou de manipulação. Isso exigirá, por exemplo, a ação da área de TI no sentido de produzir cópias de mídias ou mesmo custodiar os equipamentos para tornar possível a verificação da integridade e da não manipulação das informações captadas durante a investigação interna.

Mais recentemente, a entrada em vigor da Lei Federal nº 13.709/2018 – Lei Geral de Proteção de Dados (LGPD) – trouxe um novo elemento complicador. Isso porque, regra geral, os dados pessoais e/ou sensíveis do empregado (artigo 5º, incisos I, II e X) não podem mais ser disponibilizados a terceiros, sob pena de acarretar uma importunação, um prejuízo ou até discriminação a justificar uma indenização reparatória (artigo 42). É fato que, em uma demanda judicial contra o empregado, em um processo administrativo de responsabilização (PAR) ou em uma ação de improbidade empresarial (artigo 19 da Lei nº 12.846/2013) proposta contra si, a empresa poderá utilizar em seu favor as informações captadas nos aparelhos corporativos utilizados pelos empregados (artigo 7º, inciso VI).

Por outro lado, não há previsão expressa na LGPD no sentido de se autorizar o reporte às autoridades públicas caso a conclusão da investigação interna remeta à prática de crime ou a ato de improbidade administrativa. Como já ressaltado anteriormente, se, por um lado, para os servidores públicos é um "dever" comunicar às autoridades responsáveis a ocorrência de fatos ilícitos e indicar-lhes os elementos de convicção, para os particulares trata-se apenas de um mero "poder" (artigo 6º da Lei nº 7.347/1985) e este poder, doravante, está a enfrentar uma séria restrição legal.

Vale lembrar que o acesso a todos os seus dados é, inclusive, direito do empregado, podendo ele requerer a qualquer momento não apenas que a empresa informe a natureza e a destinação das respectivas informações, mas também que efetue o respectivo descarte quando da rescisão contratual, à exceção daqueles necessários para o cumprimento de obrigações legais e regulatórias por parte dos empregadores (artigo 18, incisos II, IV e VI, da LGPD).

Conclusões finais

Existe uma passagem interessante acerca da visita feita por um antropólogo a determinado povoado africano, já que era objeto de seu estudo investigar e conhecer a cultura e os valores fundamentais daquele lugar. Para entender melhor o comportamento dos habitantes, o cientista resolveu fazer uma brincadeira com as crianças: colocou um cesto de frutas perto de uma árvore e, logo depois, disse o seguinte: – "O primeiro que chegar à árvore ficará com o cesto de frutas".

Quando foi dado o sinal para que começasse a corrida em direção ao cesto, aconteceu algo inusitado: as crianças deram as mãos umas às outras e começaram a correr lado a lado. Chegaram juntas, se sentaram e repartiram as frutas. O antropólogo, profundamente impressionado, lhes perguntou por que haviam feito aquilo, lembrando que somente uma delas poderia ter ficado com todo o cesto. Uma das crianças respondeu: – "*Ubuntu*! Como seria possível apenas um de nós ficar feliz se todo o resto ficaria triste"?

Ubuntu[21] é uma antiga palavra africana que, na cultura Zulu e Xhosa, significa "sou quem sou porque somos todos nós". É uma filosofia que consiste em acreditar que cooperando e compartilhando a felicidade se alcança a tão almejada harmonia.

Não acredito na repressão como instrumento central de combate à corrupção, mas sim na prevenção, a qual deve se dar pela cooperação. Esta, por sua vez, pressupõe confiança e compartilhamento dos benefícios, como no *Ubuntu* – se apenas uma das partes sai ganhando, a cooperação jamais existirá. Se um lado não contribui para o interesse comum por se preocupar apenas com seu interesse direto, o objetivo coletivo não será alcançado em seu grau máximo. Em outras palavras: empresas bem-intencionadas que possuem sistemas de integridade robustos tendem a optar pelo silêncio diante da descoberta interna de casos de fraude e corrupção se tiverem a certeza que sua contribuição para o interesse coletivo não terá impacto sobre o seu estado de beneficiário.

O Brasil ainda enfrenta barreiras legais, jurídicas e culturais para que a "voluntary self-disclosure" funcione como um instrumento anticorrupção justo e efetivo. O que se propõe é o aprimoramento legislativo e a adoção de uma estratégia de cooperação e de compromisso ético entre o Poder Público, aí incluído em posição especialíssima o Poder Judiciário, e as empresas em prol de se oferecer segurança jurídica para

---

[21] Para mais detalhes consultar: LUNDIN, Stephen; NELSON, Bob. *Ubuntu!: An Inspiring Story about an African Tradition of Teamwork and Collaboration*. New York: Crown Business, 2010.

os administrados e de se estabelecer uma atmosfera negocial com risco reduzido de corrupção.

Se as autoridades públicas tiverem um maior grau de confiança nos sistemas de integridade empresariais, naturalmente se tornarão mais comuns essas parcerias público-privadas e, ao final, quem sairá ganhando será a sociedade brasileira.

Referências

BRASIL. *Decreto nº 8.420, de 18 mar. 2015.* Regulamenta a Lei nº 12.846, de 1º ago. 2013, que dispõe sobre a responsabilização administrativa de pessoas jurídicas pela prática de atos contra a administração pública, nacional ou estrangeira e dá outras providências.

BRASIL. *Decreto nº 9.203, de 22 nov. 2017.* Dispõe sobre a política de governança da administração pública federal direta, autárquica e fundacional.

BRASIL. *Lei Federal nº 12.529, de 30 nov. 2011.* Estrutura o Sistema Brasileiro de Defesa da Concorrência; dispõe sobre a prevenção e repressão às infrações contra a ordem econômica; altera a Lei nº 8.137, de 27 dez. 1990, o Decreto-Lei nº 3.689, de 3 out. 1941 – Código de Processo Penal, e a Lei nº 7.347, de 24 jul. 1985; revoga dispositivos da Lei nº 8.884, de 11 jun. 1994, e a Lei nº 9.781, de 19 jan. 1999; e dá outras providências.

BRASIL. *Lei Federal nº 13.303, de 30 jun. 2016.* Estatuto Jurídico das Empresas Estatais – EJEE.

BRASIL. *Lei nº 12.846, de 1º ago. 2013.* Dispõe sobre a responsabilização administrativa e civil de pessoas jurídicas pela prática de atos contra a administração pública, nacional ou estrangeira, e dá outras providências.

BRASIL. *Lei nº 12.850, de 2 ago. 2013.* Define organização criminosa e dispõe sobre a investigação criminal, os meios de obtenção da prova, infrações penais correlatas e o procedimento criminal; altera o Decreto-Lei nº 2.848, de 7 dez. 1940 (Código Penal); revoga a Lei nº 9.034, de 3 maio 1995; e dá outras providências.

BRASIL. *Lei nº 8.429, de 2 jun. 1992.* Dispõe sobre as sanções aplicáveis aos agentes públicos nos casos de enriquecimento ilícito no exercício de mandato, cargo, emprego ou função na administração pública direta, indireta ou fundacional e dá outras providências.

BRASIL. *Lei nº 9.784, de 29 jan. 1999.* Regula o processo administrativo no âmbito da Administração Pública Federal.

BRASIL. *Medida Provisória nº 703, de 18 dez. 2015.* Altera a Lei nº 12.846, de 1º de agosto de 2013, para dispor sobre acordos de leniência.

BRASIL. *Exposição de Motivos Interministerial nº 207, de 18 dez. 2015.* Lavrada pela Advocacia-Geral da União, pela Controladoria-Geral da União e pelo Ministério da Justiça para submeter à consideração da Presidência da República Proposta de Medida Provisória, com vistas a alterar a Lei nº 12.846, de 1º de agosto de 2013.

BRASIL. *Acordo de Cooperação Técnica, de 6 ago. 2020*. ACT que entre si celebram o Ministério Público Federal, a Controladoria-Geral da União (CGU), a Advocacia-Geral da União (AGU), o Ministério da Justiça e Segurança Pública (MJSP) e o Tribunal de Contas da União (TCU) em matéria de combate à corrupção no Brasil, especialmente em relação aos acordos de leniência da lei nº 12.846, de 2013.

BRASIL. *Portaria Interministerial nº 140, de 16 mar. 2006*. Disciplina a divulgação de dados e informações pelos órgãos e entidades da Administração Pública Federal, por meio da rede mundial de computadores – Internet, e dá outras providências.

BRASIL. *Instrução Normativa CGU nº 13, de 8 ago. 2019*. Define os procedimentos para apuração da responsabilidade administrativa de pessoas jurídicas de que trata a Lei nº 12.846, de 1º de agosto de 2013, a serem observados pelos órgãos e entidades do Poder Executivo federal.

BRASIL. *Portaria Normativa AGU nº 18, de 16 jul. 2021*. Regulamenta o acordo de não persecução cível em matéria de improbidade administrativa no âmbito da Advocacia-Geral da União e da Procuradoria-Geral Federal.

BRASIL. *Portaria Conjunta AGU-CGU nº 4, de 9 ago. 2019*. Define os procedimentos para negociação, celebração e acompanhamento dos acordos de leniência de que trata a Lei nº 12.846, de 1º de agosto de 2013, no âmbito da Controladoria-Geral da União e dispõe sobre a participação da Advocacia-Geral da União.

BRASIL. *Resolução nº 23, de 17 set. 2007*. Regulamenta os artigos 6º, inciso VII, e 7º, inciso I, da Lei Complementar nº 75/93 e os artigos 25, inciso IV, e 26, inciso I, da Lei nº 8.625/93, disciplinando, no âmbito do Ministério Público, a instauração e tramitação do inquérito civil.

BRASIL. *Resolução nº 181, de 7 ago. 2017*. Dispõe sobre instauração e tramitação do procedimento investigatório criminal a cargo do Ministério Público.

BRASIL. *Orientação nº 7, de 24 ago. 2017, da 5ª Câmara de Coordenação e Revisão do Ministério Público Federal*. Estabelece orientação, subdividida em 18 itens, a ser observada na elaboração e assinatura de acordos de leniência.

BRASIL. *Nota Técnica nº 1, de 4 maio 2016, da 5ª Câmara de Coordenação e Revisão do Ministério Público Federal*. Analisa o relatório com proposta legislativa do deputado federal Paulo Teixeira PT-SP, relator da comissão mista para apreciação da Medida Provisória nº 703/2015, que trata de acordo de leniência no âmbito da Lei nº 12.846/2013.

ESTADOS UNIDOS. *FCPA Corporate Enforcement Policy*. Disponível em: https://www.justice.gov/criminal-fraud/file/838416/download.

BRASIL. *USSG – United States Sentencing Guidelines*. Disponível em: https://www.ussc.gov/guidelines/2018-guidelines-manual-annotated.

BRASIL. *Deputy Attorney General Rosenstein Delivers Remarks at the 34th International Conference on the Foreign Corrupt Practices Act*. Disponível em: https://www.justice.gov/opa/speech/deputy-attorney-general-rosenstein-delivers-remarks-34th-international-conference-foreign Acesso em: 9 set. 2021.

GARCIA, Emerson; ALVES, Rogério Pacheco. *Improbidade Administrativa*. 8. ed. São Paulo: Saraiva, 2014.

ZENKNER, Marcelo. *Integridade Governamental e Empresarial*: um espectro do combate à corrupção no Brasil e em Portugal. Belo Horizonte: Fórum, 2019.

Informação bibliográfica deste livro, conforme a NBR 6023:2018 da Associação Brasileira de Normas Técnicas (ABNT):

ZENKNER, Marcelo. O impacto dos resultados das investigações internas corporativas em processos judiciais: a importância da autorrevelação voluntária para a reputação empresarial e para a defesa do interesse público. *In*: SEGURA, Larissa Garrido Benetti (org.); KEPPEN, Luiz Fernando Tomasi; ZENKNER, Marcelo (coord.). *Sistema de integridade e Poder Judiciário*: estudos em homenagem ao ministro Luiz Fux. Belo Horizonte: Fórum, 2022. p. 187-222. ISBN 978-65-5518-454-9.

A *DUE DILIGENCE* DE INTEGRIDADE (DDI) E O GRAU DE RISCO DE INTEGRIDADE (GRI) NAS CONTRATAÇÕES DO PODER JUDICIÁRIO

RODRIGO PIRONTI
MIRELA MIRÓ ZILIOTTO

Vivemos uma crise aguda de confiança, não há como negar;[1] e esse é, sem dúvida, um enorme problema, já que ambientes sem confiança mútua e sem senso de obrigação tácito são propícios para a permanência de uma cultura cotidiana e endêmica de corrupção.

Em tempos de crise, portanto, imprescindível que estruturas como a do Poder Judiciário se preocupem em conhecer todas as variáveis endógenas e exógenas que possam impactar em suas contratações, já que os danos financeiros e reputacionais causados pela consumação de um evento de risco podem implicar consequências irreparáveis ao interesse público. Nesse sentido, o Judiciário deve zelar pela análise periódica dos riscos de relacionamento com terceiros, notadamente de seus fornecedores, eis que os reflexos decorrentes de práticas de corrupção são incalculáveis.

No âmbito das contratações públicas, de extrema importância a valorização da mudança organizacional da cultura do "custo propina". Não há dúvidas de que a corrupção é uma forma de exercer influência ilícita, ilegal e ilegítima,[2] sendo seus reflexos incalculáveis, sobretudo se se considerar que a prevalência de condutas fraudulentas em uma determinada sociedade é uma das mais graves barreiras no caminho do desenvolvimento. Um nível elevado de corrupção em determinado

---

[1] HARARI, Yuval Noah. *Na batalha contra o coronavírus, faltam líderes à humanidade.* Trad. Odorico Leal. São Paulo: Companhia das Letras, 2020.
[2] BOBBIO, Norberto; MATTEUCI, Nicola; PASQUINO, Gianfranco. *Dicionário de Política.* 5. ed. Brasília: Universidade de Brasília, 2000. p. 292.

país, por exemplo, pode tornar ineficazes as políticas públicas propostas, bem como afastar o investimento nas atividades econômicas de setores produtivos.[3] Daí, então, a importância do fortalecimento de instrumentos aptos a monitorar, desincentivar, controlar, reduzir e reprimir essas condutas, que apenas acarretam prejuízos à economia, agravam as desigualdades sociais e impedem o adequado desenvolvimento econômico-social e sustentável,[4] especialmente no âmbito das contratações. A inclusão do "custo propina" nos valores dos contratos e a inadequação do direcionamento dos recursos públicos, principalmente por ausência de planejamento adequado, são exemplos de que a corrupção é parte integrante das contratações públicas, e mais, que afeta de forma mais acentuada aqueles economicamente mais frágeis, eis que os recursos públicos que deveriam ser alocados de forma a suprir suas carências não o serão.[5]

No contexto normativo das contratações públicas, não são novas as disciplinas legais em prol do combate à fraude e ilícitos. Principiologicamente, a própria Constituição da República disciplina expressamente a moralidade como um dos cinco pilares da Administração Pública brasileira.[6] Da mesma forma, a Lei Federal nº 8.666/1993 prevê expressamente a observância necessária da moralidade, da probidade administrativa, do desenvolvimento sustentável e do julgamento objetivo das propostas nas contratações públicas. Para além dessa base principiológica, a Lei Federal nº 8.666/1993 também tipifica como crime alguns ilícitos e fraudes à licitação.[7] Igualmente, a Lei Federal nº 13.303/2016

---

[3] Tradução literal de: "*a high level of corruption can make public policies ineffective and can also draw investment and economic activities away from productive pursuits toward the towering rewards of underhanded activities*" (SEN, Amartya Kumar. *Development as Freedom*. 4. reimp. 2000. p. 275).

[4] Sobre o tema, conferir MOREIRA NETO, Diogo de Figueiredo; FREITAS, Rafael Véras de. *A juridicidade da Lei Anticorrupção* – reflexões e interpretações prospectivas. p. 1. Disponível em: http://www.editoraforum.com.br/wp-content/uploads/2014/01/ART_Diogo-Figueiredo-Moreira-Neto-et-al_Lei-Anticorrupcao.pdf. Acesso: 6 nov. 2019.

[5] FORTINI, Cristiana; MOTTA, Fabrício. Corrupção nas licitações e contratações públicas: sinais de alerta segundo a Transparência Internacional. *A&C – Revista de Direito Administrativo & Constitucional*, Belo Horizonte, ano 16, n. 64, p. 93-113, abr./jun. 2016. p. 94.

[6] Art. 37. A administração pública direta e indireta de qualquer dos Poderes da União, dos Estados, do Distrito Federal e dos Municípios obedecerá aos princípios de legalidade, impessoalidade, moralidade, publicidade e eficiência e, também, ao seguinte: (...) (BRASIL. *Constituição da República Federativa do Brasil de 1988*. Disponível em: http://www.planalto.gov.br/ccivil_03/constituicao/constituicao.htm. Acesso em: 6 nov. 2019).

[7] Sobre o tema, cf. artigos 89 a 99 da Lei Federal nº 8.666/93. *In*: BRASIL. *Lei Federal nº 8.666, de 21 de julho de 1993*. Disponível em: http://www.planalto.gov.br/ccivil_03/leis/l8666cons.htm. Acesso em: 6 nov. 2019.

se ocupou em conceituar, prevenir e evitar operações em que se caracterize sobrepreço ou superfaturamento, destacando a observância da integridade como diretriz nas transações com partes interessadas no âmbito das licitações e contratos das estatais.[8] Segue a mesma linha a nova Lei de Licitações e Contratos (Lei nº 14.133/21), que traz em vários dispositivos o *compliance* e a moralidade como norteadores dos processos de contratação. O que falta, entretanto, é a efetividade dos comandos desses diplomas na prática.

Atualmente, grande parte das estatais utiliza mecanismos de *due diligence*[9] para averiguar o risco de contratar com determinado *stakeholder*. É o caso, por exemplo, da Petrobras, que, após a publicação de seu novo Regulamento de Licitações e Contratos (RLCP),[10] incluiu em seu processo de contratação de fornecedores a exigência de assunção ao compromisso anticorrupção e às suas políticas, procedimentos e regras de integridade, conforme disciplina do artigo 4º da referida normativa interna. Assim, organizações que desejem iniciar ou manter relacionamento com a estatal serão submetidas a diligências de integridade (DDI), que correspondem à avaliação do risco de integridade ao qual a Petrobras pode estar exposta no relacionamento com terceiros, dentre os quais estão seus fornecedores, parceiros operacionais e, em contrapartes, nos processos de aquisição ou desinvestimento.[11] Essa avaliação de riscos se dá a partir de informações relacionadas à localização geográfica da empresa e da execução dos negócios, ao histórico reputacional na empresa, à interação da empresa com agentes públicos, à efetividade do programa de integridade da empresa, à natureza do negócio pretendido, à reputação, à idoneidade e às práticas de combate à corrupção dos terceiros com que pretende se relacionar.

---

[8] Sobre o tema, cf. artigos 31 e 32 da Lei Federal nº 13.303/2016. *In*: BRASIL. *Lei Federal nº 13.303, de 30 de junho de 2016*. Disponível em: http://www.planalto.gov.br/ccivil_03/_ato2015-2018/2016/lei/l13303.htm. Acesso em: 6 nov. 2019.

[9] A *due diligence* é um processo que visa buscar informações sobre determinadas empresas e pessoas com as quais a empresa tem intenção de se relacionar. (...) Durante esses processos, são analisadas informações fornecidas pela pessoa jurídica ou física interessada e informações coletadas por meio de base de dados pública. Estas informações são estruturadas de forma que apoiem os gestores de tomada de decisão acerca da contratação pretendida e na gestão dos contratos oriundos destas relações (PIRONTI, Rodrigo; GONÇALVES, Francine Pacheco. *Compliance e gestão de riscos nas empresas estatais*. 2. ed. Belo Horizonte: Fórum, 2019. p. 139).

[10] BRASIL. Petrobras. *Regulamento de Licitações e Contratos da Petrobras – RLCP*. Disponível em: https://canalfornecedor.petrobras.com.br/media/filer_public/fc/62/fc62e81b-7a2a-44da-9dba-bd5463d2d7db/cartilha-rlcp_rev01.pdf. Acesso em: 6 nov. 2019.

[11] BRASIL. Petrobras. *Due Diligence de Integridade – DDI*. Disponível em: https://canalfornecedor.petrobras.com.br/pt/compliance/due-diligence-de-integridade/. Acesso em: 6 nov. 2019.

O resultado dessa diligência de integridade implicará a determinação do Grau de Risco de Integridade (GRI) dos fornecedores, que poderá ser baixo, médio ou alto. Caso o grau de integridade do fornecedor seja determinado alto, segundo o §3º do artigo 4º do RLCP,[12] aquele ficará impedido de participar de procedimentos de contratação da Petrobras, salvo nos casos de: inaplicabilidade de licitação, conforme previsão no artigo 28, §3º, da Lei nº 13.303/2016; dispensa de licitação, nas hipóteses descritas no artigo 29, incisos V, VIII, X, XI, XIII, XV, XVI, XVII, e XVIII, da Lei nº 13.303/2016; inviabilidade de competição, devidamente demonstrada, nos termos da Lei e do Regulamento de Licitações; e nas licitações para alienação de bens.

Como se pode notar, uma vez avaliado o fornecedor em potencial, o resultado da DDI será utilizado para a tomada de decisão sobre o início ou permanência do seu relacionamento comercial com a Petrobras, bem como para a definição do nível de monitoramento dos riscos potenciais de fraude e corrupção identificados. O problema, entretanto, surge quando esse processo de avaliação de riscos acaba por impedir licitantes de participar do processo licitatório ou, eventualmente, excluir aqueles que tenham participado, a partir de exigência em regulamentos internos nas estatais, que não possuem amparo legal ou constitucional, conforme análise que se realizará na sequência. Essa mesma preocupação deve ter o Poder Judiciário ao instituir suas políticas de *due diligence* de fornecedores.

Para que não se diga que a análise que se faz neste presente artigo impõe uma opinião verticalmente contrária à avaliação de potenciais futuros contratados realizada com base no grau de risco de integridade e de que o GRI não é um importante e eficaz instrumento de combate à corrupção, importante evidenciar desde já: *trata-se de um instrumento muito importante para que as contratações públicas no país sejam pautadas pela ética e pela moralidade, portanto, não qualquer contrariedade à exigência*, contudo, tal exigência nunca poderá ser utilizada para fins de exclusão do processo competitivo (pois evidentemente inconstitucional), mas para fins de reforço às garantias e exigências contratuais. Caso contrário, esta importante ferramenta terá sua inconstitucionalidade

---

[12] Art. 4º (...) §3º As Partes Interessadas às quais seja atribuído grau de risco de integridade alto não poderão participar de procedimentos de contratação com a PETROBRAS, salvo exceções previstas em normas internas da Companhia.

questionada e seguramente reconhecida pelo Poder Judiciário, quando for manejada tese concreta e adequada neste sentido.[13] Explicamos.

Alguns aspectos devem ser observados neste tema e, para uma compreensão clara e objetiva, os relacionamos por meio de questões específicas:

1 É possível o Poder Judiciário solicitar o preenchimento, por potenciais licitantes ou contratados, de questionário de *due diligence* de integridade (informações relacionadas a perfil da pessoa jurídica, gestão da entidade, relacionamento com agentes públicos, histórico de litígios, programa de integridade e relacionamento com terceiros)?

É perfeitamente possível. Essa exigência não conflita com os princípios gerais das licitações públicas previstos no art. 37, inc. XXI, da Constituição Federal de 1988, tampouco com as normas gerais disciplinadas na Lei nº 8.666/1993 e na Lei nº 13.303/2016, ao contrário, busca exaltar os princípios constitucionais da legalidade e da moralidade, de modo a conjugar esforços para a concretização da integridade contratual, mitigação e redução dos riscos e obtenção de melhores resultados.

A *due diligence*, como conceito, é um processo que visa buscar informações sobre determinadas empresas e pessoas com as quais a Administração tem a intenção de se relacionar. Esses processos podem ser realizados em diversas situações, como a contratação de fornecedores, prestadores de serviços, terceiros, patrocinados, consorciados e empregados (*background check*), entre outras situações.

Durante esse processo, analisam-se informações fornecidas pela pessoa física ou jurídica interessada, bem como informações coletadas por meio de bases de dados específicas para cada diligência. Essas informações – no caso dos contratos do Poder Judiciário, por exemplo – são estruturadas de forma que apoiem determinadas decisões e os controles relativos à contratação pretendida.

---

[13] As demandas até então relacionadas ao tema se limitaram a questionar a noção de GRI sob o prisma do combate à corrupção (e isso em minha ótica não se discute, pois, como já versamos, é um instrumento importante e eficaz), mas nunca sob o prisma de sua evidente inconstitucionalidade material, como, por exemplo, que passa ao largo da discussão feita neste artigo.

Portanto, esse questionário tem como principal objetivo permitir que o Judiciário conheça efetivamente seus contratados e suas práticas de mercado, principalmente aquelas vinculadas a condutas éticas em sua atuação comercial ou, ainda, outras que possam prejudicar o relacionamento das partes durante o período de vigência contratual.

O questionário deve ter como premissa a avaliação de risco de integridade, podendo, por exemplo, utilizar-se de parâmetros de avaliação e localização geográfica da empresa e da execução de seus negócios, de seu histórico reputacional e relacional, de sua interação com agentes públicos, bem como da efetividade de seu eventual programa de integridade, entre outros.

2 Em que momento do procedimento é possível exigir esse preenchimento? Pode-se exigi-lo como condição para integrar o cadastro de fornecedores, como condição de habilitação ou como condição de contratação?

Aqui, existem dois cenários distintos: (a) o primeiro refere-se ao momento em que é possível exigir o questionário; (b) o segundo refere-se ao momento em que essa exigência pode tornar-se executável do ponto de vista de exclusão do licitante/interessado no processo competitivo.

Com relação à exigência do questionário, a resposta não demanda maiores problemas, por um simples fator: é possível exigir o preenchimento do documento em quaisquer das fases do procedimento – quando do cadastro de fornecedores; como declaração constante dos documentos que compõem a habilitação da empresa; ou ainda, no momento da convocação para a assinatura do contrato. Exigir o preenchimento, portanto, é mera formalização da vontade administrativa em conhecer seu futuro contratado, sem que, com isso, decorra ônus algum aos licitantes ou aos interessados.

Agora, bastante distinta é a pergunta relacionada ao momento em que é possível exigir, para fins de exclusão da participação do licitante/interessado, pois daqui derivam aspectos constitucionais e legais relevantes. Vejamos.

2.1 A questão das inconstitucionalidades formal e material da exigência do GRI

Aqueles que defendem a inconstitucionalidade formal aventam que a exigência dos questionários de integridade nas licitações, independentemente da fase, estaria violando a competência privativa da União para dispor sobre normas gerais de licitações e contratos, disciplinada no art. 22, inc. XXVII, da Constituição Federal de 1988. Isto é, as inovações normativas criariam uma condição especial mais restritiva, que somente poderia ser veiculada por meio de norma geral, ou seja, de novo diploma normativo de caráter geral que previsse, especificamente, esse critério como condição limitadora do relacionamento entre as partes.

Neste ponto, em nossa análise, a exigência de questionários de integridade nas relações com o Judiciário não importaria nenhuma inconstitucionalidade formal, já que, ao contrário dos que entendem que não haveria fundamento de validade da referida exigência em norma de caráter geral, a requisição de "indicadores de integridade" vai exatamente ao encontro (corrobora) das diretrizes básicas da Lei Geral de Licitações (Lei nº 8.666/1993 e, mais recentemente, da Lei nº 14.133/21), que, como normas gerais aplicáveis ao Judiciário, deixam evidente seu apego e sua aderência aos princípios da moralidade e da probidade administrativa, conferindo, portanto, caráter constitucional à exigência.

Em suma, sob o aspecto formal, não há inconstitucionalidade alguma, pois as leis gerais que regem as contratações pretendidas ratificam os princípios da legalidade, da moralidade e da probidade administrativa, que balizam a referida exigência. É que, se a requisição está em estrita concordância às diretrizes da norma geral, ainda que esta não tenha disciplinado de modo expresso determinada obrigação – o que sequer é de sua natureza, já que as normas gerais disciplinam balizas, que serão mais bem delineadas pela legislação específica sobre o tema –, não há que se falar em inconstitucionalidade.

A questão sobre a inconstitucionalidade da exigência decorre da análise de seu *fundamento material de constitucionalidade diante da exigência de questionários de integridade como condição excludente nos processos de contratação pública.*

E neste tema nos parece evidente que, ao tratar-se da inconstitucionalidade material, haveria restrição à competitividade do certame pela violação direta do art. 37, inc. XXI, da Constituição Federal, que assegura a igualdade de concorrência entre todos os participantes.[14] É

---

[14] "Art. 37. [...] XXI – ressalvados os casos especificados na legislação, as obras, serviços, compras e alienações serão contratados mediante processo de licitação pública que assegure igualdade de condições a todos os concorrentes, com cláusulas que estabeleçam obrigações de pagamento, mantidas as condições efetivas da proposta, nos termos da lei, o qual somente

aqui que a questão ganha relevância, ou seja, na análise das fases em que a exigência é executada (ou executável).

Obviamente que, para fins de participação na licitação – quando a exigência é solicitada como condição excludente de participação no processo competitivo –, há direta e evidente violação do caráter material previsto na Constituição. Não se pode permitir, por lei ou ato normativo posterior, de caráter não geral, a previsão de condições restritivas de competição. Isso viola a própria lógica do processo concorrencial e de obtenção da proposta mais vantajosa para a Administração. Portanto, *não se pode, por um indicador de risco da futura contratação, impedir que um licitante/interessado participe livremente do processo competitivo, sob pena de inconstitucionalidade material da exigência.*[15]

Referida inconstitucionalidade, em nossa análise, ganha contornos mais evidentes com a objetivação de alguns conceitos, que ainda não foram colocados à análise do Poder Judiciário e reforçam a inconstitucionalidade da medida para fins de exclusão do processo competitivo. Sob essa perspectiva é importante a seguinte análise:

(a) Qual o conceito de risco?;

(b) Os critérios da *due diligence* (DDI e GRI) serão pautados unilateralmente pelo Judiciário em suas contratações ou por critérios aferíveis em um contexto dialógico (de participação com o particular)?;

(c) Os critérios da *due diligence* (DDI e GRI) serão fixados previamente e abertos ao contraditório em sua formação, ou exigidos do particular e, eventualmente, conferido contraditório posterior?

Essas são questões fundamentais à confirmação da inconstitucionalidade da exigência para fins de exclusão de participação do certame. Vejamos objetivamente:

---

permitirá as exigências de qualificação técnica e econômica indispensáveis à garantia do cumprimento das obrigações."

[15] E que não se diga que o art. 58, inc. I, da Lei nº 13.303/2016 autoriza expressamente tal exigência como condição excludente de habilitação, pois, da leitura do referido inciso, fica claro que o objetivo de sua redação é pautar a razoabilidade da exigência de documentos relativos à habilitação jurídica do licitante e não dar "carta em branco" ao regulamento de licitações para criar condições excludentes distantes da norma constitucional, que preza pela isonomia concorrencial nos processos competitivos. O art. 37, inc. XXI, da CF é claro ao estabelecer que a lei deve assegurar igualdade de condições a todos os concorrentes, *e não o contrário.*

a) O conceito de risco "envolve a quantificação e qualificação *da incerteza*, tanto no que diz respeito às 'perdas' como aos 'ganhos', com relação ao rumo dos acontecimentos planejados, seja por indivíduos, seja por organizações" (IBGC, 2007, p. 11, grifamos). O próprio Tribunal de Contas da União define risco como a *"possibilidade* de ocorrência de um evento que afete adversamente a realização de objetivos" (TCU, 2018a, grifamos) e ratifica tal conceito quando assevera que os riscos são "o *efeito da incerteza* sobre objetivos estabelecidos. É a *possibilidade* de ocorrência de eventos que afetem a realização ou alcance dos objetivos, combinada com o impacto dessa ocorrência sobre os resultados pretendidos" (TCU, 2018b, grifamos). Não há dúvida, portanto, que, ao balizar a exigência em indicadores de risco às contratações públicas, os questionários de integridade não podem ser utilizados como excludentes de participação do processo competitivo. Ora, seria não apenas ilegal, mas também ilógico pautar a exclusão de um licitante, que pode, inclusive, determinar a proposta mais vantajosa à Administração, *por critérios futuros e incertos*, que não são necessariamente passíveis de materialização naquele contrato. É impedir a reabilitação da empresa, condicioná-la a uma penalização vinculada à lógica de "verdade-sabida" e com caráter atemporal. É dizer, a condição excludente não se sustenta pela natureza jurídica da própria exigência, pautada em uma incerteza que, não necessariamente, será materializada naquela contratação. Ora, se não há sobre estas empresas a penalidade administrativa de suspensão do direito de contratar, não pode a administração inovar uma condição de participação no certame que, para além de inconstitucional, se converte em sanção, aplicada sem o devido processo legal e não prevista na norma.

b) A segunda questão proposta consolida, ainda mais fortemente, a impossibilidade dessa exigência como excludente de participação no processo competitivo. Ora, *se a incerteza por si só já impediria a exclusão*, o que dizer, então, dos critérios para definição de *due diligence* para possível materialização da incerteza? Veja que a definição de "apetite de risco" traz a noção de "quantidade de risco em nível amplo que uma organização está disposta a aceitar na busca de seus objetivos" (TCU, 2018b), ou seja, o critério para definir o apetite de risco é discricionário e pode variar de uma organização para outra. É dizer, compelir o particular (licitante/interessado), como condição de participação nos processos competitivos da Administração, a estar aderente ao apetite discricionário de todos os entes/entidades em que tenha interesse em se apresentar como concorrente é algo que, além de não parecer razoável, traria inúmeras distorções à isonomia. Exemplifico: imaginemos que no Judiciário do Estado do Paraná, um dos critérios para aferição do nível de integridade seja a existência de "política de consequência ao código de conduta" e, no Judiciário catarinense, isso não integre o questionário de integridade como condição de aferição do nível de risco e da aderência empresarial. Nesses casos, vislumbra-se claramente que as exigências seriam tão díspares e inerentes ao apetite de risco de cada um dos órgãos que, sob o aspecto de competição isonômica, ficaria quase impossível a um particular estar plenamente aderente a todas as exigências estipuladas nos diversos "apetites de riscos" das várias estruturas do Judiciário nas quais participa de processos competitivos, e essa quebra de isonomia concorrencial é outro fator determinante para a ilegalidade da exigência para fins de exclusão do processo concorrencial.

c) Por fim, como os critérios da exigência serão definidos com base no apetite de risco, sequer seria dada ao particular a possibilidade de participar da formação da "vontade administrativa" em excluí-lo do processo concorrencial, pois os critérios de *due diligence* não seriam passíveis de impugnação por sua própria natureza jurídica. É dizer, além de todos os aspectos que justificam a análise de inconstitucionalidade da exigência, ainda este último complementa a assertiva, pois justifica condição restritiva e excludente de participação, sem que os critérios que fundamentam tal exclusão sejam passíveis de insurgência pelo particular. Mesmo que fosse dada, portanto, possibilidade de impugnação ou de recurso posterior à exclusão, isso poderia conferir um simulacro de legalidade, que, após já definida a exclusão por critérios de não atenção a requisitos discricionários de risco, submeteria o particular a um *double-check* de conformidade, sem a mínima chance de revisitação dos fatos que ensejaram sua classificação, que sob o aspecto reputacional – inclusive – lhe agrega um "carimbo" negativo, que sequer as eventuais sanções em processos anteriores lhe outorgaram.

2.2 Existe algum caso prático a balizar a avaliação pelo Poder Judiciário e a ilustrar o posicionamento sobre a DDI e o GRI?

A exemplo do que foi citado em relação à Petrobras, inúmeras outras estatais adotaram o mesmo mecanismo de avaliação de fornecedores. Esse é o caso das Centrais Elétricas Brasileiras S.A. (Eletrobras). A Eletrobras é uma sociedade anônima de economia mista federal, constituída em conformidade com a autorização contida na Lei nº 3.890-A, de 25 de abril de 1961, com receita operacional bruta anual superior a 90 milhões de reais; portanto, a ela se aplicam os ditames do artigo 6º (aplicável a todas as estatais) e do artigo 9º (aplicação restrita às estatais com receita operacional bruta anual acima do parâmetro legal) da Lei Federal nº 13.303/2016.

No ano de 2016, portanto, a Eletrobras criou o seu programa de integridade, que teve como destaque cinco dimensões: 1. desenvolvimento do ambiente de gestão do programa de integridade; 2. análise periódica de riscos; 3. estruturação e implantação de políticas e procedimentos do programa de integridade; 4. comunicação e treinamento; e 5. monitoramento do programa, medidas de remediação e aplicação de penalidades.[16] A primeira delas disciplina o necessário comprometimento da organização para com a promoção da cultura da ética e da integridade. A segunda dimensão, por sua vez, diz respeito ao processo de identificação, avaliação, tratamento e monitoramento das vulnerabilidades e dos riscos de fraude e corrupção. Já a terceira dispõe sobre a estruturação de uma base para difusão do apoio à promoção da cultura da ética e da integridade, mediante elaboração e implementação de políticas e normativos que abordem o tema. A quarta demonstra a importância da disseminação do programa de integridade, mediante ações de comunicação e treinamento. Por fim, a quinta dimensão determina a necessidade de um monitoramento contínuo do programa para garantir sua eficiência.

Nesse período de criação e implementação inicial do programa da Eletrobras, um dos instrumentos de destaque foi a inserção de princípios de integridade nos principais normativos da empresa, bem como o mapeamento e a avaliação das principais áreas da empresa expostas aos riscos de fraude e corrupção, com a conseguinte adoção de mecanismos de integridade para terceiros. Nesse sentido, um dos princípios elencados na política anticorrupção das Empresas Eletrobras é "utilizar critérios e mecanismos éticos e íntegros para estabelecer os relacionamentos com terceiros". Dessa forma, as Empresas Eletrobras devem avaliar, mediante critérios e mecanismos éticos e íntegros, o cenário

---

[16] BRASIL. Eletrobras. *Programa de Integridade*. Disponível em: https://eletrobras.com/pt/Paginas/Programa-de-Integridade.aspx. Acesso em: 6 nov. 2019.

para estabelecer relacionamentos com terceiros, utilizando-se ferramentas para a verificação de conflitos de interesses e identificação de condutas antiéticas.[17]

Em relação aos terceiros,[18] considerados como fornecedores, parceiros de negócio, patrocinadores, membros de empresas que atuam com participação acionária da Eletrobras e instituições donatárias, os mecanismos de integridade são executados mediante a realização de *due diligence* e de *background checks* para classificação do risco de fraude e corrupção no relacionamento, definição das ações de monitoramento do terceiro e, por fim, realização de um plano de ação para mitigar os riscos de fraude e corrupção identificados em razão do relacionamento com aquele terceiro.[19]

Nesse sentido, antes da contratação, todos os possíveis representantes[20] das Empresas Eletrobras devem passar por esse processo de investigação, conforme previsão no item 10.1 do Manual do Programa Anticorrupção das Empresas Eletrobras. O objetivo principal da *due diligence*, segundo o manual, é assegurar que o relacionamento com o representante ou o pagamento de alguma quantia a este não impliquem violação a condutas proibidas pelo programa. Segundo esse mesmo item, as informações para investigação serão definidas pelo gerente de *compliance*[21] e, em geral, decorrerão do grau de risco avaliado pela Comissão

---

[17] BRASIL. Eletrobras. *Política Anticorrupção das Empresas Eletrobras*. p. 6. Disponível em: https://eletrobras.com/pt/GestaoeGorvernancaCorporativa/Estatutos_politicas_manuais/Politica-Anticorrupcao.pdf. Acesso em: 6 nov. 2019.

[18] BRASIL. Eletrobras. *Política Anticorrupção das Empresas Eletrobras*. p. 5. Disponível em: https://eletrobras.com/pt/GestaoeGorvernancaCorporativa/Estatutos_politicas_manuais/Politica-Anticorrupcao.pdf. Acesso em: 6 nov. 2019.

[19] BRASIL. Eletrobras. *Programa de Integridade*. Disponível em: https://eletrobras.com/pt/Paginas/Programa-de-Integridade.aspx. Acesso em: 6 nov. 2019.

[20] Representantes para fins do item 10 do manual são todos os fornecedores de bens ou serviços, agentes, corretores ou outros intermediários (BRASIL. Eletrobras. *Política Anticorrupção das Empresas Eletrobras*. p. 17. Disponível em: https://eletrobras.com/pt/GestaoeGorvernancaCorporativa/Estatutos_politicas_manuais/Politica-Anticorrupcao.pdf. Acesso em: 6 nov. 2019).

[21] As Empresas Eletrobras e a *holding* designam um gerente de *compliance*, cuja principal atribuição é administrar as tarefas estabelecidas no Manual de Programa Anticorrupção das Empresas Eletrobras, reportando-se diretamente à alta administração de cada empresa. Somente poderão ser nomeados para esse cargo empregados da própria empresa, de modo que o gerente de *compliance* será o titular da área de *compliance* (BRASIL. Eletrobras. *Política Anticorrupção das Empresas Eletrobras*. p. 5-6. Disponível em: https://eletrobras.com/pt/GestaoeGorvernancaCorporativa/Estatutos_politicas_manuais/Politica-Anticorrupcao.pdf. Acesso em: 6 nov. 2019).

Diretiva de *Compliance*.²² Assim, todas as informações obtidas após a realização da *due diligence* devem ser registradas em um questionário e confirmadas pelo representante em potencial. O modelo de questionário poderá ser adaptado considerando a realidade de cada avaliado e, quando se julgar necessário, para além da avaliação via questionário, pode-se exigir a realização de uma entrevista pessoal com o representante em potencial, que será conduzida pelo gerente de *compliance*.²³

São quesitos avaliados na *due diligence*, segundo o item 10.1.1 do manual, os seguintes: (a) a legitimidade da justificativa para contratação dos representantes; (b) a reputação do representante, o que inclui, mas não se limita, a informação negativa constante em fontes públicas, como serviços de notícias ou cartórios; (c) quaisquer questões relacionadas ao beneficiário final do representante; (d) a capacidade e experiência profissional do representante; (e) a situação financeira e a credibilidade do representante; (f) o histórico de *compliance* do representante aos dispositivos aplicáveis das Leis Anticorrupção; e (g) quaisquer itens adicionais conforme determinado pela Comissão Diretiva de *Compliance*.²⁴

Além disso, serão considerados sinais de alerta, segundo o item 10.1.2 do manual, os seguintes: (a) agentes do governo são relacionados ao representante; (b) o representante solicitou pagamento em uma conta *offshore*, que não está em seu nome, ou solicitou o pagamento a um terceiro; (c) o representante fez pedidos incomuns ou suspeitos, tais como faturas antedatadas; (d) o representante propôs ou usou empresas de fachada, *holdings* ou *blind trusts* para manter fundos ou facilitar transações; (e) o representante hesitou ou se mostrou relutante em fornecer certificados nos termos das Leis Anticorrupção; (f) o representante pediu comissões substancialmente mais altas do que a taxa normal aplicada na região em questão por prestadores de serviços comparáveis, sem fornecer justificativa comercial razoável pela diferença;

---

[22] A equipe formada pelo gerente de *compliance* da *holding*, o gerente de *compliance* de cada uma das Empresas Eletrobras e um secretário executivo integrarão, em conjunto, a Comissão Diretiva de *Compliance*, que será responsável pela disseminação e cumprimento das Leis Anticorrupção nas Empresas Eletrobras (BRASIL. Eletrobras. *Política Anticorrupção das Empresas Eletrobras*. p. 6. Disponível em: https://eletrobras.com/pt/GestaoeGorvernancaCorporativa/Estatutos_politicas_manuais/Politica-Anticorrupcao.pdf. Acesso em: 6 nov. 2019.

[23] BRASIL. Eletrobras. *Política Anticorrupção das Empresas Eletrobras*. p. 17. Disponível em: https://eletrobras.com/pt/GestaoeGorvernancaCorporativa/Estatutos_politicas_manuais/Politica-Anticorrupcao.pdf. Acesso em: 6 nov. 2019.

[24] BRASIL. Eletrobras. *Política Anticorrupção das Empresas Eletrobras*. p. 18. Disponível em: https://eletrobras.com/pt/GestaoeGorvernancaCorporativa/Estatutos_politicas_manuais/Politica-Anticorrupcao.pdf. Acesso em: 6 nov. 2019.

(g) o representante foi recomendado por um agente do governo; (h) a empresa do representante parece não ter os recursos e/ou qualificações para fornecer os serviços oferecidos; (i) um membro da família do representante é agente do governo; (j) o representante é novo no negócio, não apresenta referências ou não comprova a experiência alegada; (k) o representante parece enfrentar dificuldades financeiras ou tem histórico de insolvência; e (l) a pesquisa sobre a reputação do representante indica alegações ou incidentes passados de corrupção, fraude ou irregularidade similar ou, de outra forma, causa preocupação quanto à sua integridade.[25]

Referidos itens deverão ser atualizados periodicamente, dentro do período de relacionamento do representante com as Empresas Eletrobras, bem como armazenados pelo período de 10 (dez) anos após o término do relacionamento, de modo a assegurar que informações atualizadas estarão sempre à disposição. A responsabilidade por confirmar anualmente que as respostas ao questionário de *due diligence* permanecem precisas e completas é do próprio representante.[26]

Percebe-se, portanto, que riscos de fraude e corrupção são riscos priorizados pela entidade, os quais devem ser periodicamente atualizados, aprimorando-se a matriz de riscos de fraude e corrupção, observando-se as mudanças estratégicas da empresa, do cenário, do ambiente regulatório e até mesmo dos relacionamentos que possui com terceiros, de modo que a Eletrobras não seja exposta aos eventos que podem ser causados por esses riscos.[27]

Nesse sentido, portanto, em seu Regulamento de Licitações e Contratos, no artigo 71, a Eletrobras determinou em seus itens 5, 6 e 7 que, nas licitações de grande vulto, de alta complexidade técnica ou de riscos elevados, cuja definição é atribuição da diretoria executiva, a homologação do processo licitatório ou da contratação direta deve ser antecedida de análise de integridade. Nessa análise de integridade, portanto, deve-se (i) reunir informações sobre o fornecedor em potencial, bem como sobre seus representantes, incluindo sócios e administradores,

---

[25] BRASIL. Eletrobras. *Política Anticorrupção das Empresas Eletrobras*. p. 18-19. Disponível em: https://eletrobras.com/pt/GestaoeGorvernancaCorporativa/Estatutos_politicas_manuais/Politica-Anticorrupcao.pdf. Acesso em: 6 nov. 2019.

[26] BRASIL. Eletrobras. *Política Anticorrupção das Empresas Eletrobras*. p. 20. Disponível em: https://eletrobras.com/pt/GestaoeGorvernancaCorporativa/Estatutos_politicas_manuais/Politica-Anticorrupcao.pdf. Acesso em: 6 nov. 2019.

[27] BRASIL. Eletrobras. *Programa de Integridade*. Disponível em: https://eletrobras.com/pt/Paginas/Programa-de-Integridade.aspx. Acesso em: 6 nov. 2019.

de modo a concluir que não há hipótese de impedimento à contratação; (ii) determinar o grau de risco do contrato para a realização da supervisão adequada; (iii) realizar análise circunstanciada dos licitantes, das propostas e das possíveis alterações contratuais, bem como a verificação das cláusulas contidas nos editais, a fim de obstar direcionamento, conluio, fracionamento do objeto ou jogo de planilhas, entre outros tipos de irregularidades; e (iv) recomendar à autoridade competente a homologação ou não homologação da licitação e a tomada de outras providências consideradas adequadas, como anulação parcial da licitação, desclassificação ou inabilitação de licitante e instauração de processos administrativos disciplinares.

Como se pode notar, diferentemente do Regulamento de Licitações e Contratos da Petrobras, não existe um artigo específico no Regulamento de Licitações e Contratos da Eletrobras[28] com a possibilidade de afastamento de licitantes em razão do grau de risco da contratação atribuído. Entretanto, uma análise conjunta dos itens 5, 6 e 7 do artigo 71 permite a conclusão pela exclusão de licitantes em razão do grau de risco da contratação, sobretudo ao considerar que a avaliação de integridade deve ser realizada antes da homologação do processo licitatório (itens 5 e 6), bem como que uma das decisões após a realização da análise de integridade, conforme item 7, alínea "d", é a desclassificação ou inabilitação do licitante.

Assim, a possibilidade de se afastarem licitantes em razão do grau de risco da contratação também existe no caso da Eletrobras e deve ser mais bem avaliada. É que a exclusão prévia de licitantes em razão única e exclusiva da avaliação de riscos de integridade, que possui apenas alguma orientação de certeza, viola frontalmente a disciplina dos artigos 38 e 58 da Lei nº 13.303/2016, que dispõem sobre as hipóteses exclusivas de impedimento e de exigências para habilitação, bem como viola o artigo 37, inciso XXI, da Constituição, que determina que somente poderão ser exigidas condições indispensáveis à garantia do cumprimento das obrigações.[29]

Além dos artigos já citados, pode-se dizer que a avaliação de riscos da contratação que finda em exclusão da participação de licitantes

---

[28] BRASIL. Eletrobras. *Regulamento de Licitações e Contratos.* p. 70. Disponível em: https://eletrobras.com/pt/GestaoeGorvernancaCorporativa/Estatutos_politicas_manuais/Regulamento_de_Licitacoes_e_Contratos.pdf. Acesso em: 6 nov. 2019.
[29] DI PIETRO, Maria Sylvia Zanella. *Direito Administrativo.* 30. ed. rev., atual. e ampl. Rio de Janeiro: Forense, 2017. p. 463-464.

também viola o artigo 31 da Lei Federal nº 13.303/2016, responsável por disciplinar os princípios gerais da licitação, dentre os quais estão os da isonomia, da obtenção de competitividade e do julgamento objetivo. E para além dos princípios e diretrizes basilares, existem regras expressamente disciplinadas no mesmo diploma que balizam, de forma taxativa, as hipóteses de participação e exclusão de participantes do certame. Assim, apenas nas hipóteses expressamente previstas em lei é que licitantes podem ser impedidos, desclassificados ou inabilitados.

Nesse sentido, nos termos do artigo 38 da Lei Federal nº 13.303/2016, estão impedidos de participar das contratações os licitantes que (i) possuam conflito de interesse com a estatal, nos termos do inciso I do *caput* e dos incisos I e II do parágrafo único; (ii) tenham sido sancionados ou cujos sócios possuam vínculo com empresas sancionadas, nos termos dos incisos II a VIII do *caput*; ou (iii) que tenham relação de parentesco até o terceiro grau civil com dirigentes da estatal, colaboradores da área de licitações e contratos da estatal ou autoridade do ente público a que a estatal esteja vinculada, nos termos do inciso II do parágrafo único.

Da mesma forma, em que pese possam participar do certame, serão desclassificados os fornecedores cujas propostas apresentadas contenham vícios insanáveis, descumpram as especificações do edital, apresentem preços inexequíveis e se encontrem acima do orçamento estimado pela estatal, nos termos dos incisos do artigo 56 da Lei Federal nº 13.303/2016.

Ainda, em caso de não atendimento das exigências habilitatórias do edital, os licitantes poderão ser inabilitados, conforme se depreende dos critérios taxativos previstos no artigo 58 da Lei Federal nº 13.303/2016: (i) apresentação de documentos aptos a comprovar a habilitação jurídica e idoneidade fiscal e trabalhista do licitante; (ii) demonstração de qualificação técnica; (iii) demonstração de capacidade econômica e financeira; e (iv) exigência de recolhimento de quantia a título de adiantamento, nos casos de licitações que utilizem a maior oferta de preço como critério de julgamento.

Do que se depreende dos artigos em referência, percebe-se que em nenhum dos casos o fator "risco da contratação" é determinante para impedir, desclassificar ou inabilitar a participação do licitante. Por isso, não aparenta legalidade a extensão dos critérios preestabelecidos em lei em normativos internos das estatais.

Diante do descontentamento de licitantes que passaram a ser impedidos de licitar, ou excluídos de certames, notadamente de licitações da Petrobras, a discussão em torno da legalidade do impedimento ou exclusão de licitantes em razão do grau de risco atribuído à contratação foi alçada ao Poder Judiciário, bem como ao Tribunal de Contas da União.

O caso paradigma se trata da exclusão de um fornecedor de um processo de contratação da Petrobras em razão, senão, da atribuição de grau de risco alto àquele. Ao se manifestar sobre o caso, o Tribunal Regional Federal da 2ª Região (TRF2) decidiu pela legalidade da exclusão, ao fundamento de que a análise de fatores de risco de integridade coaduna com a adoção de políticas contra a corrupção.[30] Nesse sentido, os membros da 8ª Turma Especializada do Tribunal Regional Federal da 2ª Região assinalaram que, em que pese o artigo 38 da Lei Federal nº 13.303/2016 não tenha contemplado como hipótese de impedimento a inexistência de programa de integridade implementado na empresa licitante ou a existência de investigação criminal, o art. 32 do mesmo diploma legal elenca as diretrizes a serem observadas nas licitações promovidas por estatais, dentre as quais está a "observação da política de integridade nas transações com partes interessadas", nos termos do inciso V. Além disso, decidiram que é permitido às estatais, em seus procedimentos auxiliares às contratações, restringir a participação de fornecedores de acordo com as condições estabelecidas em regulamento, conforme previsão expressa nos artigos 64, §2º (pré-qualificação permanente), e 65, §2º (cadastramento).

Lastreada nos fundamentos destacados, portanto, a 8ª Turma Especializada do TRF2 determinou a legalidade da vedação da participação de licitantes aos quais sejam atribuídos grau de risco de integridade alto dos procedimentos de contratação da Petrobras. Em que pesem os argumentos aventados pelo Tribunal Regional Federal da 2ª Região, os mencionados artigos da Lei Federal nº 13.303/2016 devem ser apreciados com maior cautela, eis que, em que pese, de fato, a necessária

---

[30] BRASIL. *Tribunal Regional Federal (2ª Região)*. Apelação em Mandado de Segurança nº 0035486-47.2018.4.02.5101. Relator: Marcelo Pereira da Silva. Julgamento: 15 abr. 2019. Disponibilização: 24 abr. 2019. Disponível em: https://www10.trf2.jus.br/consultas/?movimento=cache&q=cache:QEgI_mTgQXsJ:acordaos.trf2.jus.br/apolo/databucket/idx%3Fproc esso%3D201851010354866%26coddoc%3D2289680%26datapublic%3D2019-04-25%26pagdj %3D385/394+convida+refei%C3%A7%C3%B5es+ltda.&site=v2_jurispruden-cia&client=v2_ index&proxystylesheet=v2_index&lr=lang_pt&ie=UTF-8&output=xml_no_dtd&access-s=p&oe=UTF-8. Acesso em: 6 nov. 2019.

e obrigatória observância da política de integridade das estatais pelos próprios colaboradores das estatais e pelas partes interessadas, notadamente dos mecanismos de gestão de riscos da estatal, não se pode criar hipóteses de exclusão de licitantes quando a própria lei não as previu. É que tanto o artigo 64 quanto o artigo 65 do referido diploma disciplinam procedimentos auxiliares para averiguar condições de *habilitação*. Ora, se o artigo 58 da Lei Federal nº 13.303/2016 disciplina, justamente, critérios taxativos para análise da habilitação e não disciplina a hipótese de inabilitação de licitantes cujo grau de risco da contratação seja alto, vedado é aos Regulamentos de Licitações e Contratos das estatais ampliar esse rol.

Destaque-se que o que se pretende com a crítica ora formulada não é impedir a adoção de medidas de avaliação de risco. Ao contrário. Essas medidas devem ocorrer e ser sempre aprimoradas, de modo que as contratações públicas sejam mais eficientes e sustentáveis, com uma melhor fiscalização do contrato. O que não se aceita, entretanto, é a restrição da competitividade, mediante critérios que o próprio legislador pátrio deixou de estabelecer e cuja conduta é rechaçada pela Constituição da República de 1988.

Assim, não se discute que a corrupção deve ser combatida, mas não se pode combatê-la a qualquer custo.[31] As garantias constitucionais devem ser observadas. Mesmo porque, segundo Marçal Justin Filho, "nenhum interesse público autoriza ignorar ou violar direitos fundamentais garantidos constitucionalmente".[32] Esse, senão, é o princípio básico de um Estado Democrático de Direito.[33]

De modo diverso do Tribunal Regional Federal da 2ª Região, ao ser instado a se manifestar sobre o caso, o Plenário do Tribunal de Contas da União adotou posicionamento em prol da Constituição no Acórdão Plenário nº 898/2019,[34] asseverando que, em se tratando de

---

[31] SCHRAMM, Fernanda Santos. *Compliance nas Contratações Públicas*. Belo Horizonte: Fórum, 2019. p. 318-322.

[32] JUSTEN FILHO, Marçal. *Comentários à lei de licitações e contratos administrativos*. 16. ed. São Paulo: Revista dos Tribunais, 2014. p. 71.

[33] FREITAS, Juarez. *O controle dos atos administrativos e os princípios fundamentais*. 5. ed. rev. e ampl. São Paulo: Malheiros Editores, 2013. p. 60.

[34] BRASIL. *Tribunal de Contas da União – TCU*. Acórdão nº 898/2019 - Plenário. Relator: Benjamin Zymler. Julgamento: 16 abr. 2019. Disponível em: https://pesquisa.apps.tcu.gov.br/#/documento/acordao-completo/*/NUMACORDAO%253A898%25-20ANOACORDAO%253A2019/DTRELEVANCIA%20desc,%20NUMACORDAOINT%20desc/0/%20?uuid=70347a70-ba9d-11e9-a483-9fb8528dc97d. Acesso em: 6 nov. 2019.

habilitação de licitantes, apenas se podem exigir condições que sejam indispensáveis. Da mesma forma, destacou que, como não há transparência em relação à forma como o questionário de integridade será avaliado, tal situação poderá caracterizar critério de julgamento sigiloso em prejuízo ao princípio do julgamento objetivo expressamente previsto no artigo 31 da Lei nº 13.303/2016. Outro problema aventado no Acórdão nº 898/2019 foi a eficácia da *due diligence* de integridade, já que as informações prestadas pelos licitantes nos questionários de integridade são autodeclaratórias e, muitas vezes, de difícil averiguação pela estatal.

Entretanto, diante da complexidade do caso, não se decidiu de forma expressa pela legalidade ou não da exigência, deixando-se a cargo do Processo nº 005.881/2019-6 a sua avaliação definitiva. Referido processo teve sua conclusão no Acórdão Plenário nº 1945/2019,[35] em que se consignou, novamente, a necessidade de se discutir a questão da avaliação da legitimidade e legalidade da avaliação do Grau de Risco de Integridade (GRI) de forma mais aprofundada, bem como a possibilidade de utilização desse parâmetro como critério de habilitação em certames. Assim, decidiu-se pela avaliação da *due diligence* de integridade no sentido de ser ou não conduzida com objetividade e transparência, bem como se a sua utilização configuraria exigência restritiva e sem previsão legal. Dessa forma, recomendou-se que tal exame fosse realizado em processo específico a ser instruído pela Secretaria de Fiscalização de Infraestrutura de Petróleo e Gás Natural (SeinfraPetróleo).

Como se pode notar, em que pese um possível direcionamento da primeira decisão do Tribunal de Contas da União pela inconstitucionalidade e ilegalidade da exclusão de licitantes em razão da avaliação de seu grau de risco, a segunda decisão apenas reforça a dúvida e encaminha o processo para avaliação de área específica, de modo que ainda não há um posicionamento definitivo por parte do TCU sobre o caso.

Entende-se, entretanto, que a melhor solução não é a exclusão do licitante após a avaliação de riscos, mas a adaptação da matriz de risco contratual, estabelecendo a responsabilidade pela retenção dos riscos

---

[35] BRASIL. *Tribunal de Contas da União – TCU.* Acórdão nº 1845/2019 – Plenário. Relator: Augusto Nardes. Julgamento: 7 ago. 2019. Disponível em: https://pesquisa.apps.tcu.gov.br/#/documento/acordao-completo/risco%2520de%2520integridade/%2520%2520COPIARELATOR%253A%2522AUGUSTO%2520NARDES%2522/DTRELEVANCIA%2520desc%252C%2520NUMACORDAOINT%2520desc/3/%2520?uuid=fcf77f60-0fe4-11ea-bc52-69b41ebac977. Acesso em: 10 out. 2019.

averiguados à contratada e à fiscalização para que estes não ocorram à contratante. Assim, o tratamento do risco se resolve na execução do contrato, e não no momento da escolha do fornecedor.

Objetivamente:

A falta da cultura de integridade e de transparência no âmbito das contratações públicas é o maior obstáculo à garantia de sua eficiência e sustentabilidade. Por tal razão, também, é que a corrupção é inerente às contratações públicas, mediante a prática de fraudes muito comuns de direcionamento da licitação, favorecimento de determinados licitantes, sobrepreço, superfaturamento e falta de fiscalização adequada.

A avaliação de fornecedores mediante mecanismos de gestão de riscos da contratação, portanto, auxilia o esforço de conferir prioridade às regras de comportamento honesto, correto, íntegro, tornando-se um baluarte contra a corrupção.[36] Entretanto, conforme destacado no decorrer deste artigo, em que pesem os mecanismos de gestão de riscos sejam necessários, e sua adoção, um dever ao Poder Judiciário, a aplicação destes nas contratações públicas deve ser apreciada com maior cautela, eis que não se podem criar hipóteses de exclusão de licitantes quando a própria lei não as previu. Isto é, se a própria lei não disciplina a hipótese de inabilitação, desclassificação ou impedimento de licitantes cujo grau de risco da contratação seja alto, vedado é ao Poder Judiciário por ato normativo ampliar essa previsão.

Destaque-se que o que se pretende com a crítica ora formulada não é impedir a adoção de medidas de avaliação de risco. Isto é, não se discute que a corrupção deve ser combatida, mas não se pode combatê-la a qualquer custo, devendo as garantias constitucionais ser observadas. Mesmo porque, conforme analisado, o interesse público não autoriza ignorar ou violar direitos fundamentais garantidos constitucionalmente.[37]

Assim, a crítica não se apresenta como combate à utilização de mecanismos aptos a auxiliar a modificação da cultura da corrupção nas contratações públicas, tampouco contra o progresso para uma sociedade mais íntegra e transparente, mas, sim, no sentido de que estes devem ser utilizados de acordo com os parâmetros legais, sob

---

[36] Giving priority to rules of honest and upright behavior can certainly be among the values that a person respects. And there are many societies in which respect for such rules provides a bulwark against corruption (SEN, Amartya Kumar. *Development as Freedom*. 4. reimp. 2000. p. 277).

[37] JUSTEN FILHO, Marçal. *Comentários à lei de licitações e contratos administrativos*. 16. ed. São Paulo: Revista dos Tribunais, 2014. p. 71.

pena de subverter a própria lógica para a qual foram propostos, isto é, que passem a ser utilizados para fraudar as contratações públicas, mediante exclusões subjetivas de licitantes, ausência de transparência e ineficácia da medida.

Em uma leitura apressada deste texto, pode-se imaginar que a opinião aqui externada seria que a exigência é – em todos os casos – inconstitucional. Ora, isso não corresponde à realidade. Fica claro, de tudo o que foi aqui exposto, que a exigência de questionários de integridade (DDI, GRI ou de programas de integridade) *como condição de participação no processo competitivo é inconstitucional, porém, não há nada de inconstitucional nessa mesma exigência para fins de contratação*, é dizer, quando já houve a seleção da proposta mais vantajosa adjudicada a um dos licitantes do processo. Aqui, o preenchimento de questionários de integridade é exigido como *obrigação contratual*, e não como condição de habilitação ou participação. Em outras palavras, não se trata de uma condição à participação no certame, mas de uma obrigação que deverá ser concretizada após a assinatura do contrato. Assim, qualquer empresa que não esteja impedida de licitar (por devido processo legal) poderá participar da licitação, e os critérios de risco avaliados no preenchimento do documento servirão para reforço de gestão contratual ou, ainda, como exigências de algumas condições mitigadoras do risco avaliado, a exemplo da obrigatoriedade de implementação de programa de *compliance*, do reforço aos controles internos ou de outras atividades de submissão a maior rigor na fiscalização contratual.

Dessa forma, é possível concluir que a exigência do preenchimento de questionários de integridade e a avaliação de grau de risco de integridade são possíveis, porém não pode restringir a possibilidade de participação dessas empresas no processo competitivo (licitação) em razão do grau de risco aferido pela análise do questionário aplicado pela Administração. Em contrapartida, é plenamente possível – não havendo inconstitucionalidade formal ou material – que tal exigência figure como condição de contratação, após a seleção da proposta mais vantajosa e no ato de assinatura do contrato, seja pelo estabelecimento de exigências posteriores e com prazo ao particular, a exemplo do estabelecimento de um programa de integridade com requisitos objetivos em um prazo para implementação, como disciplinado recentemente na nova lei de licitações (Lei nº 14.133/21).

Referências

ALTOUNIAN, Cláudio Sarian; CAVALCANTE, Rafael Jardim; COELHO, Sylvio Kelsen. *Empresas Estatais*: governança, compliance, integridade e contratações. 1. reimp. Belo Horizonte: Fórum, 2019.

ASSOCIAÇÃO BRASILEIRA DE NORMAS TÉCNICAS. *NBR ISO 31000*. Gestão de Riscos – Princípios e diretrizes. Rio de Janeiro: NBR, 2018.

BOBBIO, Norberto; MATTEUCI, Nicola; PASQUINO, Gianfranco. *Dicionário de Política*. 5. ed. Brasília: Universidade de Brasília, 2000.

BRASIL. *Lei Federal nº 13.303, de 30 de junho de 2016*. Disponível em: http://www.planalto.gov.br/ccivil_03/_ato2015-2018/2016/lei/l13303.htm. Acesso em: 6 nov. 2019.

BRASIL. *Constituição da República Federativa do Brasil de 1988*. Disponível em: http://www.planalto.gov.br/ccivil_03/constituicao/constituicao.htm. Acesso em: 6 nov. 2019.

BRASIL. *Lei Federal nº 8.666, de 21 de julho de 1993*. Disponível em: http://www.planalto.gov.br/ccivil_03/leis/l8666cons.htm. Acesso em: 6 nov. 2019.

BRASIL. Petrobras. *Regulamento de Licitações e Contratos da Petrobras – RLCP*. Disponível em: https://canalfornecedor.petrobras.com.br/media/filer_public/fc/62/fc62e81b-7a2a-44da-9dba-bd5463d2d7db/cartilha-rlcp_rev01.pdf. Acesso em: 6 nov. 2019.

BRASIL. Petrobras. *Due Diligence de Integridade – DDI*. Disponível em: https://canalfornecedor.petrobras.com.br/pt/compliance/due-diligence-de-integridade/. Acesso em: 6 nov. 2019.

BRASIL. Eletrobras. *Programa de Integridade*. Disponível em: https://eletrobras.com/pt/Paginas/Programa-de-Integridade.aspx. Acesso em: 6 nov. 2019.

BRASIL. Eletrobras. *Política Anticorrupção das Empresas Eletrobras*. p. 6. Disponível em: https://eletrobras.com/pt/GestaoeGorvernancaCorporativa/Estatutos_politicas_manuais/Politica-Anticorrupcao.pdf. Acesso em: 6 nov. 2019.

BRASIL. Eletrobras. *Regulamento de Licitações e Contratos*. p. 70. Disponível em: https://eletrobras.com/pt/GestaoeGorvernancaCorporativa/Estatutos_politicas_manuais/Regulamento_de_Licitacoes_e_Contratos.pdf. Acesso em: 6 nov. 2019.

BRASIL. *Tribunal Regional Federal (2ª Região)*. Apelação em Mandado de Segurança nº 0035486-47.2018.4.02.5101. Relator: Marcelo Pereira da Silva. Julgamento: 15 abr. 2019. Disponibilização: 24 abr. 2019. Disponível em: https://www10.trf2.jus.br/consultas/?movimento=cache&q=cache:QEgI_mTgQXsJ:acordaos.trf2.jus.br/apolo/databucket/idx%3Fprocesso%3D201851010354866%26coddoc%3D2289680%26datapublic%3D2019-04-25%26pagdj%3D385/394+convida+refei%C3%A7%C3%B5es+ltda.&site=v2_-jurispruden-cia&client=v2_index&proxystylesheet=v2_index&lr=lang_pt&ie=UTF-8&output=xm-l_no_dtd&acces-s=p&oe=UTF-8. Acesso em: 6 nov. 2019.

BRASIL. *Tribunal de Contas da União – TCU*. Acórdão nº 898/2019 – Plenário. Relator: Benjamin Zymler. Julgamento: 16 abr. 2019. Disponível em: https://pesquisa.apps.tcu.gov.br/#/documento/acordao-completo/*/NUMACORDAO%253A898-%25-20ANOACORDAO%

253A2019/DTRELEVANCIA%20desc,%20NUMACORDAOINT%-20desc/0/%20?uuid=70347a70-ba9d-11e9-a483-9fb8528dc97d. Acesso em: 6 nov. 2019.

BRASIL. *Tribunal de Contas da União – TCU*. Acórdão nº 1845/2019 – Plenário. Relator: Augusto Nardes. Julgamento: 07 ago. 2019. Disponível em: https://pesquisa.apps.tcu.gov.br/#/documento/acordao-completo/risco%2520de%2520integridade/%2520%2520COPIARELATOR%253A%2522AUGUSTO%2520NARDES%2522/DTRELEVANCIA%2520desc%252C%2520NUMACORDAOINT%2520desc/3/%2520?uuid=fcf77f60-0fe4-11ea-bc52-69b41ebac977. Acesso em: 10 out. 2019.

CARVALHO, Itamar; ALMEIDA, Bruno. Programas de *Compliance*: foco no programa de integridade. *In*: *Manual de Compliance*. Rio de Janeiro: Forense, 2019.

CASTRO, Rodrigo Pironti Aguirre de; ZILIOTTO, Mirela Miró. Compliance e a lógica do controle interno prevista no artigo 70 da Constituição da República de 1988: trinta anos de atualidade. *In*: DI PIETRO, Maria Sylvia Zanella; MOTTA, Fabrício (Coord.). *O Direito Administrativo nos 30 anos da Constituição*. Belo Horizonte: Fórum, 2018.

DI PIETRO, Maria Sylvia Zanella. *Direito Administrativo*. 30. ed. rev., atual. e ampl. Rio de Janeiro: Forense, 2017.

FREITAS, Juarez. *O controle dos atos administrativos e os princípios fundamentais*. 5. ed. rev. e ampl. São Paulo: Malheiros Editores, 2013.

FORTINI, Cristiana; MOTTA, Fabrício. Corrupção nas licitações e contratações públicas: sinais de alerta segundo a Transparência Internacional. *A&C – Revista de Direito Administrativo & Constitucional*, Belo Horizonte, ano 16, n. 64, p. 93-113, abr./jun. 2016.

GIOVANINI, Wagner. Programas de Compliance e Anticorrupção: importância e elementos essenciais. *In*: PAULA, Marco Aurélio Borges de; PIRONTI, Rodrigo (coord.). *Compliance, Gestão de Riscos e Combate à Corrupção*. Belo Horizonte: Fórum, 2018.

HARARI, Yuval Noah. *Na batalha contra o coronavírus, faltam líderes à humanidade*. Trad. Odorico Leal. São Paulo: Companhia das Letras, 2020.

INSTITUTO BRASILEIRO DE GOVERNANÇA CORPORATIVA. *Guia de orientação para o gerenciamento de riscos corporativos*. São Paulo: IBGC, 2007.

JUSTEN FILHO, Marçal. *Comentários à lei de licitações e contratos administrativos*. 16. ed. São Paulo: Revista dos Tribunais, 2014.

LAFER, Celso. Incerteza Jurídica. *O Estado de S. Paulo*. Disponível em: http://opiniao.estadao.com.br/noticias/geral,incerteza-juridica,70002231774. Acesso em: 6 nov. 2019.

MENEGAT, Fernando; MIRANDA, Gustavo. Gestão de riscos x matriz de riscos em contratos administrativos de empreitada. *Opinião*. 3 jun. 2019. Disponível em: https://www.conjur.com.br/2019-jun-03/opiniao-gestao-riscos-matriz-riscos-contratos-empreitada. Acesso em: 6 nov. 2019.

MENDES, Francisco Schertel; CARVALHO, Vinícius Marques. *Compliance*: concorrência e combate à corrupção. São Paulo: Trevisan, 2017.

MENDES, Renato Geraldo. *O processo de contratação pública*: fases, etapas e atos. Curitiba: Zênite, 2012.

MOREIRA NETO, Diogo de Figueiredo; FREITAS, Rafael Véras de. *A juridicidade da Lei Anticorrupção* – reflexões e interpretações prospectivas. Disponível em: http://www.editoraforum.com.br/wp-content/uploads/2014/01/ART_Diogo-Figueiredo-Moreira-Neto-et-al_Lei-Anticorrupcao.pdf. Acesso: 6 nov. 2019.

NEVES, Edmo Colnaghi; FIGUEIROA, Caio Cesar. Gestão de Riscos. *In*: CARVALHO, André Castro; ALVIM, Tiago Cripa; BERTOCELLI, Rodrigo de Pinho; VENTURINI, Otávio (coord.). *Manual de Compliance*. Rio de Janeiro: Forense, 2019.

PIRONTI, Rodrigo; GONÇALVES, Francine Pacheco. *Compliance e gestão de riscos nas empresas estatais*. 2. ed. Belo Horizonte: Fórum, 2019.

PIRONTI, Rodrigo; ZILIOTTO, Mirela Miró. *Compliance nas contratações públicas*: exigências e critérios normativos. Belo Horizonte: Fórum, 2019.

PIRONTI, Rodrigo. *Compliance e Gestão de Riscos nas Estatais*: como elaborar uma efetiva matriz de riscos contratuais. Disponível em: https://www.editoraforum.com.br/noticias/compliance-e-gestao-de-riscos-nas-estatais-como-elaborar-uma-efetiva-matriz-de-riscos-contratuais/. Acesso em: 6 nov. 2019.

PIRONTI, Rodrigo. *A corrida contra o tempo para o Compliance e a Gestão de Riscos nas Estatais*. Disponível em: https://www.zenite.blog.br/a-corrida-contra-o-tempo-para-o-compliance-e-a-gestao-de-riscos-nas-estatais/. Acesso em: 6 nov. 2019.

RESENDE, André Lara. Corrupção e capital cívico. *Valor Econômico*, São Paulo, 31 jul. 2015.

SCHRAMM, Fernanda Santos. *Compliance nas contratações públicas*. Belo Horizonte: Fórum, 2019.

SEN, Amartya Kumar. *Development as Freedom*. 4. reimp. 2000.

SMITH, Adam. *The theory of moral sentiments*. 6. ed. 1970. p. 143. Disponível em: https://www.ibiblio.org/ml/libri/s/SmithA_MoralSentiments_p.pdf.

TCU – TRIBUNAL DE CONTAS DA UNIÃO. *Gestão de riscos*: avaliação da maturidade. Brasília: SEGECEX, ADEGECEX, SEMEC, 2018a.

TCU – TRIBUNAL DE CONTAS DA UNIÃO. *Referencial básico de gestão de riscos*. Brasília: SEGECEX, ADEGECEX, SEMEC, 2018b.

Informação bibliográfica deste livro, conforme a NBR 6023:2018 da Associação Brasileira de Normas Técnicas (ABNT):

PIRONTI, Rodrigo; ZILIOTTO, Mirela Miró. A *Due Diligence* de Integridade (DDI) e o Grau de Risco de Integridade (GRI) nas contratações do Poder Judiciário. *In*: SEGURA, Larissa Garrido Benetti (org.); KEPPEN, Luiz Fernando Tomasi; ZENKNER, Marcelo (coord.). *Sistema de integridade e Poder Judiciário*: estudos em homenagem ao ministro Luiz Fux. Belo Horizonte: Fórum, 2022. p. 223-246. ISBN 978-65-5518-454-9.

COMBATE PELA INTEGRIDADE E MUDANÇAS NO JUDICIÁRIO

JOÃO MAURÍCIO ADEODATO
MAURÍCIO RANDS

A Resolução CNJ nº 410, de 23 de agosto de 2021, vem em boa hora. Em primeiro lugar porque reconhece expressamente um velho problema brasileiro, a corrupção e a respectiva falta de integridade pública. O problema é a eficácia do texto, que menciona expressamente essas antigas mazelas, dentre as quais o nepotismo. Pensa-se logo que a primeira medida efetivamente séria a ser tomada será afastar dos tribunais todo e qualquer escritório em que advogados tenham relações familiares com magistrados que decidem seus casos.

Um dos problemas que dificultam o combate a essas disfunções pelo Direito brasileiro é a ideologização de todos os setores da vida pública, retirando a objetividade e o funcionamento republicano do Estado, aprofundando o conhecido adágio "aos amigos tudo, aos inimigos a lei". A ideologia instrumentaliza o Direito e torna-se sua baliza, em lugar de ser balizada por ele.

O sucesso da ideologia é justamente afastar o ônus de pensar, de problematizar. O ideologizado primeiro tenta atacar a fonte, *ad hominem*, ou seja, dizer que aquele interlocutor (um blog ou articulista, por exemplo) é parcial, ou, ironicamente, ideologizado. Quando é difícil desacreditar a fonte (argumento via *ethos*), argumenta-se que a discussão não é importante agora, não é oportuna (argumento via *kairós*). O importante para o intolerante é eliminar o debate, literalmente, não permitir o *dissoi logoi*, "divergentes argumentos". Este era o título de um tratado de autoria desconhecida, escrito entre os séculos V e IV a.C., e passou a designar, ainda na Antiguidade, o exercício de confrontar posições contraditórias para suspender quaisquer juízos (*epoché*) e construir a própria tese de forma mais adequada e sem paixões.[1]

Outra estratégia comum é desprezar o próprio conteúdo do argumento sem enfrentá-lo, desqualificando a "academia", a "ciência" ou o conhecimento como um todo, tachando-o de elitizado, distante, alienado. O ideologizado, como o nome diz, politiza qualquer assunto, pois o opinativismo é mais fácil, acessível a todos e, em tempos de redes sociais, igualitário. Qualquer um pode dizer o que quiser e a arrogância moral não tem limites em sua retroalimentação. Já a divergência é trabalhosa, exige conhecimento, tempo, procedimento, não é só chegar e participar do discurso. O conhecimento é institucionalizado e em geral pode ser testado e avaliado mais objetivamente, mesmo em um país carente de instituições científicas como o Brasil.

Demagogia resulta também de hipertrofia da democracia. Votação passa a ser panaceia para resolver todos os males: fazemos uma votação na internet para dizer que um livro de autoria de amigo insignificante é melhor do que a Crítica de Kant. Recrutamos alguns alunos e amigos ideologizados e/ou interessados na bajulação do autor. Como ninguém se importa em fazer campanha para Kant, seu livro é derrotado e até a qualidade de uma obra passa a ser avaliada ideologicamente.

Numa definição simples e realista, o Estado Democrático de Direito se qualifica a partir da independência do jurídico em relação ao político. O "jurídico" significa o que se chama tecnicamente de "procedimento". O procedimento democrático se caracteriza por tornar secundário o "resultado", o "que" efetivamente se decide, privilegiando "quem" decide (o que os juristas denominam "autoridade competente") e "como" se decide (chamado o "rito de elaboração"). Consequentemente, argumentos sobre o resultado, não importa o que adversários e defensores achem de sua justiça moral, política, religiosa etc., são ignorados pelo Direito.

É por causa das divergências inconciliáveis de opinião na sociedade complexa que a civilização ocidental criou a democracia e seu procedimento. Regimes não democráticos se caracterizam exatamente por não respeitar o procedimento, por colocar perspectivas de justiça deste ou daquele grupo social acima das autoridades e ritos constituídos,

---

[1] SEXTUS EMPIRICUS. *Grundriß der pyrrhonischen Skepsis*, eingeleitet und übersetzt von Malte Hossenfelder. Frankfurt a.M.: Suhrkamp, 1985, p. 101 s.; LAÊRTIOS, Diôgenes. *Vidas e doutrinas dos filósofos ilustres*, trad. Mário da Gama Kury. Brasília: Ed. UnB, 1977, p. 274.

por piores que sejam. Não há democracia acima do procedimento. Uma solução a longo prazo é melhorar a qualidade das pessoas concretas (educação), para assim melhorar a qualidade do "povo" e de seus políticos. E, por que não, modificar os procedimentos, desde que pelo procedimento. A muito longo prazo.

Posições normativas conservadoras à direita e à esquerda podem apelar a expressões ocas como "apoio popular generalizado", ou "direito penal efetivo", como condição para validade do procedimento, o qual resultaria em improvável consenso na "aceitação por parte dos derrotados". O caráter ideologizado desses argumentos fica mais claro diante de casos concretos como o quase impedimento do presidente Fernando Collor, em 1992 (que renunciou, mas ficou inelegível por oito anos, nos termos da Constituição), e o impedimento da presidente Dilma Rousseff, em 2016 (que não renunciou, mas manteve os direitos políticos). Certamente "ilegitimidade crônica" ou "formas ditatoriais" não foi o que ocorreu a partir da posse do vice-presidente Michel Temer, que não foi perturbada por "protestos políticos que se seguiram".[2]

O conceito vago de "direito penal efetivo" foi empregado para justificar algumas decisões controversas do Supremo que se distanciaram dos cânones interpretativos do Direito Penal que até então eram pacíficos. São exemplos de apelo a esse conceito de "Direito Penal efetivo" as doutrinas do "ato de ofício" e do "domínio do fato". A primeira afastou a exigência da prática de ato de ofício específico como contrapartida por vantagem indevida obtida pelo réu. A segunda passou a admitir a responsabilidade penal de uma alta autoridade por um crime mesmo sem participação direta no ato, sob o argumento de que, por ser elevado o seu cargo, deveria ter conhecimento das condutas dos seus subordinados.

A perspectiva da tolerância aceita que, independentemente do seu conteúdo, é necessário que seja possível abandonar o debate, ninguém pode ser obrigado a participar. Mas não é possível alguém acabar com o debate por não querer participar, ou seja, ninguém pode exigir que outros não participem, se querem participar. Em outras palavras, se consideramos o que se diz de alguma forma ofensivo, temos duas opções: ignorar ou entrar no debate.

---

[2] HOLMES, Pablo. *Impeachment* sem legitimação. *Folha de São Paulo*. São Paulo: 26.09.2016. Disponível em: https://m.folha.uol.com.br/opiniao/2016/09/1816816-impeachment-sem-legitimacao.shtml. Acesso em: 3 jun. 2022.

Hoje ninguém duvida de que o Poder Judiciário não apenas cria direito no caso concreto, mas também normas de caráter geral, como se leis fossem, indo muito além de Kelsen e ensejando o surgimento do positivismo realista para explicar os dados. No vácuo de um Poder Legislativo omisso, eliminou a prisão do depositário infiel (Recurso Extraordinário, RE nº 389.808/PR), autorizou a pesquisa com células-tronco (Ação Direta de Inconstitucionalidade, ADI nº 3.510/DF), derrubou a cláusula de barreira que tentava limitar a hiperfragmentação do sistema partidário brasileiro (ADI nº 1.351, rel. min. Marco Aurélio, em 7.12.2006), considerou entidade familiar as uniões homoafetivas (ADI nº 4.277/DF e Ação por Descumprimento de Preceito Fundamental, ADPF nº 123/RJ), proibiu as vaquejadas (ADI nº 4.983/CE), autorizou a prisão de réus condenados em segunda instância, antes mesmo do trânsito em julgado (HC 126.292, rel. min. Teori Zavascki, em 17.02.2016), restringiu a condução coercitiva (ADPF nºs 395 e 444, em 14.6.2018), criminalizou a homofobia equiparando-a ao crime de racismo (Ação Direta de Inconstitucionalidade por Omissão – ADO nº 26 e Mandado de Injunção nº 4.733, julgamento em 13.06.2019), e muitos casos mais.

Além disso, o mesmo argumento e a mesma figura de retórica foram invocados para decisões contrárias, como a separação de poderes, alegada para justificar a decisão pela qual o Supremo Tribunal Federal negou-se a preencher omissões constitucionais, por meio de mandado de injunção, e ignorada pelo mesmo tribunal, ao decidir que era competente para conceder efeitos gerais (*erga omnes*) em ação direta de inconstitucionalidade, sem necessidade de resolução do Senado (art. 52, X, da Constituição), na prática "revogando" sozinho a lei por ele próprio declarada inconstitucional.

O realismo jurídico surge da tentativa de entender esses fenômenos. Ao invés de invectivar contra eles, combatendo-os como irracionais ou fruto de ativismo judicial, procura superar as dificuldades dos modelos anteriores para explicá-los, ao lado de outros fenômenos recentes, como a significativa rebeldia de instâncias inferiores para com os comandos das superiores, além do problema cada vez mais nítido dos conflitos e relações hierárquicas entre os direitos nacionais e as regulações internacionais.

Entre outras abordagens, o realismo jurídico contribui para a compreensão de que o Direito é aplicado por uma pluralidade de atores e que as suas decisões criam direitos. E que esses atores, sobretudo as cortes judiciárias, decidem a partir de como os fatos incidem em seus modelos interpretativos e em suas visões de mundo ou ideologias. A versão norte-americana do realismo jurídico, nascida ali pelos anos 1920 e 1930, influenciada pelo dissenso entre a Suprema Corte e o governo do *New Deal* de Franklin D. Roosevelt, desenvolveu um olhar pragmático sobre o fenômeno jurídico, criticando ilusões metafísicas e racionalistas do Direito. Concentrando-se nos dados empíricos de que, na prática, os juízes e cortes decidem os casos de acordo com suas convicções para depois tentar fazer o enquadramento nas regras e princípios.[3]

O realismo jurídico recusa assim o debate entre as fórmulas tradicionais normativistas e seus adversários, chamados neoconstitucionalistas e pós-positivistas, os quais, muitas vezes, defendem critérios de racionalidade hermenêutica supostamente superiores àqueles efetivamente aplicados pelos poderes estabelecidos, de forma semelhante ao jusnaturalismo anterior. As teorias do consenso tampouco parecem satisfatórias, pois tomam uma atitude mais prescritiva, sobre o que seus autores sugerem para melhorar o ambiente, do que filosófica ou cientificamente descritiva.[4] Anseios por melhoras podem contaminar o conhecimento com ideologias. Os países do capitalismo ocidental periférico desenvolveram sociedades complexas cujos problemas suas estruturas jurídicas subdesenvolvidas não conseguem resolver, é certo. Mas uma volta aos modelos tradicionais dificilmente orientará soluções adequadas.

No fundo, o debate em torno do ativismo judicial é anacrônico. Dentre outros problemas, esquece que a criação do Direito foi pulverizada e não se encontra mais estruturada na separação tradicional de poderes. São as fontes do Direito criadas e aplicadas por órgãos fora de Legislativo, Executivo e Judiciário que fornecem as normas jurídicas mais importantes para o dia a dia da população. São agências reguladoras, funcionários terceirizados, corporações, mediações e instâncias alternativas os responsáveis pelo controle jurídico na sociedade complexa, para os quais as perspectivas do positivismo realista dirigem sua atenção.

---

[3] Uma boa abordagem sobre o realismo jurídico americano encontra-se em Arnaldo Sampaio de Moraes Godoy, ex-consultor-geral da União, "O realismo jurídico norte-americano é intrigante", disponível em: https://www.conjur.com.br/2012-jul-15/embargos-culturais-realismo-juridico-norte-americano, acesso em: 16 jun. 2022.

[4] HERZOG, Don. *Happy Slaves*. A critique of consent theory. Chicago/London: The University of Chicago Press, 1989.

Talvez muitos juízes, no Brasil, tenham passado a ser confrontados com essas "disputas entre opções políticas" devido ao fenômeno do ativismo judicial de que participam, mormente em seus níveis superiores, cujos membros também passaram a ser escolhidos abertamente por opções políticas. Nas decisões, a alegação de princípios jurídicos em decisões tem sido comum, não para o Direito balizar a politica, mas sim para ser balizado por ela.

As tentativas de limitar direitos fundamentais por meio da "ponderação de bens e valores", de atenção a "leis gerais" ou de fórmulas de "abuso" de uma suposta prioridade material (ética) não conseguem se fundamentar sem apoio na lei positiva, metodologicamente clara e distinta:

> A totalidade de um sistema de valores de direitos fundamentais ou constitucionais não é racionalizável por meio do princípio formal da assim chamada ponderação de valores.[5]

O debate brasileiro a esse respeito começa com a democratização e a criticada interferência do Poder Executivo na legislação, por meio de medidas provisórias e decretos, na época da promulgação da Constituição de 1988. Depois se estende à interferência do Poder Judiciário na criação do Direito por meio do chamado ativismo judicial. Nesse processo de enfraquecimento do poder democrático que produz o texto genérico, não apenas há uma sobrecarga do Direito em geral, envolvendo excesso de leis, regulamentos, decretos e todo tipo de decisão, mas também uma sobrecarga para quem tem que decidir o caso concreto, isto é, o Executivo e o Judiciário.

A cobertura da imprensa, dentre outros fatores, tem feito aflorar vaidades. E uma curiosa autoconfiança faz com que muitos magistrados escrevam opiniões, antes inconfessáveis, nos próprios textos de suas decisões. Veja-se o voto:

> Acabo de concluir que devo deixar de ensinar doutrina e assumir que devo apenas ensinar jurisprudência dos Tribunais Superiores. Não me importa o que pensam os doutrinadores. Enquanto for Ministro do STJ, assumo a autoridade da minha jurisdição...
> Decido, porém, conforme minha consciência. Precisamos estabelecer nossa autonomia intelectual, para que este Tribunal seja respeitado. É

---

[5] MÜLLER, Friedrich. *Juristische Methodik*. Berlin: Duncker & Humblot, 1997, p. 71.

preciso consolidar o entendimento de que os Srs. Ministros Francisco Peçanha Martins e Humberto Gomes der Barros decidem assim, porque pensam assim. E o STJ decide assim, porque a maioria de seus integrantes pensa como esses Ministros. Esse é o pensamento do STJ e a doutrina que se amolde a ele. É fundamental expressarmos o que somos. Ninguém nos dá lições. Não somos aprendizes de ninguém. Quando viemos para este Tribunal, corajosamente assumimos a declaração de que temos notável saber jurídico – uma imposição da Constituição Federal. Pode não ser verdade. Em relação a mim, certamente não é, mas, para efeitos constitucionais, minha investidura obriga-me a pensar que assim seja.[6]

Este discurso é um bom exemplo de diversos enunciados erísticos, como a chamada "falsa modéstia": depois de dizer que não aceita lições de ninguém, o juiz exclui-se do grupo dos que teriam notório saber.

Essas manifestações de voluntarismo e autoconfiança estão naturalmente em relação direta com a possibilidade de a decisão ser reformada ou até mesmo de que haja outras sanções para quem decida assim ou assado, além de se a instância decisória é colegiada ou monocrática.

Um exemplo de "fundamentação" curiosa pode ser visto em uma decisão do Supremo Tribunal Federal sobre concessão de *habeas corpus*. O juiz afirma "que os astros estão alinhados pela concessão das ordens" porque "eu acredito em Deus, mas eu acredito também na astrologia. Os astros hoje estão alinhados, em uma conjugação favorável aos pacientes". Ao que outro juiz do colegiado retruca ironicamente: "Confesso que estou me sentindo em um colegiado diverso daquele que geralmente integro às terças-feiras!".[7]

Outro aspecto importante são as decisões monocráticas, acabando com a própria razão de ser de órgãos decisórios colegiados. O monocratismo judicial nos tribunais tem se mostrado um desastre, em termos de legitimação popular, doutrinária, política, administrativa etc., não apenas porque contraria os pressupostos mais simples de colegialidade de decisões em sistemas democráticos, mas também porque viabiliza vaidades tolas e, o que é pior, incoerências incontornáveis na má qualidade da jurisprudência e na total submissão à política, mesmo que seja à política dos próprios magistrados.

---

[6] Voto extraído do AgReg em ERESP no. 279.889-AL.
[7] SUPREMO TRIBUNAL FEDERAL. Habeas Corpus 103.412/SP. *Folha de São Paulo* de 21.10.2012.

Ao se firmar a concretização da Resolução CNJ nº 410, é preciso que seus aplicadores entendam que a falta de integridade pública no país desempenha uma função social e não é apenas um desvio criminoso institucionalizado. Para entender por que é tão difícil essa integridade. Talvez não seja de todo apropriado enxergar uma ligação intrínseca entre poder e corrupção. E tampouco uma oposição também intrínseca entre política e virtude, e chegar a afirmar, como Swift:

> ... que o trono real não poderia ser sustentado sem corrupção, porque aquele temperamento positivo, confiante, irrequieto, que a virtude infundia em um homem, era um obstáculo perpétuo para os negócios públicos.[8]

Mais provável é pensar que a corrupção ética, a permanente possibilidade de desvio de toda regra, desempenha uma função significativa em determinadas formas de organização social, evoluindo com elas. A corrupção é uma das muitas estratégias erísticas, retira sua força do ocultamento e por isso procura evitar a luz pública.

Um dado relevante é que, ao lado da corrupção criminosa, sistemas jurídicos subdesenvolvidos como o brasileiro institucionalizam interpretações e decisões de casos, as quais parecem incompatíveis em relação aos textos genéricos da lei, principalmente, mas não apenas, da Constituição. Se são literalmente compatíveis ou incompatíveis deixa de ser relevante, pois não há uma direção coerente e os textos da lei ensejam interpretações ao sabor do momento, por parte dos próprios órgãos do Estado, nos três poderes. Tudo é levado a cabo dentro do sistema legal, por isso não se trata de corrupção, pelo menos em sentido estrito, ou peculato, que constituem propriamente crimes, previstos no sistema penal. Trata-se de ilegalidades institucionalizadas pelos próprios órgãos do Estado, um "direito alternativo à sombra do Estado", que concede gratificações e privilégios, protege o nepotismo, paga salários acima do teto, cria regras contra a lei e a Constituição.

Textos genéricos como dignidade da pessoa humana, igualdade perante a lei, proibição de nepotismo, fraude à lei e mil outros servem para apresentar o sistema e sugerir acordos que a audiência incauta preenche com suas próprias convicções. Expressões vazias que o auditório preenche como quer. Mas não produzem, não constituem o Direito,

---

[8] SWIFT, Jonathan. *Gulliver's Travels* into Several Remote Nations of the World. Ed. David Price. London: George Bell and Sons, 1892, p. 242.

que é um fenômeno real. Uma coisa é "queremos o bem do Brasil", que nada significa, outra é "o bem do Brasil implica o teto de vinte mil reais mensais para qualquer funcionário público" ou "o bem do Brasil implica estatizar o sistema bancário" ou "extinguir o direito do trabalho". Uma coisa é "Precisamos de uma universidade unida em torno de valores democráticos soberanos", que nada quer dizer, e outra é dizer que "valores democráticos soberanos implicam sistema de cotas para ingresso na universidade." Quanto mais preciso o discurso, mais desacordo acarreta no plano opinativo (ou normativo).

Por isso se diz "sem fazer juízo de valor...", por isso os sofistas de hoje misturam suas opiniões a pretensos discursos "científicos". Se disser abertamente que é a própria opinião, enfraquece o discurso. E não há um auditório qualificado para apontar os sofismas, como uma doutrina sólida ou uma jurisprudência coerente. Uma das funções mais importantes do Direito é garantir alguma previsibilidade aos conflitos humanos. "Como os advogados reduzem complexidade? Afirmando uma regra de direito que explica o que parecem ser casos inconsistentes".[9] Dominado pela política, o sistema jurídico periférico brasileiro não consegue desempenhar eficientemente tal função. Os discursos de cientificidade, objetividade e neutralidade são utilizados, porém não se sustentam.

Em outras palavras, além do Direito extraoficial, alternativo, não dogmático etc., "à margem do Estado", o Direito imposto nos grotões e comunidades a que o Direito estatal não chega, que foi mais estudado,[10] há um direito não dogmático "à sombra do Estado", isto é, ao lado e concorrendo com o Direito estatal dogmaticamente organizado.[11] Os

---

[9] HEGLAND, Kenney F. *Introduction to the study and practice of the law*. Saint Paul: Thomson West, 2003, p. 38.
[10] Tais procedimentos foram estudados no Recife desde a década de 70. Por exemplo: ASCENSÃO, José de Oliveira (org.). *Água Branca* – pesquisa de um direito vivo. Recife: Editora Universitária da UFPE, 1979; FALCÃO Neto, Joaquim de Arruda (org.). *Conflito de direito de propriedade*: invasões urbanas. Rio de Janeiro: Forense, 1984; OLIVEIRA, Luciano. *Sua excelência o comissário*. Recife: PIMES/UFPE, 1984; e OLIVEIRA, Luciano; PEREIRA, Affonso César. Direito alternativo: em busca de sua teoria sociológica. Recife: OAB / Massangana, 1988. SOUTO, Cláudio. Direito alternativo: em busca de sua teoria sociológica. *Anuário dos Cursos de Pós-Graduação em Direito*, nº 7. Recife: Universitária da UFPE, 1995, p. 49-106.
[11] Esta tese foi colocada inicialmente em ADEODATO, João Maurício. A legitimação pelo procedimento juridicamente organizado – notas à teoria de Niklas Luhmann. *Revista da Faculdade de Direito de Caruaru*, vol. XVI. Caruaru: FDC, 1985, p. 85-86, sugerindo que o direito subdesenvolvido não se adapta àquela teoria e que a ineficácia das normas estatais não deve ser reduzida a mera disfunção, mas desempenha papel importante no Direito brasileiro.

exemplos se multiplicam. É a lei que garante a extrema desigualdade entre funcionários públicos, apesar de a Constituição supostamente proteger a isonomia, por exemplo, entre defensoria e ministério público, para não falar entre desembargadores e professores. E até itens questionáveis como faisão, caviar e vinhos são comprados legalmente com recursos públicos. É a lei que atribui ao presidente da Câmara dos Deputados isoladamente a competência para decidir sobre instauração de processo de *impeachment* contra o presidente da República. É a lei que garante as aposentadorias, as prerrogativas, os privilégios. Apesar de supostamente garantir também igualdade e isonomia.

Tais incompatibilidades também se observam, por exemplo, nos ditos conflitos de princípios, como no direito à liberdade de expressão do art. 5º, IX, da Constituição Federal ou da Primeira Emenda da Constituição Norte-americana, pois não há um direito absoluto. Leis que proíbem obscenidades, declarações difamatórias, incitação à violência vão contra a liberdade de expressão e não são consideradas inconstitucionais.[12] Tampouco as leis funcionam no conflito concreto de valores, como no exemplo da vacinação obrigatória *versus* direito à liberdade de decidir sobre si, segundo textos ambíguos e vagos a respeito da linha divisória entre liberdade e autonomia da vontade, por um lado, e o bem-estar do próximo e, por extensão, de toda a comunidade, do outro. A lei supostamente protege o equilíbrio harmônico entre os poderes, mas permite que o chefe do Executivo invalide decisão judicial do Supremo Tribunal por meio de indulto individual, supostamente como instrumento de mútua fiscalização dos pesos e contrapesos.

Essas incoerências estão presentes também nos países dogmaticamente desenvolvidos, mas aí se criam mecanismos de controle. Como nem os textos nem os eventos humanos conseguem portar um significado correto, o significado dominante precisa ser institucionalizado. Talvez a partir da observação desse direito estatal mais eficiente, os mais otimistas esperam que, também nas sociedades periféricas alopoiéticas como a brasileira, a jurisdição faça a ponte entre os textos gerais da lei e os casos individuais, estabelecendo a mencionada previsibilidade.

Contudo, isso só é possível a partir da crença em alguma medida de literalidade a partir dos textos jurídicos, principalmente

---

[12] HAMES, Joanne Banker; EKERN, Yvonne. *Introduction to law*. Upper Saddle River, NJ: Pearson Prentice Hall, 2006, p. 480.

a Constituição, os quais permitem interpretações corretas e justas.[13] Desafortunadamente, este não é um problema somente hermenêutico, principalmente em sociedades nas quais os subsistemas econômico e político interferem decisivamente sobre o subsistema jurídico. Mas mesmo se o conhecimento hermenêutico conseguisse se impor aos magistrados, administradores e políticos, ele não é decisivo; o respeito pelo texto, pela coerência com decisões do passado e pela fundamentação não são dados, mas precisam ser institucionalizados, ou seja, construídos.

Em sociedades periféricas, o texto, a coerência, a fundamentação não fornecem os parâmetros efetivos da decisão, como se pensa, mas tampouco são inócuos; eles cooperam para estratégias ocultas, erísticas. A doutrina em geral não as considera estratégias, mas sim disfunções,[14] e isso quando são mencionadas. Até a simples ignorância do texto legal pode constituir a realidade do direito, pois nada fazer é também um procedimento.

Um exemplo é o §1º do art. 5º da Lei º 9.882/1999, que dá ao juiz relator o poder de conceder liminar na arguição de descumprimento de preceito fundamental, desde que *ad referendum* do plenário do tribunal. É certo que a ADPF não deve ser instrumento para questionar a constitucionalidade da lei, exceto aquelas anteriores à Constituição de 1988 e as leis municipais, não contempladas pela ação direta. A necessidade de uma decisão apoiada por todo o tribunal explica-se para que um único magistrado não tenha a competência para desfazer atos legítimos do Poder Legislativo. Porém, na prática, esse referendo nunca ocorre e a decisão monocrática se institucionaliza com eficácia imediata a partir da ineficácia do referendo pleno.

Em toda sorte de matérias, no mesmo sentido, meios de comunicação já se habituaram a dizer que "tal ministro determinou..." e não apenas os ministros do Supremo Tribunal Federal, já dividido em 11 linhas hermenêuticas ao sabor do caso e das circunstâncias. E assim se faz o relato dominante, no poder individual de cada juiz, enfraquecendo as instituições, no caminho contrário às necessidades de institucionalização das sociedades complexas.

A modernidade havia trazido o governo administrativo, técnico, aquele dos "aparelhos de Estado", nos quais os profissionais do Direito

---

[13] ABBOUD, Georges; CARNIO, Henrique Garbellini; OLIVEIRA, Rafael Tomaz de. *Introdução à teoria e à filosofia do direito*. São Paulo: Revista dos Tribunais, 2014, p. 437 s.

[14] DIMOULIS, Dimitri. *Manual de introdução ao estudo do direito*. São Paulo: Revisa dos Tribunais, 2016, p. 266.

passaram a ter grande participação. E aí surge uma "ética administrativa", a princípio com aquele *ethos* primitivo, ligado ao carisma do chefe, o modelo do pai e da família, da economia privada dos séculos XVII e XVIII. E este é o padrão que se instala no Brasil, embora sempre com suas características específicas. A ética legalista francesa mescla-se com a ética patrimonialista anterior, gerando a estratégia de "criar dificuldades para vender facilidades": de um lado, a leniência da sociedade patrimonialista, do outro, a rigidez burocrática da lei.

É importante acentuar o ambiente do subdesenvolvimento, que pouco se debate no Brasil, porque perpassa as instituições jurídicas, mas também o jornalismo, associações profissionais e de classe, igrejas, hospitais e planos de saúde. E também no contexto de uma democracia imatura, egressa de um longo domínio militar não democrático e tão recente que seus simpatizantes ainda vivem. Daí a dificuldade de apoiar coercitivamente a separação entre legalidade e privilégio, compensação e corrupção, presente e suborno, pois a diferença entre o próprio e o público não é nitidamente institucionalizada.

Uma análise retórica que destaque a erística na administração do Estado, evidentemente incluindo as funções judicante e legislativa, certamente prejudica as estratégias de ocultamento. A vinculação milenar entre retórica e democracia não é difícil de entender: quantos mais participam, mais sólido é o relato, mais real a realidade. A filosofia retórica não estimula as estratégias erísticas, a ideologização, o opinativismo, a arrogância moral: ao descrevê-las e realçá-las, enfraquece-as.

Essas estratégias erísticas, tão comuns em nossas cortes, recrudesceram no Brasil da última década. O país vive, pelo menos desde as manifestações de rua de julho de 2013 e de 2015, uma quadra de agudização da polarização. Isso se reflete dentro do Poder Judiciário, especialmente no Supremo Tribunal Federal, mas também no relacionamento dos poderes entre si. A literatura recente tem distinguido as situações de anomalia em relação ao desenvolvimento constitucional regular dos povos. Aponta situações de rupturas constitucionais como aquelas em que a ordem constitucional anterior é derrubada ou entra em colapso, e uma nova é estabelecida. Mas, como realça Oscar Vilhena Vieira,[15] uma ordem constitucional democrática pode ser substituída por um sistema autoritário mediante a gradual erosão procedimental e substancial das instituições constitucionais. Nesse processo, em

---

[15] VIEIRA, Oscar Vilhena. *A Batalha dos Poderes*. São Paulo: Companhia das Letras, 2018.

experiências como as de Trump nos EUA, Putin na Rússia, Erdogan na Turquia, Chaves e Maduro na Venezuela, Daniel Ortega na Nicarágua ou Víctor Orban na Hungria, os poderes vão sendo minados em sua autonomia, ao tempo em que são combatidos. A captura do Judiciário é um objetivo sempre presente nesses projetos autocráticos em que o subsistema político se impõe.

Em outras situações, ao invés de ruptura ou erosão constitucional, os regimes constitucionais entram em crise por meio de manifestações mais sutis. Seja quando os atores advogam meios excepcionais que, depois de resolvida a crise, seriam legitimados ou dariam lugar às normas que provisoriamente deixaram de ser cumpridas. Aqui se abre uma brecha de respeito ao núcleo constitucional, o que pode deixar sequelas no desenvolvimento democrático do Estado mesmo depois de debelada a crise. Seja quando os poderes enveredam numa escalada de conflito em que cada um reivindica ser o intérprete verdadeiro da Constituição e, assim, esta perde o seu poder de ser o canal de resolução desses conflitos. Seja no chamado *hard ball* (jogo duro), quando cada ator se utiliza dos mecanismos constitucionais (ou de uma peculiar interpretação deles) para combater ou reduzir os poderes dos antagonistas.

Essa última situação de tensão constitucional gera instabilidade e disfuncionalidade das instituições constantemente manipuladas no jogo pesado das disputas. Embora não chegue necessariamente à ruptura constitucional, essa situação de estresse exacerbado pode levar a novos equilíbrios interpretativos que mudarão a percepção e aplicação das normas constitucionais mesmo que elas não tenham sido formalmente alteradas.

A situação brasileira atual tem componentes dessas diversas hipóteses de crises e tensões constitucionais. Os conflitos vêm sendo resolvidos pelas cortes, que, em suas atividades, criam direito sob forte influência alopoiética de outros sistemas, como o político. Assim agindo, o Poder Judiciário tem frequentemente se afastado de consensos interpretativos desenvolvidos com base nos parâmetros das normas constitucionais e legais.

O embate permanente do chefe do Poder Executivo e seus aliados contra o Poder Judiciário vai gerando riscos de que a Constituição de 1988 fique ameaçada ou ao menos seja interpretada de modo muito distinto do modelo original dos constituintes que buscaram fincar as bases de um Estado democrático e de bem-estar social.

Em seu papel de resistência numa situação de crise ou estresse constitucional como a que se acentuou no Brasil desde 2013, o STF tem sido decisivo na contenção dos ataques do chefe do Poder Executivo às demais instituições. Tem sido estratégico na busca da preservação das instituições, procedimentos e valores da CF/88 atualmente atacados. Como quando decidiu combater as *fake news* por meio das quais a extrema-direita diuturnamente investe contra o funcionamento das instituições. Outros exemplos recentes foram a decretação da prisão e cassação do deputado federal Daniel Silveira, a defesa das urnas eletrônicas desacreditas pelo presidente e seus seguidores, além das recentes confirmações de cassações dos deputados Fernando Francischini e Valdevan Noventa.

Nessa resistência, o STF ampliou sua atuação e entrou no chamado *hard ball* constitucional. Passou a exercer um ativismo judicial que reinterpretou preceitos constitucionais fundamentais. Foi assim nas decisões em torno da questão da prisão em 2ª instância mesmo sem trânsito em julgado do acórdão, quando vários ministros oscilaram quanto ao tema em relação ao caso do ex-presidente Lula. Ou naquelas adotadas sobre as prerrogativas de nomeação para cargos de confiança no âmbito do Poder Judiciário (caso em que anulou a nomeação do delegado Ramagen para a diretoria geral da Polícia Federal ou, um pouco antes, a do ex-presidente Lula para o cargo de ministro da Casa Civil). Ou, ainda, nas decisões de cassação e prisão de parlamentares revertendo sua anterior jurisprudência de que essas medidas careceriam de autorização parlamentar por força dos artigos 53 e 55 da CF/88.

Em meio a uma conjuntura de estresse constitucional, o STF não ficou imune e mergulhou ele próprio numa crise tanto interna quanto externa. Foram sendo registradas cada vez mais decisões que se afastam dos cânones constitucionais e legais, sob invocação de princípios que nada mais revelam do que um subjetivismo decisório não raramente influenciado por disputas políticas e até por interesses pessoais.[16] Pronunciamentos plenos de componentes erísticos, como já

---

[16] O mais novo exemplo desse tipo de decisão foi a do ministro Kassio Nunes Marques ao monocraticamente reformar duas decisões do pleno do TSE. A primeira, de outubro de 2021, havia cassado o deputado estadual Fernando Francischini (União Brasil-PR) por divulgação de *fake news* sobre uma inexistente fraude nas urnas eletrônicas nas eleições de 2018 para uma audiência digital de cerca de 6 milhões de pessoas. Num paroxismo de politização, quando a liminar foi levada ao plenário virtual do STF, um outro ministro nomeado pelo presidente Bolsonaro – André Mendonça – entendeu de pedir vistas para impedir a maioria avassaladora que se estava formando pela revogação da liminar do seu

aventado. Seja por disputas pessoais entre os membros da Suprema Corte, travadas em sessões televisionadas e também pelos jornais. Seja pelo excessivo número de decisões individuais dos ministros, o que tem suscitado um importante debate na doutrina sobre o poder absoluto do individualismo decisional. Um poder individual que acaba se constituindo num poder político individual excessivo, como bem analisa Fabrício Castagna Lunardi:

> No entanto, as hipóteses de abuso do poder político individual dos ministros do Supremo, pelo uso estratégico do procedimento, não são reveladas apenas nas medidas liminares e no uso estratégico do Pleno da Corte. Como adiante se demonstrará, a disfuncionalidade também ocorre diante de um individualismo decisional nos julgamentos colegiados do STF.[17]

Esses excessos são praticados em liminares, em pedidos de vista sem prazo de retorno ao colegiado, até mesmo quando já formada maioria em direção contrária, ou na subjetividade do tempo de colocação de processos relatados em pauta, ou na própria discricionariedade dos presidentes das turmas e do tribunal quanto à elaboração das pautas de julgamentos (o poder da pauta).[18]

Diante dos embates entre os poderes que se refletem até mesmo em sua crise interna, as vicissitudes por que passa o STF e o conjunto do Judiciário brasileiro podem ser mais bem compreendidas sob o marco teórico da retórica realista.[19] Como visto, no caso das *fake news* postadas pelo deputado Fernando Francischini (União Brasil-PR) sobre supostas fraudes nas urnas eletrônicas no dia das eleições de 2018, parte do STF

---

colega que também acabara de ser nomeado pelo presidente Bolsonaro. Submetida à 2ª Turma no dia seguinte – dia 07/6/2022 – a liminar foi derrotada por três votos a dois, ficando vencidos os dois ministros nomeados pelo presidente Bolsonaro.

A outra decisão recente de igual natureza politizada foi a liminar deferida pelo mesmo ministro Kassio Nunes Marques revogando a cassação do deputado Valdevan Noventa (PL-SE) que também havia sido condenado pelo pleno do TSE por irregularidades no financiamento de sua campanha. Poucos dias depois, em 10-6-2022, a 2ª Turma do STF, por três votos a dois, revogou essa decisão e restabeleceu a cassação que havia sido decidida pelo TSE. Votaram pela cassação os ministros Fachin, Lewandowski e Gilmar Mendes. Votaram pela liminar o seu autor e o ministro André Mendonça, os dois ministros até agora nomeados pelo presidente Bolsonaro. Votação idêntica à do caso do deputado Francischini.

[17] LUNARDI, Fabrício Castagna. *O STF na Política e a Política no STF – Poderes pactos, e impactos para a democracia*. São Paulo: Saraiva Educação, 2020.

[18] RANDS, Maurício. *Para Superar a Polarização*. Recife: Editora Cepe, 2020, p. 123-125.

[19] ADEODATO, João Maurício. *Uma teoria retórica da norma jurídica e do direito subjetivo*. São Paulo: Noeses, 2014.

procurou construir a interpretação de que seriam ilícitas. Ao colocar em dúvida a segurança da manifestação do eleitor nas urnas eletrônicas, o TSE e a 2ª Turma do STF desenvolveram o argumento de que esse comportamento colocava em risco o próprio processo democrático protegido pela Constituição. O STF, por sua 2ª Turma, logrou impô-lo contra dois de seus ministros que dele discordavam. Mas, numa atitude consequencialista, silenciou quando no dia seguinte o presidente da República repetiu a mesma infração cuja ilegalidade havia sido declarada pelo STF: "Esse deputado não espalhou *fake news*, porque o que ele falou na *live* eu também falei para todo mundo: que estava havendo fraude nas eleições de 2018". Sob a chave interpretativa de uma retórica realista pode-se compreender como, ao se omitir diante da prática pelo presidente do mesmo ilícito que acabara de sancionar, o STF movimentou-se movido pelo pragmatismo do juízo de correlação de forças entre os agentes políticos em tensão. Silenciou diante de um ato hostil e politizado praticado pelo chefe do Poder Executivo em desrespeito aos limites constitucionais dos poderes da república e à regra de harmonia entre eles.

Porém nenhum tipo de enunciado é evidente ou inexorável, verdade ou única resposta correta. Se a retórica estratégica, isto é, interesses, consensos, ameaças, mentiras, engodos, dissimulações, pretensões de verdades, em suma, todas as formas de narrativas humanas – ou seja, relações retóricas – constituírem a "realidade" dos relatos vencedores em outra direção, as descrições científicas e suas evidências empíricas podem ser completamente derrotadas. Se Plutão é considerado planeta ou asteroide, se os reinos da natureza são quatro ou cinco, se Aníbal atravessou os Alpes, se o Duque de Caxias é um herói nacional, tudo vai depender das circunstâncias. A verdade que se impõe por si mesma, "racionalmente", "faticamente" ou "evidentemente" não existe para o ser humano, consiste apenas num muito bem-sucedido artifício retórico para vencer um debate, na medida em que os auditórios se disponham a aceitá-la.

A retórica é assim um poderoso instrumento nas disputas de poder, de imposição de vontades e de delimitação de espaços institucionais no seio de um regime constitucional.

Viu-se que parte da doutrina tem apontado a exacerbação de um impróprio "poder político individual dos membros do Supremo". Tem mostrado o uso estratégico das prerrogativas dos cargos ocupados na magistratura para disputas *interna corporis* e também com os demais poderes. Tanto por razões político-ideológicas, como por disputas da política interna corporativa. Essa politização das cortes constitucionais tem ocorrido em outras democracias consolidadas, mas que também passam por crises constitucionais ou, no mínimo, por momentos de erosão democrática e tensão constitucional. Como bem adverte o ministro Stephen Breyer,[20] da Suprema Corte dos Estados Unidos, não tem sido rara a percepção da opinião pública americana de que os membros da corte atuariam como se fossem "políticos de toga". Ele registra que a sociedade americana ao longo do tempo compreendeu que as decisões da Corte Suprema devem ser acatadas mesmo quando se divirja do seu conteúdo. Porque sem essa atitude o *rule of law* se quedaria sem o alicerce que lhe dá sustentação.

Corretamente, Stephen Breyer chama a atenção para o fato de que a autoridade das decisões da Suprema Corte sobre conflitos entre instituições, entre os cidadãos e entre esses últimos e aquelas decorre do fato de serem percebidas como de autoria de árbitros neutros, justos, eficientes e equilibrados. A autoridade das cortes depende principalmente de que os jurisdicionados percebam como justas as suas decisões. Para ele, a fim de cumprir sua função no sistema de freios e contrapesos, e garantidor do *rule of law,* a Suprema Corte deveria evitar a intervenção política e a sua politização. Para Breyer, não é certo que os ministros daquela corte sempre decidam em função de suas ideologias. Ele imagina que os alinhamentos ocorrem mais por identidade do que ele chama de *judicial philosophy*. Ou seja, por visões comuns quanto à interpretação constitucional. Alguns intérpretes seriam mais sensíveis às questões relativas ao texto constitucional e sua história/origem. Outros, às questões sobre os propósitos e valores do texto interpretado, e sobre as consequências da decisão a ser adotada.

Apesar dessa clivagem que reconhece haver na Suprema Corte dos EUA, ele não deixa de identificar duas ameaças à sua autoridade: a primeira, a erosão geral da credibilidade das instituições estatais; a segunda, a crescente percepção da opinião pública quanto ao caráter político das nomeações para sua composição e ao alinhamento político-partidário de suas decisões. Para conjurar esses riscos, o desafio é reter a confiança do povo na instituição. Manter a autoridade da Corte que foi lenta e gradualmente construída. E essa autoridade depende

---

[20] BREYER, Stephen. *The Authority of the Court and the Peril of Politics.* Cambridge, Mass: Harvard University Press, 2021.

da confiança de que a Suprema Corte é guiada por princípios legais, não pela política.

No Brasil, a confiança no Supremo tem sido atingida pela polarização que vivemos há pelo menos uma década. Há, pois, razões do ambiente externo influenciando a erosão da credibilidade da nossa Corte Suprema. Mas é preciso reconhecer igualmente as razões internas, que decorrem da própria conduta do tribunal e de seus membros. Da oscilação de suas decisões. Da percepção de que elas decorrem de disputas políticas. Do afastamento dos cânones interpretativos assentes sobre as regras legais e constitucionais vigentes. Do recorrente afastamento da literalidade dos textos legais e constitucionais.

As duas liminares recentes do ministro Kassio Nunes Marques, depois revogadas por seus colegas em decisão colegiada que deixou vencidos apenas ele e o outro ministro nomeado pelo atual presidente, não reforçam a percepção de que os fundamentos de cada voto foram mesmo jurídicos. Poderiam ser listadas muitas outras decisões que ratificam a percepção de que a política estaria guiando as decisões do STF. Inclusive a mudança de votos de ministros em curto espaço de tempo, dependendo de quem eram os beneficiados ou prejudicados politicamente. Nos demais tribunais superiores a situação não é muito diferente.

Não é difícil perceber que as oscilações técnicas e institucionais de algumas das decisões mais polêmicas do Poder Judiciário acabam por debilitar a credibilidade judicial que é essencial ao Estado democrático de direito. Isso ocorre quando o STF extrapola suas atribuições e usurpa competência de outros poderes. Quando pratica um "populismo de toga". Como no caso da "desnomeação" de um delegado para o comando da Polícia Federal sob o argumento de que ele poderia vir a beneficiar a família do presidente. Ou como na "desnomeação" do ex-presidente Lula para o cargo de ministro da Casa Civil. Ou quando adota outras decisões juridicamente questionáveis. Como a de abrir um inquérito – o das *fake news* – sem que a Procuradoria-Geral, a titular da ação penal, o provocasse. E com o relator designado sem o sorteio previsto no art. 66 do seu Regimento Interno. Ou quando seus membros se expõem nas mídias e em seminários realizados aqui e no exterior, emitindo opiniões sobre temas que depois poderão vir a julgar. Por isso, o STF tem sofrido erosão em sua credibilidade e legitimidade não somente por causa dos ataques dos extremistas. Mas também porque suas oscilações interpretativas são percebidas pela opinião pública como afastadas dos parâmetros legais e constitucionais.[21]

Para suplantar esse estágio de polarização, politização e redução da credibilidade da mais alta corte de justiça do país e dos demais órgãos do Judiciário, urge desenvolver um esforço de fortalecimento e resgate da sua autoridade. Urge também a reflexão sobre a necessidade de que suas decisões e mesmo os seus procedimentos decisórios sejam menos influenciados pelos influxos do subsistema político.

Esse objetivo recomenda uma reforma estrutural, mas também uma mudança cultural e atitudinal dos seus membros e do público em geral, inclusive as demais instituições públicas. Precisamos que a comunidade jurídica, o mundo político, os demais atores sociais e a opinião pública percebam que as decisões do STF e dos demais órgãos do Poder Judiciário são tomadas em respeito aos marcos legais e constitucionais.

Quanto à sua reforma estrutural e de procedimentos, podem-se examinar alguns temas como os que seguem:

i) estabelecimento de mandatos de seis anos;
ii) definição dos requisitos de notável saber jurídico e reputação ilibada: formação jurídica completa ao nível do doutoramento, publicações de obras jurídicas com definição de requisitos de publicações em veículos submetidos ao *peer review*; histórico rigoroso de inexistência de processos cíveis, administrativos ou penais contra o candidato; período de quarentena de ao menos um ano após o exercício de cargo de livre nomeação pelo Poder Executivo;
iii) alternância, entre o chefe do Poder Executivo, o presidente do Senado e o presidente da Câmara dos Deputados, para indicação de candidatos ao STF, a serem confirmados ou rejeitados por uma Comissão Mista de Senadores e Deputados, que se abstenham de fazer "sabatinas de mentirinha";
iv) estabelecimento na Constituição Federal ou na Lei Orgânica da Magistratura de normas de conduta ética mais rigorosas, com penas de advertência, suspensão ou perda do mandato;

---

[21] A erosão da autoridade do STF tem sido bem analisada pela doutrina. Essas oscilações decisórias e o afastamento dos parâmetros interpretativos que decorrem das regras e princípios constitucionais estão discutidos em RANDS, Maurício. *Para Superar a Polarização*. Recife: Editora Cepe, 2020, p. 94-96, 100-103, 113-115.

vedação de entrevistas ou pronunciamentos públicos sobre temas com potencial para deliberação da corte; obrigatoriedade de abertura de processos éticos diante de quebras de decoro, inclusive em incidentes com os próprios pares;

v) reformulação da composição do Conselho Nacional de Justiça para que haja paridade entre membros do Judiciário e os dos outros poderes e da sociedade civil;

vi) criação de regras de procedimentos que diminuam o poder político individual dos membros do Supremo para fortalecer a deliberação colegiada; restrição procedimental e substancial às decisões monocráticas; caducidade da liminar se não apreciada pela turma ou pelo pleno dentro de um prazo de três sessões.

Quanto às chamadas mudanças culturais, parecem interessantes algumas sugestões feitas por Stephen Breyer.[22] Dirigindo-se aos seus pares em uma composição que tem sido vista pela opinião pública norte-americana como excessivamente politizada, ele recomenda algumas atitudes a serem perseguidas na atuação cotidiana de cada um deles:

i) concentrar-se na tarefa de julgar os processos sem buscar popularidade ou atendimento de *lobbies* específicos;

ii) clareza na redação das decisões;

iii) deliberação mediante a ponderação racional dos argumentos, com consciência de que as decisões de uma corte suprema têm também muito a ver com a sinalização para o futuro;

iv) capacidade de obter os necessários compromissos e conciliações para viabilizar a decisão colegiada e permitir alguma consistência nos entendimentos de seus membros; e

v) adoção de uma visão ampla capaz de contemplar os propósitos e valores da Constituição, mas também as consequências das decisões produzidas.

Em nosso passado recente, algumas condutas dos membros do Supremo têm sido percebidas pela opinião pública, pelo jornalismo profissional e pelo estamento jurídico como tendo se distanciado do

---

[22] BREYER, Stephen. *The Authority of the Court and the Peril of Politics*. Cambridge, Mass: Harvard University Press, 2021, p. 64-90.

modelo que se espera para fortalecer a autoridade da corte. A criação da TV Justiça, com a transmissão direta das sessões de julgamento, tem sido contrastada com os métodos deliberativos de outras cortes. Nos EUA, por exemplo, as discussões deliberativas, depois que as partes produziram suas razões escritas e orais, são produzidas em sessões fechadas. Justamente para prevenir tentações de concessão à busca de popularidade. Não têm sido raros os episódios de excesso de exposição dos membros do nosso Supremo na mídia televisiva, radiofônica, nos jornais e nas redes sociais. Isso tem minado a credibilidade da corte. O que também tem sido causado por alguns episódios de altercações entre ministros, entremeadas de graves acusações que ficam por isso mesmo, como exemplificado pelo episódio ocorrido no julgamento do AgR no HC 193726, em que era agravante o ex-presidente Luiz Inácio Lula da Silva, no dia 22 de abril de 2021, entre os ministros Gilmar Mendes e Luís Roberto Barroso. Ou na altercação registrada entre os dois ministros no dia 21 de março de 2018, por ocasião do julgamento da ADI nº 5.395, proposta pela OAB. Ou na ocorrida entre os ministros Marco Aurélio e Luiz Fux, no julgamento do caso "André do Rap" em 15 de outubro de 2020. O Poder Judiciário brasileiro ganharia em credibilidade se promovesse mudanças culturais e atitudinais na direção de uma maior *judicial restraint* que evite substituir desnecessariamente as atribuições dos demais poderes. E também se os seus órgãos desenvolvessem regras procedimentais para institucionalizar o respeito pelo texto, pela coerência com decisões do passado e pela fundamentação.

Nosso Poder Judiciário, e o STF em particular, tem muito a contribuir para que o país avance. Para isso, precisa exercer suas atribuições com mais contenção, moderação, estudo, modéstia, respeito à colegialidade e consistência em relação aos textos da Constituição e das leis, e à sua própria jurisprudência. Mudanças que se tornam ainda mais indispensáveis para que o Estado democrático de direito seja preservado pela busca de independência das instâncias jurídicas em relação aos subsistemas político e econômico. Mudanças que reforcem os "procedimentos" nas decisões do sistema jurídico brasileiro. Com a tolerância ínsita ao respeito aos procedimentos e afastando-nos da generalizada ideologização, poderemos avançar para garantir uma maior integridade e conformidade no funcionamento das instituições de uma sociedade alopoiética como a brasileira.

Informação bibliográfica deste livro, conforme a NBR 6023:2018 da Associação Brasileira de Normas Técnicas (ABNT):

ADEODATO, João Maurício; RANDS, Maurício. Combate pela integridade e mudanças no Judiciário. *In*: SEGURA, Larissa Garrido Benetti (org.); KEPPEN, Luiz Fernando Tomasi; ZENKNER, Marcelo (coord.). *Sistema de integridade e Poder Judiciário*: estudos em homenagem ao ministro Luiz Fux. Belo Horizonte: Fórum, 2022. p. 247-268. ISBN 978-65-5518-454-9.

A RECOMENDAÇÃO DA OCDE SOBRE INTEGRIDADE PÚBLICA E SEUS EFEITOS SOBRE O PODER JUDICIÁRIO BRASILEIRO

CHRISTINE SANTINI
LIGIA MAURA COSTA

1 Introdução

Este estudo é realizado em homenagem ao Excelentíssimo Senhor Ministro Luiz Fux, o qual externou em seu discurso de posse no cargo de Presidente do Supremo Tribunal Federal e do Conselho Nacional de Justiça para o biênio 2020/2022 que os eixos de sua gestão seriam alinhados aos Objetivos de Desenvolvimento Sustentável (ODS) da Agenda 2030 da Organização das Nações Unidas (ONU), inclusive pelo reconhecimento da relevância do ingresso do Brasil na Organização para a Cooperação e Desenvolvimento Econômico (OCDE).[1] Sua Excelência certamente bem cumpriu a missão de fazer o melhor pelas instituições e pelo País, com humildade, generosidade e zelo pela reputação não só própria como de seus pares. Todos somos gratos pelo exercício de seu encargo com o propósito de bem servir à Nação.

A OCDE é uma das mais relevantes organizações internacionais. Ela surgiu após a Segunda Guerra Mundial. Inicialmente, a OCDE era composta por dezoito países do continente europeu, além dos Estados Unidos da América e do Canadá, ou seja, países desenvolvidos. Era o comumente chamado "Clube dos Países Ricos". Com o decorrer de sua história, a Organização passou a admitir o ingresso de outros países, países esses ainda em desenvolvimento e de outras regiões. A razão de ser da OCDE é servir como fórum de discussões e debates, troca de conhecimento e experiência para a promoção da melhoria das boas práticas de políticas públicas entre seus países membros, mas também em

---

[1] OCDE/OECD – Organisation for Economic Co-operation and Development.

alguns casos países não membros, entre outros organismos e organizações internacionais ou regionais, visando sempre o desenvolvimento sustentável e o bem-estar socioeconômico como bem maior.

Em 29 de maio de 2017, o Brasil formalizou o pedido de abertura do processo de acessão à OCDE e, em 25 de janeiro de 2022, recebeu a carta-convite da Organização para formalizar o início de seu processo de acessão. Desde o governo do então presidente Fernando Henrique Cardoso, nos idos dos anos 90, o Brasil tem demonstrado interesse em participar como país membro da OCDE. Assim, passou a integrar comitês e grupos de trabalho, aderiu e ratificou alguns instrumentos jurídicos, como a Convenção sobre Combate da Corrupção de Funcionários Públicos Estrangeiros em Transações Comerciais Internacionais.[2]

O presente artigo apresenta um breve histórico da OCDE, analisando sua estrutura, objetivos e funcionamento, para, na sequência, analisar os impactos da Recomendação do Conselho da OCDE sobre Integridade Pública de 2017 (*Recommendation of the Council on Public Integrity*)[3] para o Poder Judiciário brasileiro, em particular diante do processo de acessão do Brasil e de sua futura participação na OCDE como país membro. Temos ainda um longo caminho a percorrer, é verdade. Mas é desde já muito oportuno o exame das melhorias realizadas pelo Poder Judiciário nas políticas públicas de integridade baseadas na Recomendação e a importância para a melhoria da governança e da redução da corrupção sistêmica que ainda assola o Brasil.

2 O papel da OCDE

A Convenção que criou a OCDE[4] foi assinada em 14 de dezembro de 1960, no *Chatêau de la Muette* em Paris, por dezoito países do

---

[2] OCDE. *OECD anti-bribery Convention*. OECD: Paris, 1997. Disponível em: https://www.oecd.org/corruption-integrity/explore/oecd-standards/anti-bribery-convention/. Acesso em: 27 jun. 2022. Em 15 de junho de 2000 o Brasil ratificou essa Convenção, promulgada pelo Decreto nº 3.678, de 30 de novembro de 2000. Disponível em: http://www.planalto.gov.br/ccivil_03/decreto/d3678.htm. Acesso em: 27 jun. 2022.

[3] OECD. *Recomendação do conselho da OCDE sobre integridade pública*. OECD/LEGAL/0435, 2017. Versão em língua portuguesa Disponível em: https://www.oecd.org/gov/ethics/integrity-recommendation-brazilian-portuguese.pdf. Acesso em: 27 jun. 2022.

[4] OCDE. *Convention on the organisation for economic co-operation and development 1960*. OCDE: Paris, 1960. Disponível em: https://www.oecd.org/general/conventionontheorganisationforeconomicco-operationanddevelopment.htm. Acesso em: 27 jun. 2022.

continente europeu, além dos Estados Unidos da América e do Canadá.⁵ Essa Convenção transformou a então Organização para a Cooperação Econômica Europeia (OEEC), fundamental para administrar e reestruturar o Plano Marshall no pós-Segunda Guerra Mundial, na festejada OCDE de nossos dias. Na verdade, com o término do Plano Marshall, em 1952, a OEEC praticamente perdeu sua razão de existir. Mas diante das ameaças no contexto da Guerra Fria, países membros da Organização do Tratado do Atlântico Norte (OTAN) propuseram a utilização da estrutura já existente da OEEC para reforçar a OTAN. Essa Organização examinaria assuntos voltados aos aspectos econômicos, relacionados com a inflação, por exemplo.⁶

Seguindo os passos da OEEC, a nova organização internacional foi relevante para o fortalecimento, o estabelecimento e a expansão da Comunidade Econômica Europeia (CEE), atualmente União Europeia (UE). Ao longo de seus mais de 60 anos de história, a OCDE com apenas vinte países, originalmente, se expandiu e muito. Hoje, agrega, além de muitas antigas repúblicas socialistas soviéticas, como Estônia, Hungria, Letônia, Lituânia e República Tcheca, também países da América do Sul e da região da Ásia-Pacífico, como Austrália, Chile, Colômbia, Costa Rica, Japão, Coreia do Sul, México e Nova Zelândia. A Tabela 1 traz a lista dos países membros da OCDE.

Tabela 1 – Países membros e datas de acessão

(continua)

38 países membros da OCDE			
País	Data acessão	País	Data acessão
Alemanha	27 de setembro de 1961	Irlanda	17 de agosto de 1961
Austrália	7 de junho de 1971	Islândia	5 de junho de 1961
Áustria	29 de setembro de 1961	Israel	7 de setembro de 2010
Bélgica	13 de setembro de 1961	Itália	29 de março de 1962
Canadá	10 de abril de 1961	Japão	28 de abril de 1964

---

5   Países integrantes da Convenção que criou a OCDE: Áustria, Bélgica, Canadá, Dinamarca, França, Alemanha, Grécia, Islândia, Irlanda, Itália, Luxemburgo, Países Baixos, Noruega, Portugal, Espanha, Suécia, Suíça, Turquia, Reino Unido e Irlanda do Norte e Estados Unidos da América.
6   BARBEZAT, Daniel. The Marshall plan and the origin of the Oeec. *In*: Griffiths, Richard T. (ed.). *Explorations in OEEC history*. OECD: Paris, 2009 (OECD Historical Series), p. 33-48, https://doi.org/10.1787/9789264067974-en. Disponível em: http://www.oecd.org/economy/explorations-in-oeec-history-9789264067974-en.htm. Acesso em: 27 jun. 2022.

(conclusão)

38 países membros da OCDE			
País	Data acesso	País	Data acessão
Chile	7 de maio de 2010	Letônia	1 de julho de 2016
Colômbia	28 de abril de 2020	Lituânia	5 de julho de 2018
Coreia do Sul	12 de dezembro de 1996	Luxemburgo	7 de dezembro de 1961
Costa Rica	25 de maio de 2021	México	18 de maio de 1994
Dinamarca	30 de maio de 1961	Noruega	4 de julho de 1961
Eslováquia	14 de dezembro de 2000	Nova Zelândia	29 de maio de 1973
Eslovênia	21 de julho de 2010	Países Baixos	13 de novembro de 1961
Espanha	3 de agosto de 1961	Polônia	22 de novembro de 1996
Estados Unidos	12 de abril de 1961	Portugal	4 de agosto de 1961
Estônia	9 de dezembro de 2010	Reino Unido	2 de maio de 1961
Finlândia	28 de janeiro de 1969	República Tcheca	21 de dezembro de 1995
França	7 de agosto de 1961	Suécia	28 de setembro de 1961
Grécia	27 de setembro de 1961	Suíça	28 de setembro de 1961
Hungria	7 de maio de 1966	Turquia	2 de agosto de 1961

Fonte: OCDE Website. List of OECD member countries. Ratification of the Convention on the OECD. Disponível em: https://www.oecd.org/about/document/ratification-oecd-convention.htm. Acesso em: 27 jun. 2022.

A OCDE engloba a maior parte das economias mais desenvolvidas do mundo. Por essa razão, é comumente chamada de "Clube dos Países Ricos", já que seus países membros têm elevado Produto Interno Bruto (PIB) per capita, ao lado de indicadores sociais que indicam uma boa qualidade de vida de seus nacionais. Há ainda certa homogeneidade ideológica entre os membros da OCDE, tendo os valores democráticos como princípio basilar, expressos no livre partidarismo e na realização de eleições periódicas livres, além do forte apoio ao livre mercado e a adoção de políticas públicas similares em matéria de desenvolvimento econômico sustentável, igualdade, prosperidade, bem-estar social e governança social. É o que se pode ler no artigo 1º da Convenção que criou a OCDE:

> Os objetivos da Organização para a Cooperação e Desenvolvimento Econômico (doravante denominada "Organização") serão de promover políticas concebidas para:
> a) alcançar o mais alto crescimento econômico sustentável e emprego e um padrão de vida crescente nos países membros, mantendo a

estabilidade financeira e, assim, contribuir para o desenvolvimento da economia mundial;
b) contribuir para uma sólida expansão econômica nos países membros e não membros em processo de desenvolvimento econômico; e
c) contribuir para a expansão do comércio mundial numa base multilateral e não discriminatória, de acordo com as obrigações internacionais.[7] (tradução livre)

Muitos consideram a OCDE como um *think tank*. Para moldar políticas que promovam a prosperidade, a igualdade, o bem-estar social, o comércio mundial multilateral, políticas não discriminatórias e a estabilidade econômica, a Organização busca:

a) promover o uso eficiente de seus recursos econômicos;
b) no campo científico e tecnológico, promover o desenvolvimento de seus recursos, incentivar a pesquisa e promover a formação profissional;
c) prosseguir as políticas destinadas a alcançar o crescimento econômico e a estabilidade financeira interna e externa e evitar acontecimentos que possam pôr em perigo as suas economias ou as de outros países;
d) prosseguir os seus esforços para reduzir ou suprimir os obstáculos ao intercâmbio de bens e serviços e pagamentos correntes e manter e alargar a liberalização dos movimentos de capitais; e
e) contribuir para o desenvolvimento econômico de países membros e não membros em processo de desenvolvimento econômico por meios apropriados e, em particular, pelo fluxo de capital para esses países, levando em conta a importância para suas economias de receber recursos técnicos assistência e de assegurar mercados de exportação em expansão.[8] (tradução livre)

---

[7] OCDE. *Convention on the organisation for economic co-operation and development*. Op. Cit.: "Article 1. The aims of the Organisation for Economic Co-operation and Development (hereinafter called the "Organisation") shall be to promote policies designed: (a) to achieve the highest sustainable economic growth and employment and a rising standard of living in Member countries, while maintaining financial stability, and thus to contribute to the development of the world economy; (b) to contribute to sound economic expansion in Member as well as non-member countries in the process of economic development; and (c) to contribute to the expansion of world trade on a multilateral, non-discriminatory basis in accordance with international obligations."

[8] Ibid. "Article 2. In the pursuit of these aims, the Members agree that they will, both individually and jointly: (a) promote the efficient use of their economic resources; (b) in the scientific and technological field, promote the development of their resources, encourage research and promote vocational training; (c) pursue policies designed to achieve economic growth and internal and external financial stability and to avoid developments which might endanger their economies or those of other countries; (d) pursue their efforts to reduce or abolish obstacles to the exchange of goods and services and current payments and maintain and extend the liberalisation of capital movements; and (e) contribute to the economic development of both Member and non-member countries in the process of economic development by appropriate means and, in particular, by the flow of capital to

O arcabouço organizacional da OCDE, apresentado na Tabela 2, coloca em evidência seus organismos técnicos, que produzem continuamente conhecimento, visando a melhoria da qualidade e eficiência das políticas públicas, através de análises comparativas, de instrumental econométrico e de índices de estudo qualitativo. Tendo por alicerce esse trabalho técnico, a OCDE elabora instrumentos jurídicos, baseados em evidências empíricas, determinando e recomendando boas práticas de conduta aos seus países membros e sempre com o objetivo de promover o desenvolvimento econômico e social sustentável, a primazia da democracia e da preservação do meio ambiente, inclusive em relação à discriminação de gênero no crescimento econômico. Ainda, a OCDE busca a eliminação do suborno e de outros crimes financeiros a nível mundial, já que a corrupção mina o progresso socioeconômico da geração presente e das futuras gerações.[9]

Tabela 2 – Estrutura organizacional da OCDE

CONSELHO
Supervisão e direção estratégica
Representantes países membros e Comissão Europeia orientam estratégicas para a OCDE
Presidido pelo Secretário-Geral. Decisões tomadas por consenso
COMITÊS
Comitês, especialistas e grupos de trabalho reúnem países e parceiros para compartilhar experiências, revisar a implementação e o impacto das políticas públicas
SECRETARIADO
Diretorias coletam dados, evidências, análises e formulam recomendações para as discussões dos comitês, com base no mandato do Conselho
FORMADORES DE POLÍTICAS
Representantes de governos, empresas, trabalhadores, sociedade civil e academia participam do trabalho, trazendo seus pontos de vista por meio de consultas e trocas de informações com o Secretariado

Fonte: OCDE Website. *Organizational structure*. Disponível em: https://www.oecd.org/about/structure/. Acesso em: 27 jun. 2022.

---

those countries, having regard to the importance to their economies of receiving technical assistance and of securing expanding export markets."

[9] A Convenção sobre Combate da Corrupção de Funcionários Públicos Estrangeiros em Transações Comerciais Internacionais entrou em vigor em 1999 e foi ratificada por todos os países membros da OCDE e por 6 países não membros da OCDE: África do Sul, Argentina, Brasil, Bulgária, Peru e Rússia. O principal objetivo da Convenção é prevenir e combater a corrupção de funcionários públicos estrangeiros na esfera de transações comerciais internacionais. OCDE. *OECD anti-bribery Convention*. OECD: Paris, 1997. Disponível em: https://www.oecd.org/corruption-integrity/explore/oecd-standards/anti-bribery-convention/. Acesso em: 27 jun. 2022. O Brasil ratificou essa Convenção em 15 de junho de 2000, promulgada pelo Decreto nº 3.678, de 30 de novembro de 2000. Disponível em: http://www.planalto.gov.br/ccivil_03/decreto/d3678.htm. Acesso em: 27 jun. 2022.

A OCDE adota um número considerável de instrumentos jurídicos, denominados diretrizes, padrões e normas internacionais de boas práticas.[10] Esses instrumentos devem ser implementados por seus países membros, visando a harmonização e a uniformização das boas práticas de políticas públicas. A OCDE tem 257 instrumentos legais que podem ser livre e gratuitamente acessados no seu *website* e catalogados em 18 diferentes temas.[11] Esses instrumentos têm diferentes aspectos jurídicos, sendo alguns juridicamente vinculativos, já outros não. A classificação adotada pela OCDE é a seguinte: Decisões (*Decisions*); Recomendações (*Recommendations*); Documentos de Resultado Substantivo (*Substantive Outcome Document*); Acordos Internacionais (*International Agreements*) e Outros Instrumentos Legais (*Others*). As Decisões são adotadas pelo Conselho e juridicamente vinculantes a todos os países membros, salvo aqueles que se abstiverem, expressamente, de adotá-las. Na prática, as Recomendações não são juridicamente vinculantes; mas elas representam a vontade política dos países membros da OCDE e se espera que todos os seus membros venham a implementá-las. Elas são, também, adotadas pelo Conselho. Os Documentos de Resultado Substantivo são adotados pelos membros individualmente, resultado de reunião ministerial por exemplo e estabelecem princípios gerais ou metas de longo prazo. Os Acordos Internacionais são celebrados no âmbito da Organização e juridicamente vinculantes aos países membros. Outros Instrumentos Legais são outros tipos de instrumentos, como o Acordo sobre Créditos à Exportação com Apoio Oficial, o Entendimento Internacional sobre Princípios de Transporte Marítimo e as Recomendações do Comitê de Assistência ao Desenvolvimento (DAC).[12] Em suma, somente as Decisões e os Acordos Internacionais têm força jurídica vinculatória. As Recomendações, embora não vinculantes juridicamente, têm valor

---

[10] A esse título, v. arts. 5º, 6º e 7º da *Convention on the organisation for economic co-operation and development* 1960. *Op. cit.*

[11] OCDE Website. *OECD legal instruments.* Disponível em: https://legalinstruments.oecd.org/en/instruments?mode=normal&statusIds=1&dateType=adoption. Acesso em: 27 jun. 2022. Os dezoito temas são: 1) agricultura e alimentação; 2) anticorrupção e integridade; 3) desenvolvimento; 4) economia; 5) educação; 6) emprego, 7) energia; 8) meio ambiente; 9) finanças e investimentos; 10) governança; 11) indústria e serviços; 12) energia nuclear; 13) desenvolvimento urbano, rural e regional; 14) ciência e tecnologia; 15) assuntos sociais/migração/saúde; 16) tributação; 17) comércio; 18) transporte.

[12] OECD Website. *OECD legal instruments. Recommendation of the council on OECD legal instruments material flows and resource productivity.* OECD/LEGAL/0324. OECD: Paris, 2022, p. 6. Disponível em: https://legalinstruments.oecd.org/public/doc/48/48.en.pdf. Acesso em: 27 jun. 2022.

moral para construir compromissos políticos entre os países membros da OCDE. Cada país membro da OCDE tem direito a um voto na adoção dos instrumentos jurídicos, podendo, se assim o desejar, ser contra, se abster, bem como formular reservas na adoção de uma Decisão ou Recomendação, que permanecerá válida e vinculatória para os demais membros que a adotaram.

O processo de acessão à OCDE leva em conta fatores políticos, mas fundamentalmente tem seus pilares no conteúdo técnico do país, que é avaliado pelos Comitês especializados e pelo Secretariado da OCDE, antes da aprovação da adesão de futuros membros pelo Conselho. Em decorrência de tratativas realizadas em 29 de maio de 2017, durante a presidência do governo do Presidente Michel Temer, o Brasil formalizou o pedido de abertura do processo de acessão à OCDE; e, finalmente em 25 de janeiro de 2022, o Brasil recebeu a carta-convite da Organização para formalizar o início de seu processo de acessão. Em 10 de junho último, o Conselho de Ministros da OCDE reconheceu oficialmente o plano para o processo de adesão do Brasil, adotando formalmente o *accession roadmap* (mapa de acessão), que é o documento indicativo das etapas que devem ser cumpridas pelo Brasil para o processo de adesão.[13]

3 A Recomendação do Conselho da OCDE sobre Integridade Pública

Ao longo da história, os conceitos de integridade e corrupção sempre foram profundamente interligados, inclusive diante das intrínsecas analogias etimológicas entre ambos. Dentre os pilares políticos, econômicos e sociais da boa governança pública, a integridade é a mola mestra. A corrupção compromete a eficiência, a produtividade, a capacidade e a qualidade dos setores público e privado. Ela perpetua a desigualdade e a pobreza, impactando o bem-estar e a distribuição de renda e minando as oportunidades de participação igualitária e inclusiva na vida social, econômica e política dos cidadãos. Instituições fortes só podem ser construídas em bases íntegras, transparentes e éticas.

---

[13] Para análise detalhada sobre os argumentos favoráveis e não favoráveis à entrada do Brasil na OCDE, ver, entre outros, THORSTENSEN, Vera; GULLO, Marcelly Fuzaro. O Brasil na OCDE: membro pleno ou mero espectador? *Working Paper 479*. Working Paper Series CCGI, nº 08, 2018. Disponível em: http://bibliotecadigital.fgv.br/dspace/bitstream/handle/10438/23926/TD%20479%20-%20CCGI_08.pdf?sequence=1&isAllowed=y. Acesso em: 27 jun. 2022.

Não se trata aqui de uma defesa utópica perante a persistência do mal da corrupção, mas simplesmente de fazer com que o setor público seja mais íntegro, restaurando a confiança de todos os *stakeholders* (partes interessadas) nos respectivos governos, nas instituições, nas empresas e na sociedade como um todo. Promover a melhoria da integridade e abordagens para a prevenção e o combate à corrupção institucional é o objetivo da Recomendação do Conselho da OCDE sobre Integridade Pública de 2017 (Recomendação),[14] que substituiu a Recomendação do Conselho da OCDE sobre Melhoria da Conduta Ética no Serviço Público de 1998.[15] Os países membros e não membros da OCDE aderentes à Recomendação constam da Tabela 3:

Tabela 3 – Países aderentes da Recomendação sobre Integridade Pública

(continua)

Países aderentes da Recomendação sobre Integridade Pública		
Países membros OCDE	**Países membros OCDE**	**Países não membros OCDE**
1. Alemanha	20. Irlanda	1. Argentina
2. Austrália	21. Islândia	2. Peru
3. Áustria	22. Israel	
4. Bélgica	23. Itália	
5. Canadá	24. Japão	
6. Chile	25. Letônia	
7. Colômbia	26. Lituânia	
8. Coreia do Sul	27. Luxemburgo	
9. Costa Rica	28. México	
10. Dinamarca	29. Noruega	

---

[14] OECD. *Recommendation of the Council on Public Integrity – Recomendação do conselho da OCDE sobre integridade pública.* OECD/LEGAL/0435, 2017. Versão em língua portuguesa Disponível em: https://www.oecd.org/gov/ethics/integrity-recommendation-brazilian-portuguese.pdf. Acesso em: 27 jun. 2022.

[15] OECD. *Recommendation of the council on improving ethical conduct in the public service including principles for managing ethics in the public service.* OECD/LEGAL/0298, 1998. Disponível em: https://legalinstruments.oecd.org/en/instruments/OECD-LEGAL-0298. Acesso em: 27 jun. 2022.

(conclusão)

Países aderentes da Recomendação sobre Integridade Pública		
Países membros OCDE	**Países membros OCDE**	**Países não membros OCDE**
11. Eslováquia	30. Nova Zelândia	
12. Eslovênia	31. Países Baixos	
13. Espanha	32. Polônia	
14. Estados Unidos da América	33. Portugal	
15. Estônia	34. Reino Unido	
16. Finlândia	35. República Tcheca	
17. França	36. Suécia	
18. Grécia	37. Suíça	
19. Hungria	38. Turquia	

Fonte: OCDE Website. *OECD legal instruments. Adherents.* OECD/LEGAL/0435. Disponível em: https://www.oecd.org/about/structure/. Acesso em: 27 jun. 2022.

Integridade, segundo a definição dada pela Recomendação, é o "alinhamento consistente e à adesão de valores, princípios e normas éticas comuns para sustentar e priorizar o interesse público sobre os interesses privados no setor público".[16] A Recomendação classifica três grandes tópicos para a estratégia de formulação de políticas de integridade pública. Esses grandes tópicos são subdivididos num total de treze temas multidisciplinares e globais (Tabela 4).

1) Um Sistema de Integridade, Coerente e Abrangente
   - Compromisso, Responsabilidade, Estratégia, Padrões
2) Uma Cultura de Integridade Pública
   - Toda a Sociedade, Liderança, Baseado em Mérito, Capacitação, Abertura
3) Uma Real Prestação de Contas
   - Gestão de Riscos, Cumprimento, Fiscalização, Participação

---

[16] OECD. *Recomendação do conselho da OCDE sobre integridade pública. Op. cit.*

Tabela 4 – Recomendação sobre integridade pública.
Tópicos: sistema, cultura e prestação de contas

Um Sistema de Integridade Coerente e Abrangente	Uma Cultura de Integridade Pública	Uma Real Prestação de Contas
1. Compromisso. Demonstrar compromisso político e administrativo do setor público para aumentar a integridade e reduzir a corrupção	5. Toda a Sociedade. Promover uma cultura de integridade pública parar todas as partes interessadas	10. Gestão de Riscos. Aplicar a gestão de riscos e controle interno para salvaguardar a integridade no setor público
2. Responsabilidade. Esclarecer responsabilidades institucionais para fortalecer o sistema de integridade no setor público	6. Liderança. Investir em liderança de integridade para demonstrar o compromisso do setor público com a integridade	11. Cumprimento. Certificar que os mecanismos são adequados às violações dos padrões de integridade pelos funcionários públicos e terceiros envolvidos
3. Estratégia. Desenvolver estratégias para o setor público baseada em evidências para mitigar riscos de integridade	7. Baseado em Mérito. Promover o setor público baseado em mérito	12. Fiscalização. Reforçar a fiscalização e controle externo no sistema de integridade pública
4. Padrões. Definir altos padrões de conduta para funcionários públicos	8. Capacitação. Fornecer informações, treinamento etc. para que os funcionários públicos apliquem padrões de integridade no local de trabalho	13. Participação. Incentivar a transparência e o envolvimento das partes interessadas para promover a prestação de contas e o interesse público
	9. Abertura. Apoiar uma cultura organizacional que responda às preocupações de integridade no setor público	

Fonte: Adaptado da *Recomendação do conselho da OCDE sobre integridade pública*. OECD/LEGAL/0435, 2017. Versão em língua portuguesa Disponível em: https://www.oecd.org/gov/ethics/integrity-recommendation-brazilian-portuguese.pdf. Acesso em: 27 jun. 2022.

Embora a Recomendação seja o modelo proposto para a abordagem do combate à corrupção, o Manual de Integridade Pública da OCDE (Manual)[17] fornece, também, orientação aos governos, empresas

---

[17] OECD. *OECD public integrity handbook*. OECD: Paris, 2020. Disponível em: https://www.oecd-ilibrary.org/governance/oecd-public-integrity-handbook_ac8ed8e8-en. Acesso em: 27 jun. 2022.

e sociedade civil para a implementação prática da Recomendação, identificando eventuais desafios e dificuldades que poderão ser enfrentados pelos membros. A título ilustrativo, o Manual explora a formulação de políticas pública, a construção e o fortalecimento da cultura de integridade pública, baseada na meritocracia, na liderança ética e socialmente responsável, na avaliação e gerenciamento dos riscos de integridade e nos sistemas de monitoramento e controle, diante de eventuais violações às regras. São ressaltados os papéis de todas as partes interessadas – governos, empresas e sociedade civil – na defesa dos princípios de integridade pública, na prevenção de conflitos de interesse através da transparência e, em particular, da transparência no financiamento de campanhas políticas. Em complementação à Recomendação e ao Manual, a OCDE elaborou modelos de maturidade de integridade pública, que podem ser utilizados como indicadores, trazendo uma avaliação qualitativa e subjetiva da integridade pública pelos governos, empresas e sociedade civil como um todo. São quatro as categorias de elementos de integridade analisados no modelo de maturidade: nascentes, emergentes, estabelecidos e líderes.[18]

4 A importância do CNJ para o Judiciário

O Conselho Nacional de Justiça – CNJ foi criado pela Emenda Constitucional nº 45, de 2004, sendo instalado no dia 14 de junho de 2005. Tem sede em Brasília, DF, e sua atuação se estende por todo o território nacional. Seus objetivos abarcam a coordenação, o controle administrativo e o aperfeiçoamento do serviço público na prestação da Justiça, inclusive no que diz respeito à transparência administrativa e processual.

Na forma do artigo 103-B da Constituição Federal, o CNJ é composto por 15 membros, com mandato de dois anos, admitida uma recondução, sendo eles: o Presidente do Supremo Tribunal Federal; um Ministro do Superior Tribunal de Justiça, indicado pelo respectivo tribunal; um Ministro do Tribunal Superior do Trabalho, indicado pelo respectivo tribunal; um desembargador de Tribunal de Justiça, indicado pelo Supremo Tribunal Federal; um juiz estadual, indicado

---

[18] OECD Website. *OECD public integrity maturity models*. OECD. Disponível em: https://www.oecd.org/corruption-integrity/reports/oecd-public-integrity-handbook-ac8ed8e8-en.html. Acesso em: 27 jun. 2022.

pelo Supremo Tribunal Federal; um juiz de Tribunal Regional Federal, indicado pelo Superior Tribunal de Justiça; um juiz federal, indicado pelo Superior Tribunal de Justiça; um juiz de Tribunal Regional do Trabalho, indicado pelo Tribunal Superior do Trabalho; um juiz do trabalho, indicado pelo Tribunal Superior do Trabalho; um membro do Ministério Público da União, indicado pelo Procurador-Geral da República; um membro do Ministério Público estadual, escolhido pelo Procurador-Geral da República dentre os nomes indicados pelo órgão competente de cada instituição estadual; dois advogados, indicados pelo Conselho Federal da Ordem dos Advogados do Brasil; dois cidadãos, de notável saber jurídico e reputação ilibada, indicados um pela Câmara dos Deputados e outro pelo Senado Federal. Sua presidência cabe ao Presidente do Supremo Tribunal Federal e, quando ausente ou impedido, ao Vice-Presidente. Sua missão é "promover o desenvolvimento do Poder Judiciário em benefício da sociedade, por meio de políticas judiciárias e do controle da atuação administrativa e financeira" e sua visão de futuro é ser um "órgão de excelência em governança e gestão do Poder Judiciário, a garantir eficiência, transparência e responsabilidade social da Justiça brasileira".[19]

Para cumprimento de sua função de garantir a transparência e o controle do Poder Judiciário nacional, o CNJ é responsável pela definição de planejamento estratégico, pelo estabelecimento de metas e programas de avaliação institucional, e pelo controle da moralidade e eficiência dos serviços judiciais. Sua formação, que engloba representantes do Poder Judiciário de todos os níveis, do Ministério Público, da advocacia e da sociedade, reforça sua missão de assumir liderança no sistema judiciário zelando pela diversidade de origem de seus componentes. Na atual "sociedade do conhecimento", deter conhecimento não equivale a simplesmente possuir "dados" ou "informações". Toda organização é estruturada sobre pessoas e cada uma delas possui conhecimentos tácitos, adquiridos pela experiência de vida, e explícitos, que decorrem de educação formal. Assim, a diversidade estimula uma troca mais rica de conhecimento, facilitando a adoção de ideias inovadoras.

O CNJ, dentro do sistema judiciário brasileiro, dessa forma, no que toca aos objetivos da Recomendação da OCDE sobre integridade pública, assume papel fundamental de servir como centro de orientação

---

[19] CNJ. Conselho Nacional de Justiça. Quem somos. Disponível em: https://www.cnj.jus.br/sobre-o-cnj/quem-somos/. Acesso em: 9 jun. 2022.

e disseminação da cultura de integridade, além de atuar como órgão fiscalizador.

5   O papel do CNJ na disseminação da cultura de integridade no Poder Judiciário

A Recomendação da OCDE sobre integridade pública está fundada em três grandes pilares: a) a implantação de um *sistema* que estabeleça estratégias, padrões de comportamento e definição de responsabilidades entre os vários órgãos e, primordialmente, que conte com o compromisso da alta administração; b) a disseminação de uma *cultura* de integridade, que atenda aos anseios da sociedade, cultura essa a ser patrocinada por lideranças e que implique capacitação de colaboradores, cuja participação ativa no processo é fundamental; c) a existência de um sistema eficiente de *prestação de contas*, com gestão prévia de riscos, fiscalização e observância de cumprimento das normas e eventual punição efetiva de desvios.

A recomendação, pois, implica a revisão da forma como entendemos o papel das organizações no mundo contemporâneo, com foco na visão, missão e valores da organização, o papel da liderança e boa governança, a importância da valorização dos laços de solidariedade não só dentro da organização mas também relativamente aos demais *stakeholders,* internos e externos, lembrando-se que o funcionamento das organizações públicas impacta toda a sociedade. Os objetivos de qualquer instituição pública, consequentemente, sempre devem ser buscados sob a ótica da ética e da sustentabilidade e isso é ressaltado na recomendação da OCDE.

Para tanto, é preciso o abandono de modelos preconcebidos e estáticos, com a criação dentro da organização de um ambiente propício à troca de ideias com participação ativa de todos os colaboradores, com questionamento da própria cultura da organização, a fim de que se abra a possibilidade de inovação para adaptação aos novos desafios da sociedade, que hoje nada se parece com aquela existente há algumas décadas.

O foco da organização não pode ser desviado, mas é preciso adaptar sua existência, estrutura e funcionamento à nova realidade.

Com base nessas premissas resulta claríssimo o papel fundamental do CNJ na disseminação da cultura da integridade e na elaboração de sistemas e padrões a serem seguidos por todos os demais órgãos do Poder Judiciário brasileiro. Sua formação eclética, mais uma vez, fundada em diversidade e com a congregação de representantes de vários *stakeholders* envolvidos na prestação dos serviços judiciais, cria ambiente propício à inovação, à quebra de padrões cristalizados. E a razão é simples: se mantida a voz apenas de pessoas que pensam em conformidade com os antigos padrões, nenhuma inovação surgirá; apenas com a ouvida de pessoas que pensam de forma diferente, novas ideias serão materializadas, algumas passíveis de implantação e de alteração positiva do sistema para sua adaptação à nova realidade. A quebra da postura contrária a mudanças é fundamental.

Quando se discute, por outro lado, qualquer matéria relativa ao Poder Judiciário, convém lembrar as palavras de David B. Wilkins (Harvard Law School, Lester Kissel Professor of Law, Director of the Center on the Legal Profession, Vice Dean for Global Initiatives on the Legal Profession),[20] no sentido de que "o ensino e o exercício do Direito hoje não diferem muito do que existia no século XVIII; olhem o mundo hoje e o que existia no século XVIII...".

Os profissionais do Direito, geralmente, têm tendência ao apego a métodos historicamente utilizados, a formalidades que constituem em alguns pontos imperativos da profissão. Entretanto, essas formalidades, essenciais às carreiras jurídicas, devem se compatibilizar com a atual realidade, com uma sociedade muito diversa daquela que existia quando essas mesmas formalidades foram concebidas. Não há falar em simples abandono das premissas já consagradas, mas em sua compatibilização com o mundo e as mudanças sensíveis em todas as áreas.

O CNJ, nesse ponto, desempenha um papel primordial para o Judiciário brasileiro, por ser um aglutinador de pensamento e desenvolvimento de métodos e estruturas que visam à inovação e ao atendimento dos anseios da sociedade relativamente aos serviços judiciais, anseios esses que nos dias atuais têm direta relação em muitos aspectos com a desilusão e o descontentamento dos cidadãos em face da quebra da confiança nas instituições, gerada pela falta de integridade pública em fatos constantemente noticiados e discutidos na mídia. Para atendimento desses objetivos, vem o CNJ desde sua criação editando normas para fomento da cultura de integridade.

---

[20] WILKINS, David B. Harvard Law School, New Law Annual Meeting, AMCHAM, São Paulo, 27.03.2019.

Por primeiro, ressalta-se a edição da Resolução nº 60, de 19 de setembro de 2008, que instituiu o Código de Ética da Magistratura Nacional.[21] Esse código tem a natureza de ser um compromisso institucional com a excelência na prestação do serviço público de distribuição da Justiça, com o fim de servir como mecanismo para fortalecimento da legitimidade do Poder Judiciário. O Código de Ética ressalta a importância da atuação do magistrado com independência, imparcialidade, transparência, integridade pessoal e profissional, diligência e dedicação, cortesia, prudência, sigilo profissional, preocupação com o conhecimento e capacitação tanto pessoal como de outros membros do órgão judicial, dignidade, honra e decoro.

Além do código, com o objetivo ainda de adaptar a condução do magistrado em sociedade, tendo em vista as novas tecnologias e parâmetros sociais, o CNJ editou a Resolução nº 305, de 17 de dezembro de 2019, que regula o uso de redes sociais por membros do Poder Judiciário.[22] Tal resolução foca sua preocupação na integridade de conduta do magistrado fora do âmbito estrito da atividade jurisdicional, uma vez que referida conduta contribui para uma fundada confiança dos cidadãos na judicatura. Assim, aos magistrados são impostas restrições e exigências pessoais distintas das acometidas aos cidadãos em geral, na forma dos artigos 15 e 16 do Código de Ética da Magistratura Nacional.

O CNJ não só edita normas focadas na cultura de integridade mas igualmente desenvolve inúmeros programas e ações, alguns diretamente voltados ao combate à corrupção, para garantia da eficiência operacional do Poder Judiciário. Isso se traduz, por exemplo, no fato de o CNJ integrar a Estratégia Nacional de Combate à Corrupção e à Lavagem de Dinheiro – ENCCLA,[23] instituída em 2003, que tem por objetivo promover uma ação conjunta e articulada entre órgãos e entidades públicos e privados que tenham por objetivo a fiscalização, o controle e a inteligência para prevenir, reprimir, capacitar e difundir o combate à corrupção e à lavagem de dinheiro. Hoje a ENCCLA é composta por 97 membros e desde 2011 tem o CNJ participado de

---

[21] CNJ. Conselho Nacional de Justiça. Resolução nº 60, de 19.09.2008. Disponível em: https://atos.cnj.jus.br/atos/detalhar/127. Acesso em: 13 jun. 2022.

[22] CNJ. Conselho Nacional de Justiça. Resolução nº 60, de 19.09.2008. Disponível em: https://atos.cnj.jus.br/atos/detalhar/3124. Acesso em: 13 jun. 2022.

[23] CNJ. Conselho Nacional de Justiça. Combate à Corrupção (ENCCLA). Disponível em: https://www.cnj.jus.br/programas-e-acoes/combate-a-corrupcao-enccla/. Acesso em: 9 jun. 2022.

inúmeras ações que visam à coleta de dados e estatísticas relacionadas à gestão administrativa e financeira do Poder Judiciário, a recuperação de ativos, a coordenação de órgãos e agentes para enfrentamento dos crimes de corrupção e de lavagem de dinheiro. Em seu *site* encontramos ainda questionários que possibilitaram a coleta entre 2010 e 2012 de dados relativos aos crimes de lavagem de dinheiro, corrupção e de improbidade administrativa junto aos Tribunais,[24] para serem apresentados ao Grupo de Revisão da Implementação da Convenção das Nações Unidas contra a Corrupção (UNCAC).

Como resultado da Ação 12/2019, houve, ainda, a edição do Provimento nº 88/2019,[25] que dispôs sobre a política, os procedimentos e os controles a serem adotados pelos notários e registradores visando à prevenção dos crimes de lavagem de dinheiro, previstos na Lei nº 9.613, de 3 de março de 1998, e do financiamento do terrorismo, previsto na Lei nº 13.260, de 16 de março de 2016. O artigo 5º dessa resolução impõe aos notários e registradores a avaliação de suspeição nas operações ou propostas de operações de seus clientes com especial atenção para aquelas incomuns consideradas as partes envolvidas, os valores, a forma de realização, as finalidades que possam conter indícios de crimes de lavagem de dinheiro e de financiamento de terrorismo, impondo a comunicação à Unidade de Inteligência Financeira – UIF, por meio do Sistema de Controle de Atividades Financeiras.

A Resolução nº 215 do CNJ, de 16 de dezembro de 2015, por seu turno, visa à garantia do efetivo cumprimento da Lei de Acesso à Informação (Lei nº 12.527, de 18 de novembro de 2011), com a instituição do *"ranking* da transparência",[26] para avaliação do grau de informação que os tribunais do país disponibilizam ao público, ação realizada anualmente desde 2018.

Há, portanto, desempenho de um papel vital do CNJ na instituição, funcionamento e fiscalização dos sistemas de integridade no âmbito do Poder Judiciário, papel que vem sendo aperfeiçoado

---

[24] CNJ. Conselho Nacional de Justiça. Resultado dos questionários de lavagem de dinheiro, corrupção e improbidade administrativa. Disponível em: https://www.cnj.jus.br/programas-e-acoes/combate-a-corrupcao-enccla/resultado-dos-questionarios-de-lavagem-de-dinheiro-corrupcao-e-improbidade-administrativa/. Acesso em: 13 jun. 2022.

[25] CNJ. Conselho Nacional de Justiça. Provimento nº 88/2019. Disponível em: https://www.cnj.jus.br/wp-content/uploads/2019/10/Provimento-n.-88.pdf. Acesso em: 13 jun. 2022.

[26] CNJ. Conselho Nacional de Justiça. *Ranking* da transparência CNJ. Disponível em: https://www.cnj.jus.br/transparencia-cnj/ranking-da-transparencia/. Acesso em: 9 jun. 2022.

ininterruptamente, mas que necessita de constantes ajustes para se manter operante e efetivo.

6 A Resolução nº 410, de 23 de agosto de 2021, do CNJ

Considerando seu papel aglutinador no desenvolvimento de políticas no âmbito do Poder Judiciário brasileiro e na esteira de outras ações já desenvolvidas ao longo dos anos, o CNJ, atento à Recomendação da OCDE para a criação de um sistema de integridade pública coerente e abrangente, editou por seu Presidente, Ministro Luiz Fux, a Resolução nº 410, de 23 de agosto de 2021, que dispõe sobre normas gerais e diretrizes para garantia da integridade pública no sistema judicial.[27]

A leitura dos *considerandos* da resolução é de suma importância para aferição de sua abrangência e objetivos. Observa-se que a resolução toma como ponto de partida o trabalho realizado pelas Nações Unidas para o combate à corrupção e boa governança, em particular na Convenção das Nações Unidas contra a Corrupção e na Agenda 2030 das Nações Unidas para o Desenvolvimento Sustentável, composta por 17 objetivos de desenvolvimento sustentável,[28] com especial destaque para o Objetivo nº 16 dos ODSs, que visa:

> 16. Promover sociedades pacíficas e inclusivas para o desenvolvimento sustentável, proporcionar o acesso à justiça para todos e construir instituições eficazes, responsáveis e inclusivas em todos os níveis.
> (...)
> 16.5 Reduzir substancialmente a corrupção e o suborno em todas as suas formas.
> 16.6 Desenvolver instituições eficazes, responsáveis e transparentes em todos os níveis.
> 16.7 Garantir a tomada de decisão responsiva, inclusiva, participativa e representativa em todos os níveis.

A resolução, portanto, considera a integridade vital para a governança pública, proteção da democracia e respeito aos direitos humanos, bem como para o correto cumprimento pela Administração Pública dos

---

[27] CNJ. Conselho Nacional de Justiça. Resolução nº 410, de 23 de agosto de 2021. Disponível em: CNJ – Res. 410-21.pdf. Acesso em: 9 jun. 2022.
[28] NAÇÕES UNIDAS – Brasil. Objetivos de desenvolvimento sustentável. Disponível em: https://brasil.un.org/pt-br/sdgs. Acesso em: 13 jun. 2022.

princípios da legalidade, da publicidade, da impessoalidade, da probidade administrativa, da moralidade e da eficiência.

Assim, propõe-se a implementar um "novo modelo de gestão e de governança no Poder Judiciário, seguindo a legislação brasileira em vigor, as diretrizes dos Objetivos de Desenvolvimento Sustentável da ONU e as Recomendações do Conselho da Organização para Cooperação e Desenvolvimento Econômico (OCDE)". Seus objetivos são a disseminação da cultura de integridade e o aprimoramento dos mecanismos de prevenção, detecção e correção de condutas ilícitas e antiéticas.

Tendo esses objetivos em mente, no artigo 2º da resolução dispõe-se que:

> Art. 2º Os órgãos do Poder Judiciário poderão contar com sistemas de integridade, cujos principais objetivos serão a disseminação e a implementação de uma cultura de integridade e a promoção de medidas e ações institucionais destinadas à prevenção, à detecção e à punição de fraudes e demais irregularidades, bem como à correção das falhas sistêmicas identificadas.
> Parágrafo único. Os sistemas de integridade serão estruturados nos seguintes eixos:
> I – comprometimento e apoio explícito da alta administração dos respectivos órgãos;
> II – existência de órgão gestor responsável pela sua implementação e coordenação em cada tribunal;
> III – análise, avaliação e gestão de riscos; e
> IV – monitoramento permanente, aprimoramento contínuo e capacitação.

O primeiro ponto que resulta claro da resolução é que a implantação desses sistemas, por ora, não é obrigatória, mas faculdade dos tribunais. A razão para tanto é muito simples. O Poder Judiciário das várias esferas apresenta características próprias, pois alguns dos seus ramos assumem números e dificuldades administrativas não encontrados em outros. É preciso, pois, que haja realização de estudos aprofundados para concepção e implantação de sistemas estruturados e efetivos com base nas características próprias de cada tribunal. Uma implantação de um sistema de forma precipitada ou até mesmo uma estruturação única imposta pelo CNJ poderiam gerar resultados contrários aos próprios objetivos, pois o que se espera é o funcionamento efetivo de um sistema de integridade, observadas as peculiaridades de cada ramo do Judiciário brasileiro, mas com parâmetros básicos comuns. Entretanto, ainda que não obrigatória a implantação imediata, a própria edição da resolução obriga a uma mudança de visão sobre a implantação de sistemas de integridade, que devem ser de fácil acesso aos cidadãos, ainda que haja vários canais de acordo com a matéria a ser levantada. E essa mudança de visão fica ainda mais patente da leitura do artigo 4º da resolução, que aponta ser elemento fundamental dos sistemas de integridade a governança pública, o que conduz a verdadeira revisão da estrutura dos sistemas que viabilizem a denúncia, a forma de seu tratamento e investigação, o controle e fiscalização do efetivo cumprimento das normas e imposição de penalidades, para que sejam também cumpridos os objetivos de prestação de contas, tempestividade e capacidade de resposta dos órgãos a quem atribuída a respectiva responsabilidade.

No âmbito do CNJ foi instituído pelo artigo 6º o Comitê de Integridade do Poder Judiciário (CINT), cuja finalidade é prestar assessoria ao Presidente do Conselho Nacional de Justiça na implementação do sistema de integridade, realizar seu monitoramento e sugerir aprimoramentos.

A composição do Comitê, na forma do artigo 7º da resolução, mais uma vez traduz o respeito à necessária representatividade dos vários ramos do Poder Judiciário nacional, e de profissionais capacitados técnica e cientificamente na gestão de sistemas de integridade (inciso VI), observada ainda a possibilidade de convite a representantes de outros órgãos e entidades para participação de reuniões do CINT, sem direito a voto (parágrafo 4º), o que traduz o reconhecimento de necessidade de ouvida de vários *stakeholders*, para que se possa agir fora dos parâmetros fixos que impedem muitas vezes os processos de inovação.

Após a edição da resolução, o CNJ promoveu o I Encontro Nacional sobre Integridade no Judiciário em 18 de outubro de 2021, sendo o evento transmitido ao vivo no canal do CNJ no Youtube.[29] A conferência abordou vários painéis e, naquele relativo à "Implantação de Sistemas de Integridade nos Tribunais", conduzido pelo desembargador Theophilo Antonio Miguel Filho, Corregedor do Tribunal Regional Federal da 2ª Região, foram ressaltados os pilares a serem observados: a) comprometimento e apoio da alta administração; b) existência de órgão gestor responsável pela sua implementação e coordenação; c) análise, avaliação e gestão de riscos; d) monitoramento permanente,

---

[29] Youtube – Conselho Nacional de Justiça (CNJ). I Encontro Nacional sobre Integridade no Judiciário. Disponível em: https://www.youtube.com/watch?v=CYtSR3zcy7k. Acesso em: 13 jun. 2022.

aprimoramento e capacitação. Foi ressaltada a necessidade de aprimoramento do fluxo de informações, relacionadas a denúncias, elogios e sugestões, para acarretar a simplificação dos canais de ingresso dessas comunicações, para que sejam de fácil acesso. Ademais, lembrou-se da necessária avaliação do grau de risco das contratações e celebração de convênios públicos, e do correto tratamento e correção das falhas sistêmicas identificadas.

Esse evento foi de extrema importância e reuniu grandes autoridades do Poder Judiciário brasileiro, além de advogados e especialistas na área de integridade. Participaram da mesa de abertura do evento o presidente do CNJ, ministro Luiz Fux; o presidente do Superior Tribunal de Justiça, ministro Humberto Martins; o vice-presidente do Tribunal Superior do Trabalho, ministro Luiz Philippe Vieira de Mello Filho; o conselheiro Luiz Fernando Tomasi Keppen; e o ministro do STJ Antonio Saldanha Palheiro. O primeiro painel do evento, por seu turno, foi presidido pelo secretário-geral do CNJ, juiz Valter Shuenquener de Araújo, e teve a participação de Luís Greco, professor da Faculdade de Direito da Universidade Humboldt, em Berlim; dos advogados Marcelo Zenkner e Luiz Fernando Lucas; e de Caio Figueiredo de Oliveira, membro da Divisão de Assuntos Corporativos da Organização para Cooperação de Desenvolvimento Econômico (OCDE). O segundo painel foi presidido pelo Secretário-Geral do Conselho da Justiça Federal, Marcio Luiz Coelho de Freitas, e teve a participação do ministro da Controladoria-Geral da União Wagner de Campos Rosário, do ministro Eduardo Saad-Diniz e dos advogados Matheus Puppe, e Alaor Leite. O terceiro painel foi coordenado pelo presidente do TJSP e do Colégio de Presidentes dos Tribunais de Justiça do Brasil, desembargador Geraldo Francisco Pinheiro Franco, e contou com a participação do desembargador do TJMG Henrique Abi-Ackel Torres, do desembargador Theophilo Antonio Miguel Filho, corregedor-regional da Justiça Federal da 2ª Região, e do juiz federal Marcelo Costenaro Cavali. O evento foi finalizado pelas manifestações do juiz do TJSP e auxiliar da presidência do CNJ, Walter Godoy, e do conselheiro Luiz Fernando Tomasi Keppen.

Verifica-se, pois, a importância da Resolução nº 410, de 23 de agosto de 2021, para a cultura de integridade no âmbito do Poder Judiciário, o papel fundamental desenvolvido pelo Conselho Nacional de Justiça na observância da Recomendação da OCDE sobre integridade pública, bem como o engajamento dos vários *stakeholders* envolvidos no sistema judicial.

A resolução do CNJ, por seu turno, cumpre todos os pilares para instituição de um sistema, de uma cultura e de forma efetiva de prestação de contas para que a corrupção seja combatida em todos os seus complexos níveis, que extrapolam os meros atos de suborno, mas atingem atos de comércio de influências, uso de informações confidenciais e de abuso de poder.

7 A importância da cultura da integridade no Judiciário

A cultura de integridade pública é um dos pilares para que uma nação seja próspera, pois sua inexistência é causa de desigualdade, de exclusão e de desilusão e perda de confiança pela sociedade nas instituições. É preciso lembrar que a mera publicação de informações pelos órgãos públicos não cumpre o dever de respeito ao princípio da transparência, a qual precisa ser traduzida por mecanismos eficazes de verificação e de responsabilização.

O Poder Judiciário é o órgão responsável pelo cumprimento das leis e resolução dos conflitos em sociedade, zelando, em última análise, pelo respeito aos direitos individuais e sociais previstos na Constituição Federal. Para quem bem possa desempenhar seu papel, deve atentar para a proteção dos indivíduos contra atos de discriminação, abuso moral ou sexual, inclusive e em especial dentro dos quadros dos tribunais. Seus membros devem atuar observando cuidado para a não criação de conflitos de interesses, para que regras de *compliance* sejam estritamente cumpridas, para que suas atividades extrajudiciais não criem embaraços ao exercício de suas atividades, ressaltando-se o papel dos magistrados, cujo Código de Ética, como já apontado, exige conduta não só profissional mas pessoal compatível com a envergadura da atividade que desempenham. É preciso que a imagem do Poder Judiciário não contenha manchas perante a sociedade, pois, caso contrário, o descrédito com relação à instituição será instaurado. Assim, regras de *compliance* devem ser estritamente respeitadas e fiscalizadas pelos órgãos competentes. O artigo 17 do Código de Ética da Magistratura, por exemplo, prevê ser "dever do magistrado recusar benefícios ou vantagens de ente público, de empresa privada ou de pessoa física que possam comprometer sua independência funcional", dispositivo que deve ser interpretado à luz do artigo 16 do mesmo diploma que prevê que o "magistrado deve comportar-se na vida privada de modo a dignificar a função, cônscio de que o exercício da atividade jurisdicional impõe restrições e exigências pessoais distintas das acometidas aos cidadãos em geral".

As novas tecnologias, por seu turno, devem ser utilizadas pelos Tribunais para maior acesso dos cidadãos a seus canais de comunicação, zelando-se pela criação e disponibilização de canais claros para aconselhamento confidencial, oferta de denúncias, apontados os órgãos responsáveis pela correção e prevenção de atos antiéticos. O que se vê é a necessidade de uma página específica no site de cada um dos tribunais que conduza o cidadão a entender quais os canais disponíveis para cada hipótese de informação a ser prestada, e indicação precisa da forma de tratamento de uma denúncia e dos órgãos responsáveis pela condução do processo. A atividade judicial é complexa e envolve não só a conduta de magistrados, mas de servidores, de terceirizados, a celebração de contratos por meio de procedimentos licitatórios, seu cumprimento e condução, e tantas outras peculiaridades no trato da coisa pública, que deve ser sempre realizado dentro dos princípios da legalidade, imparcialidade, moralidade, afastados interesses pessoais, tráfico de influência e tantos outros desvios. Muito relevante é a possibilidade de realização de denúncias anônimas, pois, embora haja preocupação de mau uso dessa autorização de anonimato, com a dedução de alegações sem fundamento até mesmo por retaliação, difamação, calúnias dentre outros motivos, também a quantidade de relatos pertinentes tende a ser grande. Compensam-se, assim, os casos de mau uso com a ciência de hipóteses reais de desvios, que talvez não fossem apontadas caso o anonimato não fosse autorizado. A complexidade da sociedade e a alta litigiosidade da sociedade brasileira, fora dos parâmetros mundiais diga-se, levaram a um agigantamento do Poder Judiciário e, consequentemente, à necessidade de sua adaptação e desenvolvimento.

Apenas com um Poder Judiciário forte, íntegro e confiável, não só apenas intrinsecamente, mas na percepção da sociedade brasileira e internacional, poderá nosso país prosperar no cenário mundial e cumprir as metas das Nações Unidas estabelecidas na Agenda 2030 para o Desenvolvimento Sustentável, cujo objetivo é a erradicação da pobreza e o desenvolvimento econômico, social e ambiental à escala global. Como apontado pela Resolução nº 410, de 23 de agosto de 2021, do Conselho Nacional da Justiça, sem instituições eficazes, responsáveis e transparentes em todos os níveis, não é possível cumprir as metas.

Para tanto, é preciso que não só o Judiciário se modernize e promova as inovações necessárias, com a instituição de sistemas de integridade eficientes, mas também que a sociedade entenda a importância da instituição e patrocine seu fortalecimento, com fixação de regras claras, transparentes e imparciais de acesso aos cargos, fortalecimento das garantias de independência dos magistrados, que dedicam suas vidas a carreira que exige observância de normas não só profissionais mas pessoais muito mais rígidas do que aquelas impostas aos demais cidadãos. Uma balança equilibrada entre direitos e deveres é a única que levará a bons resultados. As garantias previstas no artigo 95 da Constituição Federal aos magistrados não devem ser entendidas apenas como privilégios pessoais, como muitos pensam. Ao contrário, são garantias instituídas em benefício da sociedade, para que se possa contar com magistrados imparciais, preparados e cumpridores de todos os seus deveres éticos. A limitação, exclusão e aviltamento dessas garantias, ao contrário do que se preconiza, enfraquece a instituição e, com isso, o Estado de Direito, bem como torna mais difícil a obtenção do objetivo preconizado pela OCDE.

8 Conclusão

O objetivo do presente artigo é destacar a importância do papel da Recomendação do Conselho da OCDE sobre Integridade Pública na governança do mundo atual, seus efeitos positivos sobre o Poder Judiciário brasileiro e para o País como um todo, presentemente no processo de acessão à OCDE. O foco deste trabalho é, portanto, trazer uma abordagem voltada às boas práticas de integridade expressas na referida Recomendação como uma forma de combate à corrupção e em prol da integridade pública.

A acessão brasileira à OCDE significa também a inserção do Brasil no centro dos grandes debates internacionais, em que a corrupção e os danos causados aos recursos públicos, que eternizam a pobreza e a desigualdade econômica e reduzem a confiança da sociedade civil nas instituições democráticas, são um mal que precisa ser combatido. A acessão do Brasil fará com que o País busque práticas de boas condutas de políticas públicas, mais íntegras e éticas, para todas as instituições e, em particular neste texto, seguindo o exemplo dado pelo Poder Judiciário. Uma vez membro, o Brasil poderá participar da construção da agenda global de integridade pública e, com isso, influenciar a melhoria de suas políticas públicas de combate à corrupção, com o apoio, mesmo que indireto, da OCDE.

Diante desse quadro duas questões se colocam. Primeira: o que o Brasil espera ainda para se tornar um dos países membros da OCDE e assim melhorar sua resposta ao combate à corrupção e à busca da integridade pública? Segunda: até quando o Brasil continuará um mero espectador da OCDE, ignorando a dissipação dos recursos públicos, o aumento das desigualdades socioeconômicas e a diminuição da confiança nas instituições democráticas resultantes da falta de integridade pública e da corrupção endêmica? A acessão do Brasil à OCDE é fundamental para a melhoria do bem-estar econômico e social e à prosperidade da sociedade como um todo. O Poder Judiciário brasileiro, através do CNJ, atento à Recomendação da OCDE sobre Integridade Pública, já deu um passo fundamental para auxiliar o Brasil nesse processo de acessão à OCDE.

Com isso, nosso homenageado, Ministro Luiz Fux, cumpriu a missão apontada em seu discurso de posse. Cabe-nos, agora, seguir seus passos, com aprimoramento contínuo dos métodos de controle e correção de falhas, abertura aos processos de inovação e zelo pelo fortalecimento e consolidação da democracia.

Referências

BARBEZAT, Daniel. The Marshall plan and the origin of the Oeec. *In*: GRIFFITHS, Richard T. (ed.). *Explorations in Oeec history*. OECD: Paris, 2009 (OECD Historical Series), p. 33-48, https://doi.org/10.1787/9789264067974-en. Disponível em: http://www.oecd.org/economy/explorations-in-oeec-history-9789264067974-en.htm. Acesso em: 27 jun. 2022.

Decreto nº 3.678, de 30 de novembro de 2000. Disponível em: http://www.planalto.gov.br/ccivil_03/decreto/d3678.htm. Acesso em: 27 jun. 2022.

CNJ. Conselho Nacional de Justiça. Quem somos. Disponível em: https://www.cnj.jus.br/sobre-o-cnj/quem-somos/. Acesso em: 9 jun. 2022.

CNJ. Conselho Nacional de Justiça. Resolução nº 60, de 19.09.2008. Disponível em: https://atos.cnj.jus.br/atos/detalhar/127. Acesso em: 13 jun. 2022.

CNJ. Conselho Nacional de Justiça. Resolução nº 410, de 23 de agosto de 2021. Disponível em: CNJ - Res 410-21.pdf. Acesso em: 9 jun. 2022.

CNJ. Conselho Nacional de Justiça. Provimento nº 88/2019. Disponível em: https://www.cnj.jus.br/wp-content/uploads/2019/10/Provimento-n.-88.pdf. Acesso em: 13 jun. 2022.

CNJ. Conselho Nacional de Justiça. *Ranking* da transparência CNJ. Disponível em: https://www.cnj.jus.br/transparencia-cnj-ranking-da-transparencia/. Acesso em: 9 jun. 2022.

CNJ. Conselho Nacional de Justiça. *Combate à Corrupção (ENCCLA)*. Disponível em: https://www.cnj.jus.br/programas-e-acoes/combate-a-corrupcao-enccla/. Acesso em: 9 jun. 2022.

CNJ. Conselho Nacional de Justiça. *Resultado dos questionários de lavagem de dinheiro, corrupção e improbidade administrativa*. Disponível em: https://www.cnj.jus.br/programas-e-acoes/combate-a-corrupcao-enccla/resultado-dos-questionarios-de-lavagem-de-dinheiro-corrupcao-e-improbidade-administrativa/. Acesso em: 13 jun. 2022.

NAÇÕES UNIDAS Brasil. *Objetivos de desenvolvimento sustentável*. Disponível em: https://brasil.un.org/pt-br/sdgs. Acesso em: 13 jun. 2022.

OCDE. *Convention on the organisation for economic co-operation and development 1960*. OCDE: Paris, 1960. Disponível em: https://www.oecd.org/general/conventionontheorganisationforeconomicco-operationanddevelopment.htm. Acesso em: 27 jun. 2022.

OCDE. *OECD anti-bribery Convention*. OECD: Paris, 1997. Disponível em: https://www.oecd.org/corruption-integrity/explore/oecd-standards/anti-bribery-convention/. Acesso em: 27 jun. 2022.

OECD. Recommendation of the council on improving ethical conduct in the public service including principles for managing ethics in the public service. OECD/LEGAL/0298, 1998. Disponível em: https://legalinstruments.oecd.org/en/instruments/OECD-LEGAL-0298. Acesso em: 27 jun. 2022

OECD. *Recomendação do conselho da OCDE sobre integridade pública*. OECD/LEGAL/0435, 2017. Versão em língua portuguesa Disponível em: https://www.oecd.org/gov/ethics/integrity-recommendation-brazilian-portuguese.pdf. Acesso em: 27 jun. 2022.

OECD. *OECD public integrity handbook*. OECD: Paris, 2020. Disponível em: https://www.oecd-ilibrary.org/governance/oecd-public-integrity-handbook_ac8ed8e8-en. Acesso em: 27 jun. 2022.

THORSTENSEN, Vera; GULLO, Marcelly Fuzaro. O Brasil na OCDE: membro pleno ou mero espectador? *Working Paper 479*. Working Paper Series CCGI, nº 08, 2018. Disponível em: http://bibliotecadigital.fgv.br/dspace/bitstream/handle/10438/23926/TD%20479%20-%20CCGI_08.pdf?sequence=1&isAllowed=y. Acesso em: 27 jun. 2022.

WILKINS, David B. Harvard Law School, New Law Annual Meeting, AMCHAM, São Paulo, 27 mar. 2019.

OECD Website

OECD legal instruments. Disponível em: https://legalinstruments.oecd.org/en/instruments?mode=normal&statusIds=1&dateType=adoption. Acesso em: 27 jun. 2022.

OECD legal instruments. Recommendation of the council on OECD legal instruments material flows and resource productivity. OECD/LEGAL/0324. OECD: Paris, 2022, p. 6. Disponível em: https://legalinstruments.oecd.org/public/doc/48/48.en.pdf. Acesso em: 27 jun. 2022.

OECD legal instruments. Adherents. OECD/LEGAL/0435. Disponível em: https://www.oecd.org/about/structure/. Acesso em: 27 jun. 2022.

OECD list of member countries. Ratification of the Convention on the OECD. Disponível em: https://www.oecd.org/about/document/ratification-oecd-convention.htm. Acesso em: 27 jun. 2022.

OECD organizational structure. Disponível em: https://www.oecd.org/about/structure/. Acesso em: 27 jun. 2022.

OECD public integrity maturity models. OECD. Disponível em: https://www.oecd.org/corruption-integrity/reports/oecd-public-integrity-handbook-ac8ed8e8-en.html. Acesso em: 27 jun. 2022.

Youtube

Conselho Nacional de Justiça (CNJ). I Encontro Nacional sobre Integridade no Judiciário. Disponível em: https://www.youtube.com/watch?v=CYtSR3zcy7k. Acesso em: 13 jun. 2022.

Informação bibliográfica deste livro, conforme a NBR 6023:2018 da Associação Brasileira de Normas Técnicas (ABNT):

SANTINI, Christine; COSTA, Ligia Maura. A Recomendação da OCDE sobre Integridade Pública e seus efeitos sobre o Poder Judiciário brasileiro. *In*: SEGURA, Larissa Garrido Benetti (org.); KEPPEN, Luiz Fernando Tomasi; ZENKNER, Marcelo (coord.). *Sistema de integridade e Poder Judiciário*: estudos em homenagem ao ministro Luiz Fux. Belo Horizonte: Fórum, 2022. p.269-295. ISBN 978-65-5518-454-9.

PAPEL DO CONSELHO NACIONAL DE JUSTIÇA NA DISSEMINAÇÃO DA CULTURA DA INTEGRIDADE NO ÂMBITO DO PODER JUDICIÁRIO

VALTER SHUENQUENER DE ARAUJO
CAROLINA RANZOLIN NERBASS

Introdução: a exigência de integridade e sua evolução no Brasil

Desde a Emenda Constitucional nº 19/1998, a Constituição da República prevê, em seu art. 37, que a Administração Pública direta e indireta de qualquer dos Poderes da União, dos Estados, do Distrito Federal e dos Municípios, obedecerá aos princípios da impessoalidade, da probidade administrativa, da moralidade e da eficiência. Já temos, assim, há mais de vinte anos, um forte indicativo da necessidade de os órgãos governamentais seguirem regras de integridade na prática de seus atos.

Em 2013, foi editada a Lei nº 12.846, a tão propalada Lei Anticorrupção, que dispõe sobre a responsabilização administrativa e civil de pessoas jurídicas pela prática de atos contra a Administração Pública. Referida norma teve o condão de reforçar a necessidade de enfrentamento à corrupção por meio da responsabilização objetiva das pessoas jurídicas e estabeleceu que, na aplicação das sanções, é preciso considerar "a existência de mecanismos e procedimentos internos de integridade" (art. 7º, VIII). Por sua vez, o Decreto Federal nº 8.420/2015, que regulamenta a Lei Anticorrupção, prevê, em seu artigo 41, a definição legal para os programas de integridade, nos seguintes termos:

> Art. 41. Para fins do disposto neste Decreto, programa de integridade consiste, no âmbito de uma pessoa jurídica, no conjunto de mecanismos e procedimentos internos de integridade, auditoria e incentivo à denúncia

de irregularidades e na aplicação efetiva de códigos de ética e de conduta, políticas e diretrizes com objetivo de detectar e sanar desvios, fraudes, irregularidades e atos ilícitos praticados contra a administração pública, nacional ou estrangeira.

No campo das leis que voltaram sua atenção para o tema da integridade, também precisamos mencionar a Lei nº 13.303/2016, Estatuto Jurídico das Empresas Estatais, que incorporou ao ordenamento jurídico brasileiro o termo *compliance*, exigindo a observância pelas estatais de "regras de governança corporativa, de transparência e de estruturas, práticas de gestão de riscos e de controle interno, composição da administração e, havendo acionistas, mecanismos para sua proteção". Também tivemos a edição do Decreto Federal nº 9.203/2017, que cuida da política de governança da administração pública federal direta, autárquica e fundacional, estabelece a integridade dentre os princípios da governança pública e impõe aos órgãos e às entidades da administração direta, autárquica e fundacional a instituição de sistemas de integridade, com o objetivo de promover a adoção de medidas e ações institucionais destinadas à prevenção, à detecção, à punição e à remediação de fraudes e atos de corrupção.

A Controladoria-Geral da União – CGU, criada pela Lei nº 10.683/2003, a quem compete, dentre outras funções, tratar da prevenção e do combate à corrupção no âmbito da Administração Pública Federal, também instituiu o seu programa de integridade por meio da Portaria nº 750, de 20 de abril de 2016. No referido ato, há um conjunto estruturado de medidas institucionais para a prevenção, detecção, punição e remediação de práticas de corrupção e fraude, irregularidades e outros desvio éticos de conduta. Na sequência, o Decreto nº 9.203/2017 definiu os quatro eixos de atuação: comprometimento e apoio da alta administração; existência de unidade responsável pela implementação do programa; gestão de riscos associados ao tema integridade, e monitoramento contínuo dos atributos do programa. Hoje, o programa de integridade da CGU já se encontra na sua 2ª edição (Portaria nº 1.118/2021).

Uma detida análise da evolução normativa no nosso país sobre o tema do *compliance* e integridade permite concluir que a proliferação de normas jurídicas nessa matéria tem como uma de suas causas a profunda influência do cenário internacional. A Organização das Nações Unidas – ONU e a Organização para Cooperação e Desenvolvimento

Econômico – OCDE, por exemplo, passaram a recomendar fortemente a instituição da integridade pública como pilar da estrutura política, econômica e social, essencial ao bem-estar e à prosperidade dos indivíduos e da sociedade.

Para reforçar a importância do tema, a OCDE produziu a Recomendação do Conselho da OCDE sobre Integridade Pública,[1] que contém treze princípios e orientações para que os governos enfrentem os obstáculos e encontrem êxito na sua implementação, além de conter um conjunto de ferramentas práticas que permitem avaliar a maturidade de um dado sistema de integridade. O objetivo é, assim, o de contribuir para uma cultura da integridade e fortalecer a confiança dos cidadãos nas instituições públicas.

A "integridade para a prosperidade", na visão da OCDE, é a estratégia mais eficiente de combate à corrupção. Uma abordagem que ultrapassa as tradicionais, baseadas apenas em regras rigorosas e punições, e que incentiva a existência de um sistema coerente e abrangente.

Nesse contexto, a citada recomendação predica que é preciso:

> Demonstrar *compromisso* nos mais altos níveis políticos e administrativos do setor público para aumentar a integridade pública e reduzir a corrupção, em particular através de: a) garantir que o sistema de integridade pública defina, apoie, controle e aplique a integridade pública e seja integrado ao quadro geral de gestão e governança pública; b) garantir que os quadros legislativo e institucional adequados estejam em vigor para permitir que as organizações do setor público assumam a responsabilidade de gerenciar efetivamente a integridade de suas atividades, bem como a dos funcionários públicos que realizam essas atividades; c) estabelecer expectativas claras para os mais altos níveis políticos e de gestão que irão apoiar o sistema de integridade pública através de um comportamento pessoal exemplar, incluindo a demonstração de um alto padrão de propriedade na execução de funções oficiais.
> Esclarecer *responsabilidades* institucionais em todo o setor público para fortalecer a eficácia do sistema de integridade pública, em particular através de: a) estabelecer responsabilidades claras nos níveis relevantes (organizacionais, subnacionais ou nacionais) para projetar, liderar e implementar os elementos do sistema de integridade para o setor público; b) assegurar que todos os funcionários públicos, unidades ou órgãos (incluindo autônomos e/ou independentes) com responsabilidade

---

[1] Disponível em: https://www.oecd.org/gov/ethics/integrity-recommendation-brazilian-portuguese.pdf. Acesso em: 3 jun. 2022.

central pelo desenvolvimento, implementação, cumprimento e/ou monitoramento de elementos do sistema de integridade pública dentro de sua jurisdição tenham o mandato e a capacidade apropriados para cumprir suas responsabilidades; c) promover mecanismos de cooperação horizontal e vertical entre esses funcionários públicos, unidades ou órgãos e, sempre que possível, com e entre os níveis de governo subnacionais, através de meios formais ou informais para apoiar a coerência e evitar sobreposições e lacunas e compartilhar e desenvolver lições aprendidas com as boas práticas.

Desenvolver uma abordagem *estratégica* para o setor público que se baseie em evidências e vise atenuar os riscos de integridade pública, em particular através de: a) estabelecer objetivos estratégicos e prioridades para o sistema de integridade pública com base em uma abordagem baseada em risco para violar os padrões de integridade pública e que considere os fatores que contribuem para políticas efetivas de integridade pública; b) desenvolver benchmarks e indicadores e reunir dados convincentes e relevantes sobre o nível de implementação, desempenho e eficácia geral do sistema de integridade pública.

Definir altos *padrões* de conduta para funcionários públicos, em particular através de: a) ir além dos requisitos mínimos, priorizando o interesse público, a adesão aos valores do serviço público, uma cultura aberta que facilite e recomende a aprendizagem organizacional e encoraje a boa governança; b) incluir padrões de integridade no sistema legal e políticas organizacionais (como códigos de conduta ou códigos de ética) para esclarecer as expectativas e servir de base para a investigação e sanções disciplinares, administrativas, civis e/ou criminais, conforme apropriado; c) estabelecer procedimentos claros e proporcionais para ajudar a prevenir violações dos padrões de integridade pública e para gerir conflitos de interesse reais ou potenciais; d) comunicar valores e padrões do setor público internamente em organizações do setor público e externamente para o setor privado, sociedade civil e indivíduos e pedir a esses parceiros que respeitem esses valores e padrões em suas interações com funcionários públicos.

A OCDE também recomenda que os aderentes ao programa cultivem uma cultura de integridade pública, o que compreende:

Promover uma cultura de integridade pública a *toda a sociedade*, em parceria com o setor privado, com a sociedade civil e com os indivíduos, em particular através de: a) reconhecer no sistema de integridade pública o papel do setor privado, da sociedade civil e dos indivíduos em respeitar os valores de integridade pública em suas interações com o setor público, em particular encorajando o setor privado, a sociedade civil e os indivíduos a defender esses valores como uma responsabilidade compartilhada; b) envolver partes interessadas relevantes no desenvolvimento, atualização regular e implementação do sistema de integridade pública; c) aumentar a conscientização na sociedade dos benefícios da integridade pública e reduzir a tolerância das violações dos padrões de integridade pública e realizar, quando apropriado, campanhas para promover a educação cívica sobre a integridade pública, entre os indivíduos e particularmente nas escolas; d) envolver o setor privado e a sociedade civil sobre os benefícios complementares para a integridade pública que decorrem da manutenção da integridade nos negócios e nas atividades sem fins lucrativos, compartilhamento e desenvolvimento, lições aprendidas com as boas práticas.

Investir em *liderança* de integridade para demonstrar o compromisso da organização do setor público com a integridade, em particular através de: a) incluir a liderança de integridade no perfil para gerentes em todos os níveis de uma organização, bem como um requisito para seleção, nomeação ou promoção para um cargo de gerência e avaliação do desempenho dos gerentes em relação ao sistema de integridade pública em todos os níveis da organização; b) apoiar os gerentes em seu papel como líderes éticos, estabelecendo mandatos claros, fornecendo apoio organizacional (como controle interno, instrumentos de recursos humanos e assessoria jurídica) e fornecendo treinamento e orientação periódicos para aumentar a conscientização e desenvolver habilidades sobre o exercício do julgamento apropriado em assuntos em que questões de integridade pública possam estar envolvidas; c) desenvolver estruturas de gestão que promovam responsabilidades gerenciais para identificar e mitigar riscos de integridade pública.

Promover um setor público *profissional*, baseado em mérito, dedicado aos valores do serviço público e à boa governança, em particular através de: a) assegurar gestão de recursos humanos que aplique consistentemente princípios básicos, como mérito e transparência, para apoiar o profissionalismo do serviço público, evitar o favoritismo e o nepotismo, proteger contra interferências políticas indevidas e mitigar riscos de abuso de posição e falta de conduta; b) assegurar um sistema justo e aberto para recrutamento, seleção e promoção, com base em critérios objetivos e em um procedimento formalizado, e um sistema de avaliação que suporte a prestação de contas e um espírito de serviço público.

Fornecer informações suficientes, treinamento, *orientação* e conselhos em tempo hábil para que os funcionários públicos apliquem padrões de integridade pública no local de trabalho, especialmente através de: a) fornecer funcionários públicos ao longo de suas carreiras com informações claras e atualizadas sobre as políticas, regras e procedimentos administrativos da organização relevantes para a manutenção de altos padrões de integridade pública; b) oferecer indução e treinamento de integridade no trabalho para funcionários públicos ao longo de suas carreiras, a fim de aumentar a conscientização e desenvolver habilidades essenciais para a análise de dilemas éticos e tornar os padrões de integridade pública aplicáveis e significativos em seus próprios contextos pessoais; c) fornecer mecanismos de orientação e consulta formais e informais facilmente acessíveis para ajudar os funcionários públicos a aplicar padrões de integridade pública em seu trabalho diário, bem como gerir situações de conflito de interesses.

Apoiar uma cultura organizacional *aberta* no setor público que responda a preocupações de integridade, em particular através de: a) encorajar uma cultura aberta onde os dilemas éticos, as preocupações de integridade pública e os erros podem ser discutidos livremente e, quando apropriado, com os representantes dos funcionários e onde a liderança é responsiva e comprometida em fornecer conselhos oportunos e resolver problemas relevantes; b) fornecer regras e procedimentos claros para denunciar suspeitas de violação dos padrões de integridade e assegurar, de acordo com os princípios fundamentais do direito interno, proteção em direito e prática contra todos os tipos de tratamentos injustificados como resultado de denúncia de boa fé e por motivos razoáveis; c) fornecer canais alternativos para denunciar violações suspeitas de padrões de integridade, incluindo, quando apropriado, a possibilidade de informar confidencialmente a um órgão com permissão e capacidade para realizar uma investigação independente.

Por fim, o incentivo à cultura da integridade impõe a adoção de um quadro de gestão de riscos e controle e a transparência e o envolvimento das partes interessadas em todas as etapas do processo decisório.

A literatura nacional especializada no tema, atenta a esse movimento, também passou a defender a necessidade da observância das regras de integridade nas instituições públicas para garantir e elas um maior grau de confiabilidade.

Nesse sentido, Marcelo Zenkner, ao defender sua tese de doutorado "Integridade Governamental e Integridade Empresarial: Conceitos Jurídicos e Instrumentos de Garantia em Perspectiva de Direito Comparado Luso-Brasileiro",[4] manifestou essa necessidade:

> O *Welfare State*, já retratado no Capítulo I, Item 2.3.1, acabou ultrapassando seus próprios limites e chegou ao século XXI enfraquecido e amplamente questionado em relação à sua eficiência, tanto no tocante à geração e distribuição de riquezas como na prestação de serviços públicos. A classe média percebeu que o Estado estava gastando uma fortuna em impostos arrecadados e boa parte desse dinheiro estava sendo desperdiçado ou

desviado, debilitando ou colocando em risco uma série de direitos duramente conquistados.

Essa crise de confiança que coloca em cheque políticos e governantes guarda relação direta com a situação econômica do país: em tempos de fartura e de bonança, a indignação da sociedade com a corrupção é facilmente controlada, pois, para muitos, na ausência de dificuldades financeiras, ilícitos dessa natureza são considerados meros *caprichos do poder* perfeitamente toleráveis. Por outro lado, quando a população perde o poder de compra e se endivida, a corrupção passa a ser considerada a razão de todos os males, gerando enorme pressão social.

Essa disfunção social crescente decorrente de um período de grave crise econômica fez com que os governos de muitos países optassem por voltar ao modelo liberal de Estado mínimo – o *neoliberalismo* – gerando uma grande onda de privatizações de empresas estatais ineficientes e caras para impulsionar o desenvolvimento e, assim, dar uma resposta à população cada vez mais insatisfeita. Apesar dos nobres objetivos originários, os processos de privatizações em vários países do mundo acabaram servindo de cenário para uma série de escândalos de corrupção.
(...)
[...] a corrupção é sintoma de que qualquer coisa correu mal na condução do Estado. Trata-se, pois, do reconhecimento da fragilidade de uma determinada nação cuja gestão administrativa apresentou severas e incontornáveis debilidades institucionais, deixando que o exercício pleno do poder se convertesse em algo inócuo em sua concretização e, ao mesmo tempo, insubsistente aos fins pretendidos dentro do âmbito de sua soberania.

Robert Klitgaard, inclusive, desenvolveu uma fórmula que define corrupção a partir do monopólio sobre bens ou determinados serviços por uma organização, da discricionariedade em decidir quem vai recebê-lo e em que quantidades e da ausência de regras ou práticas de *accountability*. A fórmula é a seguinte: $C = M + D - A$, onde: C = corrupção; M = monopólio; D = discricionariedade; A = *accountability*.

No âmbito da Administração Pública a corrupção seria, assim, diretamente proporcional ao monopólio e à discricionariedade, e inversamente proporcional ao dever de prestar contas. O fato de a prática corrupta ter sido operacionalizada não significa, necessariamente, que a livre vontade individual tenha sido o fator decisivo para sua ocorrência, pois existe uma correlação direta entre a gestão pública e a corrupção: para que um esquema ilícito funcione, é preciso retirar a transparência, não prestar contas e deixar o mercado nas mãos de poucos competidores. O controle da corrupção, portanto, depende de um conjunto mutável de microfatores, que combina redução dos monopólios, regulação do poder de concedê-los, democratização do poder decisório do gestor público, transparência em relação a essas decisões e aprimoramento do dever de prestação de contas.

É importante destacar, por outro lado, que a ideologia política e intervencionismo econômico não guardam qualquer relação direta com a corrupção: o ranking de 2016 sobre a percepção da corrupção no mundo, elaborado pela organização Transparência Internacional, mostra boa pontuação tanto para países liberais, como o Reino Unido (81 pontos), quanto para os países nórdicos – Finlândia (89 pontos), Suécia (88 pontos) e Noruega (85 pontos) –, conhecidos pela forte presença do Estado na economia e pela alta carga tributária.[2]

Nessa perspectiva, o risco de quem detém o poder na esfera pública ser capturado para fins desonestos não é desprezível. O uso dos cargos para fins privados e não republicanos impõe uma preocupação com a denominada integridade governamental. O Estado deve ser eficiente e atuar com imparcialidade e isonomia, o que lhe impõe, com uma amplitude maior do que no ambiente empresarial, a observância de uma cultura da integridade.

Programas de *compliance* na Administração Pública, se eficientes, são eficazes e aptos para prevenir a prática de condutas corruptivas, conforme já mencionado no texto "*Compliance* na Administração Pública brasileira", *in verbis*:

> Apesar de todas as regras criadas nas últimas décadas para evitar e punir irregularidades, há um reconhecimento mundial de que o empenho das próprias empresas e daqueles que atuam no setor público é essencial para a manutenção de um ambiente competitivo e ético. Nesse sentido, os programas de integridade, também conhecidos como programas de *compliance*, assumem um papel relevante no combate à corrupção. O termo *compliance* tem origem no verbo inglês *to comply* e pode ser definido como "o dever de cumprir, de estar em conformidade e fazer cumprir leis, diretrizes, regulamentos internos e externos, buscando mitigar o risco atrelado à reputação e o risco legal/regulatório".
> Eduardo Saad Diniz conceitua os programas de *compliance* nos seguintes termos:
> Os programas de compliance em seu sentido mais amplo referem-se à adoção de política de prevenção a infrações econômicas, mediante implementação de mecanismos de controle interno e canais de comunicação externos, orientados por diretrizes básicas de governança regulatória. A combinação destes elementos conduz a novos padrões

---

[2] ZENKNER, Marcelo. Disponível em: https://run.unl.pt/bitstream/10362/51667 /1/ Zenkner_2018.pdf. Acesso: em 16 jun. 2022.

de comportamento e cumprimento de dever e controle da tomada de decisões no âmbito empresarial.

Compliance não significa, apenas, conformidade com regras formais e informais estabelecidas por determinado ordenamento jurídico. Ao revés, a expressão revela uma preocupação de orientar a conduta de todos os funcionários de uma instituição, que devem seguir os preceitos éticos estabelecidos internamente e aceitos pelo contexto social vigente. A implementação de um programa de *compliance* não provoca a eliminação completa dos riscos aos quais uma organização está submetida, mas, quando ele é adotado de maneira efetiva, as *red flags* diminuem consideravelmente. Assim, a tendência é que as empresas, independentemente da área em que atuam, prefiram contratar com agentes dotados de uma estrutura bem definida de *compliance*, na medida em que tal circunstância confere maior segurança às suas operações. Nessa perspectiva, o programa de integridade não oferece apenas uma vantagem competitiva em um ambiente empresarial repleto de práticas antiéticas: ele é, atualmente, uma exigência em boa parte das relações empresariais.[3]

À luz desse ambiente de exigências legais e sociais pelo estabelecimento da cultura da integridade, o Poder Judiciário brasileiro não poderia deixar de acompanhar a tendência de observância a parâmetros, de adoção de diretrizes e de princípios tão caros para evitar práticas desonestas. Surge o dever de implementar um novo modelo de gestão e de governança para aprimorar seus mecanismos de prevenção, detecção e correção de condutas ilícitas e antiéticas, identificando-se como de extrema importância a adoção de instrumentos de integridade a partir da atuação preventiva, de maneira a evitar atos fraudulentos e eventuais danos ao erário e à sociedade.[4] E, desde já, precisamos evidenciar que a adoção dessa nova cultura se harmoniza com a tão relevante independência funcional. Uma coisa não exclui a outra.

---

[3] ARAUJO, Valter Shuenquener de; SANTOS, Bruna de Brito André dos; XAVIER, Leonardo Vieira. Disponível em: http://www.revistaaec.com/index.php/revistaaec/article/view/1176. Acesso em: 3 jul. 2022.

[4] O instituto do *whistleblowing* é um bom exemplo de ferramenta que pode ser empregada para o aprimoramento de um sistema de integridade. Para um aprofundamento no tema, confira: ARAUJO, Valter Shuenquener de; XAVIER, Leonardo Vieira; ARAUJO, Karolline Ferraz Pereira de. A evolução do *whistleblowing* no direito brasileiro e internacional: quais os principais pontos de um sistema efetivo? *In*: POZZO, Augusto Neves dal; MARTINS, Ricardo Marcondes (coord.). *Aspectos Controvertidos do Compliance na Administração Pública*. Belo Horizonte: Fórum, 2020. p. 463-491.

O Conselho Nacional de Justiça e sua função

O Conselho Nacional de Justiça foi criado pela Emenda Constitucional nº 45/2004, que instituiu a Reforma do Judiciário e sua efetiva implantação ocorreu em 14 de junho de 2005. Recebeu do texto constitucional a função de realizar o controle da atuação administrativa e financeira do Poder Judiciário nacional e do cumprimento dos deveres funcionais dos magistrados e, como missão, "desenvolver políticas judiciárias que promovam a efetividade e a unidade do Poder Judiciário, orientadas pelo valor da justiça e paz social". Nesse período desde o seu surgimento, as ações do CNJ já possuem resultados sólidos no sentido de contribuir para que a Justiça brasileira atue com moralidade, transparência e eficiência.

Nessa perspectiva, para além de cumprir seu papel fiscalizador, com o aprimoramento de sua função, o CNJ tem agido estrategicamente para desenvolver um Judiciário mais forte e integrado, através do fomento de políticas públicas para o setor, que, com controle e transparência administrativa e processual, visam à modernização dos serviços de justiça para tornar mais célere e confiável a entrega da prestação jurisdicional, assim encontrando sua mais nobre incumbência.

São exemplos disso a atuação do CNJ em diversas áreas de interesse direto da sociedade, como por intermédio dos Observatórios dos Direitos Humanos e do Meio Ambiente do Poder Judiciário, através do combate à violência contra a mulher, do fomento à conciliação e à mediação, dos cuidados com a primeira infância e combate ao tráfico internacional de crianças, do incentivo à adoção, das políticas públicas do sistema carcerário, da cooperação judiciária, da atenção à judicialização da saúde, e, ainda, com ações de ampliação ao acesso à Justiça, como as que são implementadas pelo programa Justiça 4.0.

Essas políticas perenes criadas e fiscalizadas pelo CNJ estimulam a melhoria da eficiência da Justiça, especialmente pelo uso da tecnologia, formulação e criação de ações inovadoras que garantem a razoável duração do processo a que todo cidadão brasileiro tem direito. Isso sem ferir a necessária autonomia do Poder Judiciário.

Até mesmo a função da Corregedoria Nacional de Justiça, que faz parte do organograma do CNJ, não se esgota em medidas correcionais e punitivas. Ela, também, exerce seu viés gestor identificando falhas, propondo soluções e propagando boas práticas que possam ser disseminadas, sempre em busca da melhoria e modernização dos processos administrativos e jurisdicionais da Justiça brasileira. Isso tem ocorrido, por exemplo, por meio de medidas que garantem que as metas relativas ao arquivamento de processos ou à garantia de celeridade de julgamento sejam cumpridas, pelo desenvolvimento de mecanismos que agilizem a atuação judicial e através de orientações para que tenhamos um melhor e mais célere procedimento em cartórios judiciais e extrajudiciais. Em lugar de focar exclusivamente na punição, os órgãos correicionais do Judiciário passam a assumir um protagonismo na função indutora de bons comportamentos. Premiar e enaltecer em lugar de punir; regular e induzir boas práticas mostram-se mais eficazes do que o caráter retributivo da sanção.

As metas nacionais definidas pelo CNJ, como julgar mais processos do que os distribuídos (Meta 1), julgar processos mais antigos (Meta 2), priorizar o julgamento de crimes contra a Administração Pública (Meta 4) e de processos relacionados ao feminicídio e violência familiar e doméstica contra as mulheres (Meta 8), promover a transformação digital (Meta 10), estão, ano a ano, impactando positivamente na melhoria dos serviços judiciários e na percepção da sociedade sobre o sistema nacional de Justiça, tanto na via judicial quanto extrajudicial (sistema notarial e de registro público). Essas medidas proporcionam o incremento na eficiência do Poder Judiciário, ampliando o controle da sua atuação pela sociedade e facilitando a aceitação de novas regras capazes de fomentar e consolidar a cultura da integridade no sistema de justiça.

O papel estratégico e gestor do CNJ tem auxiliado os tribunais a enfrentar grandes desafios, muitos de alta complexidade, com grande impacto e elevada repercussão social, econômica e ambiental, como na mediação para os conflitos decorrentes do desastre de Mariana, no monitoramento das demandas de assistência à saúde e que envolvam exploração do trabalho em condições análogas à de escravo e ao tráfico de pessoas e na mediação de conflitos de projetos de infraestrutura classificados pelo Programa de Parcerias de Investimentos (PPI).

Dar transparência às ações da Justiça e velar pela integridade institucional e de seus membros também são objetivos perseguidos pelo Conselho Nacional de Justiça. São demonstrações disso a regulamentação da publicidade e objetividade do processo de promoção dos magistrados (Resolução CNJ nº 6/2005), a edição de normas para orientar os tribunais contra a prática do nepotismo nos serviços judiciais e extrajudiciais (Resoluções CNJ nºs 7/2005 e 20/2006), a regulamentação do teto remuneratório e composição dos subsídios dos magistrados (Resolução CNJ nº 13/2006), a edição do Código de Ética da Magistratura (Resolução CNJ nº 60/2008), a padronização das regras de concurso público para magistratura e serviços notariais e de registro (Resoluções CNJ nºs 75/2009 e 81/2009), a criação do painel de remuneração dos magistrados (Portaria CNJ nº 63/2017) e do *Ranking* de Transparência do Poder Judiciário. Aliado a isso, o Conselho Nacional de Justiça – CNJ também tem como um de seus eixos de atuação o fortalecimento do combate à corrupção e à criminalidade organizada.

O Conselho Nacional de Justiça e a integridade

Foi assim que, no ano de 2020, o CNJ, cumprindo seu papel constitucional de órgão responsável pelo controle da atuação administrativa do Poder Judiciário nacional, instituiu um Grupo de Trabalho que ficou responsável pela elaboração de estudos visando ao desenvolvimento de programas de integridade e *compliance* no âmbito do Poder Judiciário.[5]

Com base nas conclusões desse Grupo de Trabalho, formado por professores e especialistas no tema da integridade oriundos dos mais diversos ramos profissionais,[6] é que foi aprovada pelo Plenário do Conselho a Resolução nº 410, de 23 de agosto de 2021. Referido ato normativo "dispõe sobre normas gerais e diretrizes para a instituição de sistemas de integridade no âmbito do Poder Judiciário".

Com esse novo ato, o Conselho Nacional de Justiça estabeleceu um importante marco regulatório sobre o tema da integridade, com uma abordagem principiológica destinada a disseminar, no âmbito do Poder Judiciário, a cultura da integridade voltada aos órgãos do Poder Judiciário e, principalmente, aos membros da alta administração. Na citada regulamentação da matéria, conferiu-se aos membros da administração dos tribunais a prerrogativa de edificar, em suas Cortes, o sistema de integridade. O citado ato normativo do CNJ também tem o

---

[5] Referido Grupo de Trabalho foi criado pela Portaria da Presidência do CNJ nº 273, de 9.12.2020.

[6] O grupo de trabalho foi integrado pelos seguintes membros: Luiz Fernando Tomasi Keppen, André Luis Guimarães Godinho, Ministro Antonio Saldanha Palheiro, Ministro André Luiz de Almeida Mendonça, Ministro Wagner de Campos Rosário, Valter Shuenquener de Araújo, Marcus Lívio Gomes, Theophilo Antonio Miguel Filho, Henrique Abi-Ackel, Marcelo Zenkner, Eduardo Saad-Diniz, Luís Greco, Matheus Puppe, Julia Gracia, Carlos Renato Bonetti, Walter Godoy dos Santos Junior, Leandro Galluzzi dos Santos, Marcelo Costenaro Cavali e Alaor Leite.

objetivo de fixar eixos estruturantes, diretrizes e elementos fundamentais dos sistemas de integridade, conclamando o completo engajamento de todos na sua implementação.

A Resolução CNJ nº 410/2021 utiliza mecanismos para promover medidas e ações institucionais destinadas à prevenção, à detecção, ao monitoramento, ao controle e à repressão de condutas ilícitas e antiéticas, bem como para incentivar a cultura aderente ao *compliance*, disseminar políticas e mecanismos de prevenção e combate à corrupção, e, ainda, corrigir falhas sistêmicas identificadas, fazendo análise, avaliação e gestão dos riscos. Ela também dispõe sobre o aprimoramento e a simplificação do fluxo de informações relacionadas a denúncias, elogios ou sugestões, possibilitando a constante evolução do sistema implantado em cada tribunal. Tais medidas reforçam a necessidade da existência de um órgão gestor responsável pela implementação e coordenação em cada tribunal, com a ampla e efetiva participação de seus membros e servidores na elaboração e consecução dos programas de integridade da instituição.

Para o aprimoramento mencionado, o ato normativo traz como elementos fundamentais, que devem nortear o sistema de integridade dos órgãos do Poder Judiciário, o profissionalismo e a meritocracia, a inovação, a prestação de contas e a responsabilização, a tempestividade e capacidade de resposta, o aprimoramento e a simplificação regulatória, bem definindo o termo *compliance* como sendo o "conjunto de mecanismos e procedimentos de controle interno, auditoria, incentivo à denúncia de irregularidades e de aplicação efetiva do código de conduta ética, políticas e diretrizes com objetivo de prevenir, detectar e sanar desvios, fraudes, irregularidades e atos ilícitos praticados por membros ou servidores do Poder Judiciário".

O texto aprovado pelo CNJ não deixou de lado algumas especificidades do Poder Judiciário que merecem um tratamento cuidadoso, tais como questões inerentes à independência funcional da magistratura, as normas que já regulamentam a conduta de magistrados e servidores, as atribuições das Ouvidorias e das Corregedorias e a natureza sensível e sigilosa dos dados relacionados a órgãos do Poder Judiciário. É que, por mais que seja pioneira em nível nacional, a Resolução CNJ nº 410/2021 não surge em um vácuo normativo. Seus preceitos foram muito bem pensados para que ingressassem no ordenamento jurídico brasileiro como a peça faltante de um quebra-cabeças, evitando-se, assim, uma desnecessária e descabida sobreposição de competências com os demais órgãos já existentes.

Essas novas diretrizes e a relevância da matéria incentivaram o CNJ a criar, no seu importante papel de liderança e de orquestração de políticas públicas voltadas ao Poder Judiciário, o Comitê de Integridade do Poder Judiciário (CINT), com representação plural e democrática de todos os ramos da justiça. Além de representantes do CNJ e do Poder Judiciário brasileiro, o comitê conta com dois profissionais de notório conhecimento técnico e científico em integridade. Referido comitê tem como função auxiliar a alta administração dos tribunais na implementação e atualização de seus respectivos sistemas, respeitadas suas realidades e independência.[7] Também se trata de um canal aberto para manter um círculo virtuoso de interações entre os órgãos do Poder Judiciário, com necessárias e profícuas trocas de experiências para valorizar os acertos e consolidar normas e diretrizes gerais a serem respeitadas, trazendo mais transparência e eficiência aos serviços judiciários.

Com a intenção de difundir e consolidar, ainda mais, a cultura da integridade no âmbito do Poder Judiciário, o Conselho Nacional de Justiça promoveu o I Encontro Nacional sobre Integridade do Poder Judiciário, em 18 de outubro de 2021, quando a Resolução nº 410 foi discutida sob a perspectiva de seus idealizadores; em 24.3.2022, e realizou o Seminário – Sistemas de Integridade e Poder Judiciário, deste último participando os integrantes do Comitê de Integridade do Poder Judiciário (CINT), já em plena atividade.

---

[7] São integrantes do Comitê de Integridade do Poder Judiciário: Des. Mauro Pereira Martins, Conselheiro do CNJ; Valter Shuenquener de Araújo, Secretário-Geral do Conselho Nacional de Justiça; Marcus Livio Gomes, Secretário Especial de Programas, Pesquisas e Gestão Estratégica do Conselho Nacional de Justiça; Anderson de Paiva Gabriel, Juiz Auxiliar da Presidência do Conselho Nacional de Justiça; Marcelo Costenaro Cavali, Juiz Auxiliar da Corregedoria do Conselho Nacional de Justiça; Sandro Nunes Vieira, Juiz Auxiliar da Presidência do Tribunal Superior Eleitoral; Des. Federal Theophilo Antônio Miguel Filho, Desembargador do Tribunal Regional Federal da 2ª Região; Des. Maria da Graça Ribeiro Centeno, Desembargadora do Tribunal Regional do Trabalho da 4ª Região; Des. José Arthur de Carvalho Pereira Filho, Desembargador e Superintendente Administrativo do Tribunal de Justiça do Estado de Minas Gerais; Des. Henrique Abi-Ackel, Desembargador do Tribunal de Justiça do Estado de Minas Gerais; Rogers Gonçalves Velloso de Assis, Secretário de Auditoria Interna do Superior Tribunal Militar; Alexandre Corrêa Carvalho, servidor do Tribunal de Justiça do Estado do Rio de Janeiro; professor Eduardo Saad-Diniz, profissional de notório e reconhecido conhecimento técnico e científico em sistemas de integridade; professor Matheus Puppe, profissional de notório e reconhecido conhecimento técnico e científico em sistemas de integridade.

Conclusões

O Brasil passa por um momento marcante de incorporação institucional da cultura da integridade. Seja por influência de normas aprovadas por organismos internacionais, seja em virtude de uma necessidade nacional, o movimento é nítido no sentido de aprimoramento normativo visando à criação de programas de *compliance* e de sistemas de integridade.

Nesse contexto, ao publicar a sua Resolução nº 410 de 2021, o Conselho Nacional de Justiça inaugurou uma nova onda na criação da cultura da integridade nas organizações públicas do Brasil, alinhando-se aos mais relevantes princípios estabelecidos pela Recomendação do Conselho da OCDE sobre Integridade Pública. Com o novo arcabouço normativo, o CNJ (i) assumiu o devido *compromisso* com o sistema de integridade; (ii) definiu sua atuação de *responsabilidade* com a coordenação dos demais órgãos e monitoramento permanente; (iii) instituiu *padrões e estratégias*, ditando regras e valores a serem respeitados, com objetivos e prioridades, e (iv) agiu com *transparência*, de forma a concitar os demais atores do sistema de justiça a construir em conjunto o que deve nortear o sistema de integridade do Poder Judiciário.

Com essas ações, o Conselho Nacional de Justiça age no modo *tone at the top*, assumindo a liderança ao dar o tom do ambiente ético das organizações que gravitam no seu entorno, com a convicção de estar afinado com as melhores práticas nacionais e internacionais sobre integridade. Descortina-se uma nova fase do Poder Judiciário, que, sem abrir mão da fundamental independência funcional dos seus membros, avança na tutela da probidade e no reconhecimento da relevância da cultura da integridade como premissa nuclear para o desenvolvimento de um país e a evolução civilizatória de nossa sociedade.

Referências

ARAUJO, Valter Shuenquener de; SANTOS, Bruna de Brito André dos, XAVIER, Leonardo Vieira. *Compliance na administração pública brasileira*. Disponível em: http://www.revistaaec.com/index.php/ revistaaec/article/view/1176. Acesso em: 3 jul. 2022.

ARAUJO, Valter Shuenquener de; XAVIER, Leonardo Vieira; ARAUJO, Karolline Ferraz Pereira de. A evolução do *whistleblowing* no direito brasileiro e internacional: quais os principais pontos de um sistema efetivo? *In*: POZZO, Augusto Neves dal; MARTINS, Ricardo Marcondes (coord.). *Aspectos Controvertidos do Compliance na Administração Pública*. Belo Horizonte: Fórum, 2020. p. 463-491.

CONSELHO NACIONAL DE JUSTIÇA. Portaria da Presidência do CNJ nº 273, de 9.12.2020. Disponível em: https://atos.cnj.jus.br/atos/detalhar/3614. Acesso em: 2 jul. 2022.

CONSELHO NACIONAL DE JUSTIÇA. Resolução nº 410, de 2021. Disponível em: https://atos.cnj.jus.br/atos/detalhar/4073. Acesso em: 2 jul. 2022.

CRISTÓVAM, José Sérgio da Silva; BERGAMINI, José Carlos Loitey. *Governança corporativa na Lei das Estatais*: aspectos destacados sobre transparência, gestão de riscos e *compliance*. Disponível em: https://bibliotecadigital.fgv.br/ojs/index.php/rda/article/view/80054/76588. Acesso em: 28 jun. 2022.

GABARDO, Emerson; MORETTINI E CASTELLA, Gabriel. *A nova lei anticorrupção e a importância do compliance para as empresas que se relacionam com a Administração Pública*. Disponível em: http://www.revistaaec.com/index.php/revistaaec/article/download/55/358. Acesso em: 30 jun. 2022.

OECD. Disponível em: https://www.oecd.org/gov/ethics/integrity-recommendation-brazilian-portuguese.pdf. Acesso em: 3 jun. 2022.

SILVEIRA, Renato de Mello Jorge; DINIZ, Eduardo Saad. *Compliance, Direito Penal e Lei Anticorrupção*. São Paulo: Saraiva, 2015.

VALLE, Vanice Regina Lírio do; DOS SANTOS, Marcelo Pereira. *Governança e compliance na administração direta*: ampliando as fronteiras do controle democrático. http://www.revistaaec.com/index.php/revistaaec/article/download/993/800. Acesso em: 30 jun. 2022.

ZENKNER, Marcelo. *Integridade governamental e integridade empresarial*: conceitos jurídicos e instrumentos de garantia em perspectiva de direito comparado luso-brasileiro. Disponível em: https://run.unl.pt/bitstream/10362/51667/1/Zenkner_2018.pdf. Acesso: em 16 jun. 2022.

Informação bibliográfica deste livro, conforme a NBR 6023:2018 da Associação Brasileira de Normas Técnicas (ABNT):

ARAUJO, Valter Shuenquener de; NERBASS, Carolina Ranzolin. Papel do Conselho Nacional de Justiça na disseminação da cultura da integridade no âmbito do Poder Judiciário. *In*: SEGURA, Larissa Garrido Benetti (org.); KEPPEN, Luiz Fernando Tomasi; ZENKNER, Marcelo (coord.). *Sistema de integridade e Poder Judiciário*: estudos em homenagem ao ministro Luiz Fux. Belo Horizonte: Fórum, 2022. p. 297-312. ISBN 978-65-5518-454-9.

OS PRINCÍPIOS DA GOVERNANÇA ALINHADOS AO PODER JUDICIÁRIO

CÉLIA LIMA NEGRÃO
ROBERTO LIVIANU

1 Introdução

A partir do momento que se adquire a percepção sobre a necessidade de fixar limites para o exercício do poder, de que ele não pode ser absoluto e concentrado, movimentos sociais eclodiram em todo o mundo, dentre os quais se deve destacar especialmente a Revolução Francesa e a Independência dos Estados Unidos, no final do século XVIII.

O chamado Movimento Iluminista, que praticamente varreria do mundo o Absolutismo de Direito Divino dos Reis, caracterizado por ligação umbilical entre Estado e Igreja, determinou consequências perenes para a história da civilização em diversos níveis, colocando o ser humano no centro de suas preocupações, vindo a ocupar o lugar que até então era do todo poderoso Estado.

Quando falamos em limites aos poderes do Estado, naturalmente que a primeira nuance a ser realçada é aquela relacionada ao seu exercício no campo político e ali se apresenta o conceito de *checks and balances*, com a tripartição do poder idealizada por *Montesquieu* – Executivo, Legislativo e Judiciário independentes e harmônicos entre si se autofiscalizando e uns fiscalizando os outros.

Mas até então o poder estatal de punir também não tinha limites e se constrói uma nova visão, estipulando a pena privativa de liberdade como limite máximo, via de regra, em contraponto à pena de morte, ao degredo, às humilhações públicas até então permitidas legalmente.

Além disto, nota-se que o exercício do poder por parte de todos aqueles que sejam dele detentores deve conhecer limites, além de necessariamente ser exercido para o bem comum, no contexto de um contrato social, com eficiência.

Foram séculos de construção para se chegar aos conceitos hoje mais lapidados de governança pública, mas estava rompido o culto mítico ao todo poderoso Estado Absolutista sem qualquer regra ou limite – *L'État c'est moi* como se via o famoso rei Luís XIV da França, o rei-sol (traduzindo: o Estado sou eu).

2 A governança na Administração Pública

A origem da governança pública está associada à própria evolução da governança corporativa, entendida como o meio pelo qual as organizações são lideradas, dirigidas, controladas e monitoradas, tendo a alta administração o papel de exercer a liderança organizacional, de modo a conectar os elementos necessários em prol dos resultados pretendidos, no cumprimento da missão institucional, que é a razão da existência de uma organização.

Contudo, especialmente, no caso da governança pública, há ainda direcionamentos que buscam atender a preocupações maiores, tendo em vista o poder exercido pelo Estado, que visa, em último grau, à satisfação dos interesses da coletividade, pois a fonte de legitimidade deste poder advém do povo, que o transfere ao Estado.

Cada cidadão passa a ser, na prática, representado pelos três poderes da república, que detêm autoridade uníssona sobre todos. Diga-se, o Estado corporifica a vontade popular, tendo como o legítimo interessado de suas ações o povo.

Nesse sentido, a Teoria da Agência,[1] fortemente utilizada para estabelecer o contexto histórico da governança corporativa, apresenta a relação entre o indivíduo que delega algo, chamado de "principal", e aquele outro incumbido de executar o que foi delegado, chamado de "agente".

Problemas emergem nesta relação construída entre agente e principal, entre as expectativas de quem delega e de quem executa, o que determina o surgimento dos denominados conflitos de agência.

---

[1] Fonte: Idealizada pelos economistas Jensen e Meckling, em 1976, a Teoria de Agência fundamenta que a sociedade é construída com base em contratos, sejam eles implícitos ou explícitos, que estabelecem quais são as funções, direitos e deveres de todos os envolvidos.

Com frequência, nota-se que há metas do principal que não são concretizadas pelos agentes. Além disto, o principal fica em posição difícil e, muitas vezes, dispendiosa para monitorar ou mesmo controlar se os objetivos emanados estão sendo cumpridos, além da grande assimetria de informações que se estabelece entre o agente e o principal, sem contar que os instrumentos de controle podem não estar acessíveis ou demandar recursos financeiros, por vezes, escassos.

Dessa forma, o sistema estruturado de governança corporativa, com seus mecanismos e instrumentos, pretende reduzir estes conflitos e mitigar os riscos desta relação, aproximando o agente e o principal por meio de princípios norteadores e basilares que devem permear esta relação.

Estes princípios equivalem a um contrato tácito entre o agente e o principal baseado nos interesses e riscos assumidos por ambas as partes e buscam reduzir a assimetria de informações que há entre o principal e o agente, a possibilidade de surgimento de conflitos diversos, fraudes e não cumprimento dos objetivos acordados.

Assim, de modo a traduzir estes direcionamentos conceituais à governança pública, importante definir quais seriam os atores que representam o agente e o principal na área pública. O Referencial de Governança Pública do TCU salienta que o principal para o Governo é o povo. Afinal, o Brasil é uma república onde a democracia é princípio fundamental, estabelecida no artigo 1º da Constituição Federal de 1988, em seu parágrafo único: "Todo o poder emana do povo, que o exerce por meio de representantes eleitos ou diretamente, nos termos desta Constituição".

Como visto, a Teoria da Agência se aplica de modo satisfatório à relação entre o Estado e o povo, sendo que o principal é todo aquele que está em condição de influenciar de forma legítima o agente.

Caberia a indagação: no campo do Poder Judiciário, a teoria valeria da mesma forma?

Ora, também no universo do Poder Judiciário, o povo é o "principal" representado por todos aqueles que conseguem ter acesso à justiça para proteger direitos individuais e pelos que não conseguem. As relações jurídicas constituídas no campo dos direitos difusos acabam atingindo um número indeterminado de pessoas, sendo o "agente" representado por todo o sistema judiciário, tais como: juízes, agentes públicos, defensores públicos, membros do MP, advogados públicos e privados, membros do Poder Legislativo enumerados no artigo

92 da CF/88 e respectivas funções especificadas nos artigos 127 a 134 da Constituição. Estes atores devem exercer seus papéis baseados em princípios de governança, e, para além destes, os já consagrados princípios constitucionais.

A Teoria da Agência, aplicada ao Estado de Direito Democrático, representado por seus poderes e respectivas entidades, instituições e órgãos, soma-se às leis e normas já adotadas na área pública, além das boas práticas de governança corporativa difundidas em diversos países, e levam ao melhor caminho para o estabelecimento de um modelo de governança para o Poder Judiciário.

Neste contexto da governança e imersos no entendimento de que há muitos conflitos que podem surgir da relação entre o "agente" e o "principal", os princípios da governança são concebidos para superar muitas destas questões, obviamente, se colocados em prática pelos tomadores de decisão na esfera pública.

Idealizar a área pública concretizando os objetivos definidos em seus diversos planos, leis e propostas aprovadas é um exercício que deve ser realizado por todos os cidadãos, especialmente pelos agentes públicos diretamente responsáveis por concretizá-los, e, ao fazê-lo, é perfeitamente possível imaginar o quanto estes mecanismos da governança fariam sentido se fossem desdobrados de forma efetiva "nos três cantos" existentes no Brasil.

Senão por isso, não é acidental a regulamentação do tema na área pública, pelo do Decreto nº 9.203/2017, que representa grande avanço projetado por suas disposições, que definem a governança pública como "o conjunto de mecanismos de liderança, estratégia e controle postos em prática para avaliar, direcionar e monitorar a gestão, com vistas à condução das políticas públicas e à prestação de serviços de interesse da sociedade".

Da leitura deste conceito de governança pública depreende-se que há grande vinculação de instrumentos postos em prática para a viabilização das melhorias necessárias à sociedade, ou seja, ao "principal", ao povo brasileiro.

Além do conceito, o mencionado decreto afirma que os princípios da governança pública são: *capacidade de resposta, integridade, confiabilidade, melhoria regulatória, prestação de contas, responsabilidade e transparência.*

Todos estes princípios convergem, de acordo com Referencial de Governança Pública, para as perspectivas de observação que são relevantíssimas para o cumprimento dos resultados almejados nas diversas esferas públicas:

> 1) <u>Perspectiva Organizacional</u> (ou corporativa), que trata das condições para que cada órgão ou entidade cumpra seu papel, alinhe seus objetivos ao interesse público, gerencie riscos e entregue o valor esperado de forma íntegra, transparente e responsável;
> 2) <u>Perspectiva de Políticas Públicas</u>, que trata do desempenho dos programas e políticas públicas, levando em conta a extensa rede de interações entre estruturas e setores, incluindo diferentes esferas, poderes, níveis de governo e representantes da sociedade civil organizada;
> 3) <u>Perspectiva de Centro de Governo</u>, que trata do direcionamento que o governo é capaz de dar à nação e da sua legitimidade perante as partes interessadas, criando as condições estruturais de administração e controle do Estado.
> Fonte: Ref. Governança Pública, 3. ed. 2020.

Percebe-se que há uma relação necessária entre todas as referidas perspectivas, pois a capacidade de implementar as respectivas políticas públicas está vinculada às diretrizes claras do centro de governo, por exemplo, no que tange ao Poder Executivo, que, por consequência, necessita de órgãos e entidades preparadas e íntegras, alinhadas a tais políticas e diretrizes. A partir do momento em que tais perspectivas se alinham, os resultados são obtidos e o retorno à sociedade é perceptível.

Pois bem, a partir de todos estes referenciais, teorias e direcionadores e acolhendo-se o Poder Judiciário como um braço indispensável na execução de políticas públicas, em sua esfera de atuação, na medida em que favorece e beneficia a sociedade com a prestação do serviço jurisdicional, de modo a garantir os direitos individuais, coletivos e sociais e resolver conflitos entre cidadãos, entidades e Estado, a pergunta que se faz é: como alçar o Poder Judiciário à aplicação destes princípios da governança pública?

De início, é preciso convergirmos no sentido de que a governança é um instituto que promove mudanças, e o exercício dos mecanismos de liderança, estratégia e controle gera resultados e promove de forma direta os princípios constitucionais de legalidade, impessoalidade, moralidade, publicidade e eficiência, estes expressos na Constituição Federal de 1988, no *caput* do artigo 37.

Além disso, é preciso enaltecer o previsto na Constituição Federal, em seu artigo 2º, que dispõe sobre o modelo *tripartite, com poderes independentes e harmônicos* entre si, representados pelos poderes Legislativo, Executivo e o Judiciário, sem superioridade de qualquer deles, muito menos sem que se possa jamais cogitar sobre a existência de Poder Moderador, que apenas existiu no Brasil no tempo do primeiro Império.

Esta tripartição dos poderes está delineada de forma translúcida, como cláusula pétrea e, portanto, com limitações materiais ao poder de reforma da constituição de um Estado, em seu artigo 60, §4º, III: "Não será objeto de deliberação a proposta de emenda tendente *a abolir*: [...] a separação de poderes".

Não obstante, apesar de possuírem independência, devem ser os poderes harmônicos, inclusive, na aplicação e adoção dos elementos da governança pública, na forma dos instrumentos regulatórios já existentes, em prol do mesmo "principal" – o povo.

Outro ponto que merece destaque é o reconhecimento de que é preciso entregar mais valor à sociedade. Com o desenvolvimento da governança pública, é possível resgatar o conceito chamado "Valor Público",[2] que busca responder a questão fundamental: como os agentes públicos devem pensar e fazer para criar valor público?

Neste raciocínio, a implantação da governança no Poder Judiciário passa por um resgate, na medida em que promoverá a construção de respostas efetivas às necessidades ou demandas coletivas dos jurisdicionados, cujos resultados modifiquem aspectos da sociedade, por parte dos juízes, desembargadores, ministros e demais servidores públicos, responsáveis por operar a governança e a gestão nos órgãos do Poder Judiciário.

3 A Justiça no Brasil

Há na justiça brasileira uma grande e crescente demanda, muito superior à capacidade ofertada pelos órgãos do sistema de justiça. Somado a isto, estudos apontam que a baixa taxa de acesso da população

---

[2] Conceito proposto pelo professor Mark H. Moore, da *Kennedy School of Government* da Universidade de *Harvard*, estabelece uma estrutura de raciocínio que orienta os agentes públicos a pensar e agir para criar valor público, tomando como ponto de partida que a Administração Pública, diferentemente da área privada, cumpre uma função social. Publicação sobre o assunto disponível em: https://portal.tcu.gov.br/biblioteca-digital/criando-valor-publico-gestao-estrategica-no-tcu.htm. Acesso em: 20 jun. 2022.

de renda menor à Justiça e a morosidade são algumas das dificuldades encontradas ao buscar o Judiciário brasileiro.

Segundo pesquisa[3] realizada pela Associação dos Magistrados Brasileiros (AMB) e pela Fundação Getulio Vargas (FGV), 64% da população consideram a lentidão e a burocracia como as maiores barreiras, os principais fatores que mais desmotivam as pessoas a procurarem a Justiça. Além disso, 28% consideram que a desmotivação também se justifica, porque as decisões judiciais só favorecem quem tem dinheiro e poder.

Este não é um problema atual, pois acompanha o próprio crescimento e desenvolvimento do país no decorrer de várias décadas de enfrentamento aos problemas fiscais, econômicos, sociais e políticos, com a transição de um modelo burocrático elitista para um modelo de rompimento ao *modus operandi* burocrático, adotando-se, paulatinamente, um modelo gerencial que leva em consideração a atuação coletiva na elaboração de políticas públicas e a participação social nos processos de tomada de decisão, em meio à globalização que se impunha a partir da década de 70.

Dessa forma, a partir deste período, a globalização exige um novo posicionamento de todas as nações do mundo, que passaram a buscar medidas que solucionassem os problemas pelos quais passavam. Assim, as nações mais desenvolvidas ditavam as regras do jogo e o Brasil, em certa medida, tentou "surfar na onda", importando diversos modelos de gestão, políticos, econômicos e de governança de outros países, imaginando que isto seria suficiente para obter resultados equivalentes.

Neste contexto, nosso Poder Judiciário buscava equacionar dilemas enfrentados, tais como: morosidade de processos, alta demanda, procedimentos em excesso etc. Dentre as respostas, cita-se a Lei nº 9.099, de 26 de setembro de 1995, dos Juizados Especiais.

De acordo com o Manual de Governança do Poder Judiciário,[4] "o juizado especial, também conhecido como juizado de pequenas causas, teve como princípios para seu funcionamento a simplicidade, a informalidade, a celeridade, a economia processual e a oralidade. Em 2014, os juizados responderam por mais de 60% da demanda da Justiça Federal".

---

[3] Fonte: https://www.amb.com.br/wp-content/uploads/2020/04/ESTUDO_DA_IMAGEM_DO_JUDICIARIO_BRASILEIRO_COMPLETO.pdf. Acesso em: 19 jun. 2022.
[4] Fonte: https://www.cjf.jus.br/observatorio/arq/ManualGovJF.pdf. Acesso em: 6 jun. 2022.

Não obstante, percebe-se que ainda hoje a distribuição de justiça não adquiriu a desejável resolutividade, não se concretizando de forma compatível às expectativas e necessidades da sociedade, com a ágil resolução dos litígios que a ela se apresentam.

Apesar de um razoável efetivo, de acordo com dados do Relatório "Justiça em Números", disponibilizado pelo CNJ,[5] a força de trabalho do Poder Judiciário em 2020 totalizou 433.575 pessoas, sendo 17.988 magistrados(as) (4,1%), 267.613 servidores(as) (61,7%), 71.295 terceirizados(as) (16,4%), 57.579 estagiários(as) (13,3%) e 19.100 conciliadores(as), juízes(as) leigos(as) e voluntários(as) (4,41%), mas ainda não se atende, de forma célere, a demanda que chega ao Judiciário diariamente.

Como se não bastassem as dificuldades inerentes à prestação de serviços jurisdicionais à população, uma gama variada de crise atinge o país, nos campos social, econômico e político, a partir de nossos estratosféricos níveis de desigualdade social.

Estamos nos referindo aos incontáveis e sequenciais escândalos de corrupção, à impunidade agora garantida pelo ordenamento jurídico a partir do desmonte das leis garantidoras da transparência e do combate à corrupção. Aos dramas econômicos que geram perda do poder de compra a partir do retorno da inflação, inclusive de itens básicos de primeira necessidade, aos *impeachments* de presidentes.

Referimo-nos à disseminação de *fake news* e do ódio, com acirramento da polarização política, enfraquecimento e perda da credibilidade nas instituições, estímulo ao armamentismo indiscriminado e desregrado da população, com consequentes fissuras profundas no tecido democrático, são alguns dos fatores que causam entraves ao desenvolvimento e cumprimento das políticas públicas e, com isso, a percepção negativa do funcionamento do Estado e de seus poderes, que deveriam promover o progresso, a melhoria da qualidade de vida da população, além de combater as desigualdades.

Neste cenário, especialmente, esta crise política que atinge os poderes é fator que afeta negativamente a percepção da sociedade em relação à justiça. Em pesquisa realizada pela *Pew Research*, citada na

---

[5] Disponível em: https://www.cnj.jus.br/wp-content/uploads/2021/11/relatorio-justica-em-numeros2021-221121.pdf. Acesso em: 19 jun. 2022.

pesquisa da AMB,[6] há uma clara associação entre a confiança em uma justiça "justa" e o apoio à democracia e suas instituições.

Para apenas 44% das pessoas, em 27 países, a frase "o sistema judicial trata a todos de maneira justa" descreve bem o seu país, contra 53% que pensam o contrário. Na América Latina, os números apresentados pelo *Pew Research* são bastante críticos: aqueles para quem a frase "o sistema judicial trata a todos de maneira justa" não descreve bem o seu país somam 78% na Argentina; *72% no Brasil*; e 63% no México.

Apesar destas percepções negativas, 83% das pessoas acreditam que o Poder Judiciário é importante ou muito importante para a democracia e 59% acreditam que vale a pena recorrer à Justiça.

Ademais, o Poder Judiciário, com suas decisões jurisdicionais, impacta diretamente no cumprimento da Agenda 2030 no Brasil. De acordo com os dados constantes no mencionado Relatório disponibilizado pelo CNJ, apenas no que se refere ao meio ambiente e direitos humanos, foram 57.168 novos casos nos assuntos voltados ao dano ambiental, degradação do meio ambiente, indenizações e multas e 64.978 novos casos na área de direitos humanos, especialmente, voltados aos temas de assistência social, pessoas com deficiência, idosos, intervenção em Estado/Município, alimentação e moradia.

O Poder Judiciário é também um agente de transformação no cumprimento da Agenda 2030, especialmente no que toca ao ODS 16: "Promover sociedades pacíficas e inclusivas para o desenvolvimento sustentável, proporcionar o acesso à justiça para todos e construir instituições eficazes, responsáveis e inclusivas em todos os níveis".

Diante deste cenário, levando-se em conta que o Poder Judiciário é parte fundamental para a manutenção da democracia, é preciso implantar no Poder Judiciário um modelo de governança que faça valer os princípios já referidos de *capacidade de resposta, integridade, confiabilidade, melhoria regulatória, prestação de contas, responsabilidade e transparência* como pilares necessários à construção e permanência de um cenário de respostas efetivas às demandas da sociedade. Apresentando-se ao jurisdicionado na condição de sistema protegido, íntegro, transparente, forte o suficiente para garantir o cumprimento de sua missão e visão previstas em seu planejamento estratégico:[7]

---

[6] Fonte: https://www.amb.com.br/wp-content/uploads/2020/04/ESTUDO_DA_IMAGEM_DO_JUDICIARIO_BRASILEIRO_COMPLETO.pdf Acesso em: 19 jun. 2022.
[7] Fonte: https://atos.cnj.jus.br/atos/detalhar/3365. Acesso em: 19 jun. 2022.

- Missão do Poder Judiciário – Realizar Justiça.
- Visão do Poder Judiciário – Poder Judiciário efetivo e ágil na garantia dos direitos e que contribua para a pacificação social e o desenvolvimento do país.

4 O modelo de governança necessário ao Poder Judiciário

Até aqui, foi proposto um raciocínio encadeado por conceitos, diretrizes, estudos, leis e normas para um melhor entendimento acerca da governança pública e sua relevância para o Poder Judiciário, na medida em que favorece o cumprimento de sua missão junto ao povo que, nos termos da governança, é o "principal", sendo o Poder Judiciário e demais poderes os "agentes" que devem promover e liderar a consecução das políticas públicas em prol de uma sociedade mais justa, igualitária e inclusiva.

Neste tópico, aborda-se um modelo de governança para o Judiciário que vai ao encontro e está diretamente conectado às normas já existentes no ordenamento jurídico do país. Ressalvadas as peculiaridades, de modo geral, os modelos de governança são formados por vários direcionadores e instrumentos de concretização, porém, todos eles estão alinhados com a adoção de *práticas de liderança, estratégia e de controle* que serão detalhadas a seguir como parte do modelo a ser perseguido pelo Poder Judiciário.

Antes disso, importante trazer à luz um conceito que já permeia o Poder Judiciário, que é o conceito de governança judicial como sendo o conjunto de políticas, processos, costumes, atitudes, ações, comportamentos e decisões necessários ao exercício da Justiça. Esse conceito parte do pressuposto de que a governança judicial se fundamenta em instituições, isto é, em regras, em normas, em padrões de conduta socialmente construídos e legitimados, e manifesta-se em práticas, ações e comportamentos dos distintos atores do Poder Judiciário.[8]

O conceito de governança judicial não conflita com o conceito de governança pública, que prevê práticas de liderança, estratégia e controle. Ao contrário, a governança judicial aponta e estabelece que há uma cultura institucional própria e específica das instituições que

---

[8] Fonte: Artigos • *Rev. Adm. Pública* 49 (4) • Jul./Aug. 2015 • Disponível em: https://doi.org/10.1590/0034-7612116774. Acesso em: 6 jun. 2022.

compõem o Poder Judiciário, com suas políticas, costumes próprios, atitudes, além de padrões socialmente construídos e legitimados.

Assim, toda proposição de algum modelo, seja ele de gestão ou de governança, deve sempre estar alinhada à cultura daquela instituição. Cada entidade é dotada de um gene próprio e um contexto no qual se encontra inserida. Dessa forma, o modelo aqui estudado baseia-se nestas características, estabelecendo-se uma ponte possível de conexão da governança pública às peculiaridades do Poder Judiciário.

Outro ponto que merece destaque é o alinhamento do modelo de governança ao Planejamento Estratégico definido. São instrumentos convergentes que atuam em sintonia. Desta forma, os princípios de governança abordados estão alinhados à Resolução nº 325, de 29.06.2020, que dispõe sobre a Estratégia Nacional do Poder Judiciário 2021-2026 e dá outras providências.

Os princípios da governança corporativa adequados à realidade da prestação jurisdicional concretizam a boa governança e tendem a ampliar positivamente a ação de quem está à frente das decisões de modo mais transparente, econômico e acessível. Além disso, não são o fim em si mesmo, pois se assim fossem estariam no campo da utopia, sem espaço para sua concretização. Por isto, o desdobramento destes princípios nos mecanismos de liderança, estratégia e controle pode contribuir para a obtenção dos objetivos pretendidos, especialmente os de melhoria na prestação jurisdicional à sociedade.

A adoção dos princípios da governança e de seus componentes na justiça brasileira oportuniza resultados positivos às bases do Poder Judiciário brasileiro: *prestação jurisdicional transparente, econômica e acessível.* Frente a um cenário de excessivo e crescente número de demandas judiciais, por exemplo, a governança, com a inserção fática de seus princípios nos órgãos do Poder Judiciário, favorece melhorias diretas aos macrodesafios a serem alcançados na consecução da estratégia nacional do Poder Judiciário.

Para amparar este entendimento, a seguir, a relação de princípios da governança,[9] com alguns conceitos adaptados, de modo a estabelecer a conexão com a missão e a visão do Poder Judiciário.

---

[9] Fonte: conceitos extraídos do Referencial de Governança Pública do TCU, 3 e do Decreto nº 9.203/2017, conhecido como o Decreto da Governança Pública.

Quadro 1 – Princípios da governança pública, adaptados ao Poder Judiciário.

Princípios	Significado (adaptado ao Poder Judiciário)
Capacidade de resposta	É a capacidade de equilibrar os interesses, priorizar o atendimento das necessidades e aumentar a confiança das partes interessadas inerentes ao Poder Judiciário. É possível aumentar esta confiança a partir das melhores respostas do judiciário à satisfação das expectativas de seus clientes, os seja, dos jurisdicionados, em termos de qualidade, quantidade e rapidez.
Integridade	Ações dos órgãos e entidades do Poder Judiciário voltadas ao comportamento dos magistrados e demais servidores do judiciário consistentes com os valores, princípios e normas éticas de forma a priorizar o interesse público sobre os interesses privados.
Confiabilidade	Representa a capacidade do Poder Judiciário de minimizar as incertezas para os cidadãos nos ambientes econômico, social e político, de forma a manter posicionamentos e diretrizes definidas, demonstrar segurança à sociedade e consistência com a missão estabelecida.
Melhoria regulatória	Representa o desenvolvimento e a avaliação de políticas e de atos normativos em um processo transparente, baseado em evidências e orientado pela visão de cidadãos e partes diretamente interessadas.
Prestação de contas e responsabilidade	É a obrigação de assumir as responsabilidades quanto aos cumprimentos regulatórios acerca da gestão administrativa, financeira, orçamentária das entidades, de forma clara e tempestiva, assumindo integralmente as consequências de seus atos e omissões.
Transparência	Permitir que a sociedade obtenha informações atualizadas sobre operações, estruturas, processos decisórios, resultados e desempenho acerca do Poder Judiciário. Consiste em disponibilizar, inclusive na forma de dados abertos, às partes interessadas, as informações que sejam de seu interesse (arts. 3º, I e II, 5º, 8º e 10 da Lei nº 12.527/2011) e não apenas aquelas impostas por disposições de leis ou regulamentos. A adequada transparência resulta em clima de confiança, tanto internamente quanto nas relações dos órgãos jurisdicionais com as demais entidades e com terceiros.
Equidade e participação	Promoção do tratamento justo a todas as partes interessadas, levando em consideração seus direitos, deveres, necessidades, interesses e expectativas.

Os referidos princípios da governança, mencionados no quadro anterior, precisam ser colocados em prática e, para isso, destaca-se a importância dos mecanismos de liderança, estratégia e controle que atuam para avaliar, direcionar e monitorar a atuação dos diversos atores do Poder Judiciário de modo a possibilitar o alcance dos objetivos institucionais e superar muitos dos desafios enfrentados há longa data.

Em resumo, os mecanismos da governança[10] estão descritos no quadro:

Mecanismo	Conceito	Aplicação
Estratégia	Envolve o relacionamento com partes interessadas, a definição e monitoramento de objetivos, indicadores e metas, bem como o alinhamento entre planos e operações de unidades e organizações envolvidas na sua execução.	Ouvir as partes interessadas e promover a participação social, com envolvimento da sociedade. Atuação na definição e consecução das estratégias.
Liderança	Conjunto de práticas de natureza humana ou comportamental que assegura a existência das condições mínimas para o exercício da boa governança.	É preciso definir princípios e os comportamentos esperados. Estabelecer competências e o funcionamento da governança. Exige um forte trabalho em pessoas e competências.
Controle	O controle abrange aspectos como transparência, prestação de contas e responsabilização.	Estabelecimento das ferramentas de gestão de riscos e controles, auditoria e atuação efetiva em transparência.

Cumpre mencionar, corroborando com este entendimento, que o Manual de Governança da Justiça Federal[11] apresenta a adoção das diretrizes do modelo de governança, o Referencial Básico de Governança do Tribunal de Contas da União – TCU, e, assertivamente, absorve os princípios já elencados anteriormente e seus mecanismos de liderança, estratégia e controle.

Na mesma linha, o Conselho da Justiça Federal (CJF) publicou o Guia de Governança e Gestão de 1º e 2º Graus, instituído por meio da Resolução nº 655/2020 do CJF. Este Guia também contempla integralmente as diretrizes do Referencial de Governança do TCU, com apresentação dos objetivos de melhoria quanto aos resultados obtidos nas avaliações do órgão de controle externo, reforçando que o instrumento

---

[10] Disponíveis no Decreto nº 9.203/2017.
[11] Fonte: https://www.cjf.jus.br/observatorio/arq/ManualGovJF.pdf. Acesso em: 19 jun. 2022.

de avaliação está vinculado à governança e à gestão, sendo de fundamental importância a participação da alta administração, magistrados e servidores na obtenção das respostas e na formulação das ações que propiciarão o avanço da temática.

Um exemplo de Tribunal que também adota as mesmas diretrizes é o TJDFT, que, por meio da Resolução nº 2 de 2019, estabelece a política e o sistema de governança institucional do Tribunal.[12]

Outra ação que merece destaque, em resposta aos marcos regulatórios sobre o tema, além da pressão popular e pública exercidas no Poder Judiciário, é a Resolução nº 757, de 15.12.2021, que surge com o propósito de implementar no Supremo Tribunal Federal – STF um conjunto de medidas e ações institucionais sistematizadas, voltadas à prevenção, detecção, punição e remediação de irregularidades administrativas, condutas ilícitas e desvios éticos, permitindo que vários instrumentos de gestão e controle passem a ser vistos em conjunto, com abordagem e utilização sistêmicas.

Esta resolução contempla os direcionadores de *compliance*, pilar essencial da governança que perpassa todos os princípios e os mecanismos de liderança, estratégia e controle, às diretrizes e os objetivos, além de instituir o Comitê de Gestão da Integridade, que possui, dentre outras, as atribuições de estabelecer, coordenar e estruturar ações de integridade, treinamentos, normas e orientações sobre integridade no STF.

Esta resolução é um forte instrumento de política pública no âmbito do Poder Judiciário com poder de impactar diretamente em toda a sociedade, bem como em relação às empresas privadas que se relacionam com a área pública.

Para que a resolução seja colocada em prática, importante observar alguns elementos fundamentais quanto aos estudos do ambiente interno dos órgãos e entidades que compõem o Poder Judiciário, tais como:

    I.   principais processos organizacionais relacionados às atividades-meio (pessoal/licitações, etc.) e atividades-fim (ações penais/processos de improbidade/acordos de não persecução civil/acordos de leniência, etc.). É preciso questionar em que medida as atividades-fim do Poder Judiciário contemplam riscos à integridade que podem causar danos graves reputacionais ao órgão.

---

[12] Fonte: https://www.tjdft.jus.br/institucional/governanca. Acesso em: 19 jun. 2022.

II. normas internas existentes, normas de integridade, leis (improbidade por exemplo), códigos profissionais, diretrizes de órgãos externos, normas governamentais aplicáveis/recomendações da OCDE sobre integridade pública. É preciso uma unicidade de conceitos e normas a serem emanadas ao Poder Judiciário como um todo.

III. normas e regras gerais, com disposições legais, sobre o funcionamento do órgão. Normas que abrangem, inclusive, fornecedores. *Deve-se ir além do compliance anticorrupção, abrangendo todos os temas que ofereçam riscos regulatórios e reputacionais.*

IV. realizar mapeamento de riscos à integridade, a partir dos principais temas e processos críticos.

Em linhas gerais, é possível vislumbrar na atividade-fim do Poder Judiciário algumas situações de exposição a riscos, dentre elas:

- conflitos de interesses;
- omissões/ procrastinação de processos / conivência com interesses privados;
- enriquecimento ilícito de agentes públicos;
- venda ou troca de favores na atuação de agentes públicos;
- processos licitatórios do órgão;
- infrações éticas de agentes públicos;

A identificação de tais riscos é relevante, pois é a partir dos riscos, inerentes à execução da missão institucional, que devem ser definidas as ações de *compliance* que vão elevar o nível da governança no Poder Judiciário.

Além do mapeamento de riscos, é fundamental desdobrar as diretrizes fundamentais de um sistema de integridade:

a) Alta Administração, mecanismos de apoio, grupo/instância superior dedicada ao tema, com apoio inequívoco e estrutura necessária.

b) Independência dos órgãos jurisdicionais. A ausência de independência põe em xeque toda a atividade-fim do órgão e sua agregação de valor à sociedade. Porém, ao se buscar estabelecer o sistema de integridade, não se pode confundir independência profissional com conduta profissional no desenvolvimento das atividades. É possível estabelecer controles no âmbito de suas atribuições sem impactar sua independência profissional.

c) Critérios basilares voltados às práticas ESG e agenda ODS ("paz, justiça e instituições fortes"). Critérios sociais (funções/gênero/práticas trabalhistas), critérios ambientais de proteção e cumprimento de leis ambientais.

d) Disposição e resgate dos valores do Judiciário, valores constitucionais, reputação.

e) Cultura de integridade no Judiciário. É preciso um olhar verdadeiro e real aos possíveis riscos à integridade[13] existentes no âmbito interno. Enfrentá-los é fundamental.

f) Voltar-se à integridade "interna" é fundamental para o estabelecimento do sistema de integridade.

g) Canal para receber denúncias independente.

h) Treinamentos, comunicação.

i) Responsabilização e monitoramento, inclusive no que diz respeito à manutenção do sistema implantado.

Diante do que foi apresentado, nota-se que a implementação dos princípios da governança ao Poder Judiciário, por meio da aplicação dos seus mecanismos de liderança, estratégia e controle, impacta diretamente na forma de atuação dos órgãos vinculados, o que pode representar e ampliar a solução de conflitos sociais, individuais e coletivos, com adoção de estratégias que direcionem ações para agregar valor à sociedade, além do controle necessário destas ações e melhor e mais eficiente alocação de recursos.

O que se espera é o aumento da qualidade dos serviços prestados pelo Poder Judiciário, que pode e deve ser aferida pelo aumento da produtividade, efetividade de decisões, transparência e equidade de acesso à justiça.

---

[13] Riscos à integridade: "Evento relacionado a corrupção, fraudes, irregularidades e/ou desvios éticos e de conduta, que possa comprometer os valores e padrões preconizados pela Instituição e a realização de seus objetivos". Fonte: CGU.

5 Conclusão

Os bons exemplos e resultados que a governança corporativa vem mostrando na esfera privada devem ser observados e assimilados no campo público, especificamente do Poder Judiciário, fazendo as necessárias adaptações em busca da eficiência na prestação destes serviços.

As pessoas, destinatárias do sistema de justiça, devem ser observadas e compreendidas com atenção e humildade em suas dificuldades e complexidades para a construção de planos ajustados do ponto de vista estratégico.

No atual desenho institucional, vigente desde a Emenda nº 45, o Conselho Nacional de Justiça, notadamente em sua faceta regulatória, constitui-se no organismo legitimado a planejar, organizar e regular a política nacional de governança estratégica judiciária, devendo também monitorá-la permanentemente.

Trata-se de missão dificílima, que precisa ser estabelecida como política pública pelo organismo para vencer a transitoriedade dos exercícios dos mandatos bienais de seus Conselheiros, assim como de seu timoneiro, que cumpre esta função sempre cumulativamente com a de presidente do Supremo Tribunal Federal.

Referências

AMB, FGV, IBESPE. *Estudo da Imagem do Poder Judiciário*. Disponível em: https://www.amb.com.br/wp-content/uploads/2020/04/ESTUDO_DA_IMAGEM_DO_JUDICIARIO_BRASILEIRO_COMPLETO.pdf. Acesso em: 20 jun. 2022.

AKUTSU Luiz; GUIMARÃES Tomás de Aquino. Governança judicial: Proposta de modelo teórico-metodológico. Artigo *Rev. Adm. Pública* 49. Jul./Aug. 2015. Disponível em: https://doi.org/10.1590/0034-7612116774. Acesso em: 6 jun. 2022.

BRASIL. *Constituição da República Federativa do Brasil, 1988*. Disponível em: http://www.planalto.gov.br/ccivil_03/constituicao/constituicao.htm. Acesso em: 6 jun. 2022.

BRASIL. Conselho Nacional de Justiça. *Resolução nº 325, de 29/06/2020*. Dispõe sobre a Estratégia Nacional do Poder Judiciário 2021-2026 e dá outras providências. Disponível em: https://atos.cnj.jus.br/atos/detalhar/3365. Acesso em: 20 jun. 2022

BRASIL. Conselho Nacional de Justiça. *Relatório Justiça em Números*. Ano 2021. Disponível em: https://www.cnj.jus.br/wp-content/uploads/2021/11/relatorio-justica-em-numeros2021-221121.pdf. Acesso em: 20 jun. 2022.

BRASIL. Controladoria-Geral da União. *Guia Prático de Gestão de Riscos para a integridade*: orientações para a administração pública federal, direta, autárquica e fundacional,

2018. Disponível em: https://www.gov.br/cgu/pt-br/centrais-de-conteudo/publicacoes/integridade/arquivos/manual-gestao-de-riscos.pdf. **Acesso em: 20 jun. 2022.**

BRASIL. Conselho Federal de Justiça. Justiça Federal. *Manual de Governança da Justiça Federal.* Ano 2015. Disponível em: https://www.cjf.jus.br/observatorio/arq/ManualGovJF.pdf. Acesso em: 6 jun. 2022.

BRASIL. *Decreto nº 9.203, de 22 de novembro de 2017.* Dispõe sobre a política de governança da administração pública federal direta, autárquica e fundacional, 2017. Disponível em: http://www.planalto.gov.br/ccivil_03/_Ato2015-2018/2017/Decreto/D9203.htm. Acesso em: 6 jun. 2022.

BRASIL. *Resolução nº 655/2020 – CJF*, de 7 de agosto de 2020. Conselho da Justiça Federal. Guia de Governança e Gestão da Justiça Federal 1 e 2 graus. Disponível em: https://www.cjf.jus.br/observatorio2/temas/metodologias-de-gestao/guia-de-governanca-e-gestao-da-justica-federal/view. Acesso em: 20 jun. 2022.

BRASIL. Tribunal de Justiça do Distrito Federal e Territórios. *Governança.* Disponível em: https://www.tjdft.jus.br/institucional/governanca. Acesso em: 20 jun. 2022.

BRASIL. Tribunal de Contas da União. *Referencial de Governança Pública do TCU,* 2020. Portaria TCU 170/2020. Disponível em: https://portal.tcu.gov.br/governanca/governancapublica/organizacional/levantamento-de-governanca/. Acesso em: 6 jun. 2022.

TEIXEIRA, Vilmar Agapito. *Criando Valor Público – Gestão Estratégica no TCU.* Página de Liderança, Brasília, 01 out 2012. Disponível em: https://portal.tcu.gov.br/biblioteca-digital/criando-valor-publico-gestao-estrategica-no-tcu.htm. Acesso em: 20 jun. 2022.

LEVITSKY, Steven e outro. *Como as Democracias Morrem.* São Paulo: Editora Zahar, 2018.

Informação bibliográfica deste livro, conforme a NBR 6023:2018 da Associação Brasileira de Normas Técnicas (ABNT):

NEGRÃO, Célia Lima; LIVIANU, Roberto. Os princípios da governança alinhados ao Poder Judiciário. *In*: SEGURA, Larissa Garrido Benetti (org.); KEPPEN, Luiz Fernando Tomasi; ZENKNER, Marcelo (coord.). *Sistema de integridade e Poder Judiciário*: estudos em homenagem ao ministro Luiz Fux. Belo Horizonte: Fórum, 2022. p. 313-330. ISBN 978-65-5518-454-9.

"TONE OF THE TOP" E PODER JUDICIÁRIO: REFLEXOS DA ALTA ADMINISTRAÇÃO NA ATUAÇÃO DA MAGISTRATURA NOS SISTEMAS DE INTEGRIDADE

DANIEL LANÇA
DAVI LAGO

Quando falamos sobre a implementação de sistemas de integridade ou de *compliance*, independentemente do modelo da organização e em qualquer lugar do mundo, é evidente que o primeiro pilar fundamental é o *comprometimento da alta direção*. Isto é, só é possível manter um sistema de integridade corporativa mediante líderes conscientes e engajados eticamente, capazes de transformar conceito e prática de honestidade em cultura organizacional e vivência cotidiana. Este comprometimento da alta direção também é referenciado por um termo originado na contabilidade: *tone at the top*,[1] ou seja, o tom que vem de cima. Nas próximas linhas, apresentamos conceitos teóricos e práticos sobre como é possível compreender a cultura ética na vivência da magistratura e no exercício da gestão inerente ao Poder Judiciário.

Tone at the top e a ascensão dos sistemas de integridade em instituições judiciárias

Em 1987, o Relatório da Comissão Treadway[2] apresentou recomendações e introduziu a expressão *"tone at the top"* aos estudos sobre ética, governança e contabilidade. A Comissão Treadway foi uma equipe técnica patrocinada por cinco associações de contabilidade dos Estados Unidos para desenvolver orientação sobre relatórios fraudulentos e controle interno. Os técnicos da comissão identificaram o "tom do topo" com um dos fatores-chave na prevenção e/ou identificação de fraudes

---

[1] Também mencionado na literatura acadêmica como *"tone of the top"* e *"tone from the top"*.
[2] GUNZ, Sally; THORNE, Linda. Introduction to the Special Issue on Tone at the Top. *Journal of Business Ethics*, 126(1), 2014, p.1-2.

dentro de uma organização. Assim, o termo *tone at the top* descreve a atmosfera ética que é criada no local de trabalho pela liderança da organização. Quaisquer que sejam os conjuntos de gerenciamento do tom, haverá um efeito cascata nos colaboradores da base.

O primeiro trabalho acadêmico de contabilidade examinando a importância do *tone at the top* para a contabilidade, e mais especificamente, firmas de auditoria, foi publicado logo depois no *Journal of Business Ethics* examinando os problemas éticos na contabilidade pública "a partir do topo".[3] Este estudo verificou que parceiros de auditoria desempenham um papel crítico no estabelecimento da cultura ética de auditoria empresarial. Desde então, o interesse e a importância do tema atravessaram para diversos campos nos setores público e privado. Em 1999, a Organização para Cooperação e Desenvolvimento Econômico (OCDE) estabeleceu os Princípios de Governança Corporativa, que se tornaram uma ferramenta de referência para países de todo o mundo. Após um extenso processo de revisão em 2004, este documento reflete o amplo consenso sobre a importância crítica de boa governança corporativa para a estabilidade político-econômica, passando a influenciar até as estruturas judiciárias.[4]

De fato, Jonathan Soeharno afirma que há uma "ascensão do conceito de integridade do juiz"[5] nas sociedades democráticas contemporâneas. Este conceito moderno de integridade do juiz, ou integridade judicial, surge em um contexto concreto caracterizado por elementos como: (i) *erros judiciais*: devido ao maior escrutínio da mídia, do jornalismo investigativo, de novas evidências científicas, como análise de DNA, entre outros, os erros judiciais estão mais propensos a serem detectados e divulgados. Esses erros têm um impacto drástico na confiança da eficiência do Judiciário como um todo; (ii) *crescente interesse pelas personalidades dos juízes e suas vidas*: o fenômeno da midiatização possibilitou um fluxo exponencial na troca de informações e a possibilidade de um maior interesse e uma maior atenção à vida dos juízes em suas vidas privadas. Os cidadãos passaram a se informar com maior velocidade e assiduidade sobre a trajetória pessoal dos magistrados,

---

[3] FINN, Don W.; CHONKO, Lawrence B.; HUNT, Shelby D. Ethical problems in public accounting: The view from the top. *Journal of Business Ethics*, 7(8), 1988, p. 605-615.
[4] Cf. JESOVER, F.; KIRKPATRICK, G. The Revised OECD Principles of Corporate Governance and their Relevance to Non-OECD Countries. *Corporate Governance*, 13(2), 2005, p. 127-136.
[5] SOEHARNO, Jonathan. *The Integrity of the Judge*: A Philosophical Inquiry. Farnham: Ashgate, 2009.

suas convicções religiosas, filosóficas e políticas, e assim por diante;[6] (iii) *preconceito corporativo*: a super ou a sub-representação com base em gênero, classe social, região, formação religiosa, etc. tornou-se alvo de combates políticos frequentes; (iv) *suborno*: o suborno pode incluir a aceitação de presentes e incentivos monetários em troca de decisões favoráveis, para acelerar as resoluções, para evitar o processo ou "perder" arquivos; (v) *corrupção organizacional*: o uso indevido de fundos para fins corporativos ou enriquecimento pessoal ilícito, como contratação de amigos ou familiares, ou reforma de prédios judiciais por quantias exageradas de dinheiro.

Todos estes fatores somam-se ao crescente poder do Judiciário. Soeharno afirma que, de modo geral, o poder do juiz tende a crescer com a complexificação da sociedade. Em uma sociedade heterogênea, complexa, os cidadãos cumprem múltiplos papéis, o que cria mais ocasiões para o conflito. Assim, é provável que as pessoas procurem cada vez mais recorrer ao Poder Judiciário. Para atender às intrincadas demandas de uma sociedade plural, o legislador pode ser mais inclinado ao uso de normas abertas e leis flexíveis, que nem sempre têm efeito positivo sobre a qualidade do Direito. Assim, o juiz passa a "corrigir" a lei, o que muda a relação crítica entre os poderes. É neste cenário de crescente complexidade que as instituições judiciárias passaram a adotar, então, recomendações, iniciativas e sistemas de integridade. No Brasil, por exemplo, é paradigmática a Resolução nº 410, de agosto de 2021, do Conselho Nacional de Justiça, então presidido pelo Ministro Luiz Fux, que dispõe sobre normas gerais e diretrizes para a instituição de sistemas de integridade no âmbito do Poder Judiciário. Adotadas com êxito pelas economias desenvolvidas, estas práticas precisam evoluir no Brasil com o acompanhamento cívico-democrático por parte dos cidadãos.

Evidente que o comportamento probo e ilibado dos magistrados é exigência intrínseca do ofício. Como Piero Calamandrei colocou

---

[6] Em muitos destes casos proliferam *fake news* e desinformação, que procuram minar a autoridade do Judiciário. Em 2018 a União Europeia articulou uma equipe de pesquisadores com a finalidade de combater a disseminação crescente de notícias fraudulentas especialmente nos pleitos eleitorais. O chamado Grupo de Peritos de Alto Nível sobre Notícias Falsas e Desinformação apresentou um relatório com recomendações para o combate aos conteúdos falsos baseado em seis pilares: (1) mais transparência por parte dos portais e provedores; (2) alfabetização midiática e informacional; (3) desenvolvimento de ferramentas para capacitar usuários e jornalistas a combater a desinformação; (4) promoção do uso positivo de tecnologias de informação de rápida evolução; (5) proteção da diversidade e da sustentabilidade do ecossistema dos meios de comunicação; (6) promoção de pesquisas acadêmicas sobre a desinformação.

de forma memorável: "juiz que falta ao respeito devido ao advogado, ignora que beca e toga obedecem à lei dos líquidos em vasos comunicantes: não se pode baixar o nível de um, sem baixar igualmente o nível do outro".[7] Contudo, o que se tem em vista agora é uma renovada concepção da gestão organizacional das instituições judiciárias. Há um crescente interesse acadêmico e técnico na dimensão institucional da integridade, pois o discurso sobre "integridade" tem a conotação de que os valores e deveres que a ela se referem têm a função de dar às instituições o predicado de "inviolabilidade". Ou seja, nas democracias constitucionais, a integridade não é apenas uma obrigação do titular do cargo público, mas também a própria instituição. Essa obrigação implica que a confiança do público seja estável, sobretudo, aos próprios valores institucionais.

Este ponto merece destaque uma vez que os valores democráticos estão em cheque neste início de século 21. Valores como o respeito aos direitos básicos das pessoas e aos direitos políticos dos cidadãos, incluídas as liberdades de associação, reunião e expressão, mediante o império da lei protegida pelos tribunais; separação de poderes entre Executivo, Legislativo e Judiciário; eleição livre, periódica e contrastada dos que ocupam os cargos decisórios em cada um dos poderes; possibilidade de rever as leis reguladoras da sociedade na qual se plasmam os princípios das instituições democráticas; entre outros valores que poderíamos mencionar, estão em cheque. Fala-se em "desdemocratização" e "déficit democrático".

Na raiz do mal-estar democrático está, sobretudo, uma aguda crise de confiança. Na democracia, confiança institucional não é um luxo, mas uma necessidade. É evidente que a desconfiança desempenha um papel na construção de nossos sistemas políticos: até mesmo o poder da maioria é limitado e vinculado, haja vista que o poder democrático é de todos (soberania popular) e está estabelecido sobre direitos fundamentais (na forma da lei). Contudo, a base elementar da democracia é a confiança.

Assim, nas sociedades democráticas, a legitimidade das instituições públicas repousa em parte na confiança que nelas é depositada. A confiança pública não é, primariamente, dirigida ao indivíduo titular de um cargo nestas instituições, mas às próprias instituições. O cidadão

---

[7] CALAMANDREI, Piero. *Elogio de los jueces escrito por un abogado*. Madrid: Gongora, 2009, p. 57.

espera que um juiz, um ministro ou um policial aja de acordo com seu papel e função, independentemente de quem seja esse juiz, ministro ou policial. Aliás, os próprios termos "ministério" e "administração" têm raiz etimológica em termos latinos como *minus* (menos), *minor* (menor) e *minister* (servo). Ministrar é "servir", administrar é "servir junto". Ou seja, o que se espera definitivamente de cúpulas administrativas é que cooperem na promoção do bem comum.

Neste contexto, vale ressaltar: se espera dos altos cargos do Poder Judiciário que sejam coerentes com o nome que carregam, o próprio nome da *Justiça*. A confiança pública é corroída quando quem dirige a Justiça não consegue integrar os valores e aspirações que o termo "justiça" carrega, como igualdade, liberdade, respeito, alteridade, reconhecimento, paridade, bilateralidade, reciprocidade e até mesmo amor.[8] Portanto, o *tone of the top* no âmbito judiciário implica manter a confiança do público aos valores institucionais, de modo a assegurar muito mais que a legitimidade formal, mas a legitimidade democrática *de facto* da instituição.

Pela sua natureza institucional pública, a integridade do *tone of the top* do Judiciário envolve tanto a prestação de contas externa como a virtude pessoal das autoridades que ocupam os altos cargos administrativos. Afinal, são nos valores institucionais do Judiciário em que a confiança pública deve ser direcionada e é pela importância destes valores que a instituição tem precedência sobre o titular do cargo no que diz respeito à confiança pública. Por outro lado, sem a virtude dos membros do Judiciário, as instituições correm o risco de desviarem de seu núcleo de valores. São titulares de cargos do Judiciário virtuosos que atuam com valores institucionais e, assim, asseguram a vitalidade institucional. Assim, a virtude pessoal e a responsabilização externa convergem dentro da instituição do Poder Judiciário. Portanto, tanto a virtude quanto a responsabilidade externa precisam ser promovidas para a legitimidade de uma instituição dentro de um Estado Democrático de Direito. A virtude promove a legitimidade dentro do Estado de Direito, pois as ações institucionais são realizadas com os valores institucionais em vista. A prestação de contas externa promove a legitimidade democrática da instituição, pois gera o aumento da confiança depositada na instituição.

---

[8] Cf. RICOEUR, Paul. *Amor e justiça*. São Paulo: WMF Martins Fontes, 2012.

Um dos maiores desafios em desenvolver um sistema de integridade para a conduta judicial está no fato de que *o ofício judicial não é simplesmente um cargo, mas uma instituição pública*. As instituições refletem valores e ideais fundamentais, mas têm um lado organizacional também. Como tal, eles são suscetíveis a falhas que qualquer organização pode sofrer como, por exemplo, falhas burocráticas ou ênfase exagerada na eficiência com parâmetros não condizentes com os valores da própria instituição. A conduta do juiz deve, portanto, estar alinhada com os valores que a instituição simboliza. Sua má conduta pode corroer esses valores e, assim, a base de legitimidade democrática da autoridade judiciária. Os valores são nulificados sem a atividade virtuosa do titular do cargo.

Além disso é necessário destacar que a má conduta coletiva é tão danosa quanto a individual. De fato, outro desafio ao sistema de integridade do Poder Judiciário é o fantasma do *corporativismo*. Na teoria das organizações, Marco Aurélio Nogueira afirma que o "corporativismo é a praga maior do associativismo. A organização que só olha para o próprio umbigo acaba por emburrecer". Segundo Nogueira, o corporativista passa a visualizar o ambiente geral apenas como cenário para um desempenho, passando a ignorar todas as outras relações, valores e projetos ali presentes. Deste modo, "concebido de modo instrumental, o ambiente é tratado como uma abstração, como um terreno sem desníveis, sem movimento e sem contradições que só existe para possibilitar a representação daquele dado desempenho".[9] Ao permear as funções do Estado, o corporativismo cria classes e castas perigosas. Isso ocorre porque a visão corporativista tende a converter todos os demais grupos em adversários ou em inimigos, incapacitando-se assim para pensar em conjunto. Se o corporativismo se instala em um braço do Poder Público, o próprio interesse do povo passa a ser combatido, o que é um contrassenso social, uma aberração constitucional e um caso explícito de violência política.

Por isso, nas sociedades modernas, as instituições são protegidas de seus próprios titulares de cargos: mesmo a aparência de um ato corrosivo pode levar à desqualificação ou demissão. Essa institucionalização da desconfiança nos titulares de cargos públicos serve para manter a confiança que a sociedade deposita na instituição pública. Portanto,

---

[9] NOGUEIRA, Marco Aurélio. *Potência, limites e seduções do poder*. Unesp, 2008, p.70.

são necessárias medidas de responsabilização externa, assim como estratégias práticas para a virtude profissional dos titulares dos cargos.

O comprometimento da alta direção evidenciado na prática: como o Poder Judiciário demonstra o *tone at the top*

Seja no exercício da magistratura, vale dizer, em sua atividade-fim, no uso das suas atribuições administrativas, é premente que os juízes devem exercer liderança conscientemente ética, isto é, aquela que inspira pelo exemplo e serve ao propósito maior da organização de maneira assertiva, integrada e transformadora.

De maneira geral, todo magistrado exerce atividade administrativa, mesmo aqueles que não exercem a direção do foro ou que figuram nos cargos administrativos junto ao Tribunal. É certo que todo juiz faz, cotidianamente, gestão de pessoas, de recursos (ainda que do próprio gabinete) e de tempo.

Por isso, já dissemos em outros trabalhos sobre a importância da compreensão, por operadores do Direito, como advogados, promotores e magistrados, sobre temas gerenciais, dada a complexidade dos chamados negócios jurídicos e a necessidade urgente do aprimoramento de ferramentas de gestão na condução destes negócios. Em *Gestão dos Negócios Jurídicos*, Rodolfo Viana Pereira[10] ensina que *a gestão pode e deve ser ensinada e praticada nas Faculdades de Direito ou em formações complementares a ela*.

Como ressaltamos previamente, o *comprometimento da alta direção* é o primeiro pilar que constrói um sistema de integridade, e desta forma precisa ser tratado como fundamental para a sua própria existência e manutenção de maneira coerente e assertiva.

Vale dizer, alta direção de uma organização pode ser compreendida como aquela pessoa ou grupo de pessoas que dirige e controla uma organização no nível mais alto, podendo ser exemplificada pela diretoria executiva, pela presidência e pelos demais diretores que têm poder decisório de primeiro grau em uma empresa. No Poder Judiciário, entende-se como alta direção qualquer servidor, magistrado ou não, que tem função de liderança ou gestão administrativa, possuindo poder discricionário, gerencial, financeiro ou correcional.

Como paradigma da liderança pela integridade, a legislação brasileira trouxe a conceituação do *tone of the top* como a primeira base dos

---

[10] PEREIRA, Rodolfo Viana *in*: LANÇA, Daniel Perrelli (org.). *Gestão de Negócios jurídicos*. 1. ed. Belo Horizonte: Ed. IDDE, 2018, p. 1.

sistemas de integridade. O Decreto nº 8.420/15, que regulamenta a Lei Federal nº 12.846/13, estabelece as diretrizes para os programas de integridade aplicáveis às organizações no âmbito da Lei Anticorrupção. Senão vejamos.

> Art. 41. Para fins do disposto neste Decreto, programa de integridade consiste, no âmbito de uma pessoa jurídica, no conjunto de mecanismos e procedimentos internos de integridade, auditoria e incentivo à denúncia de irregularidades e na aplicação efetiva de códigos de ética e de conduta, políticas e diretrizes com objetivo de detectar e sanar desvios, fraudes, irregularidades e atos ilícitos praticados contra a administração pública, nacional ou estrangeira.
> Parágrafo único. O programa de integridade deve ser estruturado, aplicado e atualizado de acordo com as características e riscos atuais das atividades de cada pessoa jurídica, a qual por sua vez deve garantir o constante aprimoramento e adaptação do referido programa, visando garantir sua efetividade.
> Art. 42. Para fins do disposto no §4º do art. 5º, o programa de integridade será avaliado, quanto a sua existência e aplicação, de acordo com os seguintes parâmetros:
> I - *comprometimento da alta direção da pessoa jurídica, incluídos os conselhos, evidenciado pelo apoio visível e inequívoco ao programa*. (grifo nosso)

Resta compreendido o intuito do legislador em coadunar com as melhores práticas de governança corporativa global que apontam o comprometimento da alta direção na vanguarda da implementação dos sistemas de integridade, ao figurá-lo em primeiro na lista dos pilares conceituais.

Da mesma maneira coube, ao Conselho Nacional de Justiça, no âmbito da celebrada Resolução nº 410, de 23 de agosto de 2021, compreender a pertinência do tema ao elencar o elemento do *tone of the top* como elemento basilar para os sistemas de integridade do Poder Judiciário, *in verbis*:

> Art. 2º Os órgãos do Poder Judiciário poderão contar com sistemas de integridade, cujos principais objetivos serão a disseminação e a implementação de uma cultura de integridade e a promoção de medidas e ações institucionais destinadas à prevenção, à detecção e à punição de fraudes e demais irregularidades, bem como à correção das falhas sistêmicas identificadas.
> Parágrafo único. Os sistemas de integridade serão estruturados nos seguintes eixos:

I – *comprometimento e apoio explícito da alta administração dos respectivos órgãos*. (grifo nosso)

Não obstante as diretrizes apresentadas pelo legislador brasileiro, aprouve às normais internacionais reforçar o caráter primordial do *tone of the top* na construção dos sistemas de integridade. Senão vejamos o primeiro princípio do protocolo australiano da Norma AS 3806:2006:

> Princípio 1. Existe comprometimento por parte do corpo diretivo e da alta direção com o *compliance* eficaz, que permeia toda a organização. Os objetivos e a estratégia do programa de *compliance* são endossados pelo corpo diretivo e pela alta direção.

De fato, sem o patrocínio vindo de cima é improvável que haja a construção de uma cultura de integridade. Em meio a tanto descrédito de lideranças que pregam o *faça o que eu falo, não o que eu faço*, é necessário o surgimento de uma nova liderança capaz de liderar pelo exemplo. As palavras podem ensinar ou convencer, mas o exemplo arrasta.

Assim, líderes constroem e sustentam, em todos os níveis, uma cultura perene e amigável de integridade. E, nos dias de hoje, nunca foi tão importante a presença de referências nas mais diversas áreas – empresariais, esportivas, artísticas, religiosas – capazes de transmitir confiabilidade e integridade aos seus liderados e à nação; na contramão, os ídolos da atualidade, como jogadores de futebol e músicos, podem decepcionar quando o assunto é ética.

O mundo busca atentamente por lideranças capazes de engajar suas organizações com uma cultura de integridade nos negócios, no convencimento de seus pares, colaboradores e concorrentes de que defender e apoiar valores de integridade deve sobrepor-se a qualquer outra vantagem, ganho ou lucro. Liderança e protagonismo, então, são a chave para o sucesso do *compliance*. Esta é a marca do chamado capitalismo consciente, conceito criado por Raj Sisodia e John Macket[11] que joga luz na consolidação de um capitalismo regido por propósito.

Assim, grande parte da responsabilidade de desenvolver e manter uma cultura de integridade de uma organização está atrelada à qualidade de sua liderança de engajar colaboradores, fornecedores e parceiros de negócios em prol de um ecossistema ético. Será a partir

---

[11] SISODIA, Raj; MACKET, John. *Capitalismo consciente*: como libertar o espírito heroico dos negócios. Rio de Janeiro: Alta books, 2018.

do empenho e do exemplo da liderança que o restante da organização seguirá seu caminho. Caso não haja patrocínio da autoridade máxima da organização em relação às políticas de *compliance* antissuborno, a chance de sucesso é significativamente reduzida.

Isto se dá porque construir uma cultura corporativa requer sacrifício, exemplo e dedicação. É pouco eficaz a constituição de uma política de integridade moldada a partir de seu DNA apenas da base para o topo. Um comando descompromissado com a política de integridade desencoraja e enfraquece a construção de qualquer cultura corporativa, sobretudo de ética.

De alguma maneira, todos nós temos uma imagem pública a zelar, e as pessoas estão ávidas por encontrar gente de caráter capaz de liderar. Liderança, vale dizer, não está atrelada a posições de poder, mas à capacidade de servir com autêntica autoridade. Sem dúvidas, caráter é um dos elementos mais importante aos líderes do século XXI.

Alguém que, ocupando a função de liderança em uma organização, age de maneira eticamente irresponsável ou mesmo omisso quanto aos dilemas éticos vê florescer um ambiente que motive os demais a agirem da mesma forma. Por outro lado, vale dizer, as pessoas neste século buscam não apenas um local de trabalho que lhes pague um salário digno, mas sobretudo almejam um ambiente de respeito, que seja leve, com pessoas que as tratem com dignidade, que falem a verdade, que evitem a fofoca e que promovam uma atmosfera de honestidade e de paz.

Dito isto, ponto fundamental ao tema é compreender como o *tone of the top* pode ser evidenciado na prática, especialmente no âmbito do Poder Judiciário.

Por mais óbvio que pareça, a primeira forma é de demonstrar, na prática, que o comprometimento da alta direção se dá no exemplo, evidenciado nas pequenas práticas do dia a dia, e não na formalidade de um programa de *compliance* ou apenas nas palavras. Líderes engajados com integridade não toleram comportamentos que comprometem a integridade; participam das atividades de *compliance* da organização; monitoram seus resultados e, especialmente, diante de dilemas éticos, dão o exemplo de agir da maneira correta e não do modo mais fácil ou conveniente.

A alta administração deve apoiar, engajar-se e promover nos outros o cumprimento das políticas de integridade nas atividades práticas da organização, tomando para si a responsabilidade de fomentar a comunicação, permeando todos os níveis, a partir do primeiro escalão até alcançar todos os colaboradores.

O exemplo é particularmente importante porque as decisões mais sujeitas a risco de suborno acontecem, normalmente, nas esferas de liderança. Embora seja plausível a ocorrência de vulnerabilidade de corrupção em setores menos estratégicos, tais manifestações aparecem, em geral, na alta administração. Daí a necessidade de compromisso especial e autêntico dos tomadores de decisão estratégica.

É exatamente essa manifestação comportamental que se convencionou chamar de *tone of the top*. À alta administração convém determinar e respeitar as políticas, valores e compromissos de integridade no âmbito da organização, fazendo valer o seu efetivo entendimento e cumprimento, com amplo apoio visível e inequívoco.

Ainda, a liderança pode demonstrar seu comprometimento de diversas outras formas: da participação efetiva em treinamentos de integridade à alocação de recursos para que à área de integridade seja garantida independência e autoridade.

A norma internacional ISO 37001, que institui as diretrizes do Sistema de Gestão Antissuborno, preceitua que a alta direção deve demonstrar liderança e comprometimento com o *compliance* antissuborno de modo a:

- assegurar que o SGAS, incluindo a política e os objetivos, esteja estabelecido, implementado, mantido e analisado criticamente para abordar de forma adequada os riscos de suborno da organização;
- assegurar a integração dos requisitos do SGAS nos processos da organização;
- disponibilizar recursos adequados e apropriados para a operação eficaz do SGAS;
- comunicar interna e externamente sobre a política antissuborno;
- comunicar internamente a importância de uma gestão eficaz antissuborno e a conformidade com os requisitos do SGAS;
- assegurar que o SGAS esteja apropriadamente concebido para alcançar seus objetivos;
- dirigir e apoiar o pessoal para contribuir com a eficácia do SGAS;

- promover uma cultura antissuborno apropriada dentro da organização;
- promover a melhoria contínua;
- apoiar outros papéis pertinentes da gestão para demonstrar como sua liderança na prevenção e detecção do suborno se aplica às áreas sob sua responsabilidade;
- encorajar o uso de procedimentos de relato para subornos suspeitos e reais;
- assegurar que o pessoal não sofra retaliação, discriminação ou ação disciplinar por relatos feitos de boa-fé ou com base em uma razoável convicção de violação ou suspeita de violação da política antissuborno da organização, ou por se recusar a participar do suborno, mesmo que tal recusa possa resultar na perda de um negócio para a organização (exceto quando o indivíduo participou da violação);
- reportar para o Órgão Diretivo (se existir), a intervalos planejados, sobre o conteúdo e operação do SGAS e de alegações de subornos sistemáticos ou graves;
- aprovar a política antissuborno da organização;
- assegurar que a estratégia da organização e a política antissuborno estão alinhadas;
- receber e analisar criticamente, a intervalos planejados, informações sobre o conteúdo e a operação do SGAS da organização;
- requerer que os recursos adequados e apropriados necessários para a operação eficaz do SGAS estejam alocados e atribuídos;
- exercer razoável supervisão sobre a implementação do SGAS da organização pela alta direção e a sua eficácia.[12]

No que tange à implementação de um sistema de integridade, caberá fundamentalmente à alta direção do Poder Judiciário supervisionar a aderência, eficiência e correta implantação dos controles e políticas de integridade, bem como monitorar periodicamente indicadores, metas e demais informações de desempenho por meio de análise crítica.

---

[12] ABNT NBR ISO 37001:2017, p. 9-11.

Uma das regras de ouro de qualquer sistema de integridade é: *comportamentos que sustentam o compliance são estimulados; e aqueles que comprometem o compliance não são tolerados.*

O Poder Judiciário, assim, deve tomar medidas de responsabilização quando ocorrem irregularidades. Isso pode significar, eventualmente, cortar na carne, aplicando medidas de gestão de consequência em magistrados, se for o caso. Isso significa agir com zero tolerância em relação à má conduta, fraude e corrupção. Qualquer desvio de conduta ética deverá ser devidamente apurado e punido.

Em última instância, será de responsabilidade de alta administração judiciária tomar todas as medidas cabíveis para mitigar, controlar e tratar ações de desvio de conduta ética, suborno e fraude, bem como de corrigi-las e de lidar com as consequências do ato e das eventuais punições envolvidas.

Um sistema de integridade conduzido sem o apoio da liderança superior do Poder Judiciário e sem o compromisso institucional derivado do planejamento estratégico representará apenas um belo relatório, fadado ao fracasso. Não raro, é possível encontrar organizações que possuem sistemas de *compliance* de fachada, cuja efetividade nunca foi alcançada, dado que não tiveram o patrocínio sincero por parte da alta administração.

Caberá à alta direção do Poder Judiciário garantir a estrutura necessária para apoiar o sistema de integridade desde o seu nascedouro à prática cotidiana, com a correta definição de papéis, responsabilidades e autoridades organizacionais, inclusive mediante o apontamento de uma pessoa ou órgão responsável para tanto, além de prover o setor com a adequada independência, autoridade e recursos necessários. Fazemos votos de que o Judiciário liderará pelo exemplo.

Informação bibliográfica deste livro, conforme a NBR 6023:2018 da Associação Brasileira de Normas Técnicas (ABNT):

LANÇA, Daniel; LAGO, Davi. *"Tone of the top"* e Poder Judiciário: reflexos da alta administração na atuação da magistratura nos sistemas de integridade. *In*: SEGURA, Larissa Garrido Benetti (org.); KEPPEN, Luiz Fernando Tomasi; ZENKNER, Marcelo (coord.). *Sistema de integridade e Poder Judiciário*: estudos em homenagem ao ministro Luiz Fux. Belo Horizonte: Fórum, 2022. p. 331-343. ISBN 978-65-5518-454-9.

CONSIDERAÇÕES A RESPEITO DA RESOLUÇÃO Nº 410, DO CONSELHO NACIONAL DE JUSTIÇA: OS CONCEITOS DE *COMPLIANCE* E DE INTEGRIDADE SOB A PERSPECTIVA DAS NORMAS E ELEMENTOS AXIOLÓGICOS DO SISTEMA JURÍDICO BRASILEIRO

THEOPHILO ANTONIO MIGUEL FILHO

1 Uma introdução sobre a Resolução nº 410, do Conselho Nacional de Justiça

A Resolução nº 410, de 23 de agosto de 2021, do Conselho Nacional de Justiça, que dispõe sobre normas gerais e diretrizes para a instituição de sistemas de integridade no âmbito do Poder Judiciário, atenta-se ao estabelecido na Convenção das Nações Unidas contra a Corrupção e na Agenda 2030 das Nações Unidas para o Desenvolvimento Sustentável.

Estabelece que os órgãos do Poder Judiciário poderão contar com *sistemas de integridade*, em que observados, como principais objetivos, a (i) *disseminação e a implementação de uma cultura de integridade* e (ii) a *promoção de medidas e ações institucionais destinadas à prevenção, à detecção e à punição de fraudes e demais irregularidades, bem como à correção das falhas sistêmicas identificadas* (artigo 2º, *caput*, da Resolução).

Assume que os eventuais sistemas de gestão da ética a serem inaugurados deverão se estruturar segundo os eixos de (i) *comprometimento e apoio explícito da Alta Administração dos respectivos órgãos*; (ii) *existência de órgão gestor responsável pela sua implementação e coordenação em cada tribunal*; (iii) *análise, avaliação e gestão dos riscos* e (iv) *monitoramento permanente, aprimoramento contínuo e capacitação* (parágrafo único, artigo 2º).

Ainda consigna como diretrizes, a serem consideradas tanto na ideação como na operação dos programas de integridade, (i) *o comprometimento e engajamento pessoal da Alta Administração;* (ii) a *ampla e efetiva participação de membros e servidores do Poder Judiciário em sua elaboração e consecução, a fim de neles gerar o devido senso de pertencimento ao sistema de integridade;* (iii) o *aprimoramento do fluxo de informações relacionadas a denúncias, elogios ou sugestões, de modo a simplificar o canal de ingresso dessas comunicações e otimizar a análise e o encaminhamento do material recebido;* (iv) a *avaliação do grau de risco de integridade nas contratações e convênios* públicos e (v) o *tratamento e correção das falhas sistêmicas identificadas* (artigo 3º).

A Resolução nº 410, CNJ, elenca, ademais, os elementos fundamentais, responsáveis por guiar os sistemas de integridade a serem desenvolvidos nos órgãos do Poder Judiciário. Dentre eles, estão a governança pública, transparência, *compliance*, prestação de contas e responsabilização, decoro profissional e reputação e vedação ao nepotismo.[1]

Cabe asseverar que o ato normativo em comento se identifica enquanto resposta à necessidade de se implementar um novo modelo de gestão e de governança no Poder Judiciário, com tomadas de decisão e medidas eficazes, transparentes e compreensivas, voltadas ao enfrentamento da corrupção, das fraudes e, de uma maneira geral, de atitudes ilícitas e antiéticas.

Em verdade, o referido recorte pertence a panorama mais amplo, qual seja, o de novo paradigma de governança da Administração Pública, sob o prisma do *compliance* e da integridade, o qual entende por ampliados os riscos da vida em sociedade, fazendo-se incluir como essencial o risco de agentes públicos e privados não agirem em conformidade com as leis e com a eticidade, como exteriorização da razão prática do indivíduo.

---

[1] Art. 4º São elementos fundamentais que devem nortear o sistema de integridade dos órgãos do Poder Judiciário:
I – governança pública;
II – transparência;
III – *compliance*;
IV – profissionalismo e meritocracia;
V – inovação;
VI – sustentabilidade e responsabilidade social;
VII – prestação de contas e responsabilização;
VIII – tempestividade e capacidade de resposta;
IX – aprimoramento e simplificação regulatória;
X – decoro profissional e reputação;
XI – estímulo à renovação dos cargos de chefia e assessoramento da alta administração; e
XII – vedação ao nepotismo.

Todavia, apesar de a Resolução nº 410 CNJ relacionar-se aos compromissos recentemente assumidos pelo Brasil para com demais organismos internacionais e se apresentar enquanto uma novidade, fato é que tanto a ordem jurídica como o modelo de gestão administrativa pátrios já possuíam em seu arcabouço um conjunto de normas-regras e normas-princípios que introduziam valores éticos em uma cobrança para além da simples legalidade. Outros dispositivos se fizeram incluir justamente em função do contexto prenunciado, com a ampliação da compreensão de riscos.

Deflui-se, pois, que o caminho à instituição de um sistema de integridade ou de gestão da ética há de levar em consideração o sistema jurídico pátrio e a experiência brasileira, ainda que ajustada aos compromissos internacionais e inspirada em modelos alienígenas.

2 Elementos axiológicos e normativos preexistentes no sistema jurídico pátrio e na experiência brasileira

O vocábulo "ética", em sua acepção, conforme estudo etimológico, origina-se do grego *ethos* e significa aquilo que pertence ao "bom costume", "costume superior" ou "portador de caráter". Cuida-se, pois, do conjunto de princípios, valores e normas morais e de conduta que norteiam a sociedade. Diferencia-se da moral porquanto esta se fundamenta na obediência a costumes e hábitos recebidos, ao passo que a ética, ao revés, busca fundamentar as ações morais exclusivamente pela razão.

O Código Civil de 2002 preocupou-se desde seu anteprojeto com a eticidade das relações jurídicas e estipulou um padrão ético de comportamento humano na vida em sociedade. Tamanha foi a sua preocupação, que instituiu a eticidade como um dos seus três pilares, em adjacência com a operabilidade e a socialidade.

Nesse sentido, despontam a boa-fé objetiva, a boa-fé como princípio interpretativo e, mesmo, a equiparação de abuso de direito ao ato ilícito, previstas já no texto original do *Códex*, fazendo-se acrescentar, ademais, pelo que dispôs a Lei nº 13.874/2009, ao prescrever nova redação ao artigo 113 e parágrafos.[2]

---

[2] Alguns exemplares da eticidade presente no Código Civil de 2002.
Art. 113. Os negócios jurídicos devem ser interpretados conforme a boa-fé e os usos do lugar de sua celebração.

Antiga é a distinção entre moral e Direito, ambas representadas por círculos concêntricos, sendo o maior correspondente à moral e o menor, ao Direito. Licitude e honestidade seriam os traços distintivos entre o Direito e a moral, numa aceitação ampla do brocardo segundo o qual *non omne quod licet honestum est* (nem tudo o que é legal é honesto).

A moralidade administrativa não se confunde com a moral comum e consiste, sem dúvida, no principal alicerce da Administração Pública, à luz da atual Constituição Cidadã (art. 37, *caput*, CRFB/88).[3] A Lei nº 9.784/99 (art. 2º, IV)[4] exige da Administração uma "atuação segundo padrões éticos de probidade, decoro e boa-fé", evidenciando os principais aspectos da moralidade administrativa.

---

§1º A interpretação do negócio jurídico deve lhe atribuir o sentido que:
I - for confirmado pelo comportamento das partes posterior à celebração do negócio;
II - corresponder aos usos, costumes e práticas do mercado relativas ao tipo de negócio;
III - corresponder à boa-fé;
IV - for mais benéfico à parte que não redigiu o dispositivo, se identificável; e
V - corresponder a qual seria a razoável negociação das partes sobre a questão discutida, inferida das demais disposições do negócio e da racionalidade econômica das partes, consideradas as informações disponíveis no momento de sua celebração.
§2º As partes poderão livremente pactuar regras de interpretação, de preenchimento de lacunas e de integração dos negócios jurídicos diversas daquelas previstas em lei.
Art. 128. Sobrevindo a condição resolutiva, extingue-se, para todos os efeitos, o direito a que ela se opõe; mas, se aposta a um negócio de execução continuada ou periódica, a sua realização, salvo disposição em contrário, não tem eficácia quanto aos atos já praticados, desde que compatíveis com a natureza da condição pendente e conforme aos ditames da boa-fé.
Art. 164. Presumem-se, porém, de boa-fé e valem os negócios ordinários indispensáveis à manutenção de estabelecimento mercantil, rural, ou industrial, ou à subsistência do devedor e de sua família.
Art. 167. É nulo o negócio jurídico simulado, mas subsistirá o que se dissimulou, se válido for na substância e na forma.
[...]
§2 º Ressalvam-se os direitos de terceiros de boa-fé em face dos contraentes do negócio jurídico simulado.
Art. 187. Também comete ato ilícito o titular de um direito que, ao exercê-lo, excede manifestamente os limites impostos pelo seu fim econômico ou social, pela boa-fé ou pelos bons costumes.
Art. 422. Os contratantes são obrigados a guardar, assim na conclusão do contrato, como em sua execução, os princípios de probidade e boa-fé.

[3] Art. 37. A administração pública direta e indireta de qualquer dos Poderes da União, dos Estados, do Distrito Federal e dos Municípios obedecerá aos princípios de legalidade, impessoalidade, moralidade, publicidade e eficiência e, também, ao seguinte:
[...]

[4] Art. 2º A Administração Pública obedecerá, dentre outros, aos princípios da legalidade, finalidade, motivação, razoabilidade, proporcionalidade, moralidade, ampla defesa, contraditório, segurança jurídica, interesse público e eficiência.
[...]
IV - atuação segundo padrões éticos de probidade, decoro e boa-fé;
[...]

A moralidade administrativa requer a observância não apenas pelo administrador, mas também pelo particular que se relaciona com a Administração Pública. Sempre que se verificar que o comportamento da Administração ou do administrado, embora em consonância com a lei, ofende a moral, os bons costumes, as regras de boa administração, os princípios de justiça e de equidade, enfim, a ideia de honestidade, restará caracterizada ofensa ao princípio da moralidade administrativa e a prática de ato de improbidade.

Costumeiramente se asseveram, tanto na doutrina quanto na jurisprudência, que são três as instâncias de responsabilidades jurídicas contempladas na Constituição Federal e no ordenamento jurídico brasileiro em geral, quais sejam, a *civil*, a *criminal* e a *administrativa*.

A responsabilidade civil, clássica por sua origem junto à formação do próprio Direito, a despeito de sua particularidade por se referir a situações jurídicas de Direito privado, serve-nos enquanto teoria geral de responsabilidade, pois se decompõe em elementos que devem ser considerados em qualquer situação jurídica que envolva a possibilidade de responsabilização de um sujeito: comportamento (objetivo ou subjetivo, e na segunda hipótese, por dolo ou culpa), nexo causal e danos. À sua vez, a responsabilidade criminal surge com o Direito Penal e nela se reconhece uma estrutura metodológica independente na qual se enfatiza a tipicidade dos comportamentos que podem levar às penas, muitas delas aptas a cercear um dos bens mais caros ao ser humano – a liberdade.

Já a responsabilidade administrativa refere-se às situações jurídico-administrativas, ou seja, vínculos entre o indivíduo e o Estado, ora em relação de sujeição geral (hipótese em que todos e quaisquer cidadãos encontram-se, indistinta e potencialmente, submetidos à situação jurídica disciplinada em lei, a exemplo do Código de Trânsito Brasileiro e de suas regras sobre a condução de veículos, respectivas infrações e consequentes sanções administrativas), ora em relação de sujeição especial (hipótese de vínculos aos quais apenas alguns cidadãos submetem-se espontânea ou forçosamente, a exemplo do estatuto jurídico de certa categoria de servidores públicos, ou do regimento interno de uma universidade pública, ou o de um hospital público ou mesmo das normas que regem a rotina dentro de uma unidade prisional).

Correlato, então, ao tema da responsabilidade jurídica e às suas espécies é o Direito Sancionador, entendido como a sistematização de conceitos, institutos, categorias, de um regime jurídico próprio de estipulação das infrações (tipos infracionais), dos processos e das respectivas sanções (penas).

No Direito Privado em geral (Direito Civil, Código de Defesa do Consumidor e outros diplomas) perquire-se, por exemplo, se o dano moral tem natureza jurídica de "pena", quais são os limites possíveis, no âmbito da responsabilidade contratual, à previsão (tipificação) de infrações contratuais, entre outros. Igualmente no Direito Penal, desenvolvem-se elaboradas teorias sobre a descrição de fatos-tipos e as consequentes sanções.

No Direito Administrativo, por sua vez, assomou-se o Direito Sancionador em um capítulo independente, de modo a ser possível melhor compreendê-lo e sistematizá-lo nas relações de Direito público e, não obstante, alguma pontual divergência existente. A doutrina, em geral, sustenta que um elemento indispensável à qualificação de infrações e sanções administrativas remete-se ao sujeito que age – a Administração Pública. Em outros termos, trata-se de infrações, processos e sanções administrativas se é a própria Administração Pública no exercício de função administrativa que atua.

Nesse contexto, verifica-se uma dificuldade em identificar a qual área do Direito deve se ajustar a responsabilidade do agente público que comete atos de improbidade administrativa. A responsabilidade civil se mostra inadequada pelos seguintes motivos: (i) a pessoa a ser eventualmente responsabilizada não age em nome próprio e (ii) o sujeito não se encontra em uma relação entre particulares, mas atua em cumprimento de uma missão pública, porque é investido em competências previstas em lei que visam a satisfação do interesse público.

A responsabilidade criminal também se mostra inadequada, pois seriam aplicadas as normas de Direito Penal a situações que não encontram compatibilidade com a descrição de crimes. É importante destacar que não há qualquer semelhança na descrição dos fatos-tipo de improbidade em comparação com os tipos penais (nem todo ato de improbidade deve corresponder a um tipo penal).

Com relação ao Direito Administrativo Sancionador, a nova redação dada pela Lei nº 14.230/2021 é categórica ao afirmar a aplicação dos *princípios constitucionais do Direito Administrativo Sancionador* ao sistema de improbidade tutelado (artigo 1º, §4º).[5] Dessa feita, resta clara

---

[5] "Aplicam-se ao sistema da improbidade disciplinado nesta Lei os princípios constitucionais do direito administrativo sancionador" (artigo 1º, §4º, da Lei nº 8.429/92, com redação dada pela Lei nº 14.230/2021).

a implicação da responsabilidade administrativa à identificação do ato de improbidade. Todavia, é igualmente inequívoca que a matriz de tal responsabilização jaz também no altiplano constitucional.

Na Constituição Federal de 1988, a expressão "improbidade administrativa" aprece, no corpo do texto principal (sem contar o ADCT), duas vezes, quais sejam, (i) no artigo 15, V, CF,[6] em que classifica a improbidade administrativa como uma das causas de suspensão dos direitos políticos, e (ii) no artigo 37, §4º, CF,[7] menção mais importante, pois é a norma da qual se erige esta esfera de responsabilização.

A autonomia constitucional da responsabilidade administrativa não se encerra nesses artigos, mas deles se inicia, conforme se depreende da leitura tópica e sistemática da Constituição Federal. No art. 1º da CF/88,[8] o texto normativo anuncia os princípios fundamentais, de pronto a afirmar ser o Brasil uma República. Ao se assegurar o princípio republicano, enquanto fundamento do sistema constitucional, enfatiza-se a *res publica*, isso é, que o agir em exercício da função pública é uma atuação em nome da sociedade – e não por interesse pessoal –, o que, por conseguinte, significa dizer que há ao menos três deveres que se interligam ao exercício de qualquer missão pública, seja na condição de agente ou mesmo de particular em parceria com o Estado.[9]

---

[6] Art. 15. É vedada a cassação de direitos políticos, cuja perda ou suspensão só se dará nos casos de: [...]
V - improbidade administrativa, nos termos do art. 37, §4º.

[7] "Os atos de improbidade administrativa importarão a suspensão dos direitos políticos, a perda da função pública, a indisponibilidade dos bens e o ressarcimento ao erário, na forma e gradação previstas em lei, sem prejuízo da ação penal cabível" (artigo 37, §4º, CF).

[8] Art. 1º A República Federativa do Brasil, formada pela união indissolúvel dos Estados e Municípios e do Distrito Federal, constitui-se em Estado Democrático de Direito e tem como fundamentos:
I - a soberania;
II - a cidadania;
III - a dignidade da pessoa humana;
IV - os valores sociais do trabalho e da livre iniciativa;
V - o pluralismo político. [...]

[9] "Estão sujeitos às sanções desta Lei os atos de improbidade praticados contra o patrimônio de entidade privada que receba subvenção, benefício ou incentivo, fiscal ou creditício, de entes públicos ou governamentais, previstos no §5º deste artigo" (artigo 1º, §6º, da Lei nº 8.429/92, com redação dada pela Lei nº 14.230/2021).
"Independentemente de integrar a administração indireta, estão sujeitos às sanções desta Lei os atos de improbidade praticados contra o patrimônio de entidade privada para cuja criação ou custeio o erário haja concorrido ou concorra no seu patrimônio ou receita atual, limitado o ressarcimento de prejuízos, nesse caso, à repercussão do ilícito sobre a contribuição dos cofres públicos" (artigo 1º, §7º, da Lei nº 8.429/92, com redação dada pela Lei nº 14.230/2021).

Os três deveres decorrem naturalmente do princípio republicano, quais sejam, a *transparência*, a *prestação de contas* e *responsabilidade*. Da transparência se denota que, se há poderes públicos enfeixados em cargos ou empregos públicos, ou delegados a particulares que se tornam colaboradores e parceiros do Estado (de toda sorte, são instrumentos conferidos a quem é investido na função para a realização do interesse da sociedade), e se há recursos públicos (capital, empréstimo de bens, cessão de servidores públicos), então é preciso esclarecer de que modo são utilizados.

Por sua vez, extrai-se da prestação de contas que, se qualquer conduta no âmbito da função pública representa, em última análise, um agir em nome da sociedade, então, deve-se dizer o que se fez, de qual modo e para qual fim. Um corolário da própria transparência então, pois ao se tornarem efetivamente públicas as atividades que envolvem recursos do Estado, o escopo não poderia ser outro senão as contas serem expostas à sociedade.

A responsabilidade é decorrente da ideia de que a transparência e a prestação de contas têm por mote a titularidade do poder, e o povo é o seu soberano titular (art. 1º, parágrafo único, da Constituição Federal[10]). Logo, necessário responder pela eventual violação da confiança que foi depositada e não correspondida.

O princípio republicano se difunde para se concretizar em particular direito fundamental do cidadão de exigir a proteção, por ação popular, contra a prática de ato lesivo ao patrimônio público, o que nele devem compreender os patrimônios moral, histórico, cultural e ainda o meio ambiente (art. 5º, LXXIII).

Além disso, o princípio republicano orienta a hermenêutica constitucional dos princípios que fundam o regime jurídico-administrativo do art. 37, *caput*, da Constituição Federal, ao se imporem legalidade,

---

"Para os efeitos desta Lei, consideram-se agente público o agente político, o servidor público e todo aquele que exerce, ainda que transitoriamente ou sem remuneração, por eleição, nomeação, designação, contratação ou qualquer outra forma de investidura ou vínculo, mandato, cargo, emprego ou função nas entidades referidas no art. 1º desta Lei" (artigo 2º, *caput*, da Lei nº 8.429/92, com redação dada pela Lei nº 14.230/2021).

"As disposições desta Lei são aplicáveis, no que couber, àquele que, mesmo não sendo agente público, induza ou concorra dolosamente para a prática do ato de improbidade" (artigo 3º, *caput*, da Lei nº 8.429/92, com redação dada pela Lei nº 14.230/2021).

[10] "Todo o poder emana do povo, que o exerce por meio de representantes eleitos ou diretamente, nos termos desta Constituição" (art. 1º, parágrafo único, CF).

impessoalidade, moralidade, publicidade e eficiência como normas estruturantes da realização do interesse público.

Por estas razões, não é tanto pela expressão "improbidade administrativa" no texto constitucional (art. 15, V, e art. 37, §4º), mas antes e principalmente por ser a responsabilidade uma das facetas do princípio republicano (art. 1º, *caput*), pressuposto fundador do nosso Estado Democrático e Social de Direito, eixo metodológico do próprio regime jurídico-administrativo (art. 37), que na atualidade, em análise da realidade posta em nossa ordem jurídica, é possível entender que a improbidade administrativa tem verdadeira autonomia constitucional enquanto instância de responsabilidade.

Assim, a improbidade administrativa pode ser definida como o comportamento que viola a honestidade e a lealdade esperadas no trato da coisa pública, seja na condição de agente público ou de parceiro privado. Improbidade administrativa representa a desconsideração da lealdade objetivamente assumida por quem lida com bens e poderes cujo titular último é o povo.

O ato de improbidade administrativa consiste, pois, em uma ilegalidade qualificada pela violação à moralidade administrativa. Não basta, portanto, a mera ilicitude para restar caracterizado o ato ímprobo, sendo imprescindível a presença da desonestidade. A vedação à prática da improbidade administrativa encontra supedâneo no texto constitucional, vale dizer, no princípio da moralidade administrativa, um dos alicerces da Administração Pública – cf. art. 37, *caput*, da Constituição Cidadã.

Recentemente, a Lei de Improbidade Administrativa foi alterada pela Lei nº 14.230/2021. Na perspectiva de um programa de integridade ou de um sistema de gestão da ética, merecem destaque os artigos 1º, *caput* e parágrafo 5º, 11 e, especialmente, 17-B, §6º, transcritos a seguir:

> Art. 1º O sistema de responsabilização por atos de improbidade administrativa tutelará a probidade na organização do Estado e no exercício de suas funções, como forma de assegurar a integridade do patrimônio público e social, nos termos desta Lei. [...]
> §5º Os atos de improbidade violam a probidade na organização do Estado e no exercício de suas funções e a integridade do patrimônio público e social dos Poderes Executivo, Legislativo e Judiciário, bem como da administração direta e indireta, no âmbito da União, dos Estados, dos Municípios e do Distrito Federal.

Art. 11. Constitui ato de improbidade administrativa que atenta contra os princípios da administração pública a ação ou omissão dolosa que viole os deveres de honestidade, de imparcialidade e de legalidade, caracterizada por uma das seguintes condutas:

Art. 17-B. O Ministério Público poderá, conforme as circunstâncias do caso concreto, celebrar acordo de não persecução civil, desde que dele advenham, ao menos, os seguintes resultados:

I - o integral ressarcimento do dano;

II - a reversão à pessoa jurídica lesada da vantagem indevida obtida, ainda que oriunda de agentes privados. [...]

§2º Em qualquer caso, a celebração do acordo a que se refere o caput deste artigo considerará a personalidade do agente, a natureza, as circunstâncias, a gravidade e a repercussão social do ato de improbidade, bem como as vantagens, para o interesse público, da rápida solução do caso. [...]

§6º O acordo a que se refere o caput deste artigo poderá contemplar a adoção de mecanismos e procedimentos internos de integridade, de auditoria e de incentivo à denúncia de irregularidades e a aplicação efetiva de códigos de ética e de conduta no âmbito da pessoa jurídica, se for o caso, bem como de outras medidas em favor do interesse público e de boas práticas administrativas. (grifado)

Igualmente merecido o realce à Lei nº 12.846/2013, primeiro diploma normativo pátrio a inserir instrumentos de controle da gestão da ética ou de programa de integridade, com especial atenção aos artigos 7º, VIII e parágrafo único, e 5º, *caput*.

Art. 5º Constituem atos lesivos à administração pública, nacional ou estrangeira, para os fins desta Lei, todos aqueles praticados pelas pessoas jurídicas mencionadas no parágrafo único do art. 1º, que atentem contra o patrimônio público nacional ou estrangeiro, contra princípios da administração pública ou contra os compromissos internacionais assumidos pelo Brasil, assim definidos:

Art. 7º Serão levados em consideração na aplicação das sanções: (grifado)

I - a gravidade da infração;

II - a vantagem auferida ou pretendida pelo infrator;

III - a consumação ou não da infração;

IV - o grau de lesão ou perigo de lesão;

V - o efeito negativo produzido pela infração;

VI - a situação econômica do infrator;

VII - a cooperação da pessoa jurídica para a apuração das infrações;

VIII - a existência de mecanismos e procedimentos internos de integridade, auditoria e incentivo à denúncia de irregularidades e a aplicação efetiva de códigos de ética e de conduta no âmbito da pessoa jurídica; (grifado)

IX - o valor dos contratos mantidos pela pessoa jurídica com o órgão ou entidade pública lesados; e
X - (VETADO).
Parágrafo único. Os parâmetros de avaliação de mecanismos e procedimentos previstos no inciso VIII do caput serão estabelecidos em regulamento do Poder Executivo federal. (grifado)

Da mesma maneira, pode-se mencionar o disposto nos artigos 25, §4º; 60 (em especial, o inciso IV); 156, §1º, V, e 163, parágrafo único, da nova Lei de Licitações e Contratos (Lei nº 14.133, de 1º de abril de 2021).

Art. 25. O edital deverá conter o objeto da licitação e as regras relativas à convocação, ao julgamento, à habilitação, aos recursos e às penalidades da licitação, à fiscalização e à gestão do contrato, à entrega do objeto e às condições de pagamento.
[...]
§4º Nas contratações de obras, serviços e fornecimentos de grande vulto, o edital deverá prever a obrigatoriedade de implantação de programa de integridade pelo licitante vencedor, no prazo de 6 (seis) meses, contado da celebração do contrato, conforme regulamento que disporá sobre as medidas a serem adotadas, a forma de comprovação e as penalidades pelo seu descumprimento. (grifado)
Art. 60. Em caso de empate entre duas ou mais propostas, serão utilizados os seguintes critérios de desempate, nesta ordem:
I - disputa final, hipótese em que os licitantes empatados poderão apresentar nova proposta em ato contínuo à classificação;
II - avaliação do desempenho contratual prévio dos licitantes, para a qual deverão preferencialmente ser utilizados registros cadastrais para efeito de atesto de cumprimento de obrigações previstos nesta Lei;
III - desenvolvimento pelo licitante de ações de equidade entre homens e mulheres no ambiente de trabalho, conforme regulamento;
IV - desenvolvimento pelo licitante de programa de integridade, conforme orientações dos órgãos de controle. (grifado)
Art. 156. Serão aplicadas ao responsável pelas infrações administrativas previstas nesta Lei as seguintes sanções: [...]
§1º Na aplicação das sanções serão considerados:
I - a natureza e a gravidade da infração cometida;
II - as peculiaridades do caso concreto;
III - as circunstâncias agravantes ou atenuantes;
IV - os danos que dela provierem para a Administração Pública;
V - a implantação ou o aperfeiçoamento de programa de integridade, conforme normas e orientações dos órgãos de controle. (grifado)

Art. 163. É admitida a reabilitação do licitante ou contratado perante a própria autoridade que aplicou a penalidade, exigidos, cumulativamente:
[...]
Parágrafo único. A sanção pelas infrações previstas nos incisos VIII e XII do caput do art. 155 desta Lei exigirá, como condição de reabilitação do licitante ou contratado, a implantação ou aperfeiçoamento de programa de integridade pelo responsável. (grifado)

Mister trazer à baila a posição de Antônio Fonseca[11] a respeito da contribuição da Lei nº 12.846/2013, em momento anterior à edição dos demais exemplares legislativos transladados.

A Lei 12.846, de 2013, não é o único instrumento legal de combate à corrupção no Brasil. Mas é a única lei que prevê uma ferramenta de prevenção, chamada programa de integridade, com múltiplas funções. Ao prever a figura do programa de integridade, a norma legal (art. 7º, VIII) terminou por:
• inserir na ordem jurídica um padrão privado de política preventiva;
• valorizar uma cultura organizacional, ainda que facultativa, do agente responsável;
• atribuir à organização o poder de construir o seu padrão de integridade;
• especificar esse padrão como de ética de resultados;
• colocar o programa de integridade no contexto da sanção objetiva;
• qualificar esse padrão numa existência dinâmica.
Antes da Lei 12.846, de 2013, não existia a figura do programa de integridade. A sua inserção na ordem jurídica é um marco relevante pelo seu impacto na cultura organizacional privada. No mundo da produção de riqueza passou-se a falar e refletir sobre programa de integridade. Agora os agentes econômicos sabem que o seu modo de ser, no ambiente de mercado, poderá ganhar uma forma e um conteúdo. E esse modo de ser, ou de não ser ético, desponta como elemento capaz de distinguir uma organização das outras. Isso é um avanço na vida do direito e na gestão dos recursos produtivos de uma economia.
De um modo geral, as organizações privadas não são obrigadas, para funcionar, a possuir um programa de integridade. É uma faculdade que remete à liberdade fundamental de inciativa.21 Mas não implementar e manter um programa é uma faculdade que coloca em questão a responsabilidade do agente na comunidade de rivais e de parceiros. Para se fazer negócios, cada vez mais organizar e manter uma cultura anticorrupção se torna uma exigência da sustentabilidade. Mais cedo

---

[11] FONSECA, Antônio. Programa de Compliance ou Programa de Integridade, o que isso importa para o Direito brasileiro? *R. TRF1*, Brasília, v. 30, n. 1/2, p. 87, jan./fev. 2018.

ou mais tarde essa exigência será incorporada aos hábitos da sociedade, inclusive consumerista, dando lugar a um controle da cidadania ou social. E o Estado, como grande comprador, explorador, fomentador e regulador da atividade econômica, haverá de seguir estimulando o cumprimento dos deveres de integridade. Essa é uma trajetória sem recuo. O legislador não aborda o programa de integridade como um cardápio fechado. Isso seria incompatível com a liberdade de iniciativa e muito menos com o porte da organização. Mas ao construir um padrão de cultura ética, a organização é chamada a participar da delimitação da sua responsabilidade. A política anticorrupção, ou tudo que a ela adere, por vontade própria da organização, da lei, regulamento ou obrigação de fazer (assumida, por exemplo, em acordo de leniência), é também a medida pela qual a mesma organização haverá de ser julgada. As boas práticas e os bons costumes passam a ser imperativos decorrentes das normas legais tanto quanto dos contratos e da estrutura privada de *compliance* ou integridade.

Dessa feita, percebe-se não só um movimento de estruturação de uma gestão de ética no Poder Público, ou seja, das pessoas jurídicas de Direito público, mas também a de espaço à edificação de programa de integridade às pessoas jurídicas de Direito privado, sobretudo aquelas que desejam uma especial relação com a Administração Pública.

Se, por um lado, não se delimitou exatamente o que devam incluir os programas de integridade no âmbito das pessoas jurídicas de direito privado, por outro, foi imputada a responsabilidade aos empreendedores e operadores do mercado sobre a necessidade de iniciativa de prevenção e contenção do risco inerente ao negócio no sentido de seus agentes externarem comportamento alheio à ética, à honestidade, à probidade, à dignidade e demais elementos axiológicos que permeiam o sistema jurídico brasileiro, sobretudo em perspectiva constitucional.

Dessa feita, o filtro constitucional que garante a livre-iniciativa, a autonomia da vontade e a propriedade privada é o mesmo que lhes cobra uma função social (da propriedade, do contrato) e, nesta perspectiva, deveria também lhe impor uma política de integridade à iniciativa privada, no sentido de criação de responsabilidade quanto à assunção, mitigação e evitabilidade dos riscos à eticidade inerentes à atividade econômica.

Em deslocamento no processo de derivação e positivação, tem-se, logo em seguida, o tratamento da eticidade pelo Código Civil, que, como já mencionado, trouxe-a como um de seus três pilares. Dessa feita, cabe ao programa de integridade/sistema de gestão da ética escalonar as condutas conforme grau de reprovabilidade e – pelo outro lado da moeda – comportamentos a serem reforçados e incentivados, de acordo com o espectro existente entre o exercício regular de um direito praticado enquanto uma ação exemplar até o abuso de direito, equiparado ao ato ilícito (pelo artigo 187 do Código Civil de 2002).

Nas palavras de Antônio Fonseca, a respeito da gestão do risco:

> A prevenção caracteriza um direito autônomo de riscos. Os riscos podem ser em concreto ou ameaça simples. São valores jurídicos identificar, dimensionar, prever, mitigar ou controlar esses riscos. Essa autonomia da prevenção é defendida também no domínio do Direito Ambiental. Prevenir o risco, adotando uma política privada para mitigá-lo, é um dever de compliance cada vez mais elaborado nas suas mais diversas consequências, inclusive no domínio da sanção criminal. A prevenção materializa obrigações de resultados de aderência voluntária ou impostas ao particular; envolvem mecanismos de salvaguardas para mitigação e reparação de danos.
> Considerar os riscos associados ao negócio insere-se no domínio da livre iniciativa e ao mesmo tempo caracteriza um dever decorrente do planejamento da atividade econômica. Livre ou autorizado a desenvolver um negócio, o empresário está apto a satisfazer um interesse próprio mas conformado a uma finalidade social. Este é o sentido da autonomia da prevenção fundada em risco. O fator risco, inclusive o risco à integridade, ganha uma dimensão superior ao simples desígnio do empresário de empreender.[12]

E sobre a influência do artigo 187, CC, como parâmetro à definição de comportamento ético dentro de uma política interna privada:

> Não é mais função exclusiva das leis a definição do que é lícito ou ilícito, ético ou antiético, ou o que entra no escopo da integridade. As organizações e os acordos setoriais (*collective action*) participam da elaboração dessa estrutura de definição do comportamento moral e ético, pois assim a norma codificada:
> [...]
> O que uma organização inclui na sua política interna de gestão da ética poderá ter as consequências do citado art. 187. São elementos mais graves ou menos graves. Em situações de prejuízo, concreto ou em potencial, as consequências, independentemente de culpa, podem resultar quando

---

[12] FONSECA, Antônio. Programa de Compliance ou Programa de Integridade, o que isso importa para o Direito brasileiro? *R. TRF1*, Brasília, v. 30, n. 1/2, p. 83, jan./fev. 2018.

a atividade "normalmente desenvolvida pelo autor do dano implicar, por sua natureza, risco para os direitos de outrem" (Código Civil, art. 927, *in fine*).[13]

Passa-se, doravante, ao exame dos conceitos de *compliance, programa de integridade, sistema de gestão de ética* e o que dispõe a Resolução nº 410, do Conselho Nacional de Justiça, sob a óptica do diálogo com arcabouço normativo e axiológico do sistema jurídico brasileiro e da experiência pátria, previamente enunciado.

3 *Compliance*, integridade e a Resolução nº 410, do Conselho Nacional de Justiça

Como dito, a Resolução nº 410, de 23 de agosto de 2021, do Conselho Nacional de Justiça, institui normas gerais para sistemas de integridade no âmbito do Poder Judiciário brasileiro (artigo 1º). Assim, tratou da definição de elementos constantes de seu objeto e caros à sua finalidade, tais como *compliance, integridade pública* e *gestão de riscos*.[14]

Por *gestão de riscos*, entende a Resolução ser o "processo de natureza permanente, estabelecido, direcionado e monitorado pela alta administração, que contempla as atividades de identificar, avaliar e gerenciar potenciais eventos que possam afetar a organização dos órgãos do Poder Judiciário, destinado a fornecer segurança razoável quanto à realização de suas atividades".

---

[13] FONSECA, Antônio. Programa de Compliance ou Programa de Integridade, o que isso importa para o Direito brasileiro? *R. TRF1*, Brasília v. 30, n. 1/2, p. 87, jan./fev. 2018.

[14] Art. 5º Para os efeitos do disposto nesta Resolução, considera-se:
I - integridade pública: alinhamento consistente e adesão a valores, princípios e normas éticas comuns que sustentam e priorizam o interesse público sobre os interesses privados no setor público;
II- *compliance*: conjunto de mecanismos e procedimentos de controle interno, auditoria, incentivo à denúncia de irregularidades e de aplicação efetiva do código de conduta ética, políticas e diretrizes com objetivo de prevenir, detectar e sanar desvios, fraudes, irregularidades e atos ilícitos praticados por membros ou servidores do Poder Judiciário;
III - alta administração: presidentes, vice-presidentes, corregedores, ouvidores e respectivos assessores diretos dos órgãos do Poder Judiciário; e
IV - gestão de riscos: processo de natureza permanente, estabelecido, direcionado e monitorado pela alta administração, que contempla as atividades de identificar, avaliar e gerenciar potenciais eventos que possam afetar a organização dos órgãos do Poder Judiciário, destinado a fornecer segurança razoável quanto à realização de suas atividades.

Define a integridade pública como "alinhamento consistente e adesão a valores, princípios e normas éticas comuns que sustentam e priorizam o interesse público sobre os interesses privados no setor público" e, a seu turno, diz ser *compliance* o "conjunto de mecanismos e procedimentos de controle interno, auditoria, incentivo à denúncia de irregularidades e de aplicação efetiva do código de conduta ética, políticas e diretrizes com o objetivo de prevenir, detectar e sanar desvios, fraudes, irregularidades e atos ilícitos praticados por membros ou servidores do Poder Judiciário".

Dessa feita, distingue o *compliance* da literalidade do termo "conformidade" e, em tese, de como aplicado e experienciado no direito alienígena e nos moldes de políticas privadas internacionais. Isso porque não é o sistema jurídico pátrio pertencente ao modelo da *common law*, construído pelo Direito consuetudinário, ainda que concessões sejam feitas em relação aos precedentes e suas eficácias vinculantes. De certo, o modelo predominante é o da *civil law*, assim que necessariamente marcado pela legalidade – legalidade enquanto limite objetivo aos particulares e legalidade como permissão à Administração Pública.

Assim, estaria o *compliance*, conforme denotativamente conceituado pela Resolução, associado às práticas de incentivo a comportamentos exemplares e repressão a comportamentos desejados, ao passo que à *integridade* restaria o campo axiológico de valoração e reprovabilidade em si. Dessa feita, em uma maneira simplista, o *compliance* seria um mecanismo de se assegurar e se atingir a integridade. Parece justo inferir que a Resolução nº 410, do Conselho Nacional de Justiça, idealizou uma gestão de ética amparada tanto na integridade como no *compliance*, eis que complementares segundo sua perspectiva.

Todavia, nem sempre a gestão da ética se revela em tal conformação, por vezes pautando-se no *compliance* e, por outras, na integridade, havendo, pois, uma dualidade de modelos. Há quem os diferencie quanto à finalidade, de modo que à integridade importariam os resultados, ou seja, as ações e fatos que se procuram alcançar. Ao *compliance* seriam interessantes apenas a obediência a procedimentos e regras e sua aplicação, tais como um código de ética/conduta. Essa é a visão de Fonseca,[15] como se observa:

---

[15] FONSECA, Antônio. Programa de Compliance ou Programa de Integridade, o que isso importa para o Direito brasileiro? *R. TRF1*, Brasília, v. 30, n. 1/2, p. 84, jan./fev. 2018.

O sistema de gestão com base em integridade tem seu foco em resultados/ ações e efeitos a serem alcançados e não no comportamento que deve ser evitado (Organisation for Economic Co-Operation and Development, 1996, p. 61). Nesse sistema a ênfase se dá:
- em valores (aspirational values) ou interesses da Administração Pública (high road);
- no que é alcançado em vez de como foi alcançado (foco nos fins);
- no encorajamento de bons comportamentos em vez de policiamento erros e punição dos maus comportamentos.

O sistema de gestão com base em compliance tem seu foco na estrita aderência a procedimentos administrativos e regras (geralmente detalhadas na legislação), o que define o que o servidor público deve fazer e como. Código estruturado naquilo que não se deve fazer — minimum standards (low road) (Organisation for Economic Co-Operation and Development, 1996, p. 61). A ênfase, nesse sistema, é no:
- policiamento de ações e descoberta de malfeitos;
- reforço de gerência pelas regras as quais geram uma base para identificar o erro.

Em complemento, Pironti[16] adverte que a discussão a respeito da terminologia, seus rótulos e a diferença entre *compliance* e sistema de integridade é pouco produtiva, por aproximar o tema do senso comum, bem como sinaliza preocupação com o que a instituição não abalizada de tais instrumentos poderia implicar:

> Precisamos fugir da retórica e da discussão acalorada sobre rótulos e diferenças conceituais, como a distinção entre compliance e integridade, entre compliance e conformidade, dentre outras. Tais discussões diminuem o tema, o amesquinham, e, o pior, o aproximam do tratamento no senso comum, o que descredencia a sua relevância organizacional. Aqui uma primeira grande questão: tais programas não se resumem ao estabelecimento e publicação de códigos de ética ou de conduta, ou ainda, a produtos de prateleira e soluções caseiras como softwares ou sistemas de gestão de informação para integridade que não guardam a mínima relação com a atividade desenvolvida pela empresa. Receitas genéricas não combinam com compliance.
> A instituição despreocupada (e muitas vezes despreparada) desses mecanismos tem conduzido o nosso país a alguns reflexos opostos do que seria o escopo principal desses programas, como:
> a) a previsão de códigos de ética e de conduta sem a mínima preocupação de efetividade ou redigidos de forma genérica estão a promover uma

---

[16] PIRONTI, Rodrigo. *Compliance*: repensando o óbvio para não cair no senso comum.

"flexibilização" negativa de sua interpretação, que, ao final, conduz à sua completa ineficácia, com previsões "para inglês ver"; ou

b) a não contemplação de questões relacionais importantes, a depender da atividade da empresa, como é o caso de empresas que tendem a consorciar-se para participação em processos competitivos, em que uma concepção genérica desses instrumentos pode conduzir ao que se denomina de "guerra de códigos de ética", levando a empresa a uma discussão ou embate relacional que pode prejudicar sua própria atividade-fim e impedir seu lucro ou seu objetivo, não por violação à integridade, mas por uma má concepção do programa de integridade. O compliance, como estrutura inerente à segunda linha de defesa, preocupada com a realização ética e íntegra dos negócios da empresa, não pode (nem deve), em razão de uma má concepção de sua estruturação ou de procedimentos e documentos gerenciais produzidos sem a devida preocupação técnica, ser responsável pela não realização dos objetivos finalísticos nem pela frustração da atividade principal da organização. Ele é meio à justificar o fim, e não um fim em si mesmo.

Um programa de integridade deve contemplar uma análise de maturidade efetiva e específica, com questões que traduzam aspectos reais e relacionais daquela empresa, não apenas com um completo apoio da alta administração (tone at the top), mas, principalmente, com uma gestão integrada e envolvimento de todos aqueles que se submeterão à política de integridade implementada.

De toda sorte, a preocupação é uma: a efetividade e a eficácia dos programas de integridade/*compliance*/gestão da ética a serem implementados no Brasil, o que necessariamente perpassa a necessidade de compreensão e de diálogo com o arcabouço normativo e axiológico do sistema jurídico pátrio.

Nesse diapasão, sobressalta-se a abertura semântica e sintática do texto da Resolução nº 410, do Conselho Nacional de Justiça, para a criação de programas pautados tanto na reafirmação e no incentivo de valores tidos como exaltados como na repressão de ações antiéticas e na mitigação do risco de sua prática.

Cabem aos órgãos do Poder Judiciário, pois, elaborar sistema de gestão de ética compreensivo e eficaz, que leve em consideração a interpretação sistemática do ordenamento pátrio, sobretudo sob o filtro axiológico-constitucional.

4 Conclusão

O sistema jurídico brasileiro conta com alta carga axiológica, sobretudo de cunho constitucional, e de normas-regras e normas-princípios pautadas na eticidade, capazes de gerar direitos, deveres e responsabilização de seus destinatários para além da simples legalidade.

Nesse diapasão despontam (i) a Constituição Federal, com seu princípio republicano; com a soberania e os direitos e garantias fundamentais, sobretudo a dignidade; com a subordinação da Administração Pública à impessoalidade, moralidade, publicidade e eficiência; (ii) a Lei nº 9.784/99, também vinculando a Administração Pública aos princípios da legalidade, finalidade, motivação, razoabilidade, proporcionalidade, moralidade, ampla defesa, contraditório, segurança jurídica, interesse público e eficiência; (iii) o Código Civil – cuja eticidade constitui um dos pilares – que instituiu a boa-fé objetiva e a ela vinculou a interpretação dos contratos nos negócios jurídicos; que equiparou o abuso de direito ao ato ilícito; (iv) a lei de improbidade administrativa, Lei nº 14.230/2021, ao reprimir e responsabilizar os agentes pelos atos que violam a probidade na organização do Estado e no exercício de suas funções e a integridade do patrimônio público e social dos Poderes Executivo, Legislativo e Judiciário, bem como da administração direta e indireta, no âmbito da União, dos Estados, dos Municípios e do Distrito Federal; por prever que o acordo celebrado de não persecução civil poderá contemplar a adoção de mecanismos e procedimentos internos de integridade, de auditoria e de incentivo à denúncia de irregularidades e a aplicação efetiva de códigos de ética e de conduta no âmbito da pessoa jurídica, se for o caso, bem como de outras medidas em favor do interesse público e de boas práticas administrativas; no mesmo sentido, (v) a Lei nº 12.846/2013 e (vi) a Lei nº 14.133/2021, além de tantos outros diplomas e dispositivos que inserem normas de controle da eticidade.

Uma vez identificados o espaço e a carência para um novo modelo de gestão e de governança no Poder Judiciário, bem como em vista dos compromissos internacionais assumidos no sentido de adoção a programas de integridade/*compliance*/gestão da ética, o desenvolvimento de tais mecanismos deverá levar em consideração a experiência e o ordenamento brasileiros, a fim de que se tenha, de fato, o resultado esperado.

A Resolução nº 410, de 23 de agosto de 2021, do Conselho Nacional de Justiça, ao dispor sobre normas gerais e diretrizes para a instituição de sistemas de integridade no âmbito do Poder Judiciário, idealizou uma gestão de ética amparada tanto na integridade como no *compliance*. Por ser sintática e semanticamente aberta, proporciona futuro e eventual programa de gestão de ética dos órgãos do Poder Judiciário que observem o mencionado desafio e satisfaçam a necessidade de harmonia do sistema.

Referências

BRASIL. Lei nº 12.846, de 1º de agosto de 2013. Dispõe sobre a responsabilização administrativa e civil de pessoas jurídicas pela prática de atos contra a administração pública, nacional ou estrangeira, e dá outras providências. Disponível em: http://www.planalto.gov.br/ccivil_03/_ato2011-2014/2013/lei/l12846.htm, acesso em: 1 dez. 2021.

BRASIL. Lei nº 10.406, de 10 de janeiro de 2002. Dispõe sobre o Código Civil. Disponível em: http://www.planalto.gov.br/ccivil_03/leis/2002/l10406compilada.htm, acesso em: 1 dez. 2021.

BRASIL. Constituição (1988). Constituição da República Federativa do Brasil. Brasília, DF, 1988. Disponível em: http://www.planalto.gov.br/ccivil_03/constituicao/constituicao.htm, acesso em: 1 dez. 2021.

BRASIL. Congresso. Senado Federal. Novo Código Civil: exposição de motivos e texto sancionado. Secretaria Especial de Editoração e Publicações, Subsecretaria de Edições Técnicas. Brasília, DF, 2005. Disponível em: http://www2.senado.leg.br/bdsf/handle/id/70319, acesso em: 1 dez. 2021.

BRASIL. Lei nº 9.784, de 29 de janeiro de 1999. Regula o processo administrativo no âmbito da Administração Pública Federal. Disponível em: http://www.planalto.gov.br/ccivil_03/leis/l9784.htm, acesso em: 1 dez. 2021.

BRASIL. Lei nº 8.429, de 2 de junho de 1992, com redação dada pela Lei nº 14.230, de 25 de outubro de 2021. Dispõe sobre as sanções aplicáveis em virtude da prática de atos de improbidade administrativa, de que trata o §4º do art. 37 da Constituição Federal; e dá outras providências. Disponível em http://www.planalto.gov.br/ccivil_03/leis/l8429.htm, acesso em: 1 dez. 2021.

BRASIL. Lei nº 14.133, de 1º de abril de 2021. Lei de Licitações e Contratos Administrativos. Disponível em http://www.planalto.gov.br/ccivil_03/_ato2019-2022/2021/lei/L14133.htm, acesso em: 2 dez. 2021.

BRASIL. CONSELHO NACIONAL DE JUSTIÇA. Resolução nº 410, de 23 de agosto de 2021. Disponível em: https://atos.cnj.jus.br/atos/detalhar/4073, acesso em: 1 dez. 2021.

FONSECA, Antônio. Programa de *Compliance* ou Programa de Integridade, o que isso importa para o Direito brasileiro? *R. TRF1*, Brasília, v. 30, n. 1/2, p. 77-94, jan./fev. 2018. Disponível em: https://core.ac.uk/download/pdf/211930794.pdf, acesso em: 1 dez. 2021.

PIRONTI, Rodrigo. *Compliance*: repensando o óbvio para não cair no senso comum. Disponível em: https://www.conjur.com.br/2018-jul-14/rodrigo-pironti-repensando-obvio-compliance. Acesso em: 1 dez. 2021.

Informação bibliográfica deste livro, conforme a NBR 6023:2018 da Associação Brasileira de Normas Técnicas (ABNT):

MIGUEL FILHO, Theophilo Antonio. Considerações a respeito da Resolução nº 410, do Conselho Nacional de Justiça: os conceitos de *compliance* e de integridade sob a perspectiva das normas e elementos axiológicos do sistema jurídico brasileiro. *In*: SEGURA, Larissa Garrido Benetti (org.); KEPPEN, Luiz Fernando Tomasi; ZENKNER, Marcelo (coord.). *Sistema de integridade e Poder Judiciário*: estudos em homenagem ao ministro Luiz Fux. Belo Horizonte: Fórum, 2022. p. 345-365. ISBN 978-65-5518-454-9.

A INTEGRIDADE COMO FORMA DE PROMOVER UMA ADMINISTRAÇÃO JUDICIÁRIA EFICIENTE

MÁRIO AUGUSTO DE FIGUEIREDO LACERDA GUERREIRO
DAVID MIRANDA BARROSO

1 O Poder Judiciário e a governança pública

Desde a Emenda Constitucional nº 45/2004, conhecida como a reforma do Judiciário, o sistema de justiça tem passado por constantes modificações, buscando-se a sua maior eficiência. A citada emenda também foi responsável pela criação do Conselho Nacional de Justiça (CNJ), cuja principal atribuição, nos termos do §4º do artigo 103-B da Carta Magna, é "o controle da atuação administrativa e financeira do Poder Judiciário e do cumprimento dos deveres funcionais dos juízes (...)".

Houve, a partir de então, maior transparência para as ações do Poder Judiciário, que, se não era hermeticamente fechado, tinha pouca abertura para discussões sobre melhoramentos. Muitas vezes, o principal argumento para o isolamento do Judiciário era o da imparcialidade do juiz, já que, como conhecido e propalado, "o julgador somente pode falar nos autos", albergando-se tal máxima na vedação inserida no artigo 36, III, da Lei Orgânica da Magistratura Nacional (LOMAN), Lei Complementar nº 35/79, que o impede de "manifestar, por qualquer meio de comunicação, opinião sobre processo pendente de julgamento, seu ou de outrem, ou juízo depreciativo sobre despachos, votos ou sentenças, de órgãos judiciais, ressalvada a crítica nos autos e em obras técnicas ou no exercício do magistério".

Não é esse, contudo, o tipo de abertura que se discute e é imprescindível ao Poder Judiciário. Era preciso que o Poder Judiciário se modernizasse, reaproximando-se da sociedade, destinatária do serviço público prestado, e deixando de lado o fechamento para as reformas imprescindíveis ao constante melhoramento da prestação jurisdicional.

Visando sempre ao desenvolvimento da atividade jurisdicional, o Conselho Nacional de Justiça passou a estabelecer, nacionalmente, as metas que cada unidade judiciária e tribunal deveria atingir. O escopo desse movimento foi o de priorizar processos antigos, matérias importantes e dar um padrão nacional às prioridades a serem trabalhadas pelos diversos órgãos jurisdicionais existentes.

Voltando os olhos à gestão administrativa dos tribunais, o Conselho Nacional de Justiça vislumbrou a necessidade de aperfeiçoamento e otimização de recursos da máquina pública, editando a Resolução nº 410, de 23 de agosto de 2021, que dispõe sobre normas gerais e diretrizes para a instituição de sistemas de integridade no âmbito do Poder Judiciário. Trata-se de um marco para a administração judiciária, ao se estabelecerem nacionalmente parâmetros orientadores da instituição de sistemas de integridade a serem observados por todos os órgãos do Poder Judiciário.

A edição de tal resolução vai ao encontro da Agenda 2030 da Organização das Nações Unidas, notadamente do Objetivo 16 dos ODS (Objetivos de Desenvolvimento Sustentável), já que busca construir instituições mais eficazes, "inclusive pela redução substancial da corrupção e do suborno em todas as suas formas, pelo desenvolvimento de instituições eficazes, responsáveis e transparentes em todos os níveis, e pela garantia da tomada de decisão responsiva, inclusiva, participativa e representativa em todos os níveis" como constou dos considerandos da Resolução nº 410/2021 do CNJ. Busca-se, assim, a constituição de parâmetros para que os demais órgãos do Poder Judiciário se comprometam com o cumprimento da Meta 9 do CNJ, que é integrar a Agenda 2030 ao Poder Judiciário.

Com essa novel resolução, portanto, estabelece-se no Poder Judiciário um *standard* para a governança pública, fixando-se parâmetros a serem observados nas contratações, licitações e procedimentos de gestão, com o fito de promover a maior eficiência na gestão administrativa.

Deve ser ressaltado que a Constituição da República já estabelece, em seu artigo 37, princípios da Administração Pública, aos quais o Poder Judiciário também está vinculado. A ideia de *compliance*, todavia, visa exatamente a estabelecer parâmetros para que o cumprimento do ordenamento jurídico pela Administração Pública seja promovido e efetivado em seu maior grau.

Diversas leis buscam concretizar os parâmetros de impessoalidade, moralidade e eficiência na Administração Pública.

A antiga lei de licitações, nº 8.666/1993, ao estabelecer os procedimentos licitatórios para a aquisição de produtos e serviços pela Administração Pública, previu, em seu artigo 3º:

> A licitação destina-se a garantir a observância do princípio constitucional da isonomia, a seleção da proposta mais vantajosa para a administração e a promoção do desenvolvimento nacional sustentável e será processada e julgada em estrita conformidade com os princípios básicos da legalidade, da impessoalidade, da moralidade, da igualdade, da publicidade, da probidade administrativa, da vinculação ao instrumento convocatório, do julgamento objetivo e dos que lhes são correlatos.

A nova lei de licitações, nº 14.133/2021, em seu artigo 5º, trouxe a mesma ideia de que a licitação serve para concretizar o princípio da impessoalidade, além de trazer moralidade e eficiência à Administração Pública.

A lei de improbidade administrativa, nº 8429/1992, por sua vez, visa à punição da pessoa física e da pessoa jurídica pela prática da improbidade administrativa, que pode assim ser conceituada:

> A improbidade administrativa consiste na ação ou omissão, no exercício da função pública, caracterizada por danosidade ou reprovabilidade extraordinárias, que acarreta a imposição de sanções civis, administrativas, penais e políticas, de modo cumulativo ou não, tal como definido em lei.
> (…)
> A improbidade se configura como uma infração de gravidade diferenciada. Não se confunde improbidade com ilicitude em sentido amplo. Pode haver ilicitude sem haver improbidade.[1]

Editou-se, mais recentemente, a Lei nº 12.846/2013, conhecida como lei anticorrupção, que estabelece normas para a responsabilização administrativa e civil de pessoas jurídicas pela prática de atos contra a Administração Pública, nacional ou estrangeira. Tal lei passou a prever a punição de pessoas jurídicas por atos imorais praticados em

---

[1] JUSTEN FILHO, Marçal. *Curso de direito administrativo*. 13. ed. São Paulo: Thompson Reuters Brasil, 2018, p. 1219-1222.

detrimento da Administração Pública e de seus agentes. O artigo 5º enuncia os atos tidos como lesivos à Administração Pública:

> Art. 5º Constituem atos lesivos à Administração Pública, nacional ou estrangeira, para os fins desta Lei, todos aqueles praticados pelas pessoas jurídicas mencionadas no parágrafo único do art. 1º, que atentem contra o patrimônio público nacional ou estrangeiro, contra princípios da Administração Pública ou contra os compromissos internacionais assumidos pelo Brasil, assim definidos:
> I - prometer, oferecer ou dar, direta ou indiretamente, vantagem indevida a agente público, ou a terceira pessoa a ele relacionada;
> II - comprovadamente, financiar, custear, patrocinar ou de qualquer modo subvencionar a prática dos atos ilícitos previstos nesta Lei;
> III - comprovadamente, utilizar-se de interposta pessoa física ou jurídica para ocultar ou dissimular seus reais interesses ou a identidade dos beneficiários dos atos praticados;
> IV - no tocante a licitações e contratos:
> a) frustrar ou fraudar, mediante ajuste, combinação ou qualquer outro expediente, o caráter competitivo de procedimento licitatório público;
> b) impedir, perturbar ou fraudar a realização de qualquer ato de procedimento licitatório público;
> c) afastar ou procurar afastar licitante, por meio de fraude ou oferecimento de vantagem de qualquer tipo;
> d) fraudar licitação pública ou contrato dela decorrente;
> e) criar, de modo fraudulento ou irregular, pessoa jurídica para participar de licitação pública ou celebrar contrato administrativo;
> f) obter vantagem ou benefício indevido, de modo fraudulento, de modificações ou prorrogações de contratos celebrados com a Administração Pública, sem autorização em lei, no ato convocatório da licitação pública ou nos respectivos instrumentos contratuais; ou
> g) manipular ou fraudar o equilíbrio econômico-financeiro dos contratos celebrados com a Administração Pública;
> V - dificultar atividade de investigação ou fiscalização de órgãos, entidades ou agentes públicos, ou intervir em sua atuação, inclusive no âmbito das agências reguladoras e dos órgãos de fiscalização do sistema financeiro nacional.

Previu-se, ainda, o Processo Administrativo de Responsabilização – PAR, de maneira que, hoje, o órgão público que tem seu PAR regulamentado pode aplicar as sanções previstas no artigo 6º da lei anticorrupção, quais sejam, multa, no valor de 0,1% (um décimo por cento) a 20% (vinte por cento) do faturamento bruto do último exercício anterior ao da instauração do processo administrativo, excluídos os tributos, a qual nunca será inferior à vantagem auferida, quando for possível sua estimação, e publicação extraordinária da decisão condenatória.

Embora das leis citadas se constate avanço quanto à efetivação dos princípios constitucionais da impessoalidade, moralidade e eficiência, é fato que a instituição de sistemas de integridade é fator que, no âmbito da Administração Pública, busca estabelecer parâmetros e balizas para que se previnam os atos corruptivos. Ou seja, através de estabelecimento de limites, regras e padrões de conduta para os agentes públicos, busca-se minorar os casos de corrupção.

Sobre a importância dos mecanismos de integridade, colhe-se de artigo escrito por Tatiana Camarão:

> (...) é imperioso que se tenha uma atenção ciosa com relação às licitações e às contratações que envolvem as organizações públicas e privadas, já que a corrupção se encontra inoculada nesse ambiente de negócios, exatamente porque é uma área muito exposta à prática de atos ilícitos. Daí a importância de adotar e reforçar políticas, ações e controles de maneira a reduzir a incidência de riscos institucionais, de imagem, fraudes e desconformidades, tudo o que possa vir a deflagrar qualquer crise financeira e/ou de reputação nas organizações envolvidas. Ora, no caso dos órgãos e entidades públicas, é sabido que as contratações devem observar os princípios da isonomia e imparcialidade, por meio de critérios técnicos, de forma a garantir que a contratação recaia sempre sobre empresas idôneas e que reúnam as condições necessárias para o melhor desempenho das atividades demandadas e é por isso inarredável a necessidade de se implementar ações específicas para essa área com suporte em mecanismos e estruturas do programa de integridade, que reverberará na relação com as empresas privadas.[2]

Assim, a Resolução nº 410/2021 do CNJ veio a concretizar os mandamentos constitucionais, a fim de otimizar recursos públicos através do estabelecimento de diretrizes e normas para os sistemas de integridade do Poder Judiciário.

Mostra-se necessário, portanto, conceituar o que é o sistema de integridade e demonstrar a sua importância para a governança pública em relação ao Poder Judiciário.

---

[2] CAMARÃO, Tatiana. A contratação pública como instrumento de fomento à integridade e não à corrupção. *In*: ZENKNER, Marcelo; AGUIRRE DE CASTRO, Rodrigo Pironti (coord.). *Compliance no setor público*. Belo Horizonte: Fórum, 2020, p. 376.

2 Integridade como pilar da governança pública

O primeiro e mais importante passo para se tratar da integridade aplicada à Administração Pública judiciária é compreender corretamente o que vem a ser esse instituto.

Do senso comum se extrai a conceituação de "íntegro": aquele que age com correção, que não transige com o que considera o certo, que mantém postura ética em todas as situações, que é honesto.

O agir íntegro, em nosso sentir, é bem identificado por aquilo que se chama na filosofia de postura kantiana, ou seja, agir de forma universalizável e correta em todas as circunstâncias, independentemente das particularidades. A esse modo de agir Kant denomina "imperativo categórico", opondo-o ao imperativo hipotético. Michael Sandel explica o imperativo categórico kantiano:

> (...) Kant denomina fórmula da lei universal: "Aja apenas segundo um determinado princípio que, na sua opinião, deveria constituir uma lei universal." Kant considera uma "máxima" o preceito ou princípio que propicia a razão para a ação de uma pessoa. Na verdade, isso significa que só devemos agir de acordo com os princípios que podemos universalizar sem entrar em contradição.
> (...) Para Kant, ao tentar universalizar a máxima da nossa ação e continuar a agir de acordo com ela, não estamos especulando sobre as possíveis consequências. Isso é um teste para verificar se nossa máxima está de acordo com o imperativo categórico.[3]

Ainda sobre o conceito de integridade, veja-se o escólio de Marcelo Zenkner:

> (...) a compreensão do motivo pelo qual a palavra integridade tem por origem o vocábulo *integer*, que, no latim, significa "integral" ou "inteiro" - uma pessoa íntegra é aquela que não está dividida, ou seja, é uma pessoa completa, com inteireza de caráter, com todas as suas peças funcionando bem e realizando as funções esperadas, sempre de acordo com os mesmos padrões éticos, independente das circunstâncias, seja em um ambiente público ou em um ambiente estritamente privado.[4]

---

[3] SANDEL, Michael J. *Justiça* – O que é fazer a coisa certa. 31. ed. Rio de Janeiro: Civilização Brasileira, 2020, p. 152-153.

[4] ZENKNER, Marcelo. *Integridade governamental e empresarial*: um espectro da repressão e da prevenção à corrupção no Brasil e em Portugal. Belo Horizonte: Fórum, 2019. p. 47.

E prossegue o citado autor:

> A autenticidade e a reciprocidade entre discursos e conduta, por isso, são características inseparáveis da integridade: aqueles que vivem suas vidas com integridade permitem que suas ações demonstrem aquilo que são e aquilo que acreditam, independentemente do cargo ou da posição que ocupem. (...)
> A transparência não se revela como um valor de grande importância para quem é íntegro, pois sua conduta sempre será a mesma, esteja ele em um ambiente iluminado ou escuro: o anel de Giges, assim, não teria qualquer significado e nem mudaria a conduta desse tipo de pessoa.[5]

Dessa forma, a ação íntegra ou, como diria Kant, a ação categórica é aquela correta em todas as situações e sob todas as condições. Independentemente de onde, quando e como, essa ação é tida como correta de forma universal.

Esse resgate do conceito e do conteúdo da integridade é importante para se compreender de forma adequada o que são os sistemas de integridade aplicados ao Poder Judiciário, assim como para nos permitir desnudar a suma importância da temática, seja na sua função precípua, jurisdicional, seja em sua função administrativa.

Debater a integridade em relação à Administração Pública judiciária significa identificar, no exercício do *munus* da máquina administrativa, os parâmetros e regras que visam a coibir ações antiéticas, praticadas em detrimento da instituição, estabelecendo um complexo sistema de mecanismos aptos a possibilitar ao agente público a ação proba, correta, honesta, primando sempre pelo interesse público.

Afinal, interesse público, segundo Odete Medauar

> (...) direciona a atividade da Administração no sentido da realização do interesse da coletividade e não de interesses fazendários, das autoridades, dos partidos políticos. Assim, a finalidade da atuação da Administração situa-se no atendimento do interesse público e o desvirtuamento dessa finalidade suscita o vício do desvio de poder ou desvio de finalidade.[6]

---

[5] ZENKNER, Marcelo. *Integridade governamental e empresarial*: um espectro da repressão e da prevenção à corrupção no Brasil e em Portugal. Belo Horizonte: Fórum, 2019. p. 49.
[6] MEDAUAR, Odete. *Direito administrativo moderno*. 20. ed. São Paulo: Revista dos Tribunais, 2016, p. 161-162.

Trazendo outra abordagem, também importante, Marçal Justen Filho sustenta que o Direito Administrativo tem por escopo a promoção dos direitos fundamentais, sendo esse o verdadeiro interesse público. Confira-se:

> Portanto, a distinção entre interesse público e interesse privado assenta-se não numa questão aritmética. O ponto fundamental reside em que certos interesses envolvem a realização de valores fundamentais indisponíveis, especialmente a dignidade da pessoa.
> (...) O núcleo do direito administrativo reside não no interesse público, mas na promoção dos direitos fundamentais indisponíveis. A invocação ao *interesse público* toma em vista a realização de direitos fundamentais. O Estado é investido do dever de promover esses direitos fundamentais nos casos em que for inviável a sua concretização pelos particulares, segundo o regime privado.[7]

É por isso que se ressalta a importância da integridade para a Administração Pública, o que exige a instituição dos sistemas de integridade como forma de concretização dos mandamentos constitucionais, primando-se pelo interesse público.

Para o desenvolvimento da governança, analisada, nesta oportunidade, no eixo da integridade, é preciso, por conseguinte, o desenvolvimento de sistemas de integridade dentro do Poder Judiciário.

O sistema de integridade busca a instituição de mecanismos para, trazendo-se maior transparência e objetividade à Administração Pública, combater-se a corrupção e possibilitar-se aos *stakeholders* a tomada da decisão mais adequada e íntegra em qualquer ocasião.

Nesse mesmo sentido caminha a doutrina acerca da necessidade da política de integridade como meio de prevenção à corrupção:

> Na perspectiva de prevenção de riscos de corrupção, a fundamentação do movimento exige duas formas de prevenção de riscos de corrupção. Em primeiro lugar, o desenvolvimento de um sistema amplo de integridade pública e fortalecimento da integridade corporativa, com o desenvolvimento dos princípios da ética no ambiente das organizações. Uma das medidas é a normatividade de orientação de conduta ética dos agentes públicos na prática de atos administrativos. A existência de prescrições legislativas impondo a obediência do princípio da

---

[7] JUSTEN FILHO, Marçal. *Curso de direito administrativo*. 13. ed. São Paulo: Thompson Reuters Brasil, 2018, p. 67.

moralidade e da impessoalidade (...) constitui modelo mais disseminado de organização na aplicação obrigatória de um padrão ético para o setor público e contributivo da conscientização dos valores de ordem ética pelos agentes públicos.[8]

O estabelecimento, na Administração Pública judiciária, da política de integridade é um mecanismo, portanto, para a concretização do padrão ético na atividade administrativa.

E a questão a ser debatida é como, após a instituição de tal política, efetivar os mecanismos dos sistemas de integridade na administração do Poder Judiciário.

O artigo 3º da Resolução nº 410/2021 do CNJ estabeleceu as diretrizes que devem nortear a implantação dos sistemas de integridade:

> Art. 3º São diretrizes para concepção e implementação de sistemas de integridade:
> I – comprometimento e engajamento pessoal da Alta Administração;
> II – a ampla e efetiva participação de membros e servidores do Poder Judiciário em sua elaboração e consecução, a fim de neles gerar o devido senso de pertencimento ao sistema de integridade;
> III – o aprimoramento do fluxo de informações relacionadas a denúncias, elogios ou sugestões, de modo a simplificar o canal de ingresso dessas comunicações e otimizar a análise e o encaminhamento do material recebido;
> IV – avaliação do grau de risco de integridade nas contratações e convênios públicos; e
> V – tratamento e correção das falhas sistêmicas identificadas.

Cumpre esmiuçar as diretrizes estabelecidas.

Inicialmente, deve haver o comprometimento e engajamento pessoal da alta administração. Os gestores do Poder Judiciário devem se comprometer com a implementação dos sistemas de integridade. Deve partir da alta administração essa iniciativa, através da edição de normas internas e da efetiva preocupação com a efetivação de sistemas que permitam a consecução de suas atividades de forma íntegra. A alta administração, além de editar as normas, também dará o exemplo para os demais membros e servidores de que é preciso se comprometer com os sistemas de integridade da instituição.

---

[8] MESSA, Ana Flávia. *Transparência, compliance e práticas anticorrupção na Administração Pública*. São Paulo: Almedina, 2019, p. 303.

Outro ponto fulcral é a efetiva participação dos membros e servidores do Poder Judiciário. Afinal, toda a política de integridade é voltada para a sua atuação. A execução do orçamento dos tribunais, por exemplo, através das licitações, contratações e outros procedimentos, é sempre realizada pelos seus servidores e membros. Dessa maneira, o seu envolvimento permitirá gerar comprometimento e, como já se prevê no inciso II do artigo 3º da Resolução nº 410/2021, criar senso de pertencimento, vinculando a todos.

Além da atuação preventiva, é imprescindível que haja também a apuração das denúncias, bem como o recebimento de elogios ou sugestões, através da simplificação do canal de ingresso dessas comunicações.

Permite-se, assim, a participação do jurisdicionado na Administração Pública, o que constitui verdadeiro mecanismo de legitimação democrática.

> No plano administrativo, a participação, como mecanismo de legitimidade democrática do atuar da Administração Pública, fundamenta-se na maior aceitação das decisões administrativas para assegurar um tratamento mais justo aos administrados e na proteção dos direitos fundamentais, limitando o poder das burocracias, de forma a consagrar estruturas mais horizontalizadas e interativas na gestão pública.
> (...) A concretização da participação pode melhor ser compreendida em dois eixos: um eixo da fiscalização cidadã, destinada a examinar o controle social com a participação do cidadão no monitoramento das ações da Administração Pública (...), no direito dos cidadãos de acompanhamento da gestão pública em defesa da sua legalidade e moralidade com mecanismos que permitam questionar a legitimidade das ações públicas inclusive as contas públicas, e a denunciar irregularidades ou ilegalidades perante os órgãos de fiscalização.[9]

Assim, a participação do cidadão, através das denúncias, permite a apuração pela Administração de condutas que não condizem com a probidade e a ética, além de possibilitar constante melhoramento do Judiciário, advindo do diálogo com os cidadãos e do recebimento das reclamações e sugestões.

Há, nesse particular, doutrina que defende, pautada no §3º do artigo 37 da Constituição da República, que "surgirá, assim, um 'Código de Defesa do Usuário' para garantir meios de cobrança da qualidade nos

---

[9] MESSA, Ana Flávia. *Transparência, compliance e práticas anticorrupção na Administração Pública*. São Paulo: Almedina, 2019, p. 426-427.

serviços executados pela Administração, à semelhança do que ocorre com o Código de Defesa do Cidadão, na esfera civil",[10] como pontuou Márcio Pascarelli Filho.

Para a maior efetividade das contratações e convênios, é necessária, outrossim, a avaliação do grau de risco de integridade das pessoas jurídicas que firmam negócios jurídicos com o Poder Judiciário.

Sobre a gestão de riscos:

> De acordo com o Instituto Brasileiro de Governança Corporativa – IBGC, os benefícios da gestão de riscos corporativa para a organização são: preservar e aumentar o valor da organização, mediante a redução da probabilidade e/ou impacto de eventos de perda, combinada com a diminuição dos custos de capital; promover maior transparência; melhorar os padrões de governança; conhecer e desenhar os processos; aprimorar ferramentas de controles internos; melhorar a comunicação; identificas as competências.
> (…) A definição dos critérios de risco serve para avaliar a significância do risco, considerando natureza e tipos de causas de riscos; consequências que podem ocorrer e como serão medidas; como a probabilidade será definida; evolução no tempo da probabilidade e/ou consequência; como o nível de risco será determinado; pontos de vista das partes interessadas; definição do nível em que o risco se torna aceitável; como e quais combinações de riscos serão consideradas.[11]

Por fim, insta buscar o aperfeiçoamento constante, com identificação dos problemas apresentados, tratamento e correção das falhas sistêmicas identificadas.

Essas foram as diretrizes fixadas pelo Conselho Nacional de Justiça para a implantação dos sistemas de integridade no Poder Judiciário.

Atendendo a tais diretrizes, alguns mecanismos podem ser criados.

A instituição de um código de conduta ou código de ética é um importante mecanismo para dar publicidade às condutas que se reputam éticas, às não toleradas e às que são reputadas antiéticas, trazendo parâmetros para a ação do servidor público.

---

[10] PASCARELLI FILHO, Mario. *A nova Administração Pública*: profissionalização, eficiência e governança. São Paulo: DVS Editora, 2011, p. 53.

[11] CARVALHO NETO, Antônio Alves de *et al*. *Sistema de Controle Interno da Administração Pública na União Europeia e no Brasil*. Belo Horizonte: Fórum, 2019, p. 145-146.

> (...) Fala-se em Código de Ética ou Códigos de Conduta como documentos que estabelecem uma orientação ética de honestidade e responsabilidade que deve nortear o desempenho da função pública.
> No âmbito nacional, os Códigos de Ética funcionam como diretriz fundamental no combate à corrupção, em conformidade com o art. 8º da Convenção das Nações Unidas contra a Corrupção (...).
> No *aspecto formal*, os códigos possuem caráter vinculativo, pois são veiculados por atos normativos, sejam primários, sejam secundários, reforçando o quadro normativo constitucional e infraconstitucional sobre o tema. No *aspecto material*, os códigos estabelecem regras de comportamento, permissivas e/ou proibitivas, densificando parâmetros valorativos justificadores de uma ética administrativa. No *aspecto sancionador*, os códigos quando desrespeitados configuram violação de deveres éticos reveladores da inabilitação moral do agente para o exercício da função pública, sujeitando o agente faltoso às sanções de ordem disciplinar e submissão à legislação da improbidade administrativa.[12]

O código de conduta visa a concretizar os parâmetros éticos na instituição. Já há, em geral, para os servidores e para os magistrados – estes através de regulamentação própria da LOMAN (Lei Complementar nº 35/79) e do Código de Ética da Magistratura –, a previsão de condutas gerais que se consideram inadequadas. Por outro lado, o código de conduta teria o condão de esmiuçar quais condutas são reputadas éticas ou antiéticas, trazendo previsibilidade para os agentes e possibilidade de sindicância pela administração.

Podem-se criar mapeamento e gestão de riscos, seja por ocasião da licitação para contratação de algum bem ou serviço ou mesmo para a contratação de pessoal em cargo em comissão de livre nomeação.

O mapeamento dos riscos e, consequentemente, sua gestão são medidas que permitem à alta administração do Poder Judiciário estabelecer os riscos toleráveis e as melhores medidas para se mitigarem aqueles efetivamente sofridos.

> Por medidas de mitigação, como estratégia de gerenciamento dos riscos avaliados, entende-se a implementação de controles internos de gestão, que compõem um "conjunto de regras, procedimentos, diretrizes, protocolos, rotinas de sistemas informatizados, conferência e trâmites de documentos e informações, entre outros, operacionalizados de forma integrada pela direção e pelo corpo de servidores das organizações,

---

[12] MESSA, Ana Flávia. *Transparência, compliance e práticas anticorrupção na Administração Pública*. São Paulo: Almedina, 2019, p. 304.

destinados a enfrentar os riscos e fornecer segurança razoável de que, na consecução da missão da entidade, os seguintes objetivos gerais serão alcançados: a) execução ordenada, ética, econômica, eficiente e eficaz das operações; b) cumprimento das obrigações de *accountability*; c) cumprimento das leis e regulamentos aplicáveis; e d) salvaguarda dos recursos para evitar perdas, mau uso e danos".[13]

Acerca da contratação para cargos de livre nomeação:

> O modelo de recrutamento de cargos de livre provimento de natureza gerencial, selecionados exclusivamente da organização pública, em perfis de competências essenciais tais como: qualificação técnica, experiência, memória institucional, comprometimento, habilidade para motivar, integridade, disposição para compartilhar e iniciativa, afirma a boa governança, desenvolve e retém profissionais com as competências desejadas, cria um esforço colaborativo para a melhor alocação de lideranças, motiva agentes subordinados e induz melhorias à produção de resultados para a sociedade.[14]

Ana Flávia Messa discorre, ainda, sobre a necessidade de se realizar ampla divulgação das práticas e resultados considerados éticos:

> Além da normatividade, qualifica ainda a ação administrativa como íntegra a divulgação ampla de práticas e resultados daquilo que são considerados diretrizes éticas básicas para nortear a atuação dos agentes públicos, e sua oferta em caráter constante. Nesse sentido, é imperativa a confecção de "Boletins de Ética", com informações claras sobre as condutas éticas e boas práticas, bem como os resultados positivos a partir da gestão da ética na Administração Pública. A divulgação da ética pública há de envolver o engenho e a arte em utilizar o espaço virtual com a enunciação das variáveis normativas e concretas que estão a determinar o agir da Administração Pública de forma ética à cidadania.[15]

---

[13] CUNHA, Matheus Lourenço Rodrigues da. A utilização da gestão de riscos nos contratos públicos como instrumento de prevenção à corrupção. *In:* ZENKNER, Marcelo; AGUIRRE DE CASTRO, Rodrigo Pironti (coord.). *Compliance no setor público*. Belo Horizonte: Fórum, p. 223-249.

[14] DOTTI, Marinês Restelatto. *Governança nas contratações públicas*: aplicação efetiva de diretrizes, responsabilidade e transparência. Inter-relação com o direito fundamental à boa administração e o combate à corrupção. Belo Horizonte: Fórum, 2018, p. 58-59.

[15] MESSA, Ana Flávia. *Transparência, compliance e práticas anticorrupção na Administração Pública*. São Paulo: Almedina, 2019, p. 305.

A divulgação *interna corporis* deve ser realizada de forma eficiente, para abranger o maior número de pessoal, visando a disseminar os sistemas de integridade e obter o engajamento do corpo de servidores e membros.

Outro importante mecanismo a ser adotado é o monitoramento da evolução patrimonial dos servidores e membros do Poder Judiciário, com vistas a apurar se é compatível com a sua capacidade econômica declarada. Sobre o tema, disserta Marcelo Zenkner:

> O perfeito funcionamento de uma ferramenta que efetivamente realize o controle dos acréscimos patrimoniais, à luz da legislação vigente, exerce um grande poder de persuasão em relação àqueles servidores públicos que são suscetíveis à improbidade administrativa e à corrupção.[16]

Os ensinamentos de Ana Flávia Messa seguem na mesma linha:

> Outra ideia é a de que o monitoramento da evolução patrimonial significa o conjunto de mecanismos que permitem aferir a licitude da evolução patrimonial. Trata-se de uma verificação da compatibilidade dessa evolução com recursos e disponibilidades do agente público. O monitoramento pode ser feito por declaração de atividades, relacionada com a verificação de rendimentos de outras fontes que não os cofres públicos, ou por declaração de bens.[17]

Perceba-se que já há o dever legal do agente público de enviar à Administração, anualmente, a declaração de bens que compõem seu patrimônio, nos termos do artigo 13 e parágrafos da Lei nº 8.429/92. A ausência de tal envio pode, inclusive, acarretar a demissão, sem prejuízo de outras sanções cabíveis. Assim, tal mecanismo já está previsto em lei e pode ser aproveitado pela Administração Pública, a fim de apurar eventual evolução patrimonial incondizente com a remuneração declarada.

Essas são apenas algumas das ferramentas dentre as diversas existentes no ordenamento jurídico e que podem ser criadas a fim de implementar e efetivar um programa de integridade no Poder Judiciário.

---

[16] ZENKNER, Marcelo. *Integridade: governamental e empresarial*: um espectro da repressão e da prevenção à corrupção no Brasil e em Portugal. Belo Horizonte Fórum, 2019, p. 296.

[17] MESSA, Ana Flávia. *Transparência, compliance e práticas anticorrupção na Administração Pública*. São Paulo: Almedina, 2019, p. 305-306.

3 Sistemas de integridade já adotados no Poder Judiciário

Embora a normatização nacional tenha surgido apenas com a edição da Resolução nº 410/2021 pelo Conselho Nacional de Justiça, já se observava, em alguns tribunais de justiça, a adoção da política de integridade, *compliance* e governança pública.

Um dos pioneiros quanto à adoção da política de integridade foi o Tribunal de Justiça de Minas Gerais. Atendendo ao capítulo IV (Do Processo Administrativo de Responsabilização) da Lei nº 12.836/2013, conhecida como lei anticorrupção, a Resolução nº 880/2018 do TJMG instituiu e regulamentou o Processo Administrativo de Responsabilização – PAR, permitindo a punição administrativa da empresa que viole a política de integridade do tribunal.

Após esse primeiro passo, o tribunal mineiro passou a desenvolver outros mecanismos do sistema de integridade: Código de Conduta, instituído pela Portaria TJMG nº 4.715/PR/2020; Cartilha de Integridade para Licitantes e Contratados do Tribunal (Portaria nº 4.715/PR/2020); Política de Integridade das Contratações e no Recrutamento de Servidores (Portaria da presidência nº 4.716 e 4.717 de 2020); gestão de riscos, com o "objetivo de manter os gestores atentos aos eventos em potencial que possam influenciar, de forma negativa ou positiva, o alcance dos objetivos do Tribunal" (Portaria nº 4.777/PR/2020).

Além do Tribunal de Justiça de Minas Gerais, já há mecanismos de integridade em outras cortes nacionais. Cite-se, como exemplo, o Tribunal de Justiça do Distrito Federal e Territórios, que implantou a sua política de integridade pela Resolução nº 4, de 13 de julho de 2020; o Tribunal de Justiça do Rio Grande do Sul, que criou o programa de integridade e *compliance* pelo Ato nº 48/2020-P, de 5 de novembro de 2020; o Tribunal Regional do Trabalho da 7ª Região, que instituiu a Resolução Normativa TRT7 nº 10, de 4 de junho de 2021.

Constata-se, assim, que há crescente implementação dos sistemas de integridade e governança pública no Poder Judiciário, demonstrando o acerto da regulamentação, no nível nacional, pelo Conselho Nacional de Justiça, com a Resolução nº 410/2021.

Ademais, exercendo o papel de unificar as diretrizes e de divulgar a necessidade dos sistemas de integridade, foi realizado pelo Conselho Nacional de Justiça o I Encontro Nacional sobre Integridade no Poder Judiciário, em 18 de outubro de 2021, com o tema "A Resolução CNJ

410/2021 na perspectiva de seus idealizadores", com painéis como "A cultura de integridade no cenário internacional"; "Importância de sistemas de integridade para a administração da justiça" e "Implantação de sistemas de integridade nos tribunais".[18]

Demonstrando a relevância da temática e o compromisso da alta administração dos tribunais, foi também realizado o I Fórum de Governança do Poder Judiciário, no dia 11 de novembro de 2021, reunindo-se diversos gestores de tribunais do país.[19]

Assim, embora ainda recente a criação de mecanismos de integridade e governança no Poder Judiciário, constata-se que a conscientização dos gestores tem permitido rápido avanço na instituição dos sistemas de integridade nos diversos órgãos do Poder Judiciário no Brasil, concretizando os mandamentos constitucionais correlatos.

4 Integridade como ponto central da administração judiciária

Pela exposição realizada, é possível perceber que a edição da Resolução nº 410/2021 do Conselho Nacional de Justiça é medida que inicia nova fase no Poder Judiciário nacional, ao prever o estabelecimento dos sistemas de integridade na administração do Judiciário.

Concretizando a missão constitucional do Conselho Nacional de Justiça, a regulamentação dos sistemas de integridade vem a modernizar a administração do Poder Judiciário, estabelecendo norte para que os variados órgãos que o compõem possam constituir os seus próprios sistemas de integridade. Note-se, ainda, que a adoção dos mecanismos de integridade vai ao encontro da Agenda 2030 da ONU, a qual preconiza o desenvolvimento de um Poder Judiciário mais eficiente, possibilitando o cumprimento da Meta 9, estabelecida pelo próprio CNJ.

Já há, como citado, em vários tribunais do país a instituição de sistemas de integridade. A temática, embora nova na Administração Pública, tem apresentado rápido acolhimento e desenvolvimento pela alta administração dos tribunais. Certamente a promoção de encontros e fóruns sobre integridade tem conscientizado os diretores dos

---

[18] Disponível em: https://www.cnj.jus.br/agendas/seminario-resolucao-cnj-410-2021-a-cultura-de-integridade-no-poder-judiciario/. Acesso em: 13 nov. 2021.
[19] Disponível em: https://www.tjmg.jus.br/portal-tjmg/noticias/i-forum-de-governanca-do-poder-judiciario-e-realizado-no-tjmg.htm#.YZLNElWZOM8. Acesso em: 13 nov. 2021.

órgãos do Judiciário acerca da necessidade de implantação dos mecanismos de integridade.

Os sistemas de integridade são indispensáveis para a boa administração e atendimento do interesse público, dos princípios da impessoalidade, moralidade e eficiência. Permitem, ademais, aos gestores a tomada de decisão adequada, fornecem aos membros e servidores os parâmetros corretos da atuação ética esperada pela Administração Pública e coíbem condutas tidas por antiéticas de empresas que contratam com o Poder Judiciário.

Há, ainda, longo caminho a ser trilhado, com a implantação dos sistemas de integridade em todos os tribunais do país, o aperfeiçoamento dos diversos mecanismos e a efetivação dos princípios constitucionais que vinculam a Administração Pública. Grandioso passo, todavia, foi dado pelo Conselho Nacional de Justiça, ao editar a Resolução nº 410/2021 e normatizar, no Poder Judiciário, parâmetros e diretrizes para o estabelecimento dos sistemas de integridade nos diversos e numerosos tribunais do país. Com a disseminação das linhas mestras da referida resolução e das práticas de integridade, espera-se que, em breve, a grande maioria dos tribunais passe a adotar sistemas de integridade, em prol de toda a sociedade brasileira.

Referências

CAMARÃO, Tatiana. A contratação pública como instrumento de fomento à integridade e não à corrupção. *In:* ZENKNER, Marcelo; AGUIRRE DE CASTRO, Rodrigo Pironti (coord.). *Compliance no setor público*. Belo Horizonte: Fórum, 2020.

CARVALHO NETO, Antônio Alves de et al. Sistema de Controle Interno da Administração Pública na União Europeia e no Brasil. Belo Horizonte: Fórum, 2019.

CUNHA, Matheus Lourenço Rodrigues da. A utilização da gestão de riscos nos contratos públicos como instrumento de prevenção à corrupção. *In:* ZENKNER, Marcelo; AGUIRRE DE CASTRO, Rodrigo Pironti (coord.). *Compliance no setor público*. Belo Horizonte: Fórum, 2020.

DOTTI, Marinês Restelatto. *Governança nas contratações públicas*: aplicação efetiva de diretrizes, responsabilidade e transparência. Inter-relação com o direito fundamental à boa administração e o combate à corrupção. Belo Horizonte: Fórum, 2018.

JUSTEN FILHO, Marçal. *Curso de direito administrativo*. 13. ed. São Paulo: Thompson Reuters Brasil, 2018.

MEDAUAR, Odete. *Direito administrativo moderno*. 20. ed. São Paulo: Revista dos Tribunais, 2016.

MESSA, Ana Flávia. *Transparência, compliance e práticas anticorrupção na Administração Pública*. São Paulo: Almedina, 2019.

PASCARELLI FILHO, Mario. *A nova Administração Pública*: profissionalização, eficiência e governança. São Paulo: DVS Editora, 2011.

SANDEL, Michael J. *Justiça* – O que é fazer a coisa certa. 31. ed. Rio de Janeiro: Civilização Brasileira, 2020.

ZENKNER, Marcelo. *Integridade governamental e empresarial:* um espectro da repressão e da prevenção à corrupção no Brasil e em Portugal. Belo Horizonte: Fórum, 2019.

Informação bibliográfica deste livro, conforme a NBR 6023:2018 da Associação Brasileira de Normas Técnicas (ABNT):

GUERREIRO, Mário Augusto de Figueiredo Lacerda; BARROSO, David Miranda. A integridade como forma de promover uma administração judiciária eficiente. *In*: SEGURA, Larissa Garrido Benetti (org.); KEPPEN, Luiz Fernando Tomasi; ZENKNER, Marcelo (coord.). *Sistema de integridade e Poder Judiciário*: estudos em homenagem ao ministro Luiz Fux. Belo Horizonte: Fórum, 2022. p. 367-384. ISBN 978-65-5518-454-9.

SOBRE OS AUTORES

Ana Hendges
Auxiliar administrativa do Escritório das Nações Unidas de Serviços para Projetos (UNOPS). Bacharela em Ciências Sociais pela Universidade Federal do Rio Grande do Sul. Mestranda em Ciências Sociais – Estudos Comparados sobre as Américas pela Universidade de Brasília.

Carolina Ranzolin Nerbass
Juíza de Direito do Tribunal de Justiça de Santa Catarina, titular da 3ª Vara Criminal da Comarca da Capital. Especialista pela Universidade Federal de Santa Catarina em Gestão Organizacional e Tecnologia em Recursos Humanos. Juíza Auxiliar da Presidência do CNJ (2022) e Juíza Auxiliar da Presidência do TJSC (2018-2022).

Celia Lima Negrão
Analista de carreira dos Correios, desde 2005, exerceu atividades de gestão, coordenação e liderança em diversas áreas, dentre elas, de Tecnologia, de Gestão de Pessoas, com a estruturação e coordenação de políticas e normas de *compliance* e riscos; na Auditoria Interna, com a coordenação de projetos voltados à prevenção de fraudes e à corrupção; na área de Relações Institucionais e Administração, na estruturação de políticas e dos processos voltados à sustentabilidade; na assessoria da prestação de contas, auditorias internas e externas, e na liderança e estruturação da área de *Compliance* e Riscos da empresa. Atualmente envolvida em projetos ESG e seus desdobramentos corporativos e educacionais. Possui experiência em governança e estratégia e gestão de pessoas no setor privado e no Sistema "S". Especialista em Governança e *Compliance* pela UNB, em Gestão Estratégica Empresarial pela Universidade de São Paulo (USP), MBA na Lei Geral de Proteção de Dados – LGPD, em Direito e Processo do Trabalho e certificada em Gestão de Projetos pelo Project Management Institute (PMI). Coautora do livro *Compliance, Controles Internos e Riscos*, 2ª edição, primeiro livro a abordar a Lei Anticorrupção e a Lei das Estatais, estando há mais de três anos no *ranking* dos mais vendidos na Amazon. Professora do curso ESG, o Elo de Governança e *Compliance*, pela 3R Capacita, autora de artigos publicados em informativos, revistas e jornais e produtora de conteúdo digital no Youtube. Articulista do Estadão e conselheira do Instituto Não Aceito Corrupção (INAC). Realiza palestras e *mentoring* nas áreas de governança, *compliance*, riscos, controles internos, planejamento estratégico, ESG e LGPD.

Christine Santini

Consultora jurídica, mediadora e árbitra (FCIArb, CBAr). Desembargadora aposentada do Tribunal de Justiça de São Paulo. Graduada pela Faculdade de Direito da Universidade de São Paulo, com MBA Executivo em Direito: Gestão e Business Law pela Fundação Getulio Vargas.

Daniel Perrelli Lança

Advogado e mestre em Ciências Jurídico-Políticas pela Universidade de Lisboa – Portugal. Especialista em Advocacia Pública pelo Instituto para o Desenvolvimento Democrático (IDDE) e em Compliance Regulatório pela Universidade da Pensilvânia. É professor convidado da Fundação Dom Cabral (FDC) e do Centro de Estudos em Direito e Negócios (CEDIN), onde coordena o MBA em Governança, Riscos e Compliance.

Davi Pereira do Lago

Coordenador do Grupo de Pesquisa Cidades Transparentes no Laboratório de Política, Comportamento e Mídia (Fundação São Paulo/PUC-SP). Mestre em Teoria do Direito e graduado em Direito pela Faculdade Mineira de Direito (PUC-Minas). Diretor-executivo do Instituto Não Aceito Corrupção.

David Miranda Barroso

Juiz de Direito do Tribunal de Justiça do Estado de Minas Gerais.

Doris Canen

LLM em Direito Tributário Internacional pela King's College London (Bolsista Chevening). Pós-graduada em Direito Tributário pela FGV. Mestre e bacharel em Direito pela UCAM. Membro do Grupo de Pesquisa de Tributação e Novas Tecnologias da FGV e de Tributação Internacional da Universidade do Estado do Rio de Janeiro (UERJ) e do IBDT.

Eduardo Saad-Diniz

Professor da Faculdade de Direito de Ribeirão Preto e do Programa de Integração da América Latina da USP. Livre-docente em Criminologia pela FDRP/USP. Bolsista Produtividade CNPQ.

Henrique Abi-Ackel Torres

Desembargador do Tribunal de Justiça de Minas Gerais. Doutor pela Universidade de Sevilha/ESP. Mestre pela Faculdade de Direito Milton Campos/MG. Professor da Faculdade de Direito Milton Campos/MG e do Ibmec-BH/MG. Currículo Lattes: http://lattes.cnpq.br/2297979084674897. E-mail: henriqueabiackel@gmail.com.

Inês da Fonseca Pôrto

Assessora no Conselho Nacional de Justiça, mestre em Direito.

João Maurício Adeodato
Mestre, doutor e livre-docente da Faculdade de Direito da USP. Ex-professor titular da Faculdade de Direito do Recife da UFPE, pesquisador 1-A do CNPq e professor da Faculdade de Direito de Vitória e da Universidade Nove de Julho.

João Victor Palermo Gianecchini
Graduado em Direito pela FDRP/USP. Research assistant – Center for International Human Rights, John Jay College of Criminal Justice. Foi bolsista de iniciação científica da FAPESP e do CNPQ.

Jordana Maria Ferreira de Lima
Doutoranda em Direito Constitucional e mestre em Direito e Políticas Públicas.

Julia María Gracia de Castro
Doutoranda na NOVA School of Law (NSL), bolseira da Fundação para a Ciência e Tecnologia (COVID/BD/151985/2021), investigadora do CEDIS (NSL), cofundadora do NOVA Compliance Lab, e *research associate* no NOVA Centre for Business, Human Rights and the Environment. É mestre em Direito Internacional e licenciada em Direito pela Universidade do Estado do Rio de Janeiro. É advogada (Brasil, seccional do Rio de Janeiro).

Larissa Garrido Benetti Segura
Assessora no Conselho Nacional de Justiça, mestre em Filosofia e doutoranda em Direito.

Ligia Maura Costa
Professora titular na FGV EAESP. Coordenadora geral do centro de estudos FGVethics. Livre-docente em Direito Internacional e bacharel em Direito pelo Largo de São Francisco. Doutora e mestre em Direito do Comércio Internacional pela Université de Paris-X-Nanterre. Advogada.

Luiz Fernando Tomasi Keppen
Desembargador do Tribunal de Justiça do Estado do Paraná, mestre em Direito.

Marcelo Zenkner
Sócio do Escritório TozziniFreire Advogados/SP (colíder da área de Direito Administrativo, *co-head* do Grupo Regulatório e membro da área de Compliance). Ex-diretor de Governança e Conformidade da Petrobras. Ex-Promotor de Justiça do Estado do Espírito Santo. Ex-Secretário de Controle e Transparência do Estado do Espírito Santo. Sócio-fundador do Instituto IGIDO. Mestre em Direitos e Garantias Fundamentais pela FDV (Faculdade de Direito de Vitória) e doutor em Direito Público pela Universidade Nova de Lisboa (Portugal). Membro do Conselho Consultivo de Ações Coletivas da Rede Brasil do Pacto Global da Organização das Nações Unidas (ONU). Membro do Grupo de Trabalho do Conselho Nacional de Justiça (CNJ) para o desenvolvimento de

sistemas de integridade e *compliance* no âmbito do Poder Judiciário. Membro do Grupo de Trabalho do Conselho Nacional do Ministério Público (CNMP) para o desenvolvimento de sistemas de integridade e *compliance* no âmbito do Ministério Público Brasileiro. Professor da Faculdade de Direito de Vitória (FDV) nos cursos de graduação e pós-graduação.

Marcos Vinícius Jardim Rodrigues

Advogado. Mestrando em Direito Constitucional. Conselheiro do Conselho Nacional de Justiça.

Marcus Livio Gomes

Secretário Especial de Programas, Pesquisas e Gestão Estratégica do CNJ. Professor de Direito Tributário nos programas de mestrado e doutorado da Universidade do Estado do Rio de Janeiro. Mestre e doutor em Direito Tributário pela Universidade Complutense de Madrid. Pós-doutor e pesquisador no Institute of Advanced Legal Studies (IALS/University of London). Juiz Federal.

Mariana Keppen

Mestranda em Direito e Economia pela Faculdade de Direito da Universidade de Lisboa (FDUL), Presidente da Comissão de Estudos sobre *Compliance* e Anticorrupção Empresarial da OAB/PR, membro consultora da Comissão Especial de Proteção de Dados do Conselho Federal da OAB. Advogada sócia e gerente da área de *Compliance* e Proteção de Dados do escritório Pironti Advogados.

Mário Augusto de Figueiredo Lacerda Guerreiro

Juiz de Direito do Tribunal de Justiça do Estado do Rio Grande do Sul. Juiz Auxiliar de Ministro do Supremo Tribunal Federal. Ex-Conselheiro do Conselho Nacional de Justiça. Mestre em Ciências Jurídico-Políticas pela Universidade de Coimbra.

Matheus Puppe

LLM, PhD Candidate (Goethe). Advogado no Brasil, Alemanha e Portugal, atuando nas áreas de *Compliance*, Direito Digital, Proteção de Dados e Contratos Internacionais. Mestre em Direito e *Compliance* pela Universidade Goethe de Frankfurt, doutorando em *Compliance* pela Universidade Goethe de Frankfurt, especialista em Direito Global pela Universidade Livre de Bruxelas, especialista em Arbitragem Internacional pela Universidade Goethe de Frankfurt, especialista em Direito & Tecnologia pela Universidade de Estocolmo, especialista em Casos Globais e US Law pela Universidade de Masaryk. Autor de capítulos em livros sobre Proteção de Dados, *Compliance*, Regulação de Criptomoedas e Direito & Tecnologia no Brasil e no Exterior. Palestrante no Brasil, Rússia, China, África e Alemanha sobre Proteção de Dados, *Compliance*, Regulação de Criptomoedas e Direito & Tecnologia. Professor convidado da pós-graduação em Novas Tecnologias, *Compliance*, ESG e Contratos da USP. Professor convidado da Escola Superior do Ministério Público do Estado de Goiás, na Especialização em *Compliance* e Direito Penal Econômico.

Maurício Rands

PhD pela Universidade de Oxford, advogado, ex-professor adjunto da Faculdade de Direito do Recife da UFPE, ex-presidente da Comissão de Constituição e Justiça da Câmara dos Deputados e ex-Secretário de Acesso a Direitos da OEA.

Mirela Miró Ziliotto

Mestre em Direito Econômico e Desenvolvimento pela Pontifícia Universidade Católica do Paraná. Especialista em Direito Administrativo pelo Instituto Romeu Felipe Bacellar Filho. Advogada Sócia da área de *Public Law* do escritório Pironti Advogados e coordenadora da área de licitações e contratos. Professora do curso de pós-graduação em Licitações e Contratos da PUCPR.

Roberto Livianu

Procurador de Justiça no Ministério Público de São Paulo desde 1992, integrando atualmente a Procuradoria Criminal e o Órgão Especial do Colégio de Procuradores de Justiça (biênio 2022/3 – eleito pelos pares). Graduado e doutor em Direito pela Universidade de São Paulo, com a tese Controle Penal da Corrupção. Autor de *Corrupção* (São Paulo, editora Quartier Latin, 2018, 3ª edição), obra baseada em sua tese de doutoramento, e organizador das obras *48 Visões da Corrupção* (São Paulo, Quartier Latin, 2016), *Corrupção na História do Brasil* (São Paulo, Editora Mackenzie, 2019), entre outras. Já integrou diversas bancas de mestrado e doutorado. Idealizou e preside o Instituto Não Aceito Corrupção, além de ser colunista do jornal O Estado de São Paulo, do jornal digital Poder360, da rádio Justiça do STF e da rádio Band no Linha Direta com a Justiça. Foi presidente do Movimento do Ministério Público Democrático e integrou durante vários anos o gabinete da Procuradoria-Geral de Justiça, onde coordenou as áreas de informatização e comunicação, além de atuar em áreas técnico-jurídicas. É também cronista, autor já de duas obras de crônicas publicadas – *50 Tonas da Vida*, volume 1 (Ateliê Editorial – 2018) e volume 2 (Quartier Latin 2021). Foi comentarista do Jornal da Cultura de 2017 a 2019 e articulista do jornal Folha de São Paulo (2009 a 2021). É palestrante e professor da Escola Superior do Ministério Público do Estado de São Paulo e do Ministério Público do Mato Grosso do Sul e integra o conselho editorial da Revista Interesse Nacional.

Rodrigo Pironti

Pós-doutor em Direito pela Universidad Complutense de Madrid, doutor e mestre em Direito Econômico pela PUCPR. Diretor Executivo do Instituto Brasileiro de Direito Administrativo e diretor de Governança e Integridade do Instituto Brasileiro de Estudos Jurídicos de Infraestrutura. Advogado sócio fundador do escritório Pironti Advogados.

Theophilo Antonio Miguel Filho

Doutor em Direito pela Pontifícia Universidade Católica do Rio de Janeiro. Mestre em Direito da Administração Pública pela Universidade Gama Filho e especialista em Direito Processual Civil e Direito Sanitário pela Universidade de Brasília. Bacharel em Teologia e professor adjunto da Pontifícia Universidade Católica do Rio de Janeiro (Direito Processual Civil, Direito Internacional Privado e Improbidade Administrativa). Coordenador científico da Comissão de Direito Internacional da Escola de Magistratura Regional Federal (Emarf) do Tribunal Regional Federal – 2ª Região, possui curso de extensão em Propriedade Intelectual pela PUC-Rio e é Desembargador Federal do Tribunal Regional Federal da 2ª Região.

Tracy Reinaldet

Doutor em Direito Penal pela Université Toulouse I Capitole (França), em cotutela com a Universidade Federal do Paraná. Mestre em Direito Penal e Ciências Criminais pela Université Toulouse I Capitole (França). Representante do Brasil no Comitê Permanente da ONU na América Latina para a Prevenção do Crime. Professor da PUCPR. Advogado.

Valter Shuenquener de Araujo

Professor da Universidade do Estado do Rio de Janeiro (UERJ). Doutor em Direito Público pela UERJ. Doutorado-sanduíche pela Ruprecht-Karls Universität de Heidelberg. Professor associado de Direito Administrativo da Faculdade de Direito da UERJ. Secretário-Geral do CNJ (2020-2022). Juiz Federal. Conselheiro do CNMP (2015-2020). Juiz auxiliar e instrutor no STF (2011-2014). Juiz auxiliar no TSE (2014-2015). Procurador do Estado do Rio de Janeiro (2000-2001). Procurador Federal (2000). Advogado da Petrobras (1999).

Esta obra foi composta em fonte Palatino Linotype, corpo 10
e impressa em papel Boivory Bulk 65g (miolo) e Supremo 250g (capa)
pela Gráfica Formato.